Die schönsten Gartenpflanzen

Autoren: Joachim Mayer, Folko Kullmann
Satz und Gestaltung: BOOKS & MORE, Monika Zilliken, Hünstetten
Producing: *Red*AKTIONSBÜRO Joachim Mayer und BOOKS & MORE Monika Zilliken
Gesamtherstellung: Naumann & Göbel Verlagsgesellschaft mbH, Köln

ISBN 978-3-625-11643-1

www.naumann-goebel.de

Die schönsten Gartenpflanzen

Blumen, Stauden & Ziergehölze

im Porträt

NGV

Inhalt

Symbole in den Pflanzenbeschreibungen

- ☼ für sonnige Plätze
- ◐ für halbschattige Plätze
- ● für schattige Plätze
- ❀ pflegeleichte Pflanze
- ☠ hochgiftige Pflanze

Pflanzen und pflegen

Pflanzenwahl und -einkauf

Pflanzen, säen und vermehren

Gute Pflege rund ums Jahr

Pflanzenschutz im Ziergarten

Pflanzenwahl und -einkauf

Sorgfältige Auswahl geeigneter Pflanzen und umsichtiger Einkauf sind die besten Voraussetzungen für anhaltenden Spaß am eigenen Garten

Nach Lust und Laune im Gartencenter shoppen zu gehen, mal ein hübsches „Schnäppchen" mitzunehmen oder eine unbekannte Pflanzenschönheit auszuprobieren – das alles gehört mit zum Gärtnervergnügen. Doch der Hauptteil der Bepflanzung sollte mit Bedacht ausgesucht werden, um Enttäuschungen vorzubeugen. Dabei hilft das vorliegende Buch mit der Vorstellung einer großen Auswahl an attraktiven, bewährten Pflanzen mitsamt ihren Standort- und Pflegeansprüchen.

Pflanzengruppen, die den Garten verschönern

Nach botanischen Merkmalen und gärtnerischer Verwendung lässt sich die gewaltige Fülle der Zierpflanzen in folgende Gruppen unterteilen:

- Die kurzlebigen Sommerblumen (ab S. 56) sterben nach prächtiger Blüte im Sommer oder Frühjahr ab und müssen alljährlich neu gepflanzt oder gesät werden. Sie geben Beeten und Balkonkästen jedes Jahr ein neues Gesicht und eignen sich auch gut, um kurzfristig Lücken zu füllen.

- Zwiebel- und Knollenblumen (ab S. 90) treiben jährlich aufs Neue aus und blühen überwiegend im Frühjahr. Die Sommerblüher, wie beispielsweise Dahlien, sind teils nicht winterhart, ihre Knollen müssen im Spätjahr ausgegraben werden.

Denken Sie bei der Gehölzauswahl stets an die Endgröße und den Schattenwurf

• Stauden (ab S. 108) sind krautige Pflanzen, die über viele Jahre immer wieder austreiben und Blüten- oder Blattschmuck hervorbringen. Diese große Gruppe umfasst Pflanzen mit den verschiedensten Blütezeiten und Wuchsformen und hat für jeden Gartenbereich etwas zu bieten.

• Ziersträucher (ab S. 152) bilden zusammen mit Laubbäumen (ab S. 204) und baum- oder strauchförmigen Nadelgehölzen (ab S. 220) das Gerüst des Gartens, helfen ihn zu gliedern und setzen markante Akzente. Viele Sträucher prägen den Garten im Frühjahr oder Sommer mit üppigem Flor.

• Kübelpflanzen (ab S. 234) sind attraktive Gehölze oder – seltener – Stauden aus wärmeren Ländern, die keinen Frost vertragen. Sie werden in großen Töpfen gehalten, in denen sie sich über Winter an einen geschützten Platz bringen lassen.

Beschattete Plätze verlangen spezielle Pflanzen wie Funkien und Taglilien

Passende Pflanzen auswählen

Zunächst einmal spielen natürlich Ihre Vorlieben für bestimmte Pflanzen, Blütenfarben, Wuchsformen und Eigenschaften wie z. B. Duft oder Fruchtschmuck die Hauptrolle. Zugleich aber gilt es, realistisch abzuschätzen, ob die bevorzugten Pflanzen ...

• einen geeigneten Standort im Garten erhalten können, der ihre Ansprüche an Licht, Boden usw. befriedigt;

• genügend Platz haben, sodass sie sich – etwa im Fall von Sträuchern – auch nach Jahren gut entfalten können, ohne andere Gewächse zu bedrängen oder in tiefen Schatten zu tauchen;

• in die vorhandene oder geplante Gestaltung passen und vielleicht auch außerhalb der Hauptsaison im Frühjahr und Sommer den Garten bereichern (siehe auch S. 40–55).

Nicht alle Pflanzen vertragen pralle Sonne so gut wie z. B. der blaue Sommersalbei

Die giftigen Beeren der Stechpalme können für Kinder gefährlich werden

Das gründliche Prüfen solcher Kriterien ist bei den langlebigen, gartenprägenden Sträuchern und Bäumen besonders wichtig. Achten Sie zudem schon bei der Auswahl auf den jeweils nötigen Pflegeaufwand und eventuelle Empfindlichkeiten gegen bestimmte Schädlinge, Krankheiten und Wetterverhältnisse. Gartenzaungespräche mit den Nachbarn verhelfen hier oft zu aufschlussreichen Informationen. Auch das gründliche Betrachten der Gärten in der Umgebung liefert wertvolle Anhaltspunkte, welche Gehölze und Stauden in Ihrem Regionalklima gut gedeihen und wie sie sich nach dem Einwachsen entwickeln.

Berücksichtigen Sie nicht zuletzt auch die Giftigkeit mancher Pflanzen. Wenn kleine Kinder im Garten spielen, sollten Sie auf giftige Pflanzen unbedingt verzichten, ebenso auf Gewächse, die durch kräftige Dornen oder Stacheln zu Verletzungen führen können.

Containergehölze werden von vornherein in großen Töpfen herangezogen

Ins rechte Licht setzen

Damit sich Pflanzen auf Dauer gut entwickeln, brauchen sie unbedingt einen Platz, an dem sie genügend Licht erhalten. Dabei sind die Ansprüche recht unterschiedlich. Sonnenliebende Pflanzen wachsen an lichtarmen Standorten nur kümmerlich, bilden kleine, fahle Blätter, kaum Blüten und oft dünne, aber lange Triebe. Andere kommen in der Natur z. B. in Wäldern oder Gebüschen vor. Bei ihnen führt zu starke Besonnung zu reduziertem Wuchs, gelben bis bräunlichen Blättern oder gar zu Hitze- und Trockenschäden.

Grundsätzlich unterscheidet man Pflanzen für Sonne, Halbschatten und Schatten – auf Verkaufsetiketten usw. oft gekennzeichnet durch einen weißen, halb weiß und schwarz ausgefüllten und schwarzen Kreis (siehe auch Symbole im Inhaltsverzeichnis). Dabei sind teils feinere Unterteilungen sinnvoll, die in den Porträts genannt werden:

- Sonnig und vollsonnig: Die meisten Pflanzen wollen zwar überwiegend sonnig stehen, sind aber im Hochsommer dankbar für eine leichte Beschattung um die Mittagszeit. „Spezialisten" für volle Sonne dagegen verkraften Hitze und teils auch Trockenheit sehr gut.

- Halbschattig und absonnig: Unter Halbschatten versteht man ungefähr halbtägige Beschattung, vorzugsweise inklusive der heißen Mittagsstunden. Absonnige Plätze sind ganztägig recht hell, bekommen aber kaum direkte Strahlung ab, da sie z. B. an sonnenabgewandten Nordseiten liegen.

- Lichtschattig und schattig: Lichter Schatten herrscht, wo Gehölze mit kleinen, locker verteilten Blättern oder weit oben ansetzenden Baumkronen noch recht viel Licht durchlassen. Während hier oft auch Halbschattengewächse gedeihen, verlangt dichter Gehölz- oder Gebäudeschatten Pflanzen, die eigens für Schatten ausgewiesen sind.

Standorte sorgfältig wählen

Während die Lichtverhältnisse mehr oder weniger vorgegeben sind, lässt sich ein weiterer sehr wichtiger Standortfaktor, der Boden, den Pflanzenwünschen anpassen und entsprechend verbessern (siehe S. 12–13). Allerdings verlangt dies viel Aufwand und Zeit, wenn die Bodeneigenschaften stark von den Ansprüchen der Gewächse abweichen. In diesem Fall ist es meist sinnvoller, die Pflanzen passend zu den vorhandenen Böden auszuwählen.

Beachten Sie bei der Pflanzen- und Standwortwahl auch, dass manche Arten etwas empfindlich gegen starke Winde oder Fröste sind. Sie erhalten am besten Plätze, die z. B. durch Hecken oder andere Gehölze ein wenig abgeschirmt sind oder im Einflussbereich einer Wärme abstrahlenden Hauswand liegen.

Höhere Wärme und Sommerhitze, zudem oft Trockenheit und „stehende Luft" – solche Verhältnisse sind typisch für Gärten in eng bebauten Städten und Siedlungen. Manchen Sträuchern und Bäumen setzt dieses Stadtklima auf Dauer schwer zu. Deshalb finden Sie in den Porträts auch Hinweise, ob die jeweiligen Gehölze als stadtklimaverträglich gelten.

Bei der Pflanzung von Hecken, Sträuchern und Bäumen müssen Sie außerdem die gesetzlich vorgegebenen Grenzabstände zum Nachbargrundstück beachten. Diese variieren je nach Pflanzengröße und sind zudem in den Bundesländern etwas unterschiedlich geregelt. Hier kann in der Regel die zuständige Gemeinde-, Stadt- oder Kreisverwaltung genaue Auskunft geben. Mancherorts sind auch Vorschriften zur Art und Höhe der Grundstückseinfriedung, also von Hecken und Mauern, zu beachten.

Qualitätsbewusst einkaufen

Jungpflanzen werden heute oft schon in Super- und Baumärkten angeboten. Hier lässt sich durchaus Gutes zu kleinen Preisen finden. Aber die Pflanzen sind nicht immer optimal gepflegt und untergebracht und zeigen teils recht unterschiedliche Qualität.

Auch in Gartencentern kann die Qualität variieren. Doch Betriebe, die mit dem Gütezeichen „Fach-Garten-Center" ausgewiesen sind, gewährleisten ein hohes Angebots- und Beratungsniveau. Davon kann man auch in den meisten Gärtnereien und Baumschulen ausgehen. Viele gehören Dachverbänden wie dem Bund deutscher Baumschulen (BdB) oder dem Bund deutscher Staudengärtnereien an. Deren Mitgliedsbetriebe haben sich strengen Qualitätsstandards verschrieben, mitsamt sehr kompetenter Beratung sowie teils mit zusätzlichen Serviceleistungen (z. B. Hauslieferung der Pflanzen, Bodenuntersuchungen).

Der gärtnerische Versandhandel bietet in der Regel eine recht gute Qualität und kann teils auch mit Arten und Sorten dienen, die man sonst nur schwer findet. Die Ware sollte gleich nach Ankunft nicht nur ausgepackt und gut versorgt, sondern auch sorgfältig begutachtet und, wenn nötig, gleich reklamiert werden.

Gründlich begutachten

Bei Gehölzen und Stauden sind heute die fast ganzjährig setzbaren Containerpflanzen (siehe S. 14) die häufigste Angebotsform. Da sie meist beblättert und oft auch knospend oder blühend verkauft werden, lässt sich hier sehr gut die Entwicklung und Gesundheit der Gewächse beurteilen. Dasselbe gilt auch für vorgezogene Sommerblumen sowie Kübelpflanzen. Achten Sie beim Einkauf grundsätzlich auf:

- einen guten Pflegezustand der Pflanzen: Sie sollten weder völlig trocken noch „klatschnass" stehen;
- gesunde, gut ausgefärbte Blätter, ohne Anzeichen von Krankheits- oder Schädlingsbefall (auch Blattunterseiten sorgfältig prüfen);
- kräftige, unbeschädigte Triebe, mit harmonischer, kompakter Verzweigung und reichem Knospenbesatz;
- helle, saftige Wurzeln, die den ganzen Erdballen durchziehen, aber noch nicht komplett „umringeln" oder gar aus dem Topf herauswallen.

Ein sorgfältig prüfender Blick beim Einkauf kann spätere Enttäuschungen ersparen

Pflanzen, säen und vermehren

Gut gepflanzt ist halb gepflegt. Und wenn die Pflanzen dann prächtig gedeihen, erwacht oft die Lust, auch selbst einmal Nachwuchs zu ziehen

Zum erfolgreichen Pflanzen und Säen gehört stets eine gute Bodenvorbereitung. Besonderes Augenmerk verlangt der Boden, wenn Beetflächen oder gar ganze Gärten neu angelegt werden.

Ratsam: eine Bodenuntersuchung

Lassen Sie für neu anzulegende Flächen am besten eine Bodenuntersuchung durchführen. Solche Analysen von Bodenproben werden teils von Gärtnereien und Gartencentern angeboten; andernfalls können diese oft mit Adressen weiterhelfen. Labors, die Bodenuntersuchungen durchführen, finden Sie auch im Branchenbuch oder durch Nachfragen bei der zuständigen Landwirtschaftskammer. Gute Termine für Bodenuntersuchungen sind Spätherbst und zeitiges Frühjahr. In der Regel geben die Bodenlabors Hinweise, wie die Proben entnommen, verpackt und beschriftet werden sollen. Nach der Analyse verfügen Sie über genaue Angaben zu den wichtigsten Eigenschaften: zu Bodenart, pH-Wert, Nährstoffgehalten; beauftragen Sie möglichst auch eine Bestimmung des Humusgehalts.

Die Bodenarten

Der Oberboden, der 20–60 cm tief reichen kann, besteht hauptsächlich aus mineralischen Teilen, außerdem aus Humus, der diese Bodenschicht dunkel färbt. Bei den mineralischen Teilchen unterscheidet man Sand (große Körnchen), Schluff (mittelgroße Körnchen) und Ton (sehr feine Körnchen). Je nach Anteil der unterschiedlichen Korngrößen ergibt sich eine Unterteilung in:

- Sandböden: Sie sind durchlässig und gut durchlüftet, aber recht trocken und speichern Nährstoffe nur schlecht. Sie lassen sich durch Humuszufuhr verbessern, außerdem durch Einarbeiten tonmineralhaltiger Steinmehle.

- Tonböden: Sie neigen zum Verdichten und sind oft feucht bis nass. Zwar speichert Ton reichlich Wasser und Nährstoffe, dies aber so fest, dass die Wurzeln kaum darüber verfügen können. Solche Böden erfordern häufiges Lockern. Die Struktur kann durch Einarbeiten von reichlich Sand oder feinem Kies verbessert werden; oft sind zudem Kalkgaben günstig sowie vor allem eine regelmäßige Humusversorgung.

In gut vorbereiteten Böden wachsen die Wurzeln junger Pflanzen schnell ein

• Schluffböden stehen in ihren Eigenschaften zwischen Sand- und Tonböden und bieten recht günstige Voraussetzungen. Sie lassen sich als mäßig trocken bis frisch einordnen.

• Lehmböden: Sie setzen sich zu etwa gleichen Teilen aus Sand, Schluff und Ton zusammen, sind hervorragende Böden und meist als frisch einzustufen, d. h. mit guter Wasserspeicherung, aber ohne Vernässungsgefahr.

Humus und Gründüngung

Humus, der organische, weitgehend zersetzte Bodenanteil, ist das Ergebnis der unermüdlichen Tätigkeit von Millionen nützlicher Kleintiere und Mikroorganismen im Boden. Im Vergleich zu den mineralischen Teilchen ist der Humus sehr leicht; deshalb beträgt sein Anteil in Gartenböden nur 2–5 %, manchmal auch etwas mehr. Doch das genügt schon, um die Wasser- und Nährstoffspeicherung sowie die Durchlüftung deutlich zu verbessern. Außerdem ist Humus eine stetige Quelle für langsam nachfließende Nährstoffe. Da er mit der Zeit immer stärker zersetzt und teils in tiefere Schichten gespült wird, sollte man immer wieder für Nachschub sorgen: durch Kompost, käuflichen Humusdünger (z. B. Rinden-, Laubhumus), Mulchen oder Gründüngung.

Eine Gründüngung ist besonders bei völlig neu angelegten Flächen, aber auch vor der Wiederbepflanzung eines Beets empfehlenswert. Dazu werden spezielle Pflanzen wie Inkarnatklee, *Phacelia* (Bienenfreund), Senf, Wicken oder entsprechende Saatmischungen ausgesät. Sie schließen mit ihren Wurzeln den Boden auf und reichern beim Verrotten den Boden mit Nährstoffen und Humus an. Manche Ölrettich- und Senfsorten sowie Tagetes und Ringelblumen bekämpfen zudem schädliche Nematoden (Älchen) im Boden. Je nach Art werden Gründüngungspflanzen zwischen April und Anfang September gesät und dann spätestens vor der Samenbildung abgemäht. Nicht frostfeste Spätsaaten können Sie auch einfach über Winter abfrieren lassen. Arbeiten Sie die Reste leicht in den Boden ein, und lassen Sie sie komplett verrotten, bevor Sie die Fläche bepflanzen oder aussäen.

Säuregrad und pH-Wert

Grundsätzlich kann man zwischen sauren, neutralen und alkalischen (basischen) Böden unterscheiden, wobei Letztere meist durch einen hohen Kalkgehalt gekennzeichnet sind. Der Säuregrad (fachsprachlich: die Bodenreaktion) entscheidet hauptsächlich darüber, wie gut die Pflanzen Nährstoffe aus dem Boden aufnehmen können. Seine Maßzahl ist der pH-Wert. Er reicht von 0 (extrem sauer) bis 14 (extrem alkalisch). Die meisten Pflanzen gedeihen am besten bei pH-Werten zwischen 6 und 7 (schwach saurer bis neutraler Bereich). Manche, wie Rhododendren und andere Heidekrautgewächse, brauchen dagegen einen sauren, kalkfreien Boden. Andere wiederum, z. B. Glockenblumen oder Buchs, bevorzugen kalkhaltige, alkalische Böden. Der pH-Wert eines Bodens kann durch Einarbeiten von Torf, Laub- oder Nadelkompost sowie durch sauer wirkende Dünger (z. B. Ammoniumsulfat) abgesenkt werden. Erhöhen lässt er sich durch Kalkgaben, am besten mit langsam wirkenden Kalkdüngern wie kohlensaurem Kalk oder Algenkalk.

Gründliche Bodenbearbeitung

In der Regel werden Beete, Pflanzstreifen für Hecken und andere Pflanzflächen mit dem Spaten umgegraben – dies wenigstens ein paar Wochen vor dem Pflanzen oder Säen, bei einer Frühjahrspflanzung oder -saat bereits im Herbst. Bei lockerem, humosem Boden genügt auch die gründliche, nicht wendende Bearbeitung mit einer Grabegabel oder einem Sauzahn (Gerät mit kräftigem, gebogenem Zinken).

Phacelia ist eine wertvolle und zudem recht hübsche Gründüngungspflanze

Die beim Umgraben abgelegten Erdschollen werden in kalten Wintern schon vom Frost vorzerkleinert. Andernfalls bzw. zu anderen Jahreszeiten hilft dabei eine kräftige Hacke. Entfernen Sie gründlich alle Unkrautwurzeln sowie größere Steine. Bringen Sie dann Kompost oder anderen Humusdünger aus, arbeiten Sie diesen nur flach ein, z. B. mit einem Kultivator, und ebnen Sie die Oberfläche mit dem Rechen.

Kurz vor dem Pflanzen oder Säen kommt die Feinbearbeitung an die Reihe: Die Oberfläche wird nochmals mit Hacke oder Kultivator gelockert, von letzten Unkräutern befreit und dann mit dem Rechen sorgfältig geglättet, sodass keine Mulden verbleiben.

Pflanztermine und Pflanzware

Die jeweils optimalen Pflanztermine sind in den einzelnen Pflanzenporträts genannt. Für die bei Stauden und Gehölzen heute weit verbreiteten Containerpflanzen gelten sie allerdings höchstens als gute Anhaltspunkte. Solche Pflanzen werden von vornherein in genügend großen Kunststoffgefäßen (Containern) angezogen. So haben sie bereits einen besonders kompakten, gut durchwurzelten Erdballen und können jederzeit gepflanzt werden, sofern der Boden nicht gefroren ist.

Ballierte Gehölze bzw. Ballenpflanzen dagegen sind im Boden der Baumschule herangewachsen und werden erst kurz vor dem Verkauf mitsamt einem Erdballen ausgestochen. Dieser wird dann meist von einem Ballentuch oder einem Drahtgeflecht zusammengehalten. Wurzelnackte Pflanzen ohne Ballen finden sich zur Hauptsache bei Rosen und Heckenpflanzen. Beide Angebotsformen werden ausnahmslos während der Ruhezeit im Herbst oder Frühjahr gepflanzt, da es einige Zeit dauert, bis die Wurzeln die oberirdischen Teile versorgen können.

Das Einsetzen der Pflanzen

Nehmen Sie die Pflanzen behutsam aus ihren Töpfen, und feuchten Sie trockene Erdballen gründlich an. Dicht zusammengepresste oder ringförmig um den Ballen gewachsene Wurzeln werden vorsichtig gelockert und auseinander gezogen, überlange Wurzeln eingekürzt und abgestorbene Teile weggeschnitten. Graben Sie mit einer Pflanzschaufel genügend große Löcher. In der Regel kommen die Pflanzen so tief in die Erde, dass der obere Ballenrand bzw. der Wurzelhals, die Übergangsstelle zwischen Wurzel und Stängel, mit der Erdoberfläche abschließt. In lockerem Boden setzt man sie am besten ein klein wenig höher ein, da sich die Erde nach dem Andrücken und Angießen noch etwas senkt. Füllen Sie nach dem Einsetzen die Lücken mit der ausgehobenen Erde auf, der zuvor etwas gut ausgereifter Kompost untergemischt werden kann. Dann wird der Boden rund um die Pflanzen kräftig angedrückt, nochmals etwas aufgefüllt, falls Mulden entstehen, und schließlich gründlich angegossen.

Kleinere Zwiebeln und Knollen können oft einfach in den Boden gedrückt werden, bei größeren hilft eine Pflanzschaufel oder ein spezieller Zwiebelpflanzer zum Ausstechen des Pflanzlochs. Eine Alternative ist die Pflanzung mehrerer Zwiebeln in einem Draht- oder Kunststoffkorb, der einen Schutz vor Wühlmäusen bietet. Achten Sie darauf, dass die Zwiebelspitzen bzw. die Triebknospen der Knollen nach oben weisen, und berücksichtigen Sie die jeweils empfohlenen Pflanztiefen. Ein Angießen ist in der Regel nicht nötig – in zu nass gehaltener Erde könnten die Zwiebeln und Knollen faulen.

Gehölze pflanzen

Obwohl auch bei großen Gehölzen das tiefgründige Lockern der nächsten Umgebung sinnvoll ist, gilt bei ihnen das Hauptaugenmerk der Pflanzgrube.

Bei ballierten Gehölzen wird gleich nach dem Einsetzen das Tuch oben gelöst

Achten Sie bei der Zwiebelpflanzung darauf, dass die Spitze nach oben weist

Nach dem Pflanzen wird die Erde rund um die Stängel kräftig angedrückt

Bei einer Reihensaat werden die Samen in eine zuvor gezogene Rille gestreut

Diese sollte großzügig ausgehoben werden, bei Container- oder Ballenpflanzen am besten doppelt so breit und so tief wie der Erdballen. Legen Sie den Aushub am Rand ab, und mischen Sie ihm bis zu ein Drittel gut ausgereiften Kompost und – wenn nötig – auch Sand unter. Lockern Sie dann den Boden der Grube mit einer Grabegabel. Bei recht dichten Böden kann eine Dränageschicht aus Sand am Boden der Pflanzgrube ausgebracht werden.

Wurzelnackte Gehölze werden vor dem Pflanzen am besten über Nacht in einen Wassereimer gestellt, Rosen sogar komplett bis zu den Triebspitzen. Zuvor kürzt man die Wurzelspitzen um 1–2 cm ein. Die Erdballen von Container- und Ballenpflanzen kommen etwa 1 bis 2 Stunden vor dem Pflanzen ebenfalls in ein Wasserbad – so lange, bis keine Luftblasen mehr aufsteigen. Ballierte Pflanzen werden mitsamt den Ballentüchern angefeuchtet und gepflanzt; diese müssen Sie nach dem Einsetzen lediglich noch oben aufknoten oder -schneiden. Sie verrotten dann nach und nach im Boden.

Für die meisten großen Gehölze ist ein Stützpfahl ratsam, der schon vor dem Pflanzen am Rand der Grube eingeschlagen wird oder gleich nach dem Einsetzen direkt neben dem Wurzelballen. Größere Gehölze lassen sich am besten zu zweit pflanzen: Der eine hält die Pflanze gerade und in richtiger Höhe, der andere füllt die Erde auf und gießt zwischendurch schon ein- bis zweimal an, damit die Wurzeln guten Bodenschluss erhalten. Nachdem die Erde ganz aufgefüllt ist, wird sie festgetreten. Dann häuft man rund um das Gehölz einen kreisförmigen Erdwall auf; er verhindert, dass das Gießwasser, mit dem der Wurzelbereich nun kräftig eingeschlämmt wird, seitlich abläuft. Binden Sie zum Schluss den Stamm fest, aber nicht zu stramm am Pfahl an.

Wurzelnackte Gehölze erhalten gleich nach dem Einsetzen einen Pflanzschnitt, den man sich am besten bei Kauf erklären lässt, da er je nach Art und Wuchstyp etwas unterschiedlich ausfällt. Bei Ballen- und Containerpflanzen ist normalerweise kein Pflanzschnitt nötig.

Aussaat ins Freie

Im Ziergarten ist eine Direktsaat ins Freie, also ohne vorherige Anzucht, fast nur bei Sommerblumen üblich – dies vorwiegend bei recht robusten Arten wie Ringel- oder Kornblume, die sich bereits ab April säen lassen.

Eine breitwürfige Aussaat, d. h. ein lockeres Verteilen mit einer Drehbewegung aus dem Handgelenk, ergibt später ein recht natürliches Bild. Nach dem Ausstreuen werden die Samen etwas angedrückt und mit Erde überstreut.

Lange, gerade Saatreihen wie in einem Gemüsebeet wirken im Blumenbeet oft etwas steif, doch in kurzen Reihen, die z. B. auch gebogen oder gegeneinander versetzt verlaufen können, lassen sich die Samen auch etwas gezielter auslegen. Ziehen Sie dazu mit einem Stock oder dem Stielende des Rechens flache Saatrillen, verteilen Sie darin die Samen in möglichst gleichmäßigen Abständen, und holen Sie dann mit dem Rechen Erde heran, um die Rillen zu schließen.

Verteilen Sie bei der Anzucht die Samen möglichst gleichmäßig und nicht zu dicht

Zum Feuchthalten der Erde ist der feine Strahl eines Wasserzerstäubers ideal

Beim Pikieren werden die Pflänzchen behutsam herausgenommen

Das Umsetzen in kleine Einzeltöpfe regt die Bildung neuer Wurzeln an

Bei breitwürfiger wie bei Reihensaat werden die Samen zum Schluss mit feiner Brause gründlich gegossen und auch in den Folgewochen stets feucht gehalten. Nach dem Aufgehen dünnt man die Pflänzchen auf die erforderlichen Abstände aus, wobei man vorzugsweise die schwächsten Sämlinge herauszieht.

Anzucht aus Samen

Viele Sommerblumen lassen sich recht leicht aus Samen anziehen. Dies kann deutlich den Geldbeutel schonen, wenn man viele Pflanzen benötigt. Außerdem sind manche Arten und Sorten auch gar nicht als vorgezogene Jungpflanzen, sondern nur als Samen erhältlich.

Die einjährigen Sommerblumen werden im Frühjahr an einem warmen, hellen Platz angezogen – auf der Fensterbank oder, sofern verfügbar, in einem beheizten Gewächshaus oder Wintergarten. Nach dem Keimen brauchen die Sämlinge viel Licht, sollten aber nicht direkt in der prallen Sonne stehen. Lichtmangel führt zu schwächlichen Pflänzchen mit langen, dünnen Trieben und kleinen Blättern. Dem kann man oft schon vorbeugen, indem man erst sät, wenn die Tage schon etwas länger und heller geworden sind. Andernfalls wäre zu überlegen, ob sich die Anschaffung spezieller Vermehrungsleuchten lohnt.

Zweijährige wie Tausendschön oder Bartnelken werden erst im Sommer gesät, sodass keine künstliche Wärme nötig ist. Sie können Sie in Saatschalen oder einem speziellen Saatbeet im Freien vorziehen, müssen dort aber auf eine leichte Beschattung achten, bis die Jungpflanzen gut entwickelt sind.

Auch manche Stauden, Gehölze und Kübelpflanzen können aus Samen angezogen werden. Viele dieser Pflanzen sind allerdings Kaltkeimer, d. h., die Samen brauchen vorübergehend eine kühle Phase, um die Keimung anzuregen. Solche Kaltkeimer werden meist im Spätherbst ausgesät, zunächst drinnen warm und feucht gehalten und dann, wenn die Samen quellen, an einen geschützten Platz im Freien gestellt. Im Februar bringt man sie an einen mäßig warmen, hellen Platz im Haus oder Frühbeet. Hier erfolgt schließlich die Keimung.

Besonders für die Einjährigen und andere Pflanzen, die zum Keimen viel Wärme brauchen, sind flache Kunststoff-Saatschalen mit durchsichtiger Abdeckhaube empfehlenswert. Verwenden Sie für die Aussaat nur ausgewiesene Anzuchterden bzw. Vermehrungssubstrate.

Sie sind nährstoffarm, keimfrei, verklumpen trotz der ständigen Feuchte kaum und bieten so ideale Bedingungen für die empfindlichen Sämlinge.

Füllen Sie so viel Anzuchterde in die Gefäße, dass oben ein Gießrand von etwa 1 cm bleibt. Glätten Sie dann die Oberfläche mit einem Brettchen. Nun streuen Sie die Samen möglichst gleichmäßig und nicht allzu dicht aus und drücken sie danach mit dem Brettchen etwas an. Die Samen von Lichtkeimern (beispielsweise Fleißiges Lieschen, Männertreu) werden gar nicht oder höchstens hauchfein abgedeckt. Alle anderen erhalten eine Abdeckung, ein- bis dreimal so hoch, wie die Samen dick sind. Schließlich wird die Abdeckerde leicht angedrückt und das Ganze gründlich durchfeuchtet, mit feiner Brause oder dem Sprühnebel eines Wasserzerstäubers.

In der Folgezeit muss die Saat stets feucht – allerdings nicht zu nass – gehalten werden. Dabei hilft auch die Abdeckhaube oder eine über die Schale gelegte Glasscheibe bzw. Folie, die vor Verdunstung schützen. Spitzen die ersten Keimlinge, wird die Abdeckung z. B. mit Holzstäbchen hochgestemmt oder zunehmend öfter abgenommen, nach dem Aufgang aller Sämlinge komplett entfernt.

Wenn es den heranwachsenden Sämlingen zu eng wird, ist das Pikieren (Vereinzeln) an der Reihe: Sie kommen nun einzeln in kleine Töpfe mit Anzucht- oder Pikiererde – dies am besten dann, sobald sich über den meist rundlichen Keimblättern die ersten richtigen Laubblätter zeigen. Nach dem Pikieren stellt man die Pflanzen möglichst hell, aber etwas kühler auf.

Vermehrung durch Stecklinge

Bei Stauden, Gehölzen und Kübelpflanzen, aber auch bei mehrjährigen Balkonblumen wie Pelargonien, ist die Stecklingsvermehrung oft einfacher und erfolgsversprechender als eine Aussaat.

Stecklinge sind 10–20 cm lange, beblätterte Triebstücke, die man von gesunden Pflanzen abschneidet. An ihren unteren Enden treiben sie in Anzuchterde Wurzeln aus und vermögen so zu kompletten neuen Pflanzen heranzuwachsen. Je nach Pflanzenart schneidet man die Stecklinge im Frühjahr, Sommer oder – seltener – im Herbst, von noch krautigen oder halb verholzten (halbreifen) Trieben.

Meist verwendet man Kopfstecklinge von den Triebspitzen, teils können auch Trieb- oder Teilstecklinge aus der Triebmitte genommen werden. Bei manchen Pflanzen, z. B. Rittersporn oder Lupine, bewurzeln sich stattdessen Grundstecklinge direkt von der Triebbasis am besten, besonders wenn man sie mitsamt einiger Wurzeln der Mutterpflanze abtrennt.

Nach dem Stecklingsschnitt werden die untersten Blätter vorsichtig entfernt

Die Stecklinge kommen bis zum ersten Blattansatz in die Anzuchterde

Übergestülpte Folienbeutel bewahren eine gleichbleibend hohe Luftfeuchtigkeit

Schneiden Sie die Stecklinge mit einem scharfen, sauberen Messer von den Trieben der Mutterpflanze. Führen Sie den Schnitt am unteren Ende schräg und (außer bei Grundstecklingen) kurz unterhalb eines Blattknotens, also der verdickten Ansatzstelle des Blattstiels. Entfernen Sie dann das unterste Blatt bzw. Blattpaar, und stecken Sie das Triebstück so in einen Topf mit Anzuchterde, dass das tiefste verbliebene Blatt knapp über der Oberfläche steht. Zuvor können Sie das untere Stecklingsende in ein Bewurzelungspulver aus dem Fachhandel tauchen; solche Präparate enthalten spezielle Hormone, die die Wurzelbildung fördern. Drücken Sie zum Schluss die Erde rund um den Steckling an, und gießen Sie dann, dies allerdings nicht allzu stark: Stecklinge sollten lediglich leicht feucht gehalten werden.

Eine Kunststoffhaube oder eine Folie, die über ein Drahtgerüst im Topf gespannt wird, sorgen für eine stets hohe Luftfeuchtigkeit, die die Blätter am Leben hält, bis sich die Wurzeln gebildet haben. Die Stecklinge werden an einen hellen, aber nicht direkt besonnten, recht warmen Platz gestellt. Wenn nach einigen Wochen neue Blätter austreiben, zeigt dies die erfolgreiche Wurzelbildung an. Nehmen Sie dann den Verdunstungsschutz immer häufiger zum Lüften ab, und entfernen Sie ihn schließlich komplett.

Halten Sie die beblätterten Stecklinge nach wie vor leicht feucht und warm. Haben sich die Pflanzen gut entwickelt, kommen sie in etwas größere Töpfe mit normaler Blumen- oder Einheitserde und werden dann bis zum Auspflanztermin allmählich an kühlere Temperaturen gewöhnt.

Bei Arten, die an für sich buschig wachsen und sich von unten her mit Seitentrieben aufbauen, ist es oft empfehlenswert, die Pflanzen bald nach dem Setzen in größere Töpfe zu entspitzen. Dazu wird die Spitzenknospe entfernt bzw. die Triebspitze weggeschnitten. Dies fördert die Entwicklung von Seitenknospen und -trieben und damit einen gut verzweigten, kompakten Wuchs.

Steckhölzer

Steckhölzer eignen sich bei vielen Gehölzen zur Vermehrung. Man schneidet sie im Spätherbst, bei sommergrünen Gehölzen nach dem Blattfall, von diesjährigen, verholzten Trieben. Sie sollten ungefähr bleistiftdick und etwa 20 cm lang sein. Markieren Sie die Wuchsrichtung, indem Sie das obere Ende 2–3 cm über einem Auge (Knospenansatz) gerade, das untere Ende kurz unter einem Auge schräg schneiden. Schneiden Sie vorsichtshalber mehrere Steckhölzer, da sich nicht unbedingt alle bewurzeln. Sie werden dann gebündelt und über Winter draußen komplett in zuvor gelockerte Erde eingegraben oder an einem kühlen Platz im Haus in feuchten Sand oder Torf eingeschlagen.

Im Frühjahr kommen die Steckhölzer in ein Vermehrungsbeet im Garten oder in Töpfe mit Anzuchterde. Stecken Sie die Hölzer – mit dem schrägen Schnittende nach unten – so tief, dass nur das oberste Auge aus der Erde ragt. Nachdem sie Wurzeln und neue Blätter gebildet haben, werden sie an die gewünschte Stelle gepflanzt.

Teilung

Das Teilen ist die einfachste Vermehrungsmethode für die meisten Stauden und lässt sich auch bei manchen Gehölzen anwenden. Sie wird im Frühjahr oder Herbst durchgeführt, bei Frühjahrsblühern auch gleich nach der Blüte. Bei älteren Stauden fördert die Teilung oft auch die Blüh- und Wuchsfreude und empfiehlt sich deshalb alle paar Jahre als Verjüngungsmaßnahme.

Steckhölzer verschiedener Arten werden vorm Überwintern am besten mit Namensetiketten gekennzeichnet

Kräftige Wurzelstöcke von Stauden lassen sich am besten mit dem Spaten zerteilen

Absenker bewurzeln sich an der eingegrabenen Biegungsstelle eines Triebs

Graben Sie die Pflanzen vorsichtig aus, und zertrennen Sie sie samt den Wurzeln in Teilstücke. Diese sollten vorwiegend aus den jüngeren Bereichen der Horste bzw. Pflanzen stammen und müssen jeweils mindestens eine Triebknospe sowie ausreichend Wurzeln aufweisen. Kräftige Wurzelstöcke werden am besten mit dem Spaten zertrennt; ansonsten genügt oft ein großes, scharfes Messer oder sogar das Auseinanderziehen mit den Händen. Setzen Sie Teilstücke gleich ein, und gießen Sie dann gründlich an.

Ausläufer, Ableger und Absenker

Manche Stauden und Gehölze, wie z. B. Johanniskraut oder Efeu, machen es dem Gärtner besonders leicht und bilden am oder im Boden kriechende Ausläufer, die sich selbst bewurzeln. Diese können einfach abgetrennt und umgepflanzt werden, sobald sich an den bewurzelten Stellen auch einige Blätter gebildet haben.

Bei manchen Gehölzen kann man junge Triebe zur Wurzelbildung anregen, indem man sie im zeitigen Frühjahr zum Boden herunterbiegt. Bei Hainbuche oder Blauregen z. B. ist dies mit so genannten Ablegern möglich: Graben Sie eine etwa 10 cm tiefe Rinne in den Boden, legen Sie den herabbiegbaren Teil des Triebs der Länge nach hinein, und befestigen Sie ihn mit kräftigen Haken bzw. Drahtklammern.

Nachdem sich Seitentriebe gebildet haben, wird nach und nach Erde aufgefüllt – jeweils immer nur so viel, dass das obere Drittel der neuen Triebe unbedeckt ist. Meist sind diese Triebe bis zum Herbst desselben Jahres gut bewurzelt und können dann oder im folgenden Frühjahr abgetrennt und verpflanzt werden.

Bei Absenkern dagegen handelt es sich um Triebe, die so herabgebogen werden, dass sie nur an einer Stelle – etwa 30–40 cm von ihrer Spitze entfernt – Bodenkontakt haben. Dieser Triebteil wird zuvor von Blättern befreit und erhält an der Unterseite der Biegungsstelle einen kräftigen, schräg angebrachten Einschnitt – hier sollen sich die Wurzeln bilden. Senken Sie ihn dann so in eine 10–20 cm tiefe Bodenmulde, dass die Schnittstelle die Erde berührt, fixieren Sie den Triebbogen mit einem Haken, füllen Sie das Loch mit Erde auf, der Sie etwas Kompost und Sand untermischen, und binden Sie schließlich die Triebspitze an einem Stab auf.

Der Absenkerbereich muss stets leicht feucht gehalten werden. Oft zeigt schon bis zum Herbst neuer Austrieb aus der Biegungsstelle die erfolgreiche Bewurzelung an; es kann aber auch, je nach Art, 2 bis 3 Jahre dauern.

Gute Pflege rund ums Jahr

Viele Gartenschönheiten sind recht anspruchslos. Doch ein paar gezielte Handgriffe zur rechten Zeit fördern dauerhaft das Blühen und Gedeihen

Die Pflanzenpflege geht am einfachsten von der Hand und macht am meisten Spaß, wenn man über geeignete Hilfsmittel verfügt. Es müssen nicht unbedingt die teuersten Utensilien sein; doch achten Sie beim Kauf von Gartengeräten und Zubehör auf Qualität, stabile Ausführung und leichte Bedienbarkeit. Regelmäßige Reinigung und Wartung erhöht die Lebensdauer der Werkzeuge – und ein gut eingerichteter, aufgeräumter Geräteraum erspart viel unnötige Sucherei.

Wasser – der unentbehrliche „Betriebsstoff"

Fast alles im Garten kann notfalls ein paar Tage warten; doch Wassermangel duldet keinen Aufschub. Pflanzen benötigen das Nass für all ihre Lebens- und Wachstumsprozesse, von der Nährstoffaufnahme bis zur Photosynthese, dem Aufbau körpereigener Substanz mithilfe des Sonnenlichts. Spätestens wenn die ersten Blätter schlaff herabhängen oder sich einrollen, zeigen die Pflanzen unmissverständlich an, dass Gießkanne oder Schlauch in Aktion treten müssen.

Besonders frisch gesetzte und noch junge Pflanzen brauchen stetigen Wassernachschub. Mit der Zeit kann das gut entwickelte Wurzelwerk die Feuchtereserven im Boden effektiver nutzen. Doch auch dann sind die meisten Sommerblumen sowie alle Gewächse, die in

Effektiv gießen: am besten ohne Brauseaufsatz direkt in den Wurzelbereich

Zum Bauerngarten gehört ein Brunnen – „echt" oder auch nur als Dekoration

Gut verteilte Zapfstellen mit Schlauchanschluss machen das Gießen einfacher

Pflanzgefäßen gehalten werden, auf regelmäßige Wasserversorgung angewiesen. Manche wüchsige Beetstauden haben ebenfalls einen hohen Wasserbedarf, ebenso Schattengewächse, die etwas zu sonnig stehen. Ansonsten gibt es unter den Stauden und mehr noch unter den Gehölzen etliche Arten, die höchstens bei ausdauernder Trockenheit gegossen werden müssen. Dies allerdings auch im Winter, wenn es sich um immergrüne Nadel- und Laubgehölze handelt: Nach langen Trocken- oder Frostphasen sollten Sie diese gründlich wässern, sobald der Boden aufgetaut ist (siehe auch S. 223).

Wohltuende Wasserversorgung

In Tonnen oder großen Zisternen gesammeltes Regenwasser hilft nicht nur, die Wasserrechnung zu reduzieren: Das weiche, in den Auffanggefäßen schon vorgewärmte Nass vom Himmel bekommt auch den Pflanzen besonders gut. Hartes, sehr kalkhaltiges Leitungswasser dagegen wird von vielen Gewächsen schlecht vertragen, besonders von Pflanzen wie Rhododendren, die saure, kalkarme Böden lieben. Hier kann es auf Dauer zu gelben Blättern und Kümmerwuchs führen. Die Härte des Leitungswassers wird in °dH (deutschen Härtegraden) angegeben und lässt sich beim Wasserversorger erfragen. Wenn sie 15 °dH deutlich übersteigt, ist die Verwendung von Wasseraufbereitungsmitteln aus dem Garten- oder Teichfachhandel oder der Einbau einer Wasseraufbereitungsanlage ratsam.

Ansonsten empfiehlt es sich, Kannen nach dem Gießen gleich wieder aufzufüllen. So setzen sich Kalkverbindungen am Boden ab, und das kalte Leitungswasser kann sich bis zum nächsten Gießgang anwärmen.

Regner oder Sprinkler sparen Gießaufwand, doch sie vergeuden reichlich Wasser, das verdunstet, ehe es in den Boden einsickern kann. Zudem können die Tropfen auf den Blättern bei praller Sonne wie kleine Brenngläser wirken und Flecken verursachen. Und wenn die Gewächse mit feuchtem Laub in die kühlere Nacht gehen, werden Pilzkrankheiten begünstigt.

Die Anschaffung einer Regentonne samt Zubehör macht sich schnell bezahlt

Deshalb ist es weitaus günstiger und effektiver, mit Gießkanne oder Schlauch direkt in den Wurzelbereich zu gießen – und zwar am besten morgens oder abends, auf zuvor gelockertem Boden. Gießen Sie jeweils gründlich und durchdringend, mit kleinen Pausen, in denen das Wasser gut versickern kann. 10-20 Liter pro Quadratmeter, bei großen Gehölzen auch doppelt so viel, sind durchaus angebracht. Das bringt wesentlich mehr, als den Boden immer nur leicht anzufeuchten, und reicht dann selbst im Hochsommer oft für ein paar Tage.

In der Regel ist es am besten, erst wieder zu gießen, nachdem die Erdoberfläche bzw. die oberen paar Zentimeter abgetrocknet sind, um einer Vernässung vorzubeugen.

Hacken, lockern, jäten

Offene Bodenflächen zwischen Beetpflanzen sowie unter Gehölzen sollten des Öfteren gelockert werden, sofern sie nicht mit Mulch bedeckt sind. Für diese Arbeit eignen sich ein Grubber mit drei oder fünf gebogenen Zinken, ein Kultivator (ähnlich wie der Grubber, aber mit verbreiterten Spitzen), eine Hacke mit nicht allzu großem Metallblatt oder eine Doppelhacke, die auf der einen Seite ein schmales Blatt, auf der anderen Seite zwei oder drei Zinken trägt. Gerade in Beeten sind auch entsprechende Hand- oder Kleingeräte mit kurzen Stielen sehr hilfreich, um recht schonend und gezielt zwischen den Pflanzen zu arbeiten.

Eine Mulchschicht auf dem Boden erspart Arbeit und liefert Humus nach

Das regelmäßige Lockern sorgt für eine gute Durchlüftung des Bodens und fördert seine Aufnahmefähigkeit für Regen- und Gießwasser. Außerdem zerstört es immer wieder die zahlreichen hauchfeinen Röhrchen (Kapillaren) im Boden, über die das Wasser nach oben steigt und verdunstet. Somit hilft das Hacken auch beim Wassersparen.

Eine wichtige Aufgabe besteht natürlich auch im Entfernen der Unkräuter, die mit den Zierpflanzen um Wasser und Nährstoffe konkurrieren und noch zarte Pflanzen sogar überwuchern können. Je früher, regelmäßiger und gründlicher die Unkräuter bei frisch angelegten Pflanzungen gejätet werden, desto leichter sind sie auf Dauer unter Kontrolle zu halten. Sie sollten möglichst immer mitsamt den Wurzeln entfernt werden. Wo das mit normalen Bodenbearbeitungsgeräten nicht ganz gelingt, lohnt sich die Mühe, hartnäckige Pflanzen auch einzeln herauszuziehen bzw. auszugraben oder einen speziellen Unkrautstecher einzusetzen.

Blatt oder Zinken: Eine Doppelhacke erlaubt einen flexiblen Einsatz

Bei Bäumen und anderen großen Gehölzen empfiehlt es sich, eine Baumscheibe anzulegen: eine kreisförmige Fläche rund um den Stamm bzw. die Strauchbasis, die zumindest in den ersten Jahren konsequent von anderem Bewuchs frei gehalten wird.

Achten Sie bei aller Bodenbearbeitung darauf, dass die Kulturpflanzen nicht beschädigt werden. Besonders aufpassen muss man beim Arbeiten zwischen jungen Pflanzen, Zwiebel- und Knollenblumen sowie flach wurzelnden Gehölzen – hier ist oft Mulchen die bessere Alternative.

Mulchen – Bodenschutz und Humusnachschub

Unter Mulchen versteht man eine Bedeckung freier Bodenflächen. Dazu dienen vorzugsweise Pflanzenreste oder schon zum Teil zersetzte organische Materialien, die beim Verrotten die Erde mit Humus und Nährstoffen anreichern und die nützlichen Bodenorganismen fördern.

Solch eine Mulchschicht unterdrückt zudem den Unkrautaufwuchs, bewahrt die Bodenfeuchtigkeit, schützt die Oberfläche vorm Verkrusten und Verschlämmen und den Wurzelbereich vor extremen Temperaturschwankungen. Als Mulchmaterialien eignen sich:

- Kompost; in halb verrotteter Form nur zwischen robusten älteren Pflanzen, gut ausgereift auch zwischen Jungpflanzen;
- Rasenschnitt, am besten mit etwas Gehölzhäcksel oder Rindenmulch vermischt; muss häufig erneuert werden;
- Laub; stark gerbsäurehaltige, sehr langsam verrottende Blätter, z. B. von Eiche oder Walnuss, nur auf Wegen;
- abgemähte, etwas zerkleinerte Gründüngungspflanzen;
- Gehölzhäcksel und Stroh;
- käuflicher Rindenhumus und Rindenmulch (Letzterer nicht für Jungpflanzen). Rindenmulch wird auch eingefärbt angeboten, beispielsweise in Gelb, Rot und sogar Blau oder Schwarz, sodass er zusätzlich einen dekorativen Aspekt bietet.

Der Mulch wird am besten auf zuvor gelockertem Boden ausgebracht, etwa 2-5 cm hoch, unter gut eingewachsenen Gehölzen auch höher, wenn das Material luftdurchlässig ist. Beim Zersetzen von Rindenmulch, Gehölzhäcksel und Stroh wird recht viel Stickstoff verbraucht, deshalb sollten Sie öfter ein paar Handvoll Hornspäne untermischen. Bei kalkliebenden Pflanzen ist es zudem ratsam, an und zu kohlensauren oder Algenkalk auszubringen, wenn ständig Rindenmulch oder Laub Verwendung findet.

Die schützende Bodenbedeckung kann allerdings auch unerwünschte Besucher anlocken: Wo öfter Probleme mit Wühlmäusen auftreten, sollten die Mulchschichten recht dünn aufgetragen werden – und in feuchten „Schneckenperioden" lässt man sie zwischen jungen und frisch austreibenden Pflanzen besser ganz weg bzw. entfernt sie vorübergehend.

Kompost – weit mehr als ein Abfallhaufen

Wo immer die Gelegenheit besteht, lohnt es sich, eine Ecke für den Kompost zu reservieren. Garten- und Küchenabfälle einfach entsorgen, in ein wertvolles, aber kostenloses Bodenverbesserungs- und Düngemittel umwandeln lassen und dabei noch Gebühren für die Biotonne sparen – der eigene Kompost macht's möglich. Der optimale Platz dafür liegt leicht beschattet und ist vom Haus aus gut erreichbar.

Praktisch sind die in Bau- und Gartenmärkten angebotenen Kompost-Holzboxen, bei denen einfach Bretter bzw. Latten je nach Füllhöhe übereinander gestapelt werden. Sie halten allerdings meist nicht allzu lange und müssen öfter ersetzt werden. Wo der Platz reicht, stehen am besten drei solcher Behälter nebeneinander: einer zum Sammeln der Abfälle, der zweite zum Aufsetzen des Komposthaufens und der dritte schließlich zum Umsetzen und später dann zur Entnahme des fertigen Komposts. Eine platzsparende Alternative bieten die aus Kunststoff bestehenden, isolierten Thermokomposter, in denen sich das Material besonders schnell zersetzt. Hier treten jedoch manchmal Probleme mit Fäulnis auf, vor allem, wenn viel feuchtes, feines Material (Küchenabfälle, Rasenschnitt) kompostiert wird.

Kompost aufsetzen und verwenden

Die meisten Garten- und Küchenabfälle eignen sich als „Rohmaterial" für den Kompost, ebenso Stall- oder Pferdemist, der den Nährstoffgehalt deutlich erhöhen kann. Wenn sich die Mikroorganismen in einem gut aufgesetzten Kompost an die Zersetzungsarbeit machen, wird es in dessen Kern recht heiß, sodass auch viele Krankheitskeime absterben. Trotzdem sollten kranke Pflanzenteile vorsichtshalber nicht auf den Kompost kommen, ebenso wenig samen-

Eine leichte Beschattung ist für den Rottevorgang im Komposthaufen förderlich

oder ausläufertragende Unkräuter. Ungeeignet sind außerdem verschimmelte Reste, Fleisch-, Fischabfälle und Knochen, Öle und Fette, Katzenstreu und anderer Haustierkot sowie Asche von Grill- und anderer Kohle. Holzasche dagegen lässt sich sehr gut einbringen. Äste, Zweige und lange Blumenstängel sollten vor dem Aufsetzen stark zerkleinert werden. Solch grobes Material ist ideal, um es Küchenabfällen, Rasenschnitt oder Laub unterzumischen: Es sorgt für die nötige Durchlüftung.

Beim Aufsetzen des Komposts beginnt man mit einer 20–30 cm hohen Lage aus Gehölzschnitt oder sperrigen Stängeln, die den Wasserabfluss verbessert. Bringen Sie beim Aufschichten der weiteren Abfälle etwa alle 20 cm eine dünne Schicht aus humoser Gartenerde oder bereits gereiftem Kompost ein: Damit fügen Sie dem Material nützliche Mikroorganismen hinzu, die den Rottevorgang beschleunigen. Streuen Sie darüber jeweils etwas Gesteinsmehl oder Algenkalk. Zum Schluss wird der höchstens bis 1,5 m hoch aufgesetzte Haufen mit einer Schicht Erde überzogen und kann auch noch eine Abdeckung aus Rasenschnitt oder Laub erhalten. Nach einigen Monaten sinkt der Komposthaufen deutlich zusammen. Dann wird er am besten umgesetzt, um das Ganze nochmals gut zu belüften und zu durchmischen. Spätestens ein Jahr nach dem Aufsetzen, unter günstigen Bedingungen schon nach etwa 6 Monaten, haben sich die Abfälle in humose Komposterde verwandelt.

Der völlig ausgereifte Kompost ist feinkrümelig und riecht angenehm nach Waldboden. Er lässt sich beliebig zum Mulchen oder Düngen einsetzen. Noch nicht ganz verrotteter Frischkompost sollte schon einige Zeit vor dem Pflanzen auf die Beete kommen oder nur zwischen gut eingewachsenen, nährstoffliebenden Gewächsen Verwendung finden. Bringen Sie den Kompost etwa 1–2 cm hoch aus, und arbeiten Sie ihn nur oberflächlich ein, z. B. mit einem Kultivator.

Düngen – ganz nach Bedarf

Zum Wachsen, Blühen und Fruchten brauchen Pflanzen eine Vielzahl an Mineralstoffen, die sie mit den Wurzeln aus dem Boden aufnehmen – zusammen mit dem Wasser, in dem die Nährstoffe gelöst sind. Während der Wachstumszeit bedienen sich die Pflanzen kräftig aus den Bodenvorräten, die zudem durch Auswaschung gemindert werden können. Deshalb bedarf es mehr oder weniger regelmäßig eines Nachschubs.

Pflanzen in Töpfen, Kübeln und Kästen sind ganz besonders auf eine gute Nährstoffversorgung angewiesen, da sie nur auf das begrenzte Erdreservoir in ihren Gefäßen zugreifen können. Auch viele im Garten ausgepflanzte Sommerblumen haben einen recht hohen Düngebedarf, da sie – gemessen an ihrer kurzen Lebensspanne – überreich Blätter und Blüten hervorbringen. Ähnliches gilt für manche Prachtstauden. Doch ansonsten reicht etlichen Stauden schon eine jährliche Kompostgabe im Herbst oder Frühjahr. Wenn der Boden vor der Pflanzung gut vorbereitet und mit Humus versorgt wurde, zählt auch die Mehrzahl der Gehölze zu den genügsamen Pflanzen. Mulch, verrottendes Falllaub und Kompostgaben füllen oft ausreichend die Vorräte auf. Etwas mehr Dünger brauchen Hecken und andere Gehölze, die häufig zurückgeschnitten werden.

Dünger sollten stets auf angefeuchtetem Boden ausgebracht werden

Wichtige Elemente der Pflanzennahrung

Als Hauptnährstoffe, die in größeren Mengen gebraucht werden, gelten Stickstoff (chemisches Kürzel: N), Phosphor (P), Kalium (K), Magnesium (Mg), Calcium (Ca) und Schwefel (S). Eisen (Fe) wird teils ebenfalls als Hauptnährstoff angesehen, oft aber auch zu den Spurennährstoffen gerechnet. Zur letzteren Gruppe zählen Mineralstoffe, die die Pflanze zwar nur in kleiner Dosierung benötigt, die aber ebenso wichtig sind, beispielsweise Mangan (Mn), Zink (Zn) und Kupfer (Cu).

Jeder Nährstoff hat besondere Funktionen. Stickstoff (in Düngern meist als Nitrat oder Ammonium) beispielsweise ist eine der wichtigsten Komponenten für das Wachstum und die Grünfärbung der Blätter. Im Übermaß verabreicht, führt er allerdings zu weichem, „mastigem" Gewebe mit erhöhter Anfälligkeit für Schaderreger und Frostschäden. Zu viel Stickstoff kann außerdem das Trieb- und Blattwachstum auf Kosten der Blüten anregen. Phosphor (Phosphat) dagegen fördert u. a. die Blüten- und Fruchtbildung. Kalium (Kali) reguliert den Wasser- und Nährstoffhaushalt in der Pflanze, festigt das Pflanzengewebe und macht es widerstandsfähiger.

Dünger richtig einsetzen

Gute Volldünger enthalten all diese Nährstoffe in einem ausgewogenen Verhältnis. In Spezialdüngern für bestimmte Pflanzengruppen, z. B. Rosen oder Rhododendren, ist die Zusammensetzung genau auf die jeweiligen Ansprüche abgestimmt. Die Überdüngung mit bestimmten Nährstoffen hat oft zur Folge, dass die Aufnahme anderer Mineralstoffe gestört wird. Eine Bodenuntersuchung (siehe S. 12) kann über solche Missverhältnisse Aufschluss geben. Zum Ausgleichen spezieller Defizite gibt es Einzelnährstoffdünger, z. B. mit Eisen, Magnesium oder Kali.

Organische Dünger enthalten die Nährstoffe in organisch gebundener Form, teils auch als „naturnahe" Mineralien. Sie werden überwiegend langsam freigesetzt, wobei die Bodentemperatur und die dadurch beeinflusste Aktivität der Bodenorganismen eine wichtige Rolle spielen. So genannte mineralische oder „Kunstdünger" dagegen bieten Nährstoffe bzw. -salze in schnell löslicher Form. Sie kommen den Pflanzen umgehend zugute, bergen aber viel eher das Risiko einer Überdüngung: Sie können zudem teils ins Grundwasser ausgewaschen werden, wenn die Pflanze sie nicht bald aufnimmt. Anders die mineralischen Langzeit- oder Depotdünger: Sie sind mit einer zersetzbaren Umhüllung versehen, geben ihre Nährstoffe nur nach und nach ab und reichen so oft für mehrere Monate.

Die meisten Dünger, besonders die leichtlöslichen, werden am besten erst ab Wachstumsbeginn im Frühjahr ausgebracht. Flüssigdünger können Sie einfach nach Auflösen in Wasser mit der Gießkanne verteilen. Festdünger werden möglichst gleichmäßig auf zuvor angefeuchtetem Boden ausgestreut und dann leicht eingeharkt. Beachten Sie bei allen Düngern genau die Anwendungs- und Dosierungshinweise des Herstellers, und bringen Sie im Zweifelsfall lieber etwas weniger als zu viel aus.

Eins der häufigsten Nährstoffprobleme in der Ziergartenpraxis ist Eisenmangel, z. B. an Rosen und Rhododendren. Er zeigt sich zuerst an den jüngeren Blättern: Sie werden gelb, doch die Blattadern bleiben grün. Ursache ist meist ein zu kalkreicher, manchmal auch verdichteter Boden, der die Aufnahme des Eisens behindert. Schnell helfen Eisendünger, die sich als flüssige Blattdünger ausbringen lassen. Doch langfristig ist eine Bodenverbesserung und Absenkung des pH-Werts ratsam; außerdem sollte nur weiches, kalkarmes Gießwasser verwendet werden.

Ausputzen und Blütenförderung

Nachdem die Blüten bestäubt und befruchtet sind, investieren Pflanzen die meiste Kraft in die Ausbildung der Samenstände bzw. Früchte. Neue Blütenknospen werden dann kaum noch angesetzt. Dieses Nachlassen des Flors zeigen selbst exotische Arten oder Züchtungen mit dicht gefüllten Blüten, bei denen eine erfolgreiche Befruchtung ausbleibt.

Deshalb ist es ratsam, besonders bei Sommerblumen, teils auch bei Stauden, die verwelkten Blüten regelmäßig zu entfernen – sofern keine zierenden Samen- oder Fruchtstände zu erwarten sind oder Samen für die eigene Nachzucht oder Selbstaussaat erwünscht sind. Oft lassen sich die welken Blüten einfach abziehen oder mit den Fingernägeln abkneifen, andernfalls kommt die Gartenschere zum Einsatz. Bei diesem Ausputzen kann man auch gleich dürre oder beschädigte Blätter mit entfernen.

Regelmäßiges Ausputzen welker Blüten hilft, den Flor zu verlängern

Bei Rosen entfernt man abgeblühte Stände komplett oberhalb eines Blattansatzes

Unter den Blütensträuchern lohnt sich das Ausputzen besonders bei öfterblühenden Rosen und Rhododendren. Hier werden ganze Blütenstände weggeschnitten bzw. ausgebrochen (siehe S. 186 und S. 191). Einige Stauden, z. B. Rittersporn und Lupine, lassen sich zu einem späten Zweitflor anregen, wenn man sie nach der ersten Hauptblüte komplett bis auf eine Handbreit über dem Boden zurückschneidet.

Praxiszubehör mit Zierwert: Manche Staudenstützen sind sehr dekorativ gestaltet

Mit einer Achterschleife lassen sich die Stängel gut „mit Spiel" anbinden

Hohe Pflanzen stützen

Hochwüchsigen Stauden, Sommerblumen und Knollenblumen wie Dahlien mangelt es manchmal an Standfestigkeit – vor allem den Arten und Sorten, die große, schwere Blüten oder Blütenstände tragen. Die Stängel können nicht nur umkippen, sondern auch abknicken und sind an windigen Stellen besonders gefährdet.

Schlanke Bambus-, Holz oder Metallstäbe eignen sich gut, um einzelne Stängel abzustützen. Sie werden neben den Pflanzen in den Boden gesteckt, mindestens 20 cm tief, damit sie stabil verankert sind. Am besten binden Sie die Stängel daran mit einer so genannten Achterschleife fest: die Bindeschnur um den Trieb legen, zwischen Trieb und Stütze überkreuzen und schließlich auf der gegenüber liegenden Seite des Stabs verknoten. Mit solch einer Bindung in Form einer liegenden Acht lässt sich vermeiden, dass der Stängel ständig am Stützstab scheuert. Die Bindung sollte nicht allzu stramm angezogen und gelegentlich überprüft werden, damit sie nicht die Triebe einschneidet.

Breite, buschig oder horstartig wachsende Stauden und Sommerblumen neigen teils zum Auseinanderfallen. Auch hier können Stäbe helfen, die rund um einzelne Pflanzen oder ganze Pflanzengruppen in den Boden gesteckt werden. Man bindet dann um die etwa kreisförmig angeordneten Stäbe mehrere Schnüre, die das Ganze zusammenhalten. Eine praktische Alternative sind Staudenhalter bzw. Stützringe aus Metall oder Kunststoff, die der Fachhandel anbietet, teils auch in dekorativer Ausführung. Sie lassen sich nach Bedarf im Durchmesser verstellen und höher schieben.

Stützen brauchen natürlich auch Kletterpflanzen, wobei es oft ratsam ist, die Triebe anfangs locker aufzubinden. Später dann schlingen sie sich von selbst hoch oder halten sich mit Ranken oder Haftwurzeln fest. Für viele Kletterer eignen sich Rankgitter, die sich z. B. an der Hauswand anbringen lassen. Auch Schlingpflanzen wie Prunkwinde oder Schlingknöterich können diese nutzen, wenn sie genug Platz finden, um ihre Triebe um die Gitterstreben zu winden. Besser eignen sich aber aufrechte Stützen, seien es stabile Stäbe oder Drähte, Zaunlatten oder Pergolapfosten.

Stauden zurückschneiden

Die meisten Stauden werden am besten im Spätherbst etwa handbreit über dem Boden zurückgeschnitten. Das erspart den Anblick unschön gewordener Stängel und schafft Platz für den Neuaustrieb im Frühjahr. Allerdings wirken z. B. Gräser im winterlichen Raureif sehr malerisch, und manche Stauden wie Astilbe oder Fetthenne bilden ansprechende, lang haftende Samenstände. Solche Pflanzen schneidet man besser erst im zeitigen Frühjahr zurück. Auch bei etwas frostempfindlichen Stauden ist der Frühjahrsrückschnitt vorzuziehen, da die alten Stängel und Blätter über Winter einen gewissen Schutz bieten.

Das Abschneiden alter Staudenstängel schafft Platz für den nächsten Austrieb

Eine Schneedecke verleiht dem Garten einen eigenen Zauber – und isoliert den Boden gegen Frosteinwirkung

Wenn der Winter kommt ...

Die meisten unserer Gartenpflanzen überstehen den Winter ohne besondere Vorkehrungen, selbst bei Frösten bis –20 °C und mehr. Unter den Pflanzen, die im Garten verbleiben, verlangen hauptsächlich frisch gesetzte oder noch junge Exemplare spezielle Aufmerksamkeit, außerdem Rosen und manch andere Arten, die ursprünglich aus wärmeren Länden kommen.

Extrem strenge Winter sind durch den Klimawandel ohnehin seltener geworden. Dafür riskieren Gärtner immer öfter das Auspflanzen wärmeliebender Gewächse, z. B. aus dem Mittelmeerraum. Hier ist natürlich ganz besondere Fürsorge gefragt, falls doch einmal starke Fröste auftreten – was noch längst nicht auszuschließen ist und natürlich auch von der jeweiligen Region abhängt. Da Klimaforscher einen deutlichen Rückgang der Schneefälle vorhersagen, können gelegentliche Frosteinbrüche besonders gefährlich werden: Denn eine weiße Decke hat eine isolierende Schutzwirkung, die bei den schneelosen Kahlfrösten entfällt.

Winterschutz: Materialien und Methoden

Am wichtigsten ist der Schutz des Wurzelbereichs, wofür sich das Falllaub von Bäumen und Sträuchern prima eignet – allerdings nur, wenn es keinerlei Anzeichen von Krankheitsbefall zeigt. Auch Rindenmulch und Kompost lassen sich zum Abdecken verwenden.

Ein besonders gutes Winterschutzmaterial sind Zweige von Fichten und Tannen: Mit ihren dicht stehenden Nadeln isolieren sie hervorragend, lassen aber auch genug Luft durch. Zudem neigen sie kaum zum Faulen oder Schimmeln, was bei allzu dicht gepackten, regennassen Laubdecken zuweilen vorkommen kann. Wenn Sie viel Nadelreisig zum Abdecken benötigen, können oft Forstämter weiterhelfen.

Meist ist es ratsam, auch die Triebbasis abzudecken. Bei Rosen wird zudem die Veredlungsstelle durch Anhäufeln von Erde geschützt (siehe auch S. 191). Niedrige Stauden und Kleingehölze lassen sich leicht auch komplett mit Nadelreisig oder Laub überdecken. Sollen die Triebe höher wachsender Pflanzen geschützt werden, umhüllt man sie mit luftdurchlässigen Materialien wie Sackleinen, Leintüchern, Jutestoff oder gärtnerischen Abdeckvliesen.

Im Frühjahr müssen alle Abdeckungen rechtzeitig gelockert und schließlich ganz entfernt werden, wenn sich junger Austrieb regt. Halten Sie dann aber noch etwas Nadelreisig, Abdeckvliese o. Ä. bereit, falls noch einmal stärkere Nachtfröste auftreten. Sie sind vor allem für zarte Triebe und Knospen, die sich bei warmem Vorfrühlingswetter schon entwickelt haben, bedrohlich.

Triebbasis und Veredlungsstelle der Rosen werden durch Anhäufeln geschützt

Mit Astscheren lassen sich kräftige Triebe, auch in höheren Bereichen, schneiden

Seitentriebe werden ohne Stummel bis auf einen dünnen Astring entfernt

Halten Sie die Bypassschere so, dass die Finger die schmälere Klinge bewegen

Ziergehölze schneiden

Bei manchen Sträuchern gehört der Schnitt zu den jährlichen Pflegearbeiten, doch die meisten Ziergehölze brauchen nur gelegentlich einen Eingriff mit Schere oder Säge. Die Mehrzahl der Laub- und Nadelbäume muss gar nicht geschnitten werden; auch bei einigen Sträuchern treten Schnittwerkzeuge am besten nur in Aktion, falls beschädigte oder kranke Triebe zu entfernen sind. Die jeweils nötigen bzw. empfehlenswerten Schnittmaßnahmen für die einzelnen Gehölze können Sie den Pflanzenporträts entnehmen.

Die meisten laubabwerfenden Gehölze werden am besten während der Ruhezeit zwischen Blattfall und Neuaustrieb im Frühjahr geschnitten – allerdings nie bei Temperaturen unter –5° C. Ein besonders günstiger Termin ist der Vorfrühling, kurz vor Ende der Ruhephase: Die nun bald aufsteigenden Säfte fördern eine schnelle Wundverheilung. Außerdem können Sie dann gleich auch eventuell abgefrorene Zweige entfernen. Frühjahrs- und Frühsommerblüher wie Forsythie oder Deutzie dagegen schneidet man besser gleich nach der Blüte im Sommer – bei einem Winter- oder Frühjahrsschnitt könnte man sich eines Teils der bereits angelegten Blüten berauben. Ein spezieller Termin empfiehlt sich auch für Bäume wie Ahorn oder Birke, die wegen ihres starken Saftflusses aus den Wunden „bluten“: Dem kann ein Schnitt im Spätsommer oder im Herbst, bald nach dem Laubfall, vorbeugen.

Das richtige Werkzeug

Damit alle Wunden möglichst gut und schnell verheilen, müssen die Schnittflächen stets sauber und glatt sein, ohne Quetschungen, ausfransende Ränder oder eingerissene Rinde im angrenzenden Bereich. Deshalb sollte nur geeignetes, gut geschärftes Werkzeug verwendet werden. Bei Schnitt- oder Sägewunden mit mehr als 3 cm Durchmesser empfiehlt sich das Verstreichen mit einem Wundverschlussmittel aus dem Fachhandel. Sehr wichtig ist es auch, die Klingen bzw. Sägeblätter nach jeder Schnittmaßnahme gründlich zu reinigen, um der Übertragung von Krankheiten vorzubeugen. Wurden erkrankte Triebe entfernt bzw. zurückgeschnitten, empfiehlt es sich sogar, die Schnittwerkzeuge mit Alkohol zu desinfizieren.

So genannte Bypassscheren mit zwei geschwungenen, ineinander greifenden Klingen eignen sich am besten, um relativ weiche und mäßig dicke Triebe präzise und schonend zu schneiden, auch in engen Astgabeln. Kräftigere Triebe lassen sich besser mit einer Ambossschere schneiden, bei der eine gerade Klinge gegen eine starre Gegenfläche drückt. Beide Ausführungen gibt es auch bei den Astscheren, die mit langen Holmen ausgestattet sind. Dadurch bieten sie eine bessere Kraftübertragung und können selbst dicke Triebe mit bis zu 5 cm Durchmesser sauber kappen. Manche Modelle haben sogar ausfahrbare Teleskopstiele, die den Schnitt hoher Gehölze erleichtern.

Astsägen tragen ein schmales, teils einklappbares Sägeblatt an einem Handgriff. Mit ihnen gelangt man leicht in fast jeden Winkel. Auch hiervon werden Ausführungen mit Teleskopstiel angeboten. Baumsägen, die es in verschiedenen Größen gibt, ähneln „normalen" Bügelsägen, haben aber ein im Schnittwinkel verstellbares Sägeblatt, das sich idealerweise leicht austauschen lässt.

Zum nützlichen Zubehör gehören auch ein kräftiges, rostfreies Gartenmesser oder eine Hippe, ein Messer mit geschwungener Klinge. Damit lassen sich z. B. ausgefranste Wundränder nachschneiden und unsaubere Schnitte glätten, um die Verheilung zu fördern.

Auslichten und Wegschnitt

Viele Sträucher erneuern sich immer wieder durch junge Triebe, die an der Basis austreiben. Häufig blühen sie vor allem an den ein- bis zweijährigen Langtrieben und/oder Seitenzweigen. Hier ist das Auslichten die wichtigste Schnittmaßnahme, die in der Regel nur alle paar Jahre nötig wird. Dabei schneidet man einige der ältesten Triebe knapp über dem Boden weg, damit wieder mehr Licht und Luft ins Strauchinnere gelangt. Zweigt im unteren Bereich solch eines Alttriebs ein günstig stehender junger Seitentrieb ab, kann man ihn auch auf diesen umlenken, indem man den Hauptspross direkt an der Verzweigungsstelle kappt.

Manche Sträucher, z. B. Hasel oder Ranunkelstrauch, treiben oft sehr viele neue Sprosse auf einmal aus der Basis. In dem Fall werden am besten auch einige der schwächsten Jungtriebe ganz herausgeschnitten. Zum Auslichten gehört zudem das Entfernen einzelner beschädigter, abgestorbener oder das Wuchsbild störender Haupt- oder Seitentriebe. Dies kann, wo nötig, jederzeit durchgeführt werden.

Bei einem Wegschnitt von Seitentrieben sollten keine Stummel stehen bleiben, da sie oft Eintrittsstellen für Krankheitserreger bilden. Dünnere Zweige werden direkt an ihrer Ansatzstelle abgeschnitten. Kräftigere Triebe entfernt man am besten so, dass am Haupttrieb bzw. Stamm eine wenige Millimeter dicke Scheibe verbleibt. Dieser so genannte Astring enthält viel teilungsfähiges Gewebe und ist wichtig für die Wundverheilung.

Rückschnitt

Auch bei einem Rückschnitt, also beim Einkürzen von Trieben, verzichtet man auf unnötige Stummel – in diesem Fall, indem man knapp (etwa 0,5 cm) über einer Knospe bzw. einem Auge (Knospenansatz) schneidet. Stehen zwei Knospen auf derselben Höhe gegenüber, erfolgt der Schnitt gerade. Über einzelnen Knospen dagegen setzt man die Schere etwas schräg an, sodass der Schnitt zur gegenüber liegenden Seite nach unten verläuft. Schneiden Sie jeweils oberhalb von Einzelknospen, die nach außen bzw. in die gewünschte Richtung weisen.

In manchen Fällen ist ein schwacher, also ein kurzer Rückschnitt sinnvoll, z. B. wenn ein Buchsbaum in Form gehalten werden soll. Doch sonst führt ein häufiges, zaghaftes „Schnippeln" oft dazu, dass sich nur die Triebspitzen stark verzweigen, mit zahlreichen dünnen, besenartig erscheinenden Sprossen. Wo

Schnittwerkzeug und Zubehör (von links nach rechts): Astsäge, Wetzstein zum Schärfen von Klingen, Hippe, Gartenmesser, Ambossschere

Der Schmetterlingsstrauch wird im Frühjahr radikal zurückgeschnitten

ein Rückschnitt möglich bzw. nötig ist, empfiehlt es sich meist, die Triebe wenigstens um ein Drittel einzukürzen.

Noch radikaler geht man beim gelegentlichen Rückschnitt zur Verjüngung vor sowie bei Gehölzen wie Schmetterlingsstrauch oder Beetrosen, die hauptsächlich an den neu gebildeten, diesjährigen Trieben ihre Blüten bringen. Sie werden, vorzugsweise im Frühjahr, so stark eingekürzt, dass an der Basis nur noch Triebstücke mit einigen wenigen Knospen verbleiben – je nach Art, Wuchsstärke und Knospenbesatz auf etwa 10–40 cm Höhe. Doch Vorsicht, solche wahrhaft „einschneidenden" Maßnahmen vertragen nur Sträucher, die sich gut über Boden- oder Seitentrieben regenerieren.

Einige Sträucher, z. B. Forsythie oder Weigelie, entwickeln mit der Zeit lange, bogenförmig überhängende Triebe. An der höchsten Stelle dieser Bogentriebe bilden sich besonders reichlich Blüten. Lässt die Blühfreude nach, werden sie am besten nicht ganz entfernt, sondern direkt an der Biegungsstelle auf einen kräftigen, aufrecht wachsenden Seitentrieb zurückgeschnitten.

Schnitt an Zierbäumen

Die meisten Laubbäume entwickeln sich am schönsten, wenn sie ungeschnitten bleiben. Bei Bedarf kann gelegentlich die Krone etwas ausgelichtet werden, ansonsten entfernt man meist nur beschädigte oder sehr störende Äste und Zweigpartien. Manchmal entwickeln Bäume zwei etwa gleich starke Haupttriebe an der Kronenspitze; wenn dies das Wuchsbild beeinträchtigt, empfiehlt es sich, einen davon an seiner Ansatzstelle wegzuschneiden.

Werden dicke Äste entfernt, muss man aufpassen, dass sie beim Sägen nicht abbrechen und dabei eventuell noch einen Teil der Stammrinde mit abreißen. Am besten sägen Sie den Ast zuerst von unten her an, etwas vom Stamm entfernt und ungefähr bis zur Hälfte des Astquerschnitts. Setzen Sie dann die Säge auf der Astoberseite an, aber nicht auf derselben Höhe, sondern etwas versetzt in Richtung Astspitze. So lässt sich der Hauptteil des Asts dann ohne Bruchgefahr ganz absägen. Schließlich wird der restliche Stummel direkt am Stamm abgetrennt, sodass nur noch ein dünner Astring verbleibt, die Sägefläche an den Rändern mit einem Messer etwas geglättet und mit Wundverschlussmittel überstrichen. Auf dieselbe Weise entfernt man auch Äste und Astreste, die z. B. bei einem Sturm an- oder abgebrochen sind.

Damit schwere Äste nicht abbrechen, sägt man sie erst von unten zur Hälfte ein

Nun kann der Ast, etwas versetzt daneben, von oben durchgesägt werden

Das verbliebene Aststück lässt sich leicht direkt am Stamm entfernen

Wildtriebe entfernen

Fast alle Rosen und auch viele andere Gehölze, beispielsweise Flieder und Blütenkirschen, sind Veredlungen. Das bedeutet, die Sorte, deren Blüten, Blätter und Wuchs uns erfreuen, wurde auf die Stamm- bzw. Triebbasis einer anderen Pflanze, der so genannten Unterlage, gepfropft und ist mit dieser verwachsen. Oft kann man die Veredlungsstelle recht deutlich als Verdickung erkennen. Die Unterlage, meist ein Abkömmling einer verwandten robusten Wildart, steuert ihr Wurzelwerk bei, bei veredelten Stämmchen auch den Hauptspross, verbessert den Wuchs und häufig auch die Widerstandsfähigkeit der gesamten Pflanze.

Doch nicht selten treiben aus der Unterlage wüchsige Triebe aus, die mit denen der aufveredelten Sorte konkurrieren. Solche Wildtriebe, die oft an etwas anders geformten Blättern gut erkennbar sind, sollten bereits ab Frühjahr regelmäßig entfernt werden. Am besten graben Sie vorsichtig den Boden etwas auf, um diese Triebe direkt an ihrer Ansatzstelle wegzuschneiden.

Hecken schneiden

Damit Schnitthecken in Form bleiben, müssen sie in der Regel jährlich etwas gestutzt werden – zum Fördern der Verzweigung bei jungen Hecken sowie bei sehr wüchsigen Arten auch zweimal im Jahr. Die besten Schnitttermine sind Spätsommer (ab August) oder Herbst sowie der Vorfrühling. Meiden Sie Schnittmaßnahmen zwischen spätem Frühjahr und Juli – während der Zeitspanne brüten nicht selten Vögel in ihren vermeintlich sicheren Heckenverstecken.

Werden immergrüne Hecken quasi in Kastenform, also mit senkrechter Vorder- und Rückseite geschnitten, erhält der Heckenfuß auf Dauer zuwenig Licht. So besteht die Gefahr, dass sie im unteren Bereich verkahlen. Deshalb schneidet man sie besser mit abgeschrägten Seiten, also einem trapezförmigen Querschnitt, der sich von unten nach oben verschmälert. Bei laubabwerfenden Gehölzen ist dies nicht unbedingt nötig, aber ebenfalls günstig.

Sehr hilfreich für akkurates Stutzen sind aufgespannte Schnüre oder Drähte, an denen entlang geschnitten wird. Die Trapezform lässt sich bei langen Hecken am einfachsten schneiden, wenn man an den Schmalseiten entsprechende „Schablonen" aus zwei langen Latten und kurzer Querlatte anbringt. Diese werden dann mit mehreren entlang der Hecke gespannten Drähten verbunden, die bei der Schnittführung als Orientierung dienen.

Achten Sie beim Arbeiten mit elektrischen Heckenscheren stets auf Ihre Sicherheit, und verwenden Sie stabil aufgestellte Leitern oder einfache Gerüste aus Dielen, wenn Sie hohe Hecken schneiden. Elektrokabel befestigt man am besten am Gürtel bzw. einer Gurthalterung: So hat man nur ein kurzes Kabelstück vor sich, das nicht in die Quere kommen oder versehentlich durchgeschnitten werden kann.

Eine aufgespannte Richtschnur erleichtert das Schneiden gerader Heckenkronen

Pflanzenschutz im Ziergarten

Viele Plagegeister können die Gartenfreude trüben. Doch mit etwas Umsicht lassen sich Schädlinge und Krankheiten gut im Zaum halten

Geeignete Standortwahl, richtige Pflege und vielfältige Bepflanzung: Mit diesen Voraussetzungen sind Ihre Pflanzen schon recht gut gegen Schaderreger gewappnet. Stimmen die Wuchsbedingungen, kommt es seltener zu einem Befall – und wenn doch, können die Pflanzen leichter damit fertig werden. Abwechslungsreiche Pflanzenkombinationen haben nicht nur optische Vorteile: Sie verhindern die einseitige Förderung bestimmter Schädlinge und bieten ein vielseitiges Angebot für deren natürliche Gegenspieler.

Vorbeugen und vorsorgen

Manche Vorkehrungen beim Pflanzen und Pflegen mindern von vornherein die Befallswahrscheinlichkeit:

- Auf gesundes Pflanz- und Saatgut achten: Jungpflanzen, die bereits kränkeln, sollten gar nicht erst verwendet werden, ebenso wenig Samen, Stecklinge usw. von nicht einwandfreien Elternpflanzen. Kräftige, gesunde Jungpflanzen wachsen rasch über das kritische Jugendstadium hinweg.

- Widerstandsfähige Arten und Sorten wählen: Die verschiedenen Arten einer Gattung, seien es Nelken, Zwergmispeln oder Fichten, sind oft unterschiedlich robust gegen Schaderreger. Noch mehr gilt das für manche Züchtungen: Sorten, die als resistent gegen spezielle Krankheiten ausgewiesen sind, werden gar nicht befallen; tolerante Sorten zeigen nur geringe Anfälligkeit bzw. werden seltenst stärker beschädigt.

- Verwandtschaftsverhältnisse berücksichtigen: Pflanzen, die zur selben Familie gehören, werden oft auch von denselben Schaderregern bedroht. Deshalb ist es vorteilhaft, z. B. nicht ausschließlich Familienmitglieder der Korbblüten- oder der Rosengewächse nebeneinander zu setzen. Die jeweilige Familie ist in den Porträts genannt.

- Standorte wechseln: Manche Schaderreger leben und/oder überdauern im Boden und können sich besonders gut vermehren, wenn stets ihre bevorzugten Wirtspflanzen oder andere Gewächse derselben Familie gesetzt werden. Deshalb sollten Sie bei Neupflanzungen immer wieder die Plätze bzw. die Arten wechseln, so etwa bei Sommerblumen und anderen kurzlebigen Gewächsen. Auch ein neues Rosenbeet z. B. wird besser nicht auf einer Fläche angelegt, auf der zuvor bereits Rosen standen.

Eine Blumenwiese lockt viele nützliche Gegenspieler von Schädlingen an

Lavendel unterstreicht Rosenblüten – und hält so manche Blattlaus fern

Schlupfwespen legen mithilfe eines Stachels ihre Eier in Schädlingen ab

Florfliegen und ihre Larven vertilgen Läuse, Thripse, Spinnmilben und Raupen

• Nicht zu eng pflanzen: Pflanzen, die zu wenig Abstand haben, können sich nicht nur schlecht entwickeln: Sie werden auch häufiger von Pilzkrankheiten befallen, weil die Blätter langsamer abtrocknen und ein feuchtwarmes Mikroklima herrscht. Außerdem macht der enge Stand Schaderregern den Befall von Nachbarpflanzen einfacher.

• Risikoreiche Plätze meiden: Für Pilzkrankheiten recht anfällige Gewächse sollten möglichst nicht an Stellen gesetzt werden, an denen gar kein Lüftchen weht. Und Arten, die bei Spinnmilben und ähnlichen Pflanzensaugern besonders beliebt sind, stehen besser nicht direkt vor hellen, prall besonnten Wänden, an denen es sehr heiß wird.

• Förderliche Nachbarpflanzen nutzen: Aromatische bzw. streng duftende Pflanzen können so manche Schädlinge fernhalten oder durch ihre intensiven Gerüche verwirren. Dies macht man sich zunutze, indem man solche Gewächse gezielt zu anderen Pflanzen setzt. „Klassische" Beispiele im Ziergarten sind Lavendel, der den Blattlausbefall an Rosen mindert, und Kaiserkrone, die ihre nächsten Nachbarn vor Wühlmäusen schützen kann.

• Verletzungen an Pflanzen vermeiden: Unnötige Verletzungen, beispielsweise beim Hacken oder Schneiden, sollten möglichst unterbleiben, da sie stets potenzielle Angriffsflächen für Schaderreger darstellen.

• Auf Sauberkeit achten: Wer Schnittwerkzeug und andere Geräte, Anzucht- und Pflanzgefäße usw. nach jedem Gebrauch sorgfältig reinigt und nach der Arbeit an erkrankten Pflanzen gründlich die Hände wäscht, ist auf der sicheren Seite: Denn Krankheiten oder auch Eier von Schädlingen können auf vielfältige Weise übertragen werden.

• Regelmäßig kontrollieren: Achten Sie immer wieder auf eventuelle Befallsanzeichen, auch durch Begutachten der Blattunterseiten. Je früher ein Befall festgestellt wird, desto einfacher lässt sich meist gegensteuern.

Nützlinge – eifrige Helfer

In der Natur gibt es fast für jedes Lebewesen Gegenspieler, die dafür sorgen, dass keine Art auf Dauer überhandnimmt. Das beginnt schon in einem gesunden, humusreichen Boden: Hier wimmelt es an nützlichen Organismen, die nicht nur Reste zersetzen, sondern teils auch Schaderreger im Boden in Schach halten.

Über der Erde ist das nützliche Treiben leichter zu beobachten. Marienkäfer, Florfliegen, Schwebfliegen und Ohrwürmer z. B. vertilgen massenweise Blattläuse; ihre Larven sind dabei besonders gefräßig. Schlupfwespen parasitieren Schmetterlingsraupen und andere Insekten, wobei ihre Larven diese von innen auffressen. Winzige Raubwanzen und Raubmilben dezimieren Spinnmilben sowie Weiße Fliegen und andere Insekten. Über den Boden huschen Laufkäfer, um Würmern und Schnecken nachzustellen. Die nicht immer beliebten Spinnen verdienen Anerkennung als eifrige Insektenjäger.

Vögel halten, besonders während der Brutzeit, die Insektenpopulation im Gleichgewicht. Und wer Igel, Spitzmäuse, Eidechsen, Kröten oder Frösche

Beim Spritzen ist das gründliche Benetzen der Blätter sehr wichtig

in seinem Garten hat, kann sich glücklich schätzen: Sie räumen unter Insekten und Schnecken auf, und Igel fressen sogar junge Wühlmäuse.

Alles, was in Richtung „Naturgarten" geht, trägt dazu bei, solche Nützlinge anzulocken, zu fördern und ihnen Unterschlupf zu bieten:

- eine vielfältige Pflanzenwahl mit einem hohen Anteil naturnaher bzw. heimischer Gewächse;
- frei wachsende Blütenhecken;
- viele Sommerblumen und Stauden mit einfachen, ungefüllten Blüten sowie Blumenwiesen;
- wenig gestörte Gartenecken mit Holz-, Laub- und Steinhaufen und etwas toleriertem Wildwuchs;
- Trockenmauern und Gartenteiche mit naturnaher Bepflanzung;
- artgerechte Nistkästen bzw. Nisthilfen für Vögel sowie für Nützlinge wie Florfliegen (Bezug bzw. Infos bei spezialisierten Fachhändlern und Naturschutzverbänden).

Wenn Sie Spritzmittel einsetzen, sollten Sie auf nützlingsschonende Präparate achten und auf breit wirksame Mittel weitgehend verzichten.

Wenn es ernst wird

Häufig bekommt man Probleme schon gut in den Griff, wenn man Blätter oder andere Pflanzenteile mit Krankheitssymptomen oder starkem Schädlingsbefall gleich entfernt bzw. betroffene Triebe großzügig bis in den gesunden Bereich zurückschneidet. Schädlinge lassen sich oft eindämmen, indem man sie konsequent und wiederholt abstreift, absammelt oder mit Wasser abspritzt.

Bei erkrankten Gewächsen sollten Sie stets abgefallene Blätter, Triebstücke, Blüten und Früchte beseitigen, da darin nicht selten die Schaderreger überdauern. Auch wenn es manchmal Überwindung kostet, werden sehr stark befallene Pflanzen am besten komplett, mitsamt den Wurzeln, entfernt, um einer Ausbreitung vorzubeugen.

Einsatz von Pflanzenschutzmitteln

Für den Einkauf von Pflanzenschutzmitteln empfehlen sich vor allem Gärtnereien und gute Gartencenter, in denen mit kompetenter Beratung zu rechnen ist. Da die Abgabe hochgiftiger chemischer Präparate an Hobbygärtner durch den Gesetzgeber stark eingeschränkt wurde, bieten Hersteller zunehmend gut wirksame Pflanzenschutzmittel auf Naturstoffbasis an; z. B. aus pflanzlichen Stoffen wie Neem, Rapsöl und Pyrethrum sowie Präparate aus Bakterien (*Bacillus thuringiensis*) oder nützlichen Nematoden, die bestimmte Schädlinge parasitieren.

Grundsätzlich gilt es zu beachten, dass nicht alle Naturstoffmittel automatisch risikofrei sind und andererseits nicht alle chemisch-synthetischen Mittel von vornherein hochgefährlich oder stark umweltbelastend.

Bevorzugen Sie nach Möglichkeit bienen- und nützlingsschonende Pflanzenschutzmittel, setzen Sie diese nur für den zugelassenen Anwendungsbereich ein, und richten Sie sich sorgfältig nach den Dosierungs-, Anwendungs- und Sicherheitsempfehlungen auf der Packung bzw. dem Beipackzettel. Bewahren Sie Pflanzenschutzmittel stets unzugänglich für Kinder auf, und entsorgen Sie Reste über den Sondermüll.

Pflanzenschutzspritze mit Sicherheitsprüfzeichen, feste Kleidung, Handschuhe und, falls erforderlich, eine Schutzmaske – so sind Sie für das Ausbringen gut gerüstet. Gespritzt wird möglichst nur bei leicht bedecktem Himmel und wenn kaum ein Windchen weht. In der Regel spritzt man am besten so, dass die Blätter tropfnass werden. Behandeln Sie dabei auch die Blattunterseiten gründlich.

Häufige Schädlinge und Krankheiten

Im Folgenden werden die häufigsten Schädlinge und Krankheiten kurz beschrieben. Daneben können weitere Schaderreger Probleme bereiten, von denen die wichtigsten in den Pflanzenporträts genannt sind. Viele davon haben sich auf bestimmte Pflanzengattungen oder -arten spezialisiert. Das Auftreten kann je nach Jahr oder auch Region stark variieren.

Bei nicht identifizierbaren Schaderregern ist es ratsam, sich an erfahrene Gärtner oder den regional zuständigen Pflanzenschutzdienst zu wenden. Treten Schäden oder Wuchsstörungen auf, sollten Sie zunächst überprüfen bzw. überlegen, ob eventuell unbelebte Faktoren infragekommen. Kümmerwuchs oder gar Welke, aufgehellte oder braune Blätter, Blattflecken, vertrocknete Triebe – all das kann auch an zu viel oder zu wenig Wasser, Nährstoffen oder Licht liegen oder aus Schäden durch Frost, Hitze oder Staunässe im Boden resultieren.

Älchen oder Nematoden

Älchen, auch als Nematoden oder Fadenwürmer bekannt, sind winzige, durchscheinende Rundwürmer. Die meisten von ihnen leisten als Bodenlebewesen wertvolle Dienste, manche parasitieren sogar Schnecken oder Dickmaulrüsslerlarven. Doch einige davon sind selbst gefährliche Schädlinge, die an Blumen, Stauden oder auch Gehölzen saugen.

Ein Befall mit Wurzelälchen führt zu Kümmerwuchs und gelb werdenden, verwelkenden Blättern. In Beeten treten solche Schadbilder oft nestartig auf. Die Wurzeln zeigen oft Missbildungen oder gallenartige Wucherungen. Oberirdisch lebende Blattälchen rufen gelbe, später braunschwarze Blattflecken oder auch dunkle Flecken auf Blüten hervor; Stängelälchen verursachen Wuchsstockungen und aufgeschwollene, schließlich absterbende Stängel. Ei-

Oft lassen sich Schaderreger durch den Wegschnitt befallener Teile bremsen

Solche Nisthilfen fördern die Ansiedlung von Florfliegen und anderen Nützlingen

Schnecken, Larven, Raupen? Genau die richtige „Diät" für jeden Igel

Manche Marienkäfer bzw. ihre Larven fressen an einem Tag bis zu 150 Läuse

Die Deckel der Schildläuse finden sich recht häufig am Oleander

ne Bekämpfung ist im Hausgarten nicht möglich. Befallene Pflanzen müssen komplett entfernt werden; nach Ausgraben von Pflanzen mit Wurzelälchen kochendes Wasser in das Loch gießen. Nach einem Befall die betroffene Art mehrere Jahre nicht mehr auf derselben Fläche pflanzen; nematodenfeindliche Ölrettich- oder Senfsorten oder Tagetes als Gründüngung aussäen.

Pflanzensauger

Verschiedene Insekten sowie Spinnmilben, die zu den Spinnentieren gehören, laben sich gern am Pflanzensaft, den sie aus den Blättern und anderen Teilen saugen. Die meisten lieben warme, trockene Verhältnisse. Besonders gefährlich werden Blattläuse, Zikaden und Co., wenn sie bei ihrer Saugtätigkeit Viren übertragen. Schädlinge dieser Gruppe lassen sich häufig durch mehrmaliges Abspritzen oder Abstreifen eindämmen. Gegen die meisten wirken naturnahe Mittel wie beispielsweise Neem-, Kaliseifen-, Pyrethrum- und Rapsölpräparate recht gut.

Blattläuse: An vielen Pflanzen, bei warmem Wetter häufig schon im Frühjahr. 2–6 mm groß, je nach Art grün, schwarz, dunkelbraun, gelblich, rötlich oder grau, häufig in großen Gruppen an Blattunterseiten, jungen Trieben oder Knospen. Stark eingerollte, gekräuselte Blätter, kümmernde Triebe, oft deformiert, ebenso die Knospen oder Blüten; klebrige Beläge (Honigtau) auf den Pflanzen, oft besiedelt von schwarzen Rußtaupilzen.

Sitkafichtenläuse: Vor allem an manchen Fichtenarten sowie Tannen. Kleine, grüne Blattläuse. Verbräunende, abfallende Nadeln im inneren, unteren Baumbereich. Zur Kontrolle im Herbst oder Frühjahr auf Zweige klopfen und ein weißes Blatt Papier darunterhalten. Vorbeugend auf gute Wasserversorgung achten.

Schild- und Wollläuse: Vor allem an Gehölzen und zu warm überwinterten Kübelpflanzen. Weibchen der Schildläuse unter 1–2 mm großen, braunen, rötlichen oder gelben, harten Schilden; Wollläuse unter weißlichen, flockigen Wachsausscheidungen; beide auf Trieben, Blattstielen, Blättern oder in Blattachseln. Gehemmtes Wachstum, Blattvergilbung, teils absterbende Triebspitzen, an Nadelgehölzen oft knotenförmige Gallen an Trieben; klebrige Honigtaubeläge. Schilde abkratzen oder abbürsten; ölhaltige Pflanzenschutzmittel einsetzen.

Spinnmilben: An vielen Pflanzen. Sehr klein (um 0,5 mm), gelbgrün, bräunlich oder rötlich, meist an den Blattunterseiten. Zahlreiche punktförmige, helle Saugstellen, die durch eindringende Luft silbrig wirken und zu gelblichen bis graubraunen Flecken verschmelzen; oft eingerollte, abfallende Blätter; teils auffällige helle Gespinste.

Thripse: Auch als Blasenfüße bekannt; vor allem an Sommer- und Zwiebelblumen. 1–2 mm groß, weißlich bis braunschwarz, oft quergestreift, meist an den Blattunterseiten. Symptome ähnlich wie bei Spinnmilben, aber zusätzlich punktförmige, schwarze, lackartige Kotflecken neben den Saugstellen; teils verkrüppelte Triebspitzen und Blüten.

Weiße Fliegen: Auch als Mottenschildläuse bekannt; vor allem an Blumen, Stauden und Kübelpflanzen. 2–3 mm groß, mit weißlich überpuderten Flügeln, meist an den Blattunterseiten, fliegen bei Berührung der Blätter oft zahlreich auf. Blätter mit kleinen gelben Flecken, trocknen bei starkem Befall ein und fallen ab; klebrige Beläge (Honigtau) auf den Pflanzen, oft schwärzlich durch Rußtaupilze.

Zikaden: An manchen Blumen, Stauden und Gehölzen. 3–5 mm groß, grünlich, bräunlich, teils mit schwarzroten Flecken, bei Annäherung wegspringend oder auffliegend; Larven grünlich gelb, weißlich oder dunkel, teils mit schaumartigem Sekret umhüllt. Durch winzige Einstiche gelblich oder weiß gesprenkelte, vergilbende Blätter.

Blattwanzen: An manchen Ziersträuchern, Kübelpflanzen sowie Dahlien. 5–10 mm groß, grün oder bräunlich. In den Blättern unregelmäßig verteilte, verschieden große, an den Rändern oft gelb gefärbte Löcher; deformierte Blätter, Triebspitzen, Knospen oder Blüten. Morgens ablesen, da dann noch recht träge.

Schädlinge mit Fraßschäden

Hier reicht die Palette der Plagegeister von winzigen Larven über Raupen und Käfer bis zu kleinen Säugetieren wie Wühlmäusen. Gelegentlich werden aber auch Ohrwürmer oder Vögel zu Fraßschädlingen, doch im Allgemeinen überwiegen ihre Vorteile als schädlingsverzehrende Nützlinge. Erwähnt seien hier zudem Kaninchen und andere Wildtiere, die insbesondere in Waldrandlagen und über Winter manchmal an jungen Gehölzen fressen. Diese können zum Schutz mit Drahtgeflechten oder Kunststoffspiralen ummantelt werden. Hier die wichtigsten Fraßschädlinge im Überblick:

Käfer: Je nach Art an verschiedenen Pflanzen, z. B. kleinen, gedrungenen, metallisch glänzenden Blattkäfer zur Hauptsache an Gehölzen; glänzend schwarze Dickmaulrüssler an Rhododendren und anderen Pflanzen; scharlachrote Lilienhähnchen an Zwiebelblumen.

Meist fressen Käfer und Larven; häufige Schadbilder: kleine oder große Löcher in den Blättern, eingebuchtete Fraßkerben an den Blatträndern oder Blätter, die bis auf die Blattadern komplett abgefressen sind; Fraßlöcher in Knospen; teils Fraß der Larven an den Wurzeln, z. B. Dickmaulrüsslerlarven und die Engerlinge der Blatthornkäfer; dadurch Welke und Absterben der Pflanzen. Käfer, Larven und Eigelege (meist auf den Blattunterseiten) regelmäßig absammeln oder abstreifen, den nachtaktiven Dickmaulrüssler abends im Schein einer Taschenlampe ablesen; Dickmaulrüsslerlarven durch Ausgießen spezieller Nematodenpräparate bekämpfen.

Schmetterlingsraupen: Vorwiegend an Gehölzen. Schmetterlinge (z. B. Wickler, Motten) meist unauffällig und nachtaktiv; Raupen meist grün, bräunlich oder auch bunt gefärbt bzw. gestreift. Oft Kahlfraß der Blätter, teils bleiben nur noch die Blattadern stehen oder die durchschimmernden Außenhäute; manchmal eingerollte Blätter und/oder auffällige Gespinste. Raupen absammeln, mit Wasser abspritzen oder zerdrücken; *Bacillus-thuringiensis*-Präparate einsetzen.

Blattwespenlarven: Vorwiegend an Gehölzen. Wespen sehr klein und schwärzlich mit durchsichtigen Flügeln; Larven ähnlich wie Schmetterlingsraupen, zumeist um 10 mm lang, gelblich oder grün. Fraßschäden ebenfalls ähnlich wie bei Schmetterlingsraupen; bei den als Triebbohrer bezeichneten Arten fressen sich die Larven durch die Triebe. Larven absammeln bzw. befallene Triebe entfernen und vernichten; notfalls spezielle Pflanzenschutzmittel einsetzen.

Putzig, aber leider oft sehr lästig: Die Feldmaus gehört zu den Wühlmäusen

Lilienhähnchen lassen sich bei Gefahr mit dem Rücken auf den Boden fallen

Die Raupen mancher Schmetterlinge fressen in kurzer Zeit die Blätter kahl

Echter Mehltau überzieht meist die Blattoberflächen mit weißlichem Belag

Krankheiten wie der Sternrußtau breiten sich auf feuchten Blättern rasch aus

Schnecken: Besonders an jungen und frisch austreibenden Pflanzen, vor allem bei feuchtem Wetter. Gefährlichste Arten ohne Gehäuse (Nacktschnecken), 1–15 cm lang, teils auch größer, braun, rötlich, orange, grau, schwarz, gelb oder weißlich; leben tagsüber versteckt. Loch-, Schabe- oder Kahlfraß an Blättern, Trieben und Knospen, oft glänzende Schleimspuren. Vorbeugend Eigelege (kleine weiße Knäuel) im Boden und Kompost aufsammeln, nach starkem Befall im Winter umgraben, im feuchten Frühjahr nicht mulchen. Morgens unter ausgelegten Brettern absammeln; halb mit Bier gefüllte Becher als Schneckenfallen ebenerdig in den Boden eingraben; gefährdete Beete durch Schneckenzäune aus dem Fachhandel schützen; Schneckenköder auslegen oder spezielle Nematodenpräparate ausbringen.

Wühlmäuse: An vielen Pflanzen, insbesondere an Zwiebel- und Knollenblumen sowie Junggehölzen. Hell-, rot- oder dunkelbraunes, graues oder fast schwarzes Fell; bis 22 cm groß, mit langem Schwanz (Schermaus) oder 10–15 cm, mit kurzem Schwanz (Feldmaus); unter der Erde hochovale, eiförmige oder rundliche Gänge. Nagefraß an Wurzeln, Zwiebeln, Knollen, teils auch an Rinden, Samen und Jungpflanzen. Vorbeugend Zwiebel- und Knollenblumen in Pflanzkörben einsetzen; Gänge häufig zerstören; Wühlmausfallen in den Gängen ausstellen; notfalls giftige Köder auslegen; Vertreibung durch akustische Signale oder Duftstoffe oft nur mäßig erfolgreich.

Schädlinge mit speziellen Symptomen

Einige Läuse, Milben, Mücken oder Wespen verursachen an ihren Wirtspflanzen so genannte **Gallen**. Das können rundliche Gebilde sein, in denen Eier abgelegt werden, oder auch einfache Ausstülpungen auf Blättern, angeschwollene Knospen u. Ä. In der Regel empfiehlt es sich, solche „Objekte" gleich zu entfernen bzw. betroffene Triebe bis ins gesunde Holz zurückzuschneiden.

Minierfraß in Blättern wird durch die kleinen Larven mancher Fliegen, Motten oder Wespen hervorgerufen. Sie fressen sich durch die Blätter, was zu linienartigen, oft geschlängelten Aufhellungen führt oder auch zu runden, hellen Flecken. Teils lassen sich die Larven einfach in den Blättern zerquetschen. Ansonsten helfen das Entfernen betroffener Teile, je nach Schädling auch der Einsatz von systemischen Pflanzenschutzmitteln, die sich im Saftstrom der Pflanze verteilen.

Pilzkrankheiten

Die meisten Pilze sind eigentlich von fadenartiger Gestalt, wobei sich ihre Fäden zu einem Geflecht, dem Myzel, vereinen. Dieses wächst bei Schadpilzen in oder auf den Pflanzen und ernährt sich von deren organischer Substanz. Bei außen lebenden Pilzen wie dem Echten Mehltau ist das Myzel sichtbar; ansonsten sieht man oft nur die Fruchtkörper bzw. die Lager der Sporen, über die sich die Pilze vermehren. Deren Verbreitung und Entwicklung ist an Feuchtigkeit gebunden und wird durch Wärme begünstigt. So kommt es z. B. öfter nach sommerlichen Regenperioden zu einem verstärkten Auftreten. Pilzkrankheiten sind oft auf bestimmte Gattungen spezialisiert, sodass beispielsweise der Malvenrost nicht auf Rosen oder Kiefern überwechselt.

Schadpilze lassen sich häufig gut eindämmen, wenn man frühzeitig erkrankte Pflanzenteile entfernt. Bei starkem Befall bleibt einem oft nichts anderes, als die ganze Pflanze zu beseitigen – insbesondere bei den Welke- und Fäulekrankheiten, die von diversen Schadpilzen hervorgerufen werden. Gegen manche Pilzkrankheiten sind Pflanzenschutzmittel (Fungizide) für den Hausgarten zugelassen. Oft helfen auch käufliche Pflanzenstärkungsmittel, die vorbeugend oder im Anfangsstadium eines Befalls mehrmals in kurzen Abständen ausgebracht werden. Die häufigsten Pilzkrankheiten sind:

Echter Mehltau: An vielen Pflanzen; im Auftreten etwas untypisch, da vorwiegend bei trockenem, warmem Wetter. Weißliche bis hellgraue, mehlige, abwischbare Beläge auf Blattoberseiten, Trieben, Knospen und Blüten, verfärben sich mit der Zeit graubraun; teils eingerollte Blätter.

Falscher Mehltau: Vor allem an Blumen und Stauden, auch an Rosen. Auf Blattoberseiten gelbe oder braune Flecken, auf den Unterseiten graue bis graubraune Beläge, teils auch an Trieben, Knospen und Blüten; befallene Blätter sterben bald ab.

Rostpilze: An vielen Pflanzen. Anfangs gelbe, rote oder bräunliche Flecken auf den Blattoberseiten; dann pustelartige, bei Trockenheit stäubende Beläge (Sporenlager) auf Ober- oder Unterseiten, je nach Art rötlich, braun, orangerot, schwarz, gelb oder weißlich.

Grauschimmel: In erster Linie an Blumen und Stauden, besonders an geschwächten Pflanzen. Anfangs braune, bald faulende Flecken auf Blättern und anderen Pflanzenteilen, dann braun- bis mausgraue, schmierige Beläge.

Viruskrankheiten

Die winzigen Viren sind keine „echten" Lebewesen, sondern nutzen komplett den Stoffwechsel in den Zellen ihrer Wirtspflanzen. Auch sie sind in der Regel auf bestimmte Pflanzen oder auch Pflanzenfamilien spezialisiert. Ihre Übertragung erfolgt hauptsächlich durch Blattläuse und andere Pflanzensauger, teils aber auch über Schnittwerkzeug und andere Gartengeräte.

Typische Schadbilder sind mosaikartige, ringförmige oder netzartige Blattaufhellungen, gelbe oder weiße Streifen, blasse bis bronzefarbene Blattflecken, eingerollte, gekräuselte oder verkrümmte Blätter, deformierte Triebe oder stark gestauchter Wuchs. Manchmal werden die Pflanzen lediglich leicht beeinträchtigt, sie können allerdings auch, je nach Virustyp, ganz absterben. Eine Bekämpfung ist grundsätzlich nicht möglich. Bei Gehölzen kann man es zunächst mit einem Wegschnitt betroffener Partien versuchen; doch oft wird es nötig, befallene Pflanzen komplett zu entfernen.

Bakterienkrankheiten

Was zur Bekämpfung bei Viruskrankheiten gesagt wurde, gilt auch für Bakterien. Hier können allerdings manchmal kupferhaltige Präparate oder Pflanzenstärkungsmittel aus dem Fachhandel helfen, einen früh erkannten Befall einzudämmen. Bakterien sind bislang recht selten und nur auf bestimmte Pflanzengruppen spezialisiert, werden aber bei Auftreten oft gefährlich. Charakteristische Symptome sind z. B. dunkle, ölige oder schleimige Blattflecken, absterbende Triebspitzen oder Zweigpartien bis hin zur kompletten Welke, Stängel-, Wurzel- oder Knollenfäulen mit oft nassem Gewebe und geschwulstartige Wucherungen an Trieben oder Wurzeln. Eine übliche Begleiterscheinung ist der Bakterienschleim, der z. B. aus angeschnittenen Trieben quillt.

Größte Bedeutung hat der **Feuerbrand**, der etliche Gehölze aus der Familie der Rosengewächse befallen kann. Da hierzu auch Apfel und Birne zählen, richtet diese hoch infektiöse Bakterienkrankheit teils verheerende Schäden in Obstanbaugebieten an. Unter den Ziergehölzen sind vor allem solche mit kleinen apfelähnlichen Früchten betroffen, beispielsweise Feuerdorn und Zwergmispel. Doch zunehmend wird die Krankheit auch an anderen Sträuchern wie der Felsenbirne beobachtet, allerdings nicht an Rosen selbst. Bei Befall verfärben sich zunächst Blätter und Blütenstände braun bis schwarz; zunehmend wirken dann ganze Triebpartien wie versengt. Oft krümmen sich die Triebspitzen hakenartig ein; aus Wunden treten gelbbraune Schleimtröpfchen aus. Bei Verdacht auf Feuerbrand muss dies unverzüglich der zuständigen Behörde (Orts- bzw. Kreisverwaltung oder Pflanzenschutzamt) gemeldet werden.

Von Pilzen verursachte Blattflecken haben oft einen deutlich abgesetzten Rand

Rostpilze, hier der Malvenrost, bilden charakteristische Pusteln mit Sporen

Mit Pflanzen gestalten

Tipps und Tricks für schöne Gärten

Beete, Rabatten, Strauchgruppen

Tipps und Tricks für schöne Gärten

Hinter attraktiven Gärten steckt meist gründliche Planung – doch sie sind kein Zauberwerk. Entdecken Sie den Spaß am individuellen Gestalten

Für die Gartengestaltung gibt es sicher keine Patentrezepte und auch kaum allgemeingültige Regeln: Erlaubt ist, was gefällt. Doch bei der Fülle an angebotenen Pflanzen und der damit möglichen Kombinationen sind Anhaltspunkte, Leitlinien und Vorbilder hilfreich. Davon ausgehend kann man für den eigenen Garten und Geschmack passende Varianten entwickeln – zumal sich hier ohnehin kaum „Schnittmuster" übertragen lassen.

Ideen und Inspirationen

In Gartenzeitschriften und -büchern wird man leicht fündig: Fotos von schönen Gärten und attraktiven Beeten sind nicht nur zum Bewundern da. Wenn Sie versuchen, nachzuahmen, was Ihnen gefällt, mit ähnlichen Pflanzen und kleinen Abwandlungen – dann sind Sie schon mittendrin in der praktischen und zugleich kreativen Gestaltungsarbeit. Spezielle Bücher zur Garten- und Beetgestaltung bieten bei Bedarf auch detaillierte Anleitungen, Hilfestellungen und Bepflanzungsbeispiele.

Aber es ist mindestens ebenso lohnend, in anderen Gärten, auf Gartenschauen oder in schönen öffentlichen Anlagen „mit den Augen zu stehlen". Das Ganze in natura zu sehen, direkt aus der Nähe und aus verschiedenen Blickwinkeln zu

Gehölze verleihen dem Garten Struktur – und sorgen für lauschige Plätze

Solch eine anmutige Weggestaltung lässt sich selbst in kleinen Gärten umsetzen

betrachten, macht klarer, wie und warum bestimmte Arrangements dem Auge schmeicheln. Fotos und Notizen helfen, solche Anregungen bis zum Umsetzungsversuch präsent zu halten.

Eigene Erfahrungen sammeln

Wer sich quasi als Neueinsteiger ans Gestalten macht, muss oft mit kleineren Enttäuschungen rechnen: Nicht alles gelingt und entwickelt sich so, wie es geplant war. Schließlich bleibt die Bepflanzung stets veränderlich, bietet je nach Jahreszeit ein unterschiedliches Gesicht und wandelt sich zudem im Lauf der Jahre.

Geduld und zunehmende Erfahrungen spielen bei all dem eine wichtige Rolle. Sommerblumenbeete eignen sich sehr gut als Einsteig, da man bei der Neubepflanzung in der nächsten Saison eventuelle Mängel der ersten Versuche leicht vermeiden kann. Bei Staudenbeeten und erst recht bei Gehölzpflanzungen muss man versuchen, die spätere Entwicklung möglichst gut abzuschätzen, da nachträgliche Korrekturen mehr oder weniger aufwendig sind. Oft verleiten beispielsweise die noch zierlichen Junggewächse zu allzu dichten Bepflanzungen.

Die komplette Neuanlage und -gestaltung eines Gartens verlangt sorgfältige Planung. Wer sich ohne Expertenhilfe an dieses Unterfangen macht, sollte gute Spezialliteratur hinzuziehen. Besonders in schwierigen Gartensituationen (z. B. schmale Reihenhausgärten oder Hanglagen) macht es sich oft bezahlt, die Hilfe erfahrener Gartengestalter in Anspruch zu nehmen.

Mit Plan geht's besser

Planzeichnungen sind schon für große Beete Rabatten und Gehölzgruppen sehr hilfreich – für das Anlegen ganzer Gärten oder Gartenbereiche sind sie unentbehrlich. Man kann dafür beispielsweise auch entsprechende Computerprogramme nutzen, wie sie teils für Hobbygärtner angeboten werden. Doch für fein gerasterte, punktgenaue Planvorlagen im übersichtlichen DIN-A3-Format ist das gute alte Millimeterpapier meist die beste Lösung.

Für „Gesamtplanungen' empfiehlt sich ein Maßstab von 1:100, d. h., 1 cm auf dem Papier entspricht 1 m im Gelände.

Ein berankter Rosenbogen setzt Akzente und macht Wege interessanter

Bei sehr großen Grundstücken wird dann die Verteilung auf mehrere Bögen nötig – oder ein Maßstab von 1:200. Kleine Gärten, Gartenbereiche oder Vorgärten können dagegen oft mit 1:50 erfasst werden; einzelne Beete sogar im Maßstab 1:20 oder 1:10, sodass dann 1 cm im Plan 20 cm bzw. 10 cm in der Realität entspricht.

In einem Lageplan des Gartens wird auf solch einem Bogen alles Vorhandene erfasst und maßstabsgerecht eingezeichnet: Umrisse bzw. Grundstücksgrenzen, Zäune und Mauern, Gebäude, Durchgänge, Wege, Treppen, gepflasterte Flächen, Bäume und Sträucher; auch Strom- und Wasserleitungen sowie entsprechende Anschlüsse. Mit Pfeilen oder einem Kreuz werden außerdem die Himmelsrichtungen markiert; mit gestrichelten Linien kann man Mulden, Erhöhungen oder Höhenunterschiede festhalten. Zusätzlich lassen sich die Schattenzonen kennzeichnen, etwa als schraffierte Flächen

Auf Kopien oder transparenten Zeichenpapieren, die Sie über den Lageplan legen, können Sie nun – ausgerüstet mit Bleistift, Radiergummi und eventuell auch Farbstiften – nach Belieben verschiedene Entwürfe durchspielen. Die Höhendimension bleibt freilich Sache der Vorstellungskraft – sofern man nicht dreidimensionale Elemente, z. B. aus Karton, oder entsprechende Computersimulationen verwendet.

Zum Schluss wird der beste Entwurf zum konkreten Pflanzplan und zur Grundlage für die Einkaufsliste; bei größeren Gestaltungen am besten auch für einen Zeitplan. Oft müssen solche Pläne bei der praktischen Umsetzung dann noch etwas verändert und den Realitäten angepasst werden.

Beachten Sie bei der Planung, dass es für Gehölze, Hecken und Baulichkeiten vorgeschriebene Grenzabstände und eventuell weitere Vorgaben gibt (siehe auch S. 10).

Strukturen schaffen

Sofern der Garten am Haus liegt, ist dieses natürlich der Hauptbezugspunkt der Gestaltung. Vom Haus aus sollen alle wichtigen Bereiche gut einsehbar bzw. erreichbar sein. Des Weiteren sind für die Struktur und Gliederung folgende Elemente maßgeblich:

- Verlauf und Art der Gartengrenzen;
- die Aufenthalts- und Wohlfühlbereiche: Terrasse, Sitzplätze im Garten und Rasenflächen;
- die „Infrastruktur": Wege, Zäune, Mauern, Treppen, Kompostplatz, Geräteschuppen bzw. Gartenhaus;
- Hecken, Bäume, große Einzelsträucher und Strauchgruppen.

Blattformen und -strukturen spielen bei der Gestaltung eine wichtige Rolle

Je nach Gartentyp und -größe sowie Vorlieben kommen für die strukturelle Gestaltung die unterschiedlichsten Lösungen infrage. Dabei spielen natürlich immer auch praktische Gesichtspunkte eine wichtige Rolle. Bezüglich der gestalterischen Wirkung gilt es besonders zu überlegen und zu bedenken ...

- wo durchgehende Sichtachsen erwünscht sind oder andererseits Blicke ferngehalten oder auch reizvoll ins Ungewisse geführt werden sollen, z. B. durch versetzt gepflanzte Sträucher;
- dass das Auge Ruhepunkte ebenso braucht und genießt wie spannungsreiche Kontraste und Akzente;
- ob hohe Hecken, Gehölze oder Mauern das Grundstück nicht optisch verkleinern oder auf Dauer sogar erdrückend wirken; insbesondere im Fall von immergrünen Gehölzen, deren Anteil nur etwa ein Viertel, allerhöchstens ein Drittel, ausmachen sollte;
- ob Wege gerade oder geschwungen geführt werden;
- ob z. B. für Beete oder gepflasterte Sitzplätze rechteckige, abgerundete oder halbkreis- bzw. kreisförmige Umrisse gewählt werden;
- welche Materialien (z. B. für Weg- und Terrassenbeläge, Zäune) zum Stil des Hauses, zur vorgesehenen Bepflanzung und zueinander passen;
- ob die Proportionen stimmen und zur Grundstücksgröße passen: in der Fläche (z. B. Beetgrößen, Wegbreiten) ebenso wie in der Höhe (z. B. Bäume, Mauern) und Stärke von Materialien (z. B. massive Pergolapfosten, wuchtige oder filigrane Gartentore).

Harmonisches Formenspiel mit gerundeten Sitzplatzkanten und Buchskugeln

Formen und Feinstrukturen

Straff aufrecht, breit buschig oder schmal, überhängend, rundlich, kissenförmig, teppichartig kriechend, kletternd: Die Pflanzenwelt bietet eine herrliche Palette der unterschiedlichsten Wuchsformen. Versuchen Sie, diese möglichst gezielt einzusetzen, indem Sie verschiedene Wuchstypen kombinieren oder auch mit gleichartigen Formen Akzente setzen.

In einer Rabatte beispielsweise lassen sich große, aufrechte Stauden durch gedrungene, kompakte Begleiter oder Gräser mit schlanken, teils überhängenden Halme unterstreichen. Die schöne Prägnanz einheitlicher Formen dagegen kann man z. B. nutzen, wenn man säulenförmige Gehölze in einer Reihe pflanzt oder Gruppen aus rundlich geformten Buchsbäumchen bildet (Bild oben).

Auch die Effekte der Blattformen und -strukturen sollte man nicht unterschätzen. Schon mit reinen Blattschmuckgewächsen lassen sich sehr reizvolle Pflanzungen anlegen, in denen sich große und kleine, breite und schmale, flächige und fein zerteilte, glänzend glatte und gewellte oder gerunzelte Blätter abwechseln. Dazu kommen die verschiedenen Blattfarben, die die Wirkung der Strukturen verstärken.

Gedeihliche Gestaltung

Verlieren Sie bei allen gestalterischen Aspekten die Bedürfnisse der Pflanzen nie ganz aus den Augen. Was zueinander gesellt wird, sollte ähnliche Ansprüche an Boden, Feuchtigkeit, Licht usw. haben oder, z. B. im Fall einer Unterpflanzung, mit der Beschattung durch höhere Nachbarn zurechtkommen. Bei stark- und breitwüchsigen Arten muss man beachten, dass sie zierlichere Nachbarn bedrängen und überwuchern können. Sehr wichtig ist es, stets die jeweils nötigen Pflanzenabstände bzw. späteren Breiten zu beachten. Anfängliche Lücken können z. B. mit Sommerblumen gefüllt werden

Das Spiel mit den Farben

Schon die vielfältigen Grünnuancen der Blätter sowie des Rasens machen den Garten zu einem sehr angenehmen Erlebnis für das Auge, auch wenn wir das oft gar nicht bewusst wahrnehmen. Im Vordergrund steht natürlich die ganze Palette der Blütenfarben. Zudem tragen bunt gefärbte Früchte und Blätter ihr Teil bei. Schließlich spielen auch die Töne unbelebter Elemente, etwa von Wegbelägen oder Gartenmöbeln eine Rolle, die man nicht unterschätzen und möglichst mit der Bepflanzung in Einklang bringen sollte.

Die ausgleichende Wirkung des allgegenwärtigen Grüns erlaubt im Grund genommen jede Farbkombination, und eine kunterbunte Blütenfarbenmischung ganz nach Lust und Laune kann sehr ansprechend erscheinen. Doch es lohnt sich oft, etwas gezielter mit den Farben umzugehen. Dies ist tatsächlich ein kreatives Spiel, das viel Spaß macht. Dabei gibt es hilfreiche Anhaltspunkte und Erfahrungen, aber keine Regeln – denn „spielentscheidend" ist letztlich Ihr ganz persönlicher Geschmack.

Rote, orange und gelbe Blüten wirken warm, fröhlich und lebhaft

Farben und Stimmungen

Ebenso, wie man dem Grün eine beruhigende Ausstrahlung zuschreibt, lassen sich auch den anderen Farben Wirkungen zuordnen, die von den meisten Menschen ähnlich empfunden werden:

- Gelb, Orange und Rot gelten als warme Farben: lebhaft, anregend und fröhlich. Kräftiges Orange und Rot können aber auch sehr spannungsreich und dominant wirken. Bei dunkler Tönung wird das Rot dagegen deutlich sanfter und zurückhaltender.

- Blau ist eine kühle, frische Farbe und bringt Ruhe in das Bild. Blaue Blüten, aber auch blaugrüne Blätter präsentieren sich geradezu vornehm. Ähnliches gilt für Violett, das allerdings bei hohem Rotanteil etwas „heißsporniger" anmutet.

- Aufgehellte bis pastellartige Töne all dieser Farben behalten zwar ihren Grundcharakter, erscheinen aber sanft, zart und freundlich – allen voran das in der Pflanzenwelt häufige Rosa. Wird dieses jedoch kräftiger und geht in Richtung Pink, kann es der Wirkung des Rot recht nahe kommen.

- Die „unbunte" Farbe Weiß ist neben Grün das wichtigste Element, um zwischen Kontrasten zu vermitteln, aufzulockern und Ruhepunkte für das Auge zu schaffen. Ähnlich wirken auch silbrige Blätter, die zudem der Gestaltung eine gewisse Noblesse hinzufügen, ebenso wie weiße Blüten.

- Die warmen Farben sowie Weiß haben die beste Strahlkraft und Fernwirkung. Weiß, Gelb und Blau sowie Pastelltöne sorgen für optische Weite, was gerade in kleinen Gärten ein wichtiger Effekt ist. Intensives Rot und Orange dagegen können in starker Konzentration etwas erdrückend werden.

Wenn Sie all dies berücksichtigen, können Sie Ihren Beeten, Rabatten oder Balkonkästen, aber auch kompletten Gartenbereichen eine ganz bestimmte Note und einen besonderen Stil verleihen – je nachdem, welche Stimmungen Sie für bestimmte Plätze in Ihrem Garten bevorzugen.

Kombinationen und Kontraste

Eine sehr geschlossene, „eindeutige" Wirkung lässt sich erzielen, wenn Sie z. B. in einem Beet nur Blütenfarben mit derselben Grundtendenz zueinander gesellen. Besonders konsequent geschieht das bei einer Ton-in-Ton-Bepflanzung: Hier wird nur eine Farbe verwendet, beispielsweise Blau. Verschiedene Helligkeitsstufen, von tiefem Dunkelblau bis zu zartem Himmelsblau, sorgen für Abwechslung. Wird das Spektrum um ähnliche, benachbarte Töne wie Violett erweitert, spricht man von einem Farbverlauf. In solchen Gestaltungen können punktuelle andersfarbige Akzente sehr reizvoll sein, etwa einzelne Pflanzen oder kleine Grüppchen in leuchtendem Gelb oder Rot oder mit aufhellenden weißen Blüten.

Ton in Ton und ganz in Weiß: Diese noble Bepflanzung hellt den Garten auf

Spannungsreicher wird die Bepflanzung, wenn Sie zwei grundsätzlich verschiedene Farben, sogenannte Komplementärfarben, miteinander kombinieren. Die grundlegenden Haupt- und Mischfarben bieten drei starke Kontraste dieser Art an: Blau – Orange, Violett – Gelb und Rot – Grün. Diese können wiederum durch Einbeziehen verschiedener Helligkeitsstufen (vom intensiven, satten Farbton bis zu zarten, pastelligen Varianten) und ähnlicher Nachbarfarben (bei Gelb z. B. Orange) vielfältig variiert werden. Zusätzlich können Sie auch hier wieder Akzente setzen, indem Sie etwa einige leuchtend rote Blüten in eine violett-gelbe Bepflanzung integrieren.

Besonders lebhaft wirkt eine Kombination aus drei Farben, die im größtmöglichen Kontrast zueinander stehen: Rot, Blau und Gelb. Dieser bewährte Farbdreiklang sorgt immer wieder für bezaubernde Anblicke – man denke nur an Forsythien, die mit roten Tulpen und blauen Traubenhyazinthen unterpflanzt sind oder rote Rosen mit Rittersporn und gelber Schafgarbe als Begleiter. Auch dieses Gestaltungsprinzip lässt sich wie die vorgenannten durch aufgehellte und Nachbartöne sowie durch eingestreute Blickpunkte, wie etwa weiße Blüten, sehr flexibel umsetzen.

Das satte Blau des Rittersporns sorgt für Ruhe, optische Tiefe und Eleganz

Bis weit in den Winter hinein behalten Stechpalmen ihren Fruchtschmuck

Mit seiner Herbstfärbung bringt der Essigbaum den Garten zum Leuchten

Der Rotrindige Hartriegel lässt keine Wintertristesse aufkommen

Bereits ab Dezember öffnet der Winterjasmin seine gelben Blütensterne

Das Hinzufügen von Weiß bietet sich auch bei den anderen genannten Farbprinzipien an, ob Farbverlauf oder Komplementärfarben. Ebenso lässt sich Weiß verwenden, um im Komplementärkontrast oder Farbdreiklang eine der „richtigen" Farben zu ersetzen: Weiß mit Rot oder Dunkelblau z. B. überzeugt auch ohne weiteren Farbton.

Wie all die genannten Farb- und Kombinationseffekte zum Tragen kommen, hängt auch von der Blütengröße und Dichte des Flors ab. Geradezu plakativ lässt sich mit reichblühenden Prachtstauden „malen", und erst recht mit Sommer-, Zwiebel- und Knollenblumen. Bei diesen Pflanzengruppen ist zudem eine weitere wichtige Voraussetzung für prägnante Farbwirkungen gegeben: Die meisten Arten blühen zur selben Zeit.

Blütenpracht mit gutem „Timing"

Viele Gärten prunken im März und April mit der Blütenpracht der frühjahrsblühenden Gehölze, Zwiebel- und Knollenblumen. Dann wird es manchmal schon ein wenig „mau", bis schließlich Rosen, sommerblühende Stauden, Sommerblumen, Dahlien und Co. die Regie übernehmen. Oft schon ab August lässt der Blütenzauber dann aber deutlich nach. Doch eventuelle Blütenlücken im Spätfrühling oder Frühsommer sowie im Spätsommer/Herbst lassen sich mit dem vorhandenen Pflanzenangebot recht einfach vermeiden. Winterblüher wie Christrose, Schneeheide, Winterjasmin oder Zaubernuss sind dagegen Raritäten: aparte Pflanzenfreuden, die zwar den Garten sehr bereichern, ihn aber kaum in ein Blütenmeer verwandeln können.

Für Garten- und größere Beetplanungen ist es oft hilfreich, wenn man sich eine Liste oder Tabelle mit seinen bevorzugten Pflanzen erstellt und die Blütezeiten einträgt. Allerdings können diese je nach Sorte, Wetterverlauf und Region etwas variieren – allgemeine Angaben für bestimmte Arten sind, wie auch im Porträtteil des vorliegenden Buchs, zwangsläufig Durchschnittstermine. Der Klimawandel macht diese zudem noch schwerer berechenbar: Besonders bei den Frühjahrsblühern setzt der Flor manchmal schon deutlich früher ein, als bisher gewohnt. Auch die Pflanzenanbieter locken gern mit besonders früh blühenden Sorten oder Jungpflanzen. Ob Klima oder gärtnerischer Einfluss: Im Allgemeinen muss man damit rechnen, dass bei zeitigem Blühbeginn der Flor dann auch etwas früher versiegt.

Rund ums Jahr attraktiv

Auch für die Zeit, in der Blüten zur Mangelware werden, hat die Natur vorgesorgt. Im Herbst lassen sommergrüne Gehölze wie Ahorn, Felsenbirne, Essigbaum oder Wilder Wein mit der Verfärbung ihres Laubs den Garten in leuchtenden Gelb-, Orange- und Rottönen schimmern – ein Schauspiel, das es lohnt, einen Platz für wenigstens ein oder zwei Gehölze mit schöner Herbstfärbung zu reservieren.

Unter den Stauden gibt es ebenfalls manche, die im Spätjahr mit attraktiver Blatttönung aufwarten, z. B. Bergenie und Elfenblume – oder mit hübschen Samen- bzw. Fruchtständen, etwa die Astilbe. Allerdings sind auch hier wieder Sträucher die „Stars": Glänzend rote oder schwarze Früchte, z. B. bei Feuerdorn, Stechpalme oder Schneeball, sind nicht nur Herbstattraktionen, sondern bleiben teils lang bis in den Winter hinein haften.

Und natürlich gehören auch die immergrünen Nadel- und Laubgehölze zu den Pflanzen, die dafür sorgen, dass der Garten über Winter ansprechend bleibt – die Koniferen mit einer Vielfalt an Nadelfarben und Wuchsformen. Nicht zu vergessen sind die laubabwerfenden Gehölze mit schöner, im Winter besonders auffälliger Rinde wie Rotrindiger Hartriegel, Weiß- oder Kupferbirke.

Stilbewusste Gestaltung

Wie bei den „Farben und Stimmungen" (siehe S. 46) angesprochen, kann die Bepflanzung Gärten bzw. Gartenbereichen eine bestimmte Atmosphäre verleihen. Dabei spielen die Blütenfarben eine wichtige Rolle, aber auch Wuchsformen und andere Pflanzeneigenschaften, ebenso z. B. die Materialien unbelebter Elemente wie etwa Wege oder Mauern.

Nun muss der Garten keinesfalls in eine strenge „Stilvorlage" gepresst werden. Doch für eine harmonische Gesamtwirkung ist es förderlich, zumindest eine gewisse Richtung zu verfolgen. Solche Stile wären z. B. ein Landhausgarten mit fröhlich rustikalem Ambiente und Elementen des klassischen Bauerngartens; ein romantischer Garten mit zarten Blüten, weichen Formen und geschwungenen Linien; ein eher formaler Garten mit klarer Aufteilung, geometrischen Umrissen, geraden Linien und prägenden architektonischen Elementen; ein naturnaher Garten mit vielen heimischen Pflanzen, Blumenwiese und „halbwilden" Bereichen. Auch eine Orientierung beispielsweise an japanischen oder mediterranen Gärten oder an den dicht bepflanzten, aber locker gestalteten englischen Cottagegärten kann besonderen Charme entfalten.

Zur stilechten Gestaltung tragen auch passende Gartenmöbel und Dekoelemente bei: beispielsweise eine knorrige Holzbank im Landhausgarten, Rosenkugeln im romantischen Garten, kantige Granitstelen in formalen Anlagen oder japanische Steinlaterner in fernöstlich angehauchten Gestaltungen.

Fröhlich bunte Frühjahrsbeete passen zum Landhausstil besonders gut

Beete, Rabatten, Strauchgruppen

Geschickt zusammengestellte Pflanzflächen und -ensembles bringen die Qualitäten der einzelnen Pflanzen besonders schön zur Geltung

Das Gestalten von Beeten und Rabatten gilt manchen als „Königsdisziplin" der Gartenkunst – sicher nicht ganz zu Unrecht. Doch mit etwas Know-how und Lust zum Ausprobieren steht dem Gelingen nichts im Wege.

Beete oder Rabatten?

Obwohl sich alle etwas größeren Stauden und Sommerblumen auch „solo" einsetzen lassen, wirken sie in Gemeinschaft mit anderen Pflanzen meist am schönsten. Schon ganz locker arrangierte und verteilte Pflanzengruppen können sehr ansprechend erscheinen. Man nutzt dies vor allem bei Arten mit Wildpflanzencharakter und in naturnahen Bereichen, z. B. in Schattenpflanzungen unter Gehölzen, in Randstreifen vor Strauchgruppen, in wiesenartigen Flächen oder Heidegärten. Auch kleine Zwiebelblumen bieten sich für verstreute Pflanzungen an, um dann durch Selbstvermehrung zu verwildern. Doch ansonsten beeindrucken die meisten Blüten- oder auch Blattschmuckpflanzen besonders in mehr oder weniger geschlossenen, fest umrissenen Pflanzflächen, also in Beeten oder Rabatten.

Das Wort „Beet" dient meist als Oberbegriff, doch etwas feinsinniger unterteilt man solche Pflanzflächen in flächige, rechteckige oder rundliche Beete und schmale, meist langgestreckte, streifenartige Rabatten. Rabatten ziehen sich beispielsweise an Mauern oder Zäunen entlang, säumen Wege oder Terrassen. Auch Beete werden oft vor Hauswänden oder in Terrassennähe angelegt, sie können aber auch z. B. als so genannte Inselbeete mitten im Rasen alle Blicke auf sich ziehen.

Spielen Sie bei einer Beetplanung zunächst verschiedene Umrisse und Randverläufe durch. Gerade verlaufende Rabattenstreifen sowie akkurat

Gestaffelt nach Höhen, präsentieren alle Stauden ihre Blütenpracht gut sichtbar

Rabatten säumen als attraktive Pflanzstreifen Zäune, Mauern oder Wege

rechteckige, quadratische, kreisrunde oder halbkreisförmige Beete haben ihre Reize, nicht nur im betont formal gestalteten Garten. Schnurgerade Ränder erleichtern zudem das Mähen eines angrenzenden Rasens. Und selbst die strengsten Umrisse werden letztlich durch die Pflanzen in ihrer Wirkung gemildert und aufgelockert. Doch besonders für romantische und rustikale Gestaltungen bieten sich eher geschwungene Beetränder oder auch etwas unregelmäßige Umrisse an.

Wuchshöhen arrangieren

Wenn nur annähernd gleich hohe Sommerblumen oder Stauden miteinander kombiniert werden, ergibt dies ein hübsches geschlossenes, flächiges Bild, ebenso etwa bei Rosenbeeten. Bis zu einer Wuchshöhe von rund 50 cm können auch Pflanzen unterschiedlicher Größe gut zueinander gesellt werden, ohne besonders auf die Höhenanordnung zu achten. Wichtig ist nur, dass alle ausreichend ins Auge fallen, insbesondere zur Blütezeit.

Variieren jedoch die Wuchshöhen stärker, empfiehlt sich oft das Grundprinzip der Höhenstaffelung: Die Großen nach hinten, die Kleinen nach vorn – natürlich am besten mit mittelhohen Pflanzen verschiedener Größe dazwischen, sodass sich, von der Seite betrachtet, eine sanft abfallende Linie ergibt.

Bei Beeten, die von allen Seiten betrachtet werden können, oder bei zweiseitig zugänglichen Rabatten, etwa an Wegen, wird dieses Prinzip entsprechend variiert: Die höchsten Pflanzen kommen ins Zentrum, mittelgroße und kleinere Pflanzen werden zu den Seiten hin abfallend gestaffelt. In der niedrigsten Kategorie wirken Pflanzen mit polster- oder teppichartigem Wuchs oft besonders hübsch, da sie die Beetränder kaschieren und leicht überwallen.

Bei solch einer Staffelung müssen „die Großen", von der Ansichtseite bzw. Front betrachtet, nicht unbedingt eine einheitliche Linie bilden. Besonders in langen Rabatten und breiten Beeten wirkt es am schönsten, wenn sich Bereiche mit großen und etwas kleineren Haupt- bzw. Leitpflanzen abwechseln. So ergibt sich eine sanft geschwungene Höhenlinie, die bei Rabatten auch durch gezielt platzierte „Mulden" oder hoch aufragende Einzelpflanzen aufgelockert werden kann.

Sofern die Beete recht tief bzw. die Pflanzstreifen vergleichsweise breit sind, empfiehlt es sich auch, die strenge Höhenstaffelung innerhalb der einzelnen Gruppen oder Bereiche gelegentlich zu durchbrechen. Hier können eingestreute hohe Pflanzen in den niedrigeren Stufen immer wieder Akzente setzen. Ganz nach Beetsituation und Vorlieben kann die Staffelung auch in kleinräumige Gruppen aus Leit-, Begleit- und Füllpflanzen „aufgelöst" werden.

In größeren Trupps entfalten Beetblumen eine eindrucksvolle Farbwirkung

Leiter und Begleiter

Besonders im Staudenbeet unterteilt man die Akteure meist in Leit-, Begleit- und Füllpflanzen. Diese Unterteilung lässt sich aber ebenso auf Gehölze in einer Strauchgruppe oder Sommerblumen, sei es im Beet oder Balkonkasten, übertragen. Vieles, was nachfolgend am Beispiel von Stauden beschrieben ist, gilt deshalb sinngemäß auch für andere Pflanzen.

Leitstauden sind markante, auffällige und meist hohe, reich blühende Pflanzen, wie beispielsweise Rittersporn, Taglilie oder hoher Phlox. Ihre Rolle kann im Staudenbeet aber auch von „Nichtstauden" übernommen werden, etwa von Rosen oder anderen Kleinsträuchern. Als Begleitstauden wählt man in der Regel etwas niedrigere Pflanzen, die mit ihren Blüten und/oder Blättern die Leitstauden unterstreichen, ohne ihnen aber durch allzu auffälligen Flor die Schau zu stehlen. Für diesen Part kommen z. B. Akelei, Margerite, mittelhohe Glockenblumen sowie Gräser infrage. Niedrige Füllstauden wie etwa Frauenmantel, Polsterphlox, Purpurglöckchen oder kleine Storchschnabelarten schließen die Lücken und runden die Pflanzung ab.

Bei eindeutiger Höhenstaffelung kommen die Leitstauden einfach nach hinten, Begleit- und Füllpflanzen davor. Besonders vor Mauern oder Zäunen kann sich noch eine weitere Komponente im Hintergrund hinzugesellen: Pflanzen, die die Leitstauden noch überragen und deren Flor als Kulisse schön zur Geltung bringen.

Gruppen bilden

Eine andere, oft noch interessanter wirkende Lösung ist die Gruppenbildung. Hier werden zunächst die Leitstauden – einzeln oder in kleinen Trupps zu drei (maximal fünf) – locker auf der Fläche verteilt. Dann umgibt man sie mit den Begleitstauden und fügt schließlich die Füllstauden hinzu. So baut sich die gesamte Fläche aus einzelnen Gruppen mit geschlossener Wirkung auf. Diese Art der Zusammenstellung sorgt dafür, dass keine Pflanze völlig verdeckt wird und das Beet aus jedem Blickwinkel attraktiv erscheint.

Auf großen Beeten und langen Rabatten können die Gruppen auch aus unterschiedlichen Leit-, Füll- und Begleitstauden zusammengesetzt sein. Allerdings müssen jeweils genügend gleichartige Gruppen verwendet werden – sonst verliert die Gestaltung jeden Rhythmus. Das Prinzip der Wiederholung ist ein oft unterschätztes, dabei doch äußerst wirkungsvolles Stilmittel.

Im Allgemeinen empfiehlt es sich, mehrere Exemplare derselben Art – seien es Stauden, Sommer- oder Zwiebelblumen – stets in Trupps mit ungerader Anzahl zu setzen, also zu drei, fünf, sieben usw. Das beugt etwas statisch erscheinenden Paarbildungen vor und erleichtert das harmonische „Verzahnen" unterschiedlicher Pflanzengruppen.

Einfassungen aus Palisaden oder Buchs sorgen für einen sauberen Abschluss

Blattschmuckpflanzen wie Funkien überbrücken wunderschön blütenarme Zeiten

Beetränder und -pfade

Es wirkt charmant, wenn die Randpflanzen eines Beets die Kanten überwuchern und so verschwinden lassen. Allerdings kann das z. B. bei angrenzenden Rasenflächen auch lästig werden. Die einfachste Möglichkeit einer Abgrenzung ist ein von Bewuchs frei gehaltener Pfad rund ums Beet, der mit Rindenmulch, Kies o. Ä. abgedeckt werden kann. Ein mit Platten befestigter Weg, auf dem sich ein Radpaar des Rasenmähers aufsetzen lässt, macht das Mähen der Grasränder und die sonstige Pflege noch leichter.

Andere Lösungen für eine Beeteinfassung sind z. B. niedrige, runde oder halbrunde Palisaden aus Holz, Stein oder Kunststoff, hochkant eingegrabene Platten und Ziegelsteine oder – eher praktisch als dekorativ – feste, breite Kunststoff- bzw. Aluminiumbänder, die zur Hälfte in den Boden gesteckt werden.

Solche den Boden überragenden Umgrenzungen vermindern unerwünschten Überwuchs von beiden Seiten und auch das Eindringen von Unkraut. Außerdem beugen sie eventuellem Erdabtrag aus der Beetfläche, z. B. durch Regen oder bei der Bodenlockerung, vor.

Nicht unbedingt arbeitssparend, aber sehr ansprechend sind Beetumrandungen mit großen Natursteinen und Kieseln – oder auch mit Pflanzen: z. B. mit nicht wuchernden Polsterpflanzen, mit niedrigen Kräutern oder ganz „klassisch" mit flach gehaltenem Einfassungsbuchs.

In großen Rabatten und Beeten, die nur von einer oder zwei Seiten zugänglich sind, können schmale Pfade oder Trittplatten bzw. -steine sehr nützlich werden, um zur Pflege an die hinteren Pflanzen zu gelangen.

Blütezeiten abstimmen

Die einjährigen Sommerblumen verlangen aufgrund ihrer recht einheitlichen Blütezeit, meist von Juni bis September/Oktober, keine allzu ausgeklügelte Abstimmung der Blühtermine. Anders bei Stauden oder gemischten Bepflanzungen, denen z. B. Ziersträucher hinzugefügt werden – hier müssen Sie grundsätzlich entscheiden: Soll es ein Saisonbeet werden, mit klarem Blütenschwerpunkt im Frühling, Sommer oder Herbst, oder eine Pflanzung, die vom Früh- bis zum Spätjahr durchblüht?

Dauerblühende Beete und Rabatten müssen für einen stets eindrucksvolle Wirkung recht groß sein, damit zu jeder Zeit eine ausreichende Zahl an Pflanzen blüht und dabei auch die gewünschten Farb- und Kombinationseffekte zum Tragen kommen. Das Schöne daran ist:

Solch ein Beet kann auch im Lauf des Jahres seine Blütenfarben wechseln: Es startet z. B. im Frühjahr mit gelben, roten und blauen Zwiebelblumen und Stauden, wechselt im Sommer nach Orange und Violett und klingt im Herbst mit blauen, rosa und weißen Blüten aus.

Derartige Pflanzungen bedürfen schon einer sehr sorgfältigen Planung – und der Bereitschaft, später manches trotzdem nochmals umzupflanzen oder auszutauschen. Pflanzenlisten mit Blütezeiten oder auch verschiedene Planskizzen für Frühjahr, Sommer und Herbst sind für den Entwurf sehr hilfreich.

Damit Saisonbeete außerhalb der Blütezeit nicht langweilig werden, empfiehlt sich das Hinzufügen von einigen Blattschmuckpflanzen, beispielsweise Bergenie, Elfenblume, Funkie, Buntnessel (*Coleus*) oder Gräser. Und natürlich können auch beispielsweise in einem Sommerbeet ein paar zusätzliche Frühjahrs- und Herbstblüher Platz finden. Ideal ist es, Saisonbeete relativ klein anlegen, sodass genügend Platz für jeweils mindestens ein oder zwei Frühjahrs-, Sommer- und Herbstbeete bleibt.

Für die Frühjahrsblüte sind neben manchen Stauden und zweijährigen Blumen vor allem Zwiebel- und Knollenblumen zuständig und fast unentbehrlich. Setzen Sie diese vorzugsweise in den Beethintergrund bzw. an Stellen, an denen sie nach der Blüte von höheren Pflanzen verdeckt werden.

Ein Platz für Solokünstler

Manche Pflanzen sind ausgesprochene Solisten. Besonders groß- oder breitwüchsig, auffällig und ausdrucksstark, brauchen sie keine direkten Nachbarn – höchstens dezente Begleiter als Unter- oder Vorpflanzung. Solche Solitärpflanzen finden sich vor allem unter den Bäumen und Großsträuchern. Aber auch einige Stauden oder Gräser, beispielsweise hohe Rittersporne, Pfingstrose oder Chinaschilf, eignen sich als Solitäre. Und selbst manche Sommer- und Knollenblumen wie Sonnenblume, Stockrose oder Dahlien entfalten in Einzelstellung oder Minigruppen zu zwei oder drei große Wirkung.

Große Bäume erhalten ohnehin von vornherein einen Platz, an dem sie sich gut entfalten können und sind kaum übersehbar. Ansonsten werden Solitärpflanzen am besten an gut einsehbare Stellen gesetzt, an denen sie besonders ins Auge fallen, beispielsweise mitten im Rasen, an der Terrasse, an einer Wegbiegung oder im Vorgarten.

Sträucher in Gruppen

Kleine bis mittelgroße Sträucher lassen sich ganz ähnlich wie Stauden und im Grund nach denselben Gestaltungsprinzipien in Beeten oder Rabatten zusammenpflanzen. Kandidaten für ein schönes Strauchbeet sind z. B. Bartblume, Fingerstrauch, Johanniskraut, Seidelbast und natürlich Rosen. Hier wirken nicht allzu große Stauden, Sommer- und Zwiebelblumen als Ergänzung und Füllpflanzen sehr schön; ganz besonders in den ersten Jahren, wenn zwischen den Gehölzen noch breite Lücken klaffen.

Gehölzensembles beeindrucken durch das Zusammenspiel verschiedener Wuchsformen, Blattstrukturen und -farben

Grüne Wände, lebendige Mäuerchen: Hecken bieten viele Einsatzmöglichkeiten

Frei wachsende Blütenhecken sind als Abschirmung besonders attraktiv

Bei größeren Sträuchern oder kleinen Bäumen bietet sich, schon aus Platzgründen, eher das Gruppieren von einigen wenigen Exemplaren an. Solch eine Gruppe, die in der Regel aus drei bis fünf Gehölzen besteht, kann aus etwa gleichrangigen Sträuchern zusammengesetzt werden, die sich z. B. in der Blütezeit unterscheiden; etwa Forsythie und Blutjohannisbeere für den Frühjahrsflor, Roseneibisch als Sommerblüher und ein Feuerdorn als Herbst- und Winterzierde.

Alternativ ist auch hier eine „hierarchische" Anordnung nach dem Leitpflanzenprinzip möglich: beispielsweise mit einer dominierenden Kornelkirsche, begleitet von einem Schneeball, einem kleinen Schmetterlingsstrauch sowie Buchs oder Berberitze als Unter- bzw. Vorpflanzung.

Mehr noch als bei Staudenarrangements spielen hier die unterschiedlichen Wuchs- und Blattformen eine große Rolle, um solch eine Gruppe interessant zu gestalten. Fruchtschmuck- und immergrüne Gehölze sorgen dafür, dass es auch im Herbst und Winter nicht langweilig wird. Und Nadelgehölze können mit ihren ganz eigenen Gestalten und Blattstrukturen eine besondere Note hinzufügen.

Hecken: Gehölze in Reih und Glied

Frei wachsende, gemischte Hecken sind eigentlich nichts anderes als Strauchgruppen in Reihenanordnung. Wenn Sie bei der Zusammenstellung auf verschiedene Blütezeiten achten und einige Arten mit zierenden Früchten, schöner Herbstfärbung sowie immergrünem Laub hinzufügen, hat solch eine Hecke das ganze Jahr über etwas zu bieten – dem Betrachter ebenso wie Vögeln und anderen Nützlingen. Die Gehölze werden hier recht eng nebeneinander gesetzt, sodass sich im ausgewachsenen Zustand die Zweigspitzen von Nachbarpflanzen überkreuzen. Je nach Platz und erwünschter Dichte können Sie die Pflanzen auch zweireihig oder jeweils abwechselnd etwas weiter nach hinten und nach vorn setzen. Die Reihen lassen sich nach Belieben gerade oder mit geschwungenem Verlauf anlegen.

Wesentlich weniger raumgreifend sind Schnitthecken, die in der Regel nur aus einer Art bestehen und von vornherein deutlich enger gesetzt werden. Sie lassen sich je nach verwendetem Gehölz recht niedrig und kompakt halten und haben als dicht geschlossene, gleichförmige grüne Wände ihren besonderen gestalterischen Reiz. Bei Wahl spezieller Sorten (z. B. von Berberitzen und verschiedenen Nadelgehölzen) kann diese Kulisse auch rotbraun, gelb oder bläulich gefärbt sein.

Schnitthecken machen nicht nur als Grenzumfriedung eine gute Figur. Sie eignen sich auch hervorragend, um im Garten auf interessante Weise Räume zu schaffen, bestimmte Bereiche abzutrennen oder Sitzplätze von Blicken abzuschirmen. Bedenken Sie allerdings, dass hohe Hecken auch recht viel Schatten werfen und immergrüne Wände im Übermaß den Garten über Winter verdüstern können.

Sommerblumen

Wissenswertes

Sommerblumen im Porträt

Balkonblumen im Überblick

Einjährige Kletterpflanzen
im Überblick

Wissenswertes

Ob im Beet oder auf dem Balkon: Sommerblumen verwöhnen das Auge mit üppiger Blütenpracht, oft vom frühen Sommer bis zum Herbst

Die meisten Sommerblumen sind so genannte Einjährige oder Einjahrsblumen: Sie werden im Frühjahr gesät und im Frühsommer gepflanzt, blühen den ganzen Sommer lang und sterben spätestens mit den ersten Frösten ab. Einen anderen Rhythmus haben die zweijährigen Sommerblumen oder Zweijahrsblumen, wie etwa Tausendschön und Vergissmeinnicht. Im Sommer gesät, bilden sie bis zum Herbst nur Blätter aus, diese meist in einer bodennahen Rosette. Im folgenden Frühjahr und Frühsommer erscheinen dann die Blüten. Danach haben auch diese Blumen ihren Lebenszyklus beendet.

Kurzlebige Blühwunder

Während Stauden (siehe S. 108–151) mithilfe unterirdischer Organe überdauern und sich teils auch durch Ausläufer vermehren können, verlassen sich Sommerblumen zur Verbreitung in der Natur ganz auf die Samen, die sie während ihrer kurzen Lebensspanne bilden. Entsprechend bringen sie besonders reichlich und ausdauernd Blüten hervor. Allerdings sind nicht alle Sommerblumen „echte" Ein- oder Zweijährige. Viele von ihnen stammen aus wärmeren Ländern und wachsen dort als mehrjährige Stauden oder gar Kleingehölze. Bei uns werden sie meist nur einjährig kultiviert, da sie die kalte Jahreszeit draußen nicht überstehen.

Viele Sommerblumen zeichnen sich durch warme, intensive Blütenfarben aus

Jährlich neuer Blütenschmuck

Da jedes Jahr neu gepflanzt, bringen Sommerblumen immer wieder Abwechslung in den Garten. Reine Sommerblumenbeete machen diesen jährlichen Wechsel besonders einfach und können so immer wieder eine ganz andere Farbwirkung zeigen. Doch die kurzlebigen Schönheiten lassen sich auch mit Stauden kombinieren oder als farbenfrohe Begleiter für Rosen und andere Ziergehölze einsetzen. Die Zweijährigen sind wertvolle Partner für frühjahrsblühende Zwiebel- und Knollenblumen. Ihre Blüte erstreckt sich oft bis in den Juni, sodass sie die Lücke zwischen Frühjahrs- und Hochsommerflor überbrücken. Viele Sommerblumen geben außerdem hervorragende Schnittblumen ab.

Auf dem Balkon spielen Sommerblumen die Hauptrolle. Fast alle der auf den folgenden Seiten vorgestellten Arten können auch in Blumenkästen oder Töpfe gepflanzt werden. Manche, wie etwa die beliebten Pelargonien (Geranien) und Petunien, finden fast nur in Gefäßen Verwendung, seltener im Garten. Die wichtigsten dieser Balkonblumen sind in der Übersicht auf S. 86–87 zusammengefasst. Eine andere besondere Gruppe bilden die einjährigen Kletterpflanzen, die rasch für attraktiven Sichtschutz sorgen (siehe S. 88–89). Sie eignen sich auch sehr gut, um z. B. Zäune zu begrünen.

Viele Sommerblumen sind züchterisch stark bearbeitet und in unzähligen Sorten, oft mit dicht gefüllten Blüten, erhältlich. Doch manche haben sich auch ihr „wildes" Flair bewahrt. Robuste Einjährige wie beispielsweise Klatschmohn oder Kornblume passen sehr schön in naturnahe Gestaltungen und tragen häufig zum Zauber von Blumenwiesensaaten bei.

Petunien, Pelargonien und Zweizahn schmücken vorzugsweise Balkonkästen

Regelmäßige Pflege nötig

Manche Arten müssen Sie jährlich selbst aus Samen vorziehen, da selten als Jungpflanzen erhältlich. Doch etliche Sommerblumen, besonders solche für Balkonkästen, können Sie auch ab März oder April als vorgezogene Jungpflanzen kaufen. Doch Vorsicht, pflanzen Sie diese nicht zu früh nach draußen. Nachtfröste im Mai sind zwar selten geworden, doch noch immer ist „nach den Eisheiligen" (12.–15. Mai) der sicherste Pflanztermin.

Schon durch das jährliche Pflanzen machen Sommerblumen etwas mehr Arbeit als viele andere Pflanzen. Damit sie in ihrer kurzen Wachstumszeit optimal gedeihen und blühen, brauchen sie oft reichlich Dünger und Wasser, außerdem – bis auf wenige Ausnahmen – viel Sonne. Damit der Flor nicht zu früh durch Samenbildung gestoppt wird, wird es oft nötig, verwelkte Blüten regelmäßig auszukneifen oder wegzuschneiden. Auch Pflanzen, die in den nachfolgenden Porträts als „pflegeleicht" gekennzeichnet sind, verlangen etwas mehr Fürsorge als z. B. viele Stauden, sind aber im Vergleich zu anderen Sommerblumen recht anspruchslos.

Mit naturnahem Charme präsentieren sich Kornblume und Klatschmohn

Stockrose *(Alcea rosea)*

Dieses aus Vorderasien stammende Malvengewächs *(Malvaceae)* wurde bei uns schon vor Jahrhunderten in vielen Bauerngärten kultiviert und ist deshalb auch als Bauernrose bekannt. Andere Namen sind Stockmalve oder Rosenpappel. Sie wird meist als Zweijährige gezogen, mit Aussaat im Sommer und Blüte im Folgejahr. Besonders die einfach blühenden Stockrosen wachsen oft auch mehrjährig und sorgen zudem durch Selbstaussaat immer wieder für Nachwuchs.

Arten und Sorten: Es gibt Sorten mit einfachen, halb oder dicht gefüllten Blüten. Gefüllt blühende Sorten tragen oft den Namen 'Pleniflora' oder 'Charters' und werden in verschiedenen Farben angeboten. Dasselbe gilt für die einfach blühende Sortenserie 'Simplex'. Von beiden Typen finden Sie häufig Saatgut mit gemischten Blütenfarben. Besonders apart ist die tief schwarzrote, einfach blühende 'Nigra'. Die ähnliche Feigenblättrige Stockrose *(Alcea ficifolia)* wächst als ausdauernde Staude mit großen, einfachen Blüten, ebenfalls in vielen verschiedenen Farben.

Die Stockrose 'Nigra' zählt zu den wenigen Pflanzen mit fast schwarzen Blüten

Vorziehen: Säen Sie im Juni oder Juli in Anzuchtschalen, Töpfe oder direkt in ein Beet, und setzen Sie die Pflanzen im Frühherbst an ihren endgültigen Platz. Wenn Sie die Stockrosen bereits im März bei 18–20 °C vorziehen, blühen sie noch im selben Jahr, wachsen aber etwas schwächer.

Pflanzen: Im Sommer gesäte Stockrosen werden im September gepflanzt, im Frühjahr vorgezogene bereits im Mai.

Pflegen: Versorgen Sie die Stockrosen nach dem Pflanzen sowie im folgenden Frühjahr mit Kompost, und gießen Sie bei Trockenheit gründlich. Besonders an etwas windigen Stellen empfiehlt sich das Aufbinden an Stützstäben. Schneiden Sie die Pflanzen gleich nach der Blüte stark zurück oder entfernen Sie sie ganz, wenn Sie keine Ausbreitung durch Selbstaussaat wünschen.

Schädlinge, Krankheiten: Schädlinge sind recht selten, aber es gibt öfter Probleme mit Malvenrost. Die Blätter erscheinen dann oberseits hell gefleckt, unterseits zeigen sich gelbe bis bräunliche Pusteln, bald welken die Blätter und fallen ab. Schneiden Sie betroffene Blätter und Triebteile umgehend weg, und entfernen Sie stärker befallene Pflanzen spätestens nach der Blüte komplett. Beseitigen Sie dabei auch sorgfältig sämtliche Pflanzenreste im Beet.

Gute Partner: Stockrosen passen zu allen farblich abgestimmten Sommerblumen und Stauden oder auch – in alter Bauerngartentradition – in den Gemüsegarten. Schöne Nachbarn sind z. B. Rittersporn oder Sonnenblume.

Die Blüten in den kerzenähnlichen Ständen öffnen sich von unten nach oben

Blütezeit: Juli bis September
Blütenfarbe: rosa, pink, violett, rot, orange, gelb oder weiß
Höhe: 120–200 cm
Wuchs: kräftige, aufrechte Stängel mit großen, rauen, handförmig gelappten Blättern und langen Blütenständen an der Spitze
Standort: sonnig; durchlässiger, humoser, nährstoffreicher Boden
Verwendung: einzeln oder in Gruppen auf Beeten und Rabatten, als Beethintergrund, vor Zäunen und Mauern; charakteristische Bauerngartenpflanze
Pflanzabstand: 40–50 cm

Löwenmäulchen *(Antirrhinum majus)*

Diese Sommerblumen aus der Familie der Braunwurzgewächse (*Scrophulariaceae*) wachsen in ihrer südeuropäischen und nordafrikanischen Heimat als ausdauernde Stauden. Bei uns sind sie beliebt als einjährige Beet- und Balkonblumen mit ausdauernder, farbenfroher Blüte. Die Einzelblüten öffnen sich bei leichtem Zusammendrücken wie „Mäulchen", daher der Name. Sie stehen in kerzenartigen Blütentrauben beisammen und öffnen sich nach und nach von unten nach oben.

Löwenmäulchen blühen unermüdlich den ganzen Sommer lang bis zum Herbst

Arten und Sorten: Von *Antirrhinum majus,* dem Gartenlöwenmäulchen, gibt es zahlreiche Sorten, die meist als Samen in bunten Farbmischungen angeboten werden. Achten Sie beim Kauf genau auf Wuchshöhe und -form, da es hier beträchtliche Unterschiede gibt. 'Madame Butterfly'-Mischungen z. B. wachsen fast 1 m hoch, Zwergsorten wie 'Mini-Snap' nur 20 cm; Hängesorten wie 'Snappy' haben bis 35 cm lange, überhängende Triebe.

Vorziehen: Im Februar bis März bei 15–20 °C. Die Samen sind Lichtkeimer und werden nur hauchdünn mit Erde abgedeckt. Nach dem Keimen etwas kühler stellen (10–15 °C) und nach 3 bis 4 Wochen die Sämlinge einzeln in kleine Töpfe pikieren. Entspitzen Sie die jungen Pflanzen, wenn sie 8–10 cm hoch sind, damit sie sich besser verzweigen.

Pflanzen: Setzen Sie die Pflanzen ab Ende April nach draußen, wenn keine starken Fröste mehr drohen.

Pflegen: Halten Sie die Erde gleichmäßig feucht, aber nicht zu nass. Versorgen Sie die Pflanzen im Garten alle 4 bis 6 Wochen, in Pflanzgefäßen alle 2 bis 3 Wochen mit einem schwach dosierten Blütenpflanzendünger. Verblühtes sollte regelmäßig entfernt werden, am besten durch Herausschneiden kompletter verwelkter Blütenstände. Binden Sie hochwüchsige Sorten im Sommer an einem Stützstab auf.

Schädlinge, Krankheiten: Blattläuse; Löwenmaulrost, Echter und Falscher Mehltau, Grauschimmel.

Gute Partner: Löwenmäulchen lassen sich schön mit Duftsteinrich, Männertreu, Margeriten, Schmuckkörbchen, Nierembergien und Ziersalbei kombinieren, im Balkonkasten auch mit Pelargonien oder *Calibrachoa.*

Hinweis: Wenn Sie im Garten wachsende Löwenmäulchen in milden Wintern mit einer Fichtenreisigabdeckung schützen, treiben sie nicht selten im nächsten Jahr wieder aus und blühen dann besonders früh.

☼ – ◐

Blütezeit: Juni–Oktober
Blütenfarbe: gelb, rot, orange, rosa, violett, weiß, auch zweifarbig; pastellig oder kräftig getönt
Höhe: 20–100 cm, Balkonsorten bis 40 cm
Wuchs: buschig aufrecht bis polsterartig und überhängend; längliche Blättchen
Standort: vorzugsweise sonnig; durchlässiger, humoser, frischer Boden
Verwendung: in Gruppen auf Beeten und Rabatten; niedrige Sorten in Kästen und Töpfen, Hängesorten in Ampeln; höhere Sorten als Schnittblumen
Pflanzabstand: je nach Größe 20–30 cm

Eisbegonie *(Begonia semperflorens)*

Die Blüten der Eisbegonie wirken zart, entfalten aber starke Leuchtkraft

☼ – ◐

Blütezeit: Mai bis Oktober
Blütenfarbe: rosa, rot oder weiß, auch zweifarbig
Höhe: 15–30 cm
Wuchs: buschig kompakt; rundliche, zugespitzte, ledrige Blätter, je nach Sorte hell- oder dunkelgrün, bronzefarben oder schwarzgrün
Standort: sonnig bis halbschattig, am besten vor praller Mittagssonne geschützt; durchlässiger, humoser, nährstoffreicher, nicht zu trockener Boden
Verwendung: in Gruppen auf Beeten und Rabatten, als Beeteinfassung, in Balkonkästen, Töpfen und Schalen
Pflanzabstand: 15–25 cm

Der deutsche Name dieses Schiefblattgewächses (*Begoniaceae)* bezieht sich auf die Blätter, die ein wenig brüchig sind – wie eine dünne Eisoberfläche. Eisbegonien sind eigentlich Kreuzungen (Hybriden) aus verschiedenen brasilianischen Begonienarten. Deshalb findet man auch andere, botanisch exaktere Bezeichnungen wie *Begonia-Semperflorens-Cultorum*-Hybriden oder – nach der wichtigsten Stammart – *Begonia cucullata* var. *hookeri*. Doch *Begonia semperflorens* ist nach wie vor der geläufigste botanische Name.

Arten und Sorten: Es gibt zahlreiche Sorten, die sich nicht nur in den Blütenfarben unterscheiden, sondern auch durch verschieden gefärbte Blätter (von Hellgrün bis fast Schwarzgrün). Moderne Sorten werden meist als Serien mit gleichem Wuchstyp und unterschiedlichen Blütenfarben angeboten. Die grünblättrigen 'Super Olympia'- und 'Vision'-Sorten z. B. haben große Blüten und blühen sehr gleichmäßig. 'Party' ist eine hübsche dunkellaubige Serie.

Vorziehen: Von Januar bis Anfang März bei 22–24 °C. Am einfachsten gelingt die Aussaat mit pilliertem (rundlich umhülltem) Saatgut. 3 bis 4 Wochen nach der Aussaat werden die Sämlinge in kleine Töpfe pikiert und so hell wie möglich bei 18 °C aufgestellt. Wegen des frühen Saattermins leiden die Pflänzchen oft unter Lichtmangel. Dies und die hohe Keimtemperatur machen die Anzucht ohne besondere Ausstattung (Anzuchtgewächshaus mit Bodenheizung, Zusatzbeleuchtung) recht schwierig, sodass oft der Kauf vorgezogener Jungpflanzen ratsam ist.

Pflanzen: Setzen Sie die Eisbegonien ab Mitte Mai nach draußen in Beete oder Balkonkästen.

Pflegen: Halten Sie die Erde gleichmäßig leicht feucht, vermeiden Sie aber starke Vernässung. Düngen Sie die Pflanzen im Garten alle 4 bis 6 Wochen, in Pflanzgefäßen alle 2 bis 3 Wochen mit einem Blütenpflanzendünger. Entfernen Sie regelmäßig verwelkte Blüten.

Schädlinge, Krankheiten: Gelegentlich treten, besonders in heißen Sommern, Schädlinge wie Spinnmilben auf; doch am häufigsten bereitet Echter Mehltau Probleme. Beugen Sie vor, indem Sie beim Gießen die Blätter möglichst nicht benetzen.

Gute Partner: Schön wirken gelb oder blau blühende Begleiter, die nicht allzu wuchskräftig sein sollten, z. B. Pantoffelblumen, niedrige Studentenblumen oder Männertreu.

Tausendschön *(Bellis perennis)*

Als in Europa weit verbreitete Wildpflanze wächst das Tausendschön, Gänseblümchen oder Maßliebchen ausdauernd – und siedelt sich besonders gern auf Rasenflächen an. Die Zuchtformen mit ihren großen sowie auffälligen Blütenkörbchen dagegen werden als zweijährige Sommerblumen kultiviert. Im Beet wie im Balkonkasten harmonieren diese schmucken Korbblütengewächse *(Asteraceae)* mit den meisten Zwiebelblumen und hervorragend mit anderen Frühjahrsblühern.

Arten und Sorten: Die zahlreichen Züchtungen gibt es meist als so genannte Serien, die jeweils in den Blütenfarben rosa, rot, weiß oder als Farbmischung erhältlich sind. Die 'Tasso'-Serie z. B. umfasst kompakte Pflanzen mit großen, dicht gefüllten, pomponartigen Blütenkörbchen. Attraktive klein- und vielblumige Sortenserien mit gefüllten Blüten sind beispielsweise 'Pomponette' und 'Teppich'.

Vorziehen: Im Juni oder Juli in Anzuchtschalen, ins Frühbeet oder in ein Saatbeet säen. Die Samen sind Lichtkeimer, deshalb nur andrücken oder hauchfein abdecken. Die Saat ständig gut feucht halten und schattieren, bis die Sämlinge gut entwickelt sind, dann pikieren und heller stellen.

Pflanzen: Vorgezogene Exemplare im August oder September; über Winter mit etwas Fichtenreisig schützen. Oder zunächst in Töpfe setzen und diese bis zur Pflanzung im März oder April hell und kühl überwintern.

Pflegen: An warmen Tagen reichlich gießen, sonst mäßig feucht halten. Auf gut versorgten Beeten nicht düngen, sonst alle 2 Wochen schwach dosierten Blütenpflanzendünger geben. Verwelkte Blütenkörbchen regelmäßig auskneifen.

Schädlinge, Krankheiten: Blattläuse; Echter Mehltau, Grauschimmel.

☼ – ◐ ❀

Blütezeit: März bis Juni
Blütenfarbe: rosa, rot oder weiß, teils mit deutlicher gelber Mitte
Höhe: 10–20 cm
Wuchs: flache Rosette aus spatelförmigen Blättern, darüber im Frühjahr kurze Blütenstiele
Standort: sonnig bis halbschattig; durchlässiger, humoser, nährstoffreicher Boden
Verwendung: in Gruppen auf Beeten und Rabatten, in Balkonkästen, Töpfen und Schalen
Pflanzabstand: je nach Wuchshöhe der Sorte 10–20 cm

Gute Partner: Tausendschön wirken sehr ansprechend mit blauen Hyazinthen, Narzissen, Vergissmeinnicht sowie Stiefmütterchen.

Im Frühjahr schieben sich die Blütenstiele zwischen den Blattrosetten empor

Pantoffelblume *(Calceolaria integrifolia)*

In Chile, ihrem Herkunftsland, wachsen diese Braunwurzgewächse (*Scrophulariaceae)* als Halbsträucher. Bei uns sind sie als einjährig kultivierte Züchtungen im Handel. Ihre leuchtend gelben, rundlich gewölbten Blüten, deren Unterlippen ähnlich wie eine Pantoffel geformt sind, stehen in dichten, traubenartigen Rispen beisammen.

Arten und Sorten: Bewährte früh und reich blühende Sorten sind z. B. 'Goldbukett' und 'Goldari', beide lediglich bis 30 cm hoch. Von der halb hängend wachsenden 'Brigre'-Serie gibt es auch eine orange blühende Sorte. Unter den als *Calceolaria*-Hybriden angebotenen Formen finden sich des Öfteren orange bis rot gepunktete oder gar komplett rote Blüten. Doch Vorsicht, nicht alle dieser Hybriden eignen sich für draußen – manche lassen sich besser als kurzlebige Zimmerpflanzen halten. Die nur 10–15 cm hohe, im Mai bis Juni gelb blühende *Calceolaria biflora* dagegen ist eine winterharte Staude.

Vorziehen: Für die eigene Anzucht sind spezielle Vermehrungsleuchten empfehlenswert, da die Aussaat schon von Dezember bis Februar, also in lichtarmer Zeit, durchgeführt werden muss. Als Keimtemperatur reichen 15–18 °C, nach dem Aufgang der Sämlinge und dem Pikieren fördern 10–15 °C kompakten Wuchs und Knospenansatz.

Pflanzen: Ab Mitte Mai in Beete oder Balkonkästen. Halten Sie bis dahin die Pflanzen möglichst hell und kühl.

Pflegen: Sorgen Sie für stets feuchte, aber nicht zu nasse Erde. Verabreichen Sie im Garten alle 4 Wochen, in Pflanzgefäßen alle 1 bis 2 Wochen einen schwach dosierten Blütenpflanzendünger. Entfernen Sie regelmäßig die verwelkten Blüten bzw. die sich bildenden Samenstände.

Schädlinge, Krankheiten: Blattläuse, Spinnmilben, Stängelgrundfäule.

Gute Partner: Das intensive Gelb der Pantoffelblumen ergibt im Verein z. B. mit orangefarbenen Studentenblumen oder leuchtend roten Zinnien eine fröhlich lebhafte Bepflanzung. Ein „Klassiker" ist der Gelb-Rot-Blau-Dreiklang mit roten Pelargonien (Geranien) und blauen Männertreu oder Vanilleblumen.

Hinweis: Nachwuchs von nicht samenvermehrbaren Sorten können Sie über Kopfstecklinge gewinnen, die Sie im August oder September schneiden. Überwintern Sie die bewurzelten Stecklinge hell bei 5–10 °C, topfen Sie sie im Frühjahr um, und kürzen Sie die Triebe um etwa ein Drittel ein.

Blütezeit: Mai bis September
Blütenfarbe: kräftig gelb, teils orange oder rot gezeichnet, seltener auch ganz orange
Höhe: 25–50 cm
Wuchs: buschig, oft mit der Zeit leicht überhängend, oder von vorn herein halb hängend; länglich ovale, frisch- bis sattgrüne Blätter
Standort: sonnig, aber möglichst nicht in praller Mittagssonne, oder halbschattig; wind- und etwas regengeschützt; durchlässiger, humoser, nicht zu nährstoffreicher Boden
Verwendung: in Gruppen auf Beeten und Rabatten, in Kästen und Töpfen, halb hängende Sorten in Ampeln
Pflanzabstand: je nach Wuchshöhe 25–40 cm

Ihre ungewöhnliche Blütenform macht die Pantoffelblume besonders reizvoll

Ringelblume *(Calendula officinalis)*

Ringelblumen, die zur Familie der Korbblütengewächse *(Asteraceae)* gehören, haben eine jahrhundertealte Tradition als entzündungshemmende, wundheilende Arzneipflanzen. Ursprünglich wohl aus dem Mittelmeerraum stammend, wurden sie schon im Mittelalter in mitteleuropäischen Kloster- und Bauerngärten kultiviert. Schon damals schätzte man neben ihrer medizinischen Wirkung auch die Schönheit der Blüten.

Arten und Sorten: Samen von einfach blühenden Ringelblumen sind meist ohne Sortennamen im Angebot. Die 'Pacific'-Serie umfasst 50–60 cm hohe Pflanzen mit großen, dicht gefüllten Blüten, in Farbnuancen von Cremeweiß über Zitronengelb bis zu Tieforange, sie wird öfter auch als Farbmischung angeboten. Ähnlich präsentiert sich die 'Princess'-Serie mit gelben und orangen Blüten. Sie gilt als recht widerstandsfähig gegen Mehltau. Die nur etwa 30 cm hohe, gefüllt blühende 'Fiesta Gitana' gibt es ebenfalls in mehreren gelben und orangen Tönen.

Vorziehen: Ringelblumen können Sie bereits im Februar oder März drinnen bei 14–16 °C vorziehen. Die robusten Pflanzen lassen sich aber auch von April bis Juni draußen in ein Saatbeet oder direkt an den gewünschten Platz säen. Bei Direktsaat müssen Sie später eventuell die Jungpflanzen auf 20–30 cm Abstand ausdünnen.

Pflanzen: Vorgezogene Exemplare ab Mitte April in Beete, Balkonkästen oder Töpfe setzen.

Pflegen: Bei Trockenheit gründlich gießen, sonst nur mäßig feucht halten und zwischen den Wassergaben immer wieder die Erdoberfläche abtrocknen lassen. Im Garten alle 4 bis 6 Wochen, in Pflanzgefäßen alle 2 Wochen mit einem Dünger versorgen. Wenn Sie einen Teil der verwelkten Blüten stehen lassen, verbreiten sich die Ringelblumen durch Selbstaussaat. Entfernen Sie andernfalls regelmäßig alles Verblühte.

Schädlinge, Krankheiten: Blattläuse, Echter und Falscher Mehltau, braune bis schwarze Blattflecken (Pilzkrankheit).

Gute Partner: Schöne Kontraste ergeben sich mit blau oder violett blühenden Nachbarn wie Rittersporn, Vanilleblume oder Verbenen, im Balkonkasten auch mit Petunien.

Hinweis: Ringelblumen hemmen durch ihre Wurzelausscheidungen schädliche Nematoden im Boden. Sie werden deshalb auch als Gründüngung zur Bodengesundung gesät.

Blütezeit: Juni bis Oktober
Blütenfarbe: verschiedene Gelb- und Orangetöne, auch in Cremeweiß
Höhe: 30–60 cm
Wuchs: aufrecht, locker verzweigt; längliche, schmal eiförmige, frischgrüne Blätter
Standort: sonnig bis halbschattig; durchlässiger, humoser, nährstoffreicher Boden
Verwendung: in Gruppen auf Beeten und Rabatten, hübsch in Bauerngarten- und naturnahen Gestaltungen; niedrige Sorten auch für Pflanzgefäße; gute Schnitt- und Trockenblume
Pflanzabstand: 20–30 cm

Ob orange oder gelb – Ringelblumen heitern mit warmen Farben jedes Beet auf

Auch im Halbschatten entfalten diese Sommerblumen munter ihre Blüten

Sommeraster *(Callistephus chinensis)*

Ihrem Namen zum Trotz blühen Sommerastern bis weit in den Herbst hinein

Die Sommeraster stammt aus China und wurde schon früh im 18. Jahrhundert nach Europa eingeführt. Seither entstanden durch Züchtung unzählige Sorten mit unterschiedlichen Blütenformen und -farben. Die einfach blühenden Sorten dieses Korbblütengewächses (*Asteraceae)* erinnern an Astern oder Margeriten, die gefüllt blühenden an Chrysanthemen oder kleine Dahlien. Daneben gibt es Züchtungen mit sehr feinen, fast fadenartigen Strahlen in dichten Blütenkörbchen, die als so genannte Strahlenastern ein ganz eigenes Flair aufweisen.

Arten und Sorten: Die Sorten werden meist als Serien, mit jeweils einheitlichem Wuchstyp und gleicher Blütenform, aber in unterschiedlichen Blütenfarben angeboten. Samentüten enthalten häufig Farbmischungen. Grundsätzlich unterscheidet man niedrige Sorten bzw. Zwergastern (20–30 cm hoch), halbhohe (40–60 cm) und hohe Sommerastern (70–80 cm). Letztere sind teils auch als „amerikanische Buschastern" im Handel. Bevorzugen Sie möglichst Sorten, die als tolerant bzw. resistent gegen die Asternwelke ausgewiesen sind.

Vorziehen: Von Mitte Februar bis Mai in Anzuchtschalen, ab März auch im Frühbeet, ab April auch draußen auf einem Saatbeet oder direkt an Ort und Stelle. Sommerastern keimen am besten bei 15 °C. 3 bis 4 Wochen nach der Aussaat werden sie einzeln in kleine Töpfe pikiert bzw. im Saatbeet auf 8 cm Abstand ausgedünnt.

Pflanzen: Ab Ende April, in raueren Lagen besser erst ab Mitte Mai.

Pflegen: Gießen Sie in Trockenzeiten kräftig, halten Sie die Pflanzen aber nicht zu nass. Düngen Sie im Garten alle 4 bis 6 Wochen, in Pflanzgefäßen alle 1 bis 2 Wochen. Verwelkte Blütenkörbchen sollten regelmäßig mitsamt den Blütenstielen herausgeschnitten werden. Für hochwüchsige Sorten ist oft das Aufbinden an einem Stützstab ratsam.

Schädlinge, Krankheiten: Blattläuse und Schnecken sind die häufigsten Schädlinge. Die gefürchtete Asternwelke wird durch verschiedene Schadpilze verursacht. Diese rufen zunächst braunschwarze Verfärbungen an den Stängeln hervor, dann sterben einzelne Triebe oder sogar die gesamte Pflanze ab. Entfernen Sie befallene Exemplare möglichst umgehend, und pflanzen Sie auf betroffenen Flächen für mindestens 5 Jahre keine Sommerastern.

Gute Partner: Sommerastern harmonieren gut z. B. mit Margeriten, Duftsteinrich und Männertreu.

Blütezeit: Juli bis Oktober
Blütenfarbe: weiß, cremefarben, gelb, rosa, rot, violett, blau, oft mit auffälliger gelber Mitte
Höhe: 20–80 cm
Wuchs: niedrige Sorten buschig kompakt, hohe eher locker verzweigt; schmale, dunkelgrüne Blätter
Standort: sonnig; durchlässiger, humoser, nährstoffreicher, am besten etwas sandiger Boden
Verwendung: in Gruppen auf Beeten und Rabatten, niedrige Sorten auch als Beeteinfassung; niedrige und halbhohe Sorten in Balkonkästen und Töpfen; gute Schnittblume
Pflanzabstand: je nach Wuchshöhe 20–40 cm

Kornblume *(Centaurea cyanus)*

Einfach blühende Kornblumen bringen naturnahes Flair in den Blumengarten

☼ ❀

Blütezeit: Mai bis September (je nach Saattermin)
Blütenfarbe: blau, blauviolett, rosa, purpurrot oder weiß
Höhe: 35–90 cm
Wuchs: aufrecht, locker verzweigt; schmale, graugrüne Blätter
Standort: sonnig; am besten etwas windgeschützt; durchlässiger, humoser, nährstoffreicher Boden
Verwendung: in Gruppen auf Beeten und Rabatten, vor allem einfach blühende Formen auch in naturnahen Gestaltungen und Blumenwiesen; niedrige Sorten auch für Pflanzgefäße; gute Schnittblume
Pflanzabstand: 20–25 cm

Die Kornblume wurde wahrscheinlich vor langer Zeit als Beimischung von Getreidesaatgut aus dem Mittelmeerraum nach Mitteleuropa eingeschleppt. Früher rahmte das geradezu legendäre Kornblumenblau viele Getreidefelder, doch durch die chemische Unkrautbekämpfung wurde das einjährige Korbblütengewächs *(Asteraceae)* immer seltener. Dafür hat es sich zunehmend einen Platz als Zierpflanze im Garten erobert. Schon die blauen Blütenkörbchen der Naturform wirken mit ihren mehrzipfeligen Röhrenblüten äußerst ansprechend. Dazu kamen mit der Zeit etliche Sorten mit dicht gefüllten Blütenkörben sowie weiteren Farbtönen.

Arten und Sorten: Ungefüllte Auslesen werden häufig einfach als „wilde Kornblumen" angeboten. Unter ebenso schlichtem Namen finden Sie auch „gefüllte Mischungen" mit blauen, rosa, roten und weißen Blüten. Attraktive gefüllt und blau blühende Sorten sind z. B. 'Blauer Ball' und 'Blauer Junge', 'Red Boy' dagegen blüht rubinrot, 'Black Boy' fast schwarzrot. Die nur rund 35 cm hoch wachsenden Sorten der 'Florence'-Serie gibt es in mehreren Farbtönen. Nahe Verwandte der Kornblume und dieser im Erscheinungsbild ähnlich sind die als ausdauernde Stauden wachsenden Flockenblumen *(Centaurea dealbata, C. montana)*. Sie blühen hauptsächlich im Frühsommer.

Vorziehen: Von Februar bis April bei 15–18 °C Keimtemperatur; nach etwa 4 Wochen pikieren. Sie können Kornblumen aber auch von April bis Juni direkt ins Beet säen und später dann auf 20–25 cm Abstand ausdünnen. Bei gestaffelten Anzucht- bzw. Aussaatterminen erstreckt sich die Blütezeit über mehrere Monate. In wintermilden Regionen lässt sich der Blühbegin durch Freilandaussaat bereits im September verfrühen.

Pflanzen: Vorgezogene Kornblumen können Sie ab etwa Anfang Mai nach draußen in die Beete pflanzen.

Pflegen: Die Kornblume ist recht trockenheitsverträglich; es genügt, bei anhaltender Trockenheit zu gießen. Eine gelegentliche Düngung wird nur auf eher nährstoffarmen Boden nötig. Für hohe Sorten ist das Aufbinden an einem Stützstab empfehlenswert, besonders an windigen Plätzen.

Schädlinge, Krankheiten: Blattläuse, Spinnmilben; Echter Mehltau.

Gute Partner: „Klassisch" sind Kombinationen mit Klatschmohn und Margeriten. Gefüllte Kornblumen machen z. B. aber auch als Rosenbegleiter eine gute Figur.

Schmuckkörbchen *(Cosmos)*

Die gelbe Blütenmitte wird oft von einem dunkler getönten Ring umgeben

Weiße, einfach blühende Kosmeen bezaubern durch schlichte Anmut

Schmuckkörbchen, auch als Kosmeen bekannt, stammen aus Mexiko und sind stattliche Einjährige, deren Blütenkörbe bis zu 10 cm Durchmesser erreichen. Typisch für Korbblütengewächse *(Asteraceae)*, handelt es sich bei den gezähnten „Blütenblättern" eigentlich um komplette Einzelblüten und bei der gelben Mitte um eine dicht gepackte Ansammlung von kleinen Röhrenblüten. Die bunt gefärbten Randblüten sind allerdings steril und dienen nur dazu, bestäubende Insekten zu den Röhrenblüten zu locken.

Arten und Sorten: Die Sorten von *Cosmos bipinnatus* (z. B. 'Sea Shells', 'Sensation' oder 'Sonata') werden 60–120 cm hoch und blühen rosa, rot oder weiß, meist mit einfachen Blütenkörben. *C. sulphureus* hingegen wächst nur 30–60 cm hoch und zeigt meist halb gefüllte Blüten in Gelb, Orange oder Rot. Beliebt sind Farbmischungen wie 'Cosmic Mix' oder 'Sunny Mix', beide kompakt und etwa 30 cm hoch. Eine Besonderheit ist die rund 60 cm hohe Schokoladenkosmee (*C. atrosanguineus*), deren dunkelrote Blüten nach Zartbitterschokolade duften.

Vorziehen: Im März oder April bei etwa 15–18 °C; nach 3 bis 4 Wochen einzeln in Töpfe pikieren. Sie können aber auch von Ende April bis Mai direkt aufs Beet säen und die Sämlinge nach etwa 4 Wochen auf 25–40 cm Abstand (je nach Wuchshöhe der Sorte) ausdünnen.

Pflanzen: Setzen Sie vorgezogene Schmuckkörbchen ab Mitte Mai ins Freie.

Pflegen: Halten Sie die Erde gleichmäßig gut feucht, aber nicht zu nass. Versorgen Sie die Pflanzen im Garten alle 4 bis 6 Wochen, in Pflanzgefäßen alle 3 Wochen mit einem Blütenpflanzendünger, und entfernen Sie regelmäßig die verwelkten Blütenkörbe. Binden Sie hochwüchsige Sorten an einem Stützstab auf, falls sie zum Umkippen neigen.

Schädlinge, Krankheiten: Schmuckkörbchen sind recht robust und werden selten befallen; junge Pflanzen sollten aber möglichst gut vor Schnecken geschützt werden.

Gute Partner: Die hohen Sorten eignen sich gut als Beethintergrund und bilden eine hübsche Kulisse für mittelgroße Sommerblumen wie Ringelblumen, Verbenen oder Ziertabak. Alle Sorten harmonieren gut mit blauen Nachbarn wie Kornblume oder Rittersporn.

Hinweis: Kosmeen ziehen im Sommer zahlreiche Bienen, Hummeln und Schmetterlinge an.

Blütezeit: Juli bis Oktober
Blütenfarbe: *Cosmos bipinnatus* rosa, rot oder weiß; *C. sulphureus* gelb, orange oder rot
Höhe: je nach Art und Sorte 30–120 cm
Wuchs: aufrecht, locker verzweigt; fein gefiederte, frisch grüne Blätter
Standort: vorzugsweise sonnig, auch halbschattig; durchlässiger, humoser, nährstoffreicher, nicht zu trockener Boden
Verwendung: in Gruppen auf Beeten und Rabatten, niedrige Sorten auch in Balkonkästen und Töpfen; gute Schnittblumen
Pflanzabstand: 25–40 cm, je nach Wuchshöhe

Nelke *(Dianthus)*

Unter den kurzlebigen Nelkengewächsen *(Caryophyllaceae)* haben vor allem drei Nelkenarten Bedeutung als Sommerblumen: die aus Südosteuropa stammende Bartnelke *(Dianthus barbatus)*, die in Südeuropa heimische Garten- oder Landnelke *(Dianthus caryophyllus)* und die aus China eingeführte Chinenser- oder Kaisernelke *(Dianthus chinensis)*.

Arten und Sorten: Von allen drei Arten werden etliche Sorten angeboten, meist als Serien mit verschiedenen Blütenfarben und in den Samentüten als Farbmischungen.

- Bartnelken haben einfache oder gefüllte, meist duftende Blüten, die in großen Dolden beisammen stehen. „Typische" Bartnelken wie 'Vorläufer' sind zweijährig und wachsen 40–60 cm hoch. Es gibt aber auch einjährige Sorten wie 'Bodestolz' und niedrig wachsende Zweijährige wie 'Indianerteppich' (25 cm hoch).
- Garten- oder Landnelken präsentieren sich wie die klassische „Nelke im Knopfloch": mit großen, dicht gefüllten, gerüscht wirkenden, duftenden Blüten. Die eigentlichen Landnelken wie 'Floristan' sind zweijährig, die Chabaudnelken dagegen einjährig. Die übliche Wuchshöhe liegt bei 50–70 cm. Das Angebot umfasst allerdings auch 20–30 cm hohe Zwergformen sowie Hängenelken mit lang herabwallenden Trieben.
- Chinenser- oder Kaisernelken, teils auch bekannt als Hedwigsnelken, werden nur einjährig kultiviert und begnügen sich mit 15–40 cm Höhe. Sie haben lockere Blütenstände mit bis zu 15 einfachen oder gefüllten, nicht duftenden Blüten, deren Kronblätter meist tief eingeschnitten sind. Beliebte Sorten-Serien sind z. B. 'Magic Charm' und 'Telstar'.

Blütezeit: Mai bis September (je nach Saattermin)
Blütenfarbe: rosa, rot, violett, weiß, auch zweifarbig, Gartennelken auch gelb
Höhe: 15–70 cm
Wuchs: buschig aufrecht, manche Sorten hängend; schmale, dunkel- oder graugrüne Blätter
Standort: sonnig; durchlässiger, humoser, nährstoffreicher, nicht zu feuchter Boden
Verwendung: in Gruppen auf Beeten und Rabatten; niedrige Sorten als Beeteinfassung, in Balkonkästen und Schalen; hohe Sorten als Schnittblumen
Pflanzabstand: 20–25 cm

Vorziehen: Einjährige Sorten im Februar oder März bei 15 °C, Gartennelken bei 18–20 °C; nach 3 bis 4 Wochen pikieren. Zweijährige werden zwischen Ende Mai und Juli draußen in Schalen oder in ein Saatbeet gesät und später ebenfalls pikiert bzw. ausgedünnt.

Pflanzen: Einjährige ab Mai, Zweijährige bereits im Herbst (über Winter mit etwas Fichtenreisig abdecken) oder – nach heller, kühler Überwinterung – im folgenden Frühjahr.

Pflegen: Halten Sie die Erde nur mäßig feucht. Düngen Sie im Garten alle 4 bis 6 Wochen, in Pflanzgefäßen alle 3 Wochen. Hängenelken sind für etwas häufigere Wasser- und Nährstoffgaben dankbar. Das Entfernen welker Blüten sowie bei Chinensernelken ein Rückschnitt nach dem ersten Flor fördern die Nachblüte.

Die stets einjährigen Chinensernelken fallen durch ihre „fransigen" Blüten auf

Oft haben die Blüten der Bartnelken einen farblich abgesetzten inneren Ring

Schädlinge, Krankheiten: Blattläuse, Spinnmilben, Thripse; Nelkenrost, pilzliche Blattflecken- und Welkekrankheiten. Wechseln Sie vorbeugend jährlich die Pflanzflächen.

Gute Partner: Nelken harmonieren mit vielen Sommerblumen und Stauden. Besonders reizvoll sind blau, gelb oder weiß blühende Nachbarn.

Goldlack (*Erysimum cheiri*)

Dieses zweijährige Kreuzblütengewächs *(Brassicaceae)* besticht im Frühjahr nicht nur durch den Anblick seiner leuchtend gefärbten Blütentrauben, sondern verströmt auch einen angenehmen, honigartigen Duft. Ursprünglich in Südeuropa beheimatet, zierte der Goldlack bei uns schon vor Jahrhunderten Bauern- und Klostergärten. Manchmal wird er noch unter seinem alten botanischen Namen, *Cheiranthus cheiri,* geführt.

Arten und Sorten Die Sorten lassen sich in niedrige (25–30 cm) und hohe (40–60 cm) unterteilen. Zu den kleinen, kompakten Formen gehören die bewährten 'Bedder'- und 'Tom Thumb'-Serien, meist als Farbmischungen mit gelben, orangen, roten und auch rosa sowie weißen Blüten angeboten. Hochwüchsige Sorten wie die gefüllt blühenden 'Buschlack'-Typen gibt es ebenfalls meist als Mischungen. Häufig steht auch – ohne spezielle Sortenangabe – einfach nur „Mischung" oder „Prachtmischung" auf der Samentüte. Von der verwandten Art *Erysimum suffruticosum* findet sich des Öfteren die gelb blühende, intensiv duftende, nur 25 cm hohe Sorte 'Goldstaub' im Handel.

Vorziehen: Säen Sie zwischen Mai und Juli in Anzuchtschalen, und decken Sie die Samen gut mit Erde ab, da ausgesprochene Dunkelkeimer. Pikieren Sie die Sämlinge nach 4 bis 6 Wochen einzeln in Töpfe, und überwintern Sie die Jungpflanzen an einem hellen, kühlen Platz, bei 5–10 °C.

Pflanzen: Im Frühjahr in Beete, Balkonkästen oder Töpfe. In wintermilden Regionen können Sie auch schon im Herbst aufs Beet pflanzen, müssen die Pflanzen dann aber mit Fichtenreisig oder Abdeckvlies vor Frösten schützen.

Pflegen: Halten Sie die Erde gleichmäßig leicht feucht, und gießen Sie bei Frühjahrstrockenheit kräftig. Versorgen Sie das Beet vor der Pflanzung gut mit Kompost, und geben Sie dann kurz nach Blühbeginn noch eine Düngung. In Pflanzgefäßen wird am besten alle 2 Wochen ein Blütenpflanzendünger verabreicht.

Schädlinge, Krankheiten: Erdflöhe; Falscher Mehltau, Grauschimmel, Kohlhernie, Weißer Rost und Welkekrankheiten. Vermeiden Sie vorbeugend zu enge Pflanzung, zu stickstoffhaltige Düngung, zu nasse Haltung und das Benetzen der Blätter beim Gießen.

Gute Partner: Goldlack wirkt sehr schön mit Vergissmeinnicht und Stiefmütterchen und passt auch gut zu Tulpen, Traubenhyazinthen und anderen Zwiebelblumen.

Goldlack zieht mit seinem angenehmen Honigduft Bienen und Hummeln an

Blütezeit: April bis Juni
Blütenfarbe: gelb, orange, rot, auch braunrot, rosa oder weiß
Höhe: 25–60 cm
Wuchs: buschig kompakt oder locker verzweigt; schmale Blätter
Standort: sonnig; durchlässiger, humoser, nährstoffreicher, nicht zu trockener und vorzugsweise kalkhaltiger Boden
Verwendung: in Gruppen auf Beeten und Rabatten; niedrige Sorten auch in Balkonkästen und Schalen; hohe Sorten als Schnittblumen
Pflanzabstand: 20–25 cm
Achtung: Alle Pflanzenteile enthalten Giftstoffe, die in den Samen besonders hoch konzentriert sind.

Mittagsgold *(Gazania*-Hybriden*)*

Die Stammarten dieser auch als Gazanien bekannten Züchtungen sind in Südafrika zu Hause und wachsen dort als Stauden. Mit ihren bis 10 cm großen Blütenkörben erinnern die Korbblütengewächse *(Asteraceae)* an kleine Sonnenblumen oder bunt gefärbte Margeriten. Häufig sind die attraktiven Blüten zweifarbig gestreift oder besitzen zur gelben Mitte hin einen dunklen Ring. Doch leider öffnen sie sich lediglich bei Sonnenschein – in einem verregneten Sommer kann das Mittagsgold daher etwas enttäuschen.

Das Mittagsgold ist ein wahres Sonnenkind, dem selbst Hitze nichts ausmacht

Arten und Sorten: Die Fülle der Züchtungen unterscheidet sich in erster Linie durch die Blütenfarben und -zeichnungen. Meist handelt es sich um Serien, die überwiegend als Farbmischungen, seltener auch in Einzelfarben angeboten werden. Bewährte Serien mit verschiedenen leuchtenden Blütenfarben sind z. B. 'Chansonette', 'Kiss' und 'Mini Star'. Als relativ wetterbeständig gelten die 'Daybreak'- und 'Gazoo'-Sorten. Bei der 'Talent'-Serie werden die gelben, orangen, braunroten, rosa oder weißen Blüten von silbrig weißen Blättern unterstrichen.

Vorziehen: Von Februar bis April bei 18–22 °C. Die Samen brauchen zum Keimen viel Luft, deshalb nur hauchfein mit Erde überstreuen. Nach etwa 4 Wochen pikieren und möglichst etwas kühler (um 15 °C) und sehr hell weiter kultivieren.

Pflanzen: Setzen Sie die Gazanien ab Mitte Mai nach draußen in Beete, Balkonkästen oder Töpfe.

Pflegen: Halten Sie die Erde nur mäßig feucht, und lassen Sie zwischen den Wassergaben immer wieder die Erdoberfläche abtrocknen. Düngen Sie die Pflanzen im Garten alle 4 bis 6 Wochen, in Gefäßen alle 2 Wochen mit einem Blütenpflanzendünger. Entfernen Sie regelmäßig verwelkte Blütenkörbe.

Schädlinge, Krankheiten: Blattläuse, Schnecken, Spinnmilben; bei Dauerfeuchte Grauschimmel.

Gute Partner: Zu den großen, leuchtkräftigen Blütenkörben passen am besten dezente Begleiter wie Duftsteinrich, Männertreu, Silberblatt *(Senecio cineraria)* oder Vanilleblume.

Hinweis: Gazanien können in Töpfen auch überwintert werden, dies an einem hellen Platz bei 5–10 °C. Stellen Sie schon im August das Düngen ein, und gießen Sie über Winter nur so viel, dass der Erdballen nicht ganz austrocknet. Schneiden Sie die Triebe im Frühjahr um etwa die Hälfte zurück.

Blütezeit: Juni bis Oktober
Blütenfarbe: gelb, orange, rot, braunrot, rosa, weiß, oft zweifarbig
Höhe: 15–30 cm
Wuchs: aufrecht, mit kräftigen Rosetten aus länglichen, dunkelgrünen, seltener silbrig bereiften Blättern
Standort: sonnig, gern auch vollsonnig, und warm; auf dem Balkon etwas regengeschützt; durchlässiger, humoser, nährstoffreicher, mäßig trockener bis frischer, kalkhaltiger Boden
Verwendung: in Gruppen auf Beeten und Rabatten, als Beeteinfassung; in Balkonkästen, Töpfen und Schalen
Pflanzabstand: 15–20 cm

Sonnenblume *(Helianthus annuus)*

Mit ihren üppigen, weithin leuchtenden Blütenkörben sind Sonnenblumen unschlagbare „Sommer-Hits"

Nicht nur die in warmem Gelb strahlenden Blütenkörbe gaben der Sonnenblume ihren Namen, sondern auch ihre Eigenheit, die Blüten stets zur Sonne hin zu drehen. Heute sieht man das aus Nord- und Mittelamerika stammende Korbblütengewächs *(Asteraceae)* bei uns öfter auf Feldern angebaut als Öl- oder Futterpflanze. Doch nachdem die Spanier die Sonnenblume im 16. Jahrhundert nach Europa eingeführt hatten, wurde sie lange Zeit zunächst nur als Ziergewächs kultiviert.

Arten und Sorten: Einfache, goldgelbe Blütenkränze mit brauner Mitte und 170–200 m hoch – diesem typischen Bild entsprechen Sorten wie beispielsweise 'Schnittgold'. Doch es gibt eine Fülle von Varianten: u. a. dunkelrot blühend (z. B. 'Abendsonne'), mehrfarbig in Gelb, Rot und Bronze ('Herbstsonne'), gefüllt blühend (z. B. 'Gefüllte Riesen', nur 150 cm hoch), stark verzweigt (z. B. 'Prado Gold'), mittelgroß (z. B. 'Samtkönigin', 150 cm, braunrote Blüte, oder 'Mezzulah', 120 cm, gelb), niedrig bis zwergig (z. B. 'Teddybär', 40–60 cm, gelb, gefüllt; 'Big Smile', 35 cm. gelb) – und am anderen Ende der Skala die bis 450 cm hohe 'King Kong' (gelb). Zunehmender Beliebtheit erfreuen sich pollenlose Sommerblumen, da sie als Schnittblumen klebrige Pollen auf Möbeln und Teppichen ersparen, so etwa die 'Sunrich'-Sorten (170 cm, in Gelbtönen und Orange).

Vorziehen: Im April, bei 15–20 °C Keimtemperatur. Säen Sie jeweils ein bis zwei Körner in kleine Anzuchttöpfe. Sonnenblumen können aber auch von April bis Juni direkt an Ort und Stelle gesät werden, am besten in kleinen Grüppchen zu drei bis fünf. Entfernen Sie später dann die schwächsten Sämlinge. Bei Direktsaat empfiehlt sich das Auflegen eines Vogelschutznetzes.

Pflanzen: Setzen Sie vorgezogene Sonnenblumen Mitte Mai nach draußen.

Pflegen: Gießen Sie bei Trockenheit kräftig, vermeiden Sie hingegen Stau- und Dauernässe. Reichern Sie die Saat- oder Pflanzstelle zuvor mit gut ausgereiftem Kompost an, und düngen Sie ab Juni alle 2 bis 4 Wochen, je nach Wuchshöhe der Sorte; bei Sonnenblumen in Pflanzgefäßen alle 1 bis 2 Wochen. Für hohe Sorten ist zumeist das Aufbinden an einem Stützstab empfehlenswert.

Blütezeit: Juli bis Oktober
Blütenfarbe: gelb, orange, bronzefarben, dunkelrot, rotbraun, stets mit dunkler Mitte
Höhe: 30–200 cm, selten bis über 400 cm
Wuchs: aufrecht, je nach Typ eintriebig oder verzweigt; große, herzförmige, sattgrüne Blätter
Standort: sonnig, warm und etwas windgeschützt; durchlässiger, humoser, nährstoffreicher Boden
Verwendung: einzeln oder in Gruppen oder Reihen auf Beeten und Rabatten, an Zäunen, als Sichtschutz; niedrige Sorten auch für Pflanzgefäße; gute Schnittblume
Pflanzabstand: je nach Wuchshöhe 20–50 cm

Schädlinge, Krankheiten: Sonnenblumen sind in der Regel recht unempfindlich. Nur gelegentlich kommt es zu Problemen z. B. mit Blattläusen, Echtem Mehltau oder bei Dauerfeuchte Grauschimmel.

Gute Partner: Hohe Sonnenblumen bilden im Blumen- wie im Gemüsegarten einen hübschen Beethintergrund. Besonders stimmig wirken Kombinationen mit Bauerngartenblumen und -stauden wie Ringelblume, Stockrose, Zinnie, Indianernessel, Margerite, Lupine, Phlox oder Rittersporn.

Fleißiges Lieschen *(Impatiens walleriana, Impatiens*-Hybriden)

Ihre unermüdliche Blühfreude verlieh diesen Balsaminengewächsen *(Balsaminaceae)* das Attribut „fleißig". Schon seit langem wird bei uns Impatiens walleriana aus Ostafrika in zahlreichen Sorten kultiviert. Dazu kamen in neuerer Zeit die *Impatiens-Neu-Guinea*-Hybriden oder Edellieschen, die als Kreuzungen aus Wildarten von der Neu-Guinea-Insel entstanden sind. Sie wirken oft noch üppiger als die altbekannten Fleißigen Lieschen und sind häufig etwas größer.

Selbst an schattigen Plätzen blühen Fleißige Lieschen unverdrossen

Arten und Sorten: Bei der gewaltigen Sortenfülle, die besonders bei den *Neu-Guinea*-Hybriden ständig durch neue Züchtungen erweitert wird, wählt man am besten einfach, was gefällt, bzw. nach bevorzugten Blütenfarben – wobei Saatgut häufig als Farbmischung angeboten wird. Etliche Sorten, vor allem der Edellieschen, sind allerdings nur als Jungpflanzen erhältlich, da sie über Stecklinge vermehrt werden. Neben Sorten mit einfachen Blüten finden sich auch gefüllt blühende, und manche *Neu-Guinea*-Hybriden bieten neben hübschem Flor ansprechend gefärbtes Laub. Achten Sie – je nach gewünschter Verwendung und Standort – darauf, dass die Pflanzen nicht für Gefäße, sondern auch fürs Freiland geeignet sind und ob sie auch Sonne vertragen.

Vorziehen: Von Februar bis April bei 18–22° C; Samen nur andrücken, nicht abdecken, da Lichtkeimer. Pikieren Sie die Sämlinge 3 bis 4 Wochen nach dem Aufgang der Saat einzeln in kleine Töpfe, und halten Sie sie dann etwas kühler, bei 16–18 °C. Für eine bessere Verzweigung können die Jungpflanzen entspitzt werden.

Pflanzen: Setzen Sie die kälteempfindlichen Pflanzen frühestens ab Mitte Mai nach draußen in Beete, Rabatten oder in Pflanzgefäße.

Pflegen: Halten Sie die Erde gleichmäßig feucht, aber nicht nass. Düngen Sie bei Beetpflanzung erstmals zum Blühbeginn, dann alle 4 bis 6 Wochen. Geben Sie Pflanzen in Gefäßen alle 2 Wochen einen schwach dosierten Blütenpflanzendünger. Das regelmäßge Entfernen welker Blüten fördert einen dauerhaften Flor.

Schädlinge, Krankheiten: Blattläuse, Spinnmilben, Thripse, Weiße Fliegen; Grauschimmel, bei zu nasser Haltung sehr anfällig für Fäulnis.

Gute Partner: Im Schatten sind niedrige Fuchsien und Knollenbegonien attraktive Nachbarn, an helleren Plätzen z. B. Männertreu, Pantoffelblume, Studentenblume und kleine Glockenblumen *(Campanula)*.

☼ – ✹

Blütezeit: Mai bis Oktober
Blütenfarbe: rosa, pink, violett, rot, orange oder weiß, auch zweifarbig
Höhe: 15–40 cm
Wuchs: buschig aufrecht, manche Sorten auch halb hängend; eiförmige, zugespitzte Blätter, bei Edellieschen teils braungrün, purpurbraun oder gemustert
Standort: vorzugsweise halbschattig bis schattig, moderne Sorten bei genügend Feuchtigkeit meist auch sonnenverträglich; durchlässiger, humoser, nährstoffreicher, nicht zu trockener Boden
Verwendung: in Gruppen auf Beeten und Rabatten, auch vor Gehölzen und als Bodendecker; in Balkonkästen, Töpfen und Schalen
Pflanzabstand: 20–30 cm

Männertreu *(Lobelia erinus)*

Die charmanten Lobelien dürfen in Beeten und Balkonkästen nicht fehlen

Blau ist die Farbe der Treue, doch der erste Blütenschwung dieses Glockenblumengewächses *(Campanulaceae)* währt nur kurz – wie die Treue der (oder zumindest mancher) Männer: So soll das Männertreu angeblich zu seinem Namen gekommen sein. Die auch als Lobelien bekannten Sommerblumen wurden schon vor rund 250 Jahren aus Südafrika eingeführt und sind seit langer Zeit in Beeten wie in Balkonkästen fast unverzichtbar, vor allem als dezente, aber attraktive Begleiter für viele andere Sommerblumen.

Arten und Sorten: Zum einen gibt es buschig kompakte bis rundlich wachsende, oft nur 10–15 cm hohe Lobelien, etwa 'Kristallpalast' (dunkelblau blühend), die 'Riviera'-Sorten in verschiedenen Blau- und Rosatönen oder die 'Palace'-Sorten in Blau oder Weiß. Zum andern umfasst das Angebot Hängelobelien, die etwa 20 cm hoch werden und aus Ampeln mit 30–50 cm langen Trieben herabwallen. Hierzu zählt z. B. die 'Cascade'-Serie mit verschiedenen Blütenfarben. Stecklingsvermehrte Hängelobelien wie 'Azuro' (dunkelblau) oder 'Laguna' (in verschiedenen Farben) blühen etwas ausdauernder und reicher als die samenbildenden Sorten.

Vorziehen: Im März oder April säen, bei 18 ° C; Samen nur andrücken, nicht abdecken, da Lichtkeimer. Pikieren Sie die Sämlinge nach etwa 3 bis 4 Wochen, am besten in Grüppchen von drei bis fünf, in kleine Töpfe, und stellen Sie sie dann etwas kühler, bei 12–16 °C.

Pflanzen: Ab Mitte Mai in Beete, Kästen, Töpfe oder Ampeln.

Pflegen: Lobelien mögen es gleichmäßig feucht, vertragen aber keine Stau- bzw. Dauernässe. Versorgen Sie die Pflanzen im Garten alle 4 bis 6 Wochen, in Pflanzgefäßen alle 2 bis 3 Wochen mit einem schwach dosierten Blütenpflanzendünger. Lässt gegen Ende Juli der erste Flor nach, fördert ein Rückschnitt aller Triebe um etwa ein Drittel die Ausbildung neuer Blüten; unterstützen Sie dies durch eine Düngung gleich nach dem Schnitt.

Schädlinge, Krankheiten: Weiße Fliegen; Grauschimmel, Welkekrankheiten.

Gute Partner: Blaue Lobelien bieten eine Blütenfarbe, die unter den Sommerblumen nicht allzu häufig vorkommt und unterstreichen so hervorragend beispielsweise gelbe, rote, orange- oder rosafarbene Blüten. Dasselbe gilt – bei entsprechender farblicher Abstimmung – natürlich auch für weiße, rosa oder violette Sorten. Da nicht allzu starkwüchsig, lässt sich Männertreu mit fast allen Sommerblumen oder auch mit Stauden kombinieren.

☼ – ◐

Blütezeit: Mai bis August, Zweitflor nach Rückschnitt teils bis Oktober
Blütenfarbe: blau, violett, rosa oder weiß
Höhe: 10–20 cm
Wuchs: buschig kompakt, rundlich bis polsterartig oder hängend; schmale, dunkelgrüne Blätter
Standort: sonnig bis halbschattig, am besten vor praller Sonne geschützt; durchlässiger, humoser, nährstoffreicher Boden
Verwendung: in Gruppen auf Beeten und Rabatten, als Beeteinfassung, in Balkonkästen, Töpfen, Ampeln und Hängekörben
Pflanzabstand: 20–25 cm

Duftsteinrich *(Lobularia maritima)*

Ähnlich wie das Männertreu ist der Duftsteinrich eine kleine Pflanze mit großer Wirkung. Mit niedrigem, polsterförmigem Wuchs und einer Fülle winziger, nach Honig duftender Blüten unterstreicht er großblumige Partner ideal, egal ob im Beet oder im Balkonkasten. Das aus Südeuropa stammende Kreuzblütengewächs (*Brassicaceae*) gibt jedoch auch einen hübschen Bodendecker ab und lässt sich zudem gut im Steingarten einsetzen, sogar in Ritzen von Trockenmauern oder Plattenfugen. Teils wird der Duftsteinrich auch als Steinkraut oder Alyssum bezeichnet. Die Züchtungen sind meist einjährig, treiben aber bisweilen nach milden Wintern wieder aus – oder sorgen durch Selbstaussaat für ihren Fortbestand.

Wohlriechend und genügsam bereichert der Duftsteinrich sonnige Plätze

Arten und Sorten: In Wuchsform und Blühverhalten recht ähnlich, unterscheiden sich die Sorten hauptsächlich in der Blütenfarbe; auch die Duftintensität kann ein wenig variieren. Gute Sorten sind z. B. 'Snow Crystals' (weiß, großblumig, besonders kompakt) und 'Schneeteppich' (weiß), 'Königsteppich' (tiefviolett), die 'Easter Bonnet'-Serie in verschiedenen Rosa- und Violetttönen sowie Weiß und die 'Aphrodite'-Serie, die neben den üblichen Farben sogar kräftig rote und gelbliche Töne zu bieten hat.

Vorziehen: Ende März oder April bei 18 °C Keimtemperatur. Legen Sie jeweils vier bis sechs Samen in kleine Töpfe mit Anzuchterde; nicht abdecken, sondern nur andrücken, da Lichtkeimer. Kühle Temperaturen (10–12 °C) und heller Stand nach dem Erscheinen der Sämlinge sorgen für kompakten Wuchs. Ab Ende April können Sie auch direkt aufs Beet säen (am besten breitwürfig ausstreuen) und die Sämlinge dann später etwas ausdünnen.

Pflanzen: Ab Mitte Mai in Beete oder Pflanzgefäße.

Pflegen: Duftsteinrich sollte nicht zu feucht gehalten werden; stets die Erdoberfläche zwischen den Wassergaben abtrocknen lassen. Werden die Pflanzen bei Nachlassen des ersten Hauptflors, gegen Ende Juli, um gut die Hälfte zurückgeschnitten und gedüngt, erscheinen bald wieder neue Blütentriebe.

Schädlinge, Krankheiten: Echter und Falscher Mehltau, gelegentlich Weißer Rost (blattunterseits weiße Pusteln).

Gute Partner: Duftsteinrich passt zu fast allen Sommerblumen und zu vielen Stauden. Am besten gedeiht er allerdings mit Partnern, die ebenfalls nicht allzu hohe Wasseransprüche haben, etwa mit Mittagsgold, Nelken oder Ringelblumen. Er eignet sich auch gut als Rosenbegleiter.

Blütezeit: Juni bis Oktober
Blütenfarbe: weiß, rosa, violett, rot, gelblich bzw. apricot
Höhe: 10–15 cm
Wuchs: polsterförmig, in Gefäßen leicht überhängend; schmale, längliche, leicht grau befilzte Blätter
Standort: sonnig, gern vollsonnig, verträgt allerdings auch leichte Beschattung; durchlässiger, nicht zu nährstoffreicher, kalkhaltiger Boden
Verwendung: in Gruppen auf Beeten und Rabatten, als Beeteinfassung und Bodendecker, im Steingarten; in Balkonkästen und Töpfen, auch als Unterpflanzung von Hochstämmchen
Pflanzabstand: 15 cm

Vergissmeinnicht *(Myosotis sylvatica)*

Das wilde Waldvergissmeinnicht wächst in Europa weit verbreitet auf Wiesen, Waldlichtungen und an Waldsäumen, vorzugsweise in etwas höheren Lagen. Erst Anfang des 19. Jahrhunderts lernte man den Zierwert dieses Borretschgewächses *(Boraginaceae)* zu schätzen. Durch Züchtung und Einkreuzung von verwandten Arten entstanden Kulturformen, die aus dem Sortiment der zweijährigen Frühjahrs- und Frühsommerblüher längst nicht mehr wegzudenken sind.

Arten und Sorten: Die Wuchshöhen variieren zwischen 15 und 30 cm, ansonsten unterscheiden sich die Sorten vor allem durch die Blütenfarbe. Bewährte Züchtungen sind beispielsweise 'Dunkelblauer Turm' (25 cm hoch, straff aufrecht, tiefblaue Blüten), 'Ultramarine Zwerg' (15 cm, tiefblau), 'Miro' (15 cm, mittelblau), 'Rosylva' (20 cm, rosa) und 'Snowsylva' (20 cm, weiß).

Vorziehen: Säen Sie im Juni oder Juli in Anzuchtschalen oder in ein Frühbeet, und halten Sie die Saat bis zum Aufgehen leicht beschattet. Nach rund 4 Wochen werden die Sämlinge einzeln in kleine Töpfe pikiert.

Pflanzen: Im August oder September auspflanzen und über Winter mit etwas Fichtenreisig schützen; oder im Frühherbst in größere Töpfe setzen und diese bis zur Pflanzung im Frühjahr hell und kühl (bei 6–10 °C) überwintern.

Pflegen: Gleichmäßig gut feucht halten, bei Trockenheit kräftig gießen; achten Sie darauf, dass die Erde auch über Winter nicht allzu stark austrocknet. Im Garten genügt eine Düngung im 3- bis 4-wöchigen Abstand, in Pflanzgefäßen ist der Nährstoffvorrat der Topferde meist ausreichend, sodass keine Zusatzdüngung nötig wird.

Schädlinge, Krankheiten: Blattläuse; Echter Mehltau, Grauschimmel.

Gute Partner: Vergissmeinnicht passen gut zu Goldlack, Stiefmütterchen, Tausendschön oder Kissenprimeln. Sehr schön wirken sie auch als Begleiter von Tulpen oder Narzissen, wobei sie den etwas straffen Wuchs der Zwiebelblumen auflockern und deren Blüten dezent untermalen.

Blütezeit: April bis Juni
Blütenfarbe: verschiedene Blautöne, rosa oder weiß, mit hellem oder dunklem Auge
Höhe: 15–30 cm
Wuchs: buschig, kompakt; schmale, frischgrüne, flaumig behaarte Blätter
Standort: sonnig bis halbschattig und eher kühl; durchlässiger, humoser, nicht zu trockener Boden
Verwendung: in Gruppen auf Beeten und Rabatten, als Beeteinfassung; in Balkonkästen, Töpfen und Schalen; anmutige Schnittblume
Pflanzabstand: 15–20 cm

Typisch sind hellblaue Blütchen, aber auch rosa Sorten (oben) haben ihren Reiz

Ziertabak *(Nicotiana x sanderae)*

Ziertabak ist ein attraktiver, unermüdlicher, recht wetterfester Dauerblüher

☼ ☠

Blütezeit: Juni bis September
Blütenfarbe: weiß, cremefarben, gelbgrün, rosa, rot oder violett
Höhe: 30–80 cm
Wuchs: buschig aufrecht; große, breit lanzettliche, sattgrüne Blätter
Standort: sonnig und warm, am besten etwas windgeschützt; durchlässiger, humoser, nährstoffreicher, nicht zu trockener Boden
Verwendung: in Gruppen auf Beeten und Rabatten, hohe Sorten und Arten auch einzeln oder zu wenigen; in Balkonkästen und Töpfen
Pflanzabstand: je nach Wuchshöhe 20–50 cm
Achtung: Alle Pflanzenteile sind bei Verzehr sehr giftig!

Die Tabakarten, darunter auch der Rauchtabak *(Nicotiana tabacum)*, sind Nachtschattengewächse *(Solanaceae)*, deren Heimat in Südamerika liegt. Als Ziertabak wird in erster Linie *Nicotiana* x *sanderae* kultiviert, eine Kreuzung aus zwei Wildarten. Seine hübsch gefärbten Röhrenblüten mit sternförmig entfalteter Spitze bieten einen aparten Anblick. Ihren Ruf als Duftpflanzen, die gegen Abend durch Wohlgerüche Nachtfalter anlocken, können die modernen Züchtungen allerdings oft nur bescheiden oder gar nicht erfüllen.

Arten und Sorten: Wie bei vielen Sommerblumen sind vom Ziertabak meist so genannte Serien im Angebot, mit einheitlichem Wuchs- und Blütentyp, aber in verschiedenen Blütenfarben erhältlich, dies einzeln oder in Farbmischungen. Besonders für Gefäße, aber auch für Beete eignen sich niedrige Serien wie 'Starship' (30 cm hoch) oder 'Nicki' (40 cm). Markanter wirken stattliche, 60–80 cm hohe Sorten, etwa die der 'Sensation'-Serie. Wer mehr Wert auf intensiven abendlichen Duft legt, sollte Ausschau halten nach Samen des Flügeltabaks *(N. alata)* oder des Bergtabaks *(N. sylvestris)*. Beide wachsen mindestens 80 cm hoch, der Bergtabak sogar bis 150 cm, und blühen weiß. Den Flügeltabak gibt es auch mit gelblich grünen oder roten Blüten; er öffnet seine Blüten allerdings erst gegen Abend.

Vorziehen: Ende Februar oder März bei 18–20 °C; Samen nur andrücken, nicht abdecken, da Lichtkeimer. Pikieren Sie die Sämlinge 4 bis 5 Wochen nach Aufgang der Saat einzeln in kleine Töpfe, und halten Sie sie dann etwas kühler. Entspitzen der Jungpflanzen sorgt für kompakten, gut verzweigten Wuchs.

Pflanzen: Ab Mitte Mai in Beete, Balkonkästen oder Töpfe.

Pflegen: Halten Sie die Erde gleichmäßig feucht, und gießen Sie bei Trockenheit kräftig. Versorgen Sie die Pflanzen im Garten alle 2 bis 4 Wochen, in Pflanzgefäßen alle 1 bis 2 Wochen mit Dünger. Schneiden Sie regelmäßig welk gewordene Blütenstände heraus.

Schädlinge, Krankheiten: Der sonst recht robuste Ziertabak leidet gelegentlich unter Blattläusen und Schneckenfraß an jungen Blättern.

Gute Partner: Zu den leuchtenden bis pastelligen Farbtönen der Ziertabaksorten passen besonders gut blaue Begleiter wie Männertreu, Rittersporn, Vanilleblume oder blaue Verbenen.Weißer Ziertabak wirkt auch sehr attraktiv mit kräftig roten Nelken oder Pelargonien.

Kapkörbchen *(Osteospermum)*

Zart leuchtende Blüten mit dunkler Mitte zeichnen das Kapkörbchen aus

Das Kapkörbchen, auch als Kapmargerite oder Bornholmer Margerite bekannt, wächst in seiner südafrikanischen Heimat als ausdauernder, an der Basis verholzender Halbstrauch. Die bei uns angebotenen Züchtungen dieses Korbblütengewächses *(Asteraceae)* sind meist Hybriden (Kreuzungen) von *Osteospermum ecklonis* mit anderen Arten. Leider erscheinen die großen, wunderschön leuchtenden Blütenkörbe in verregneten Sommern nur spärlich, zudem bleiben sie bei trübem Wetter geschlossen. Dazu kommt, dass die Pflanzen bisweilen im Juni oder Juli eine Blühpause einlegen. Doch die Züchter arbeiten intensiv daran, neue Sorten ohne solche „Unarten" hervorzubringen.

Arten und Sorten: Wer gezielt nach Sorten auswählen möchte, sollte stets auf die Neuheiten achten, die Händler und Züchter in Katalogen und auf Websites vorstellen. Auch bereits eingeführte Serien (Sortengruppen mit unterschiedlichen Blütenfarben) werden immer wieder durch Neuzüchtungen verbessert. Serien mit recht gutem Blühverhalten sind z. B. 'Astra', 'Caprivi', 'FlowerPower', 'Jamboana' (leicht hängender Wuchs) und 'Sunny'. Zu den wenigen samenvermehrbaren Serien zählen 'Passion', 'Stern von Bornholm' (beide in Rosa- und Violetttönen sowie weiß) und 'Giant' (pastellig orange, gelb, apricot und weiß). Unter dem Namen Kapkörbchen finden Sie außerdem Samen von Züchtungen der nah verwandten, einjährigen *Dimorphoteca;* deren Blüten sind allerdings oft noch etwas regenempfindlicher.

Vorziehen: Samenvermehrbare Sorten werden zwischen Februar und April in Anzuchtgefäße gesät und keimen bei 18–22 °C. Pikieren Sie die Pflanzen etwa 3 Wochen nach der Keimung in Einzeltöpfe, und stellen Sie sie dann etwas kühler und so hell wie möglich auf.

Pflanzen: Ab Mitte Mai in Beete, Balkonkästen oder Töpfe.

Pflegen: Halten Sie die Erde gleichmäßig feucht, vermeiden Sie aber starkes Vernässen. Am besten mischen Sie bei der Pflanzung einen Langzeitdünger unter die Erde; dann ab Juli alle 2 bis 3 Wochen mit einem Blütenpflanzendünger nachdüngen. Entfernen Sie regelmäßig die verwelkten Blüten.

Schädlinge, Krankheiten: Blattläuse, Schnecken, Weiße Fliegen; Echter und Falscher Mehltau.

Gute Partner: Besonders gut eignen sich andere „Sonnenkinder" wie Duftsteinrich, Mittagsgold und Portulakröschen. Sehr hübsch wirken auch blaue Begleiter, z. B. Vanilleblume.

Blütezeit: Mai bis September
Blütenfarbe: rosa, rot, violett, gelb, orange, weiß, auch zweifarbig, häufig mit dunkler Mitte
Höhe: 30–50 cm
Wuchs: breit buschig, teils etwas überhängend; längliche, ganzrandige oder gezähnte, sattgrüne Blätter
Standort: möglichst vollsonnig und warm, in Pflanzgefäßen etwas regengeschützt; durchlässiger, humoser, nährstoffreicher Boden
Verwendung: in Gruppen auf Beeten und Rabatten; in Balkonkästen und Töpfen
Pflanzabstand: 25–30 cm

Klatschmohn *(Papaver rhoeas)*

Ebenso wie die Kornblume (siehe S. 67) ist der in Europa und Nordafrika heimische Klatschmohn ursprünglich ein Ackerunkraut, das aufgrund seiner leuchtend roten Blüten mit schwarz geflecktem Grund als Zierpflanze zu neuen Ehren kam. Im Garten breitet sich das Mohngewächs *(Papaveraceae)* oft durch Selbstaussaat aus.

Arten und Sorten: Naturnahe Formen mit einfachen Blüten tragen meist keinen Sortennamen. Die Sorte 'Chorus mit außen rosaroten, innen weißen Blüten ist auch als „Romantikmohn" im Handel. Vom nah verwandten, bis 50 cm hohen Zwergmohn *(Papaver commutatum)* gibt es die hübsche Sorte 'Ladybird' bzw. 'Marienkäfer' mit tiefroten, schwarz gepunkteten Blüten. Als Seidenmohn werden gefüllt blühende Sorten von *P. rhoeas* bezeichnet und meist in Mischungen verschiedener Farbtöne angeboten. Ein schmucker zweijähriger Verwandter ist der Islandmohn *(P. nudicaule)*, 30–50 cm hoch; er entfaltet ab Mai rosa, rote, orange, gelbe oder weiße Schalenblüten in Pastelltönen. Ähnlich präsentiert sich der einjährig kultivierte, nur entfernt verwandte Kalifornische Mohn *(Eschscholzia californica)*. Ein prächtiger, ausdauernder „Vetter" des Klatschmohns ist der Türkenmohn (siehe S. 140).

Vorziehen: Eine Anzucht im März (bei etwa 15 °C) ist möglich, doch üblicherweise wird Klatschmohn von April bis Juni direkt ins Freie gesät und nach einigen Wochen aus 20–25 cm Abstand ausgedünnt. Für einen zeitigen Blühbeginn können Sie in wintermilden Regionen auch bereits im September säen. Decken Sie die feinen Samen nach dem Andrücken nur sehr dünn mit Erde ab.

Pflanzen: Vorgezogene Pflanzen werden ab Mitte Mai ins Freie gesetzt.

Pflegen: Nur bei Trockenheit gießen; eine Düngung ist auf normalen Gartenböden nicht erforderlich. Wenn Sie keine Selbstaussaat wünschen und nicht die zierenden Samenstände für Trockensträuße ernten möchten, entfernen Sie am besten gleich die verwelkten Blüten.

Schädlinge, Krankheiten: Blattläuse, Schnecken; Echter und Falscher Mehltau.

Gute Partner: Nach naturnahem Vorbild gesellt sich der Klatschmohn gern zu Kornblumen und weißen Margeriten, passt aber auch zu anderen Sommerblumen und Stauden, z. B. Ringelblume oder Rittersporn.

Hinweis: Der einjährige Schlafmohn (*P. somniferum*) ist die Mohnart, aus deren Kapseln das Morphium bzw. Opium gewonnen wird. Von ihm gibt es auch morphinarme, zierende Sorten, deren Samen z. B. im Internet angeboten werden. Doch streng genommen ist ihr Anbau in Deutschland verboten bzw. bedarf einer behördlichen Genehmigung.

Blütezeit: Mai bis Juli, bei Spätsaat bis September
Blütenfarbe: in Rot- und Rosatönen oder weiß
Höhe: 30–80 cm
Wuchs: aufrecht, zierliche, wenig verzweigte Stängel; fiederschnittige, sattgrüne Blätter
Standort: sonnig; durchlässiger, am besten kalkhaltiger Boden, der auch recht nährstoffarm und trocken sein kann
Verwendung: in Gruppen auf Beeten und Rabatten, in naturnahen Bereichen, Blumenwiesen und Steingärten; gute Schnittblume
Pflanzabstand: 20–25 cm
Achtung: Alle Pflanzenteile außer den Samen sind schwach giftig, besonders der Milchsaft in den Stängeln.

Nicht nur die Mohnblüten, sondern auch die Samenstände sind recht attraktiv

Portulakröschen *(Portulaca grandiflora)*

An sonnigen Plätzen entfalten Portulakröschen eine Fülle anmutiger Blüten

Blütezeit: Juni bis September
Blütenfarbe: gelb, orange, rot, rosa, lila, weiß, mit gelber Mitte
Höhe: 10–15 cm
Wuchs: flach, mit niederliegenden bis überhängenden Trieben; nadelartige, fleischige, kräftig grüne Blätter
Standort: möglichst vollsonnig und warm, in Pflanzgefäßen etwas regengeschützt; durchlässiger, gern auch sandiger, nicht allzu nährstoffreicher Boden
Verwendung: in Gruppen auf Beeten und Rabatten, im Steingarten; in Balkonkästen, Töpfen, hohen Schalen und Ampeln
Pflanzabstand: 15 cm

Aus der Gattung *Portulaca,* die der Familie der Portulakgewächse (*Portulacaceae*) ihren Namen verlieh, ist manchen Gärtnern eher der als Gemüse genutzte, spinatartige Portulak *(P. oleraceae)* vertraut. Doch es lohnt sich, auch das aus Südamerika stammende Portulakröschen *(P. grandiflora)* kennenzulernen: Mit seinen fröhlich leuchtenden, wildrosenähnlichen Blüten bietet es im Sommer einen bezaubernden Anblick. Allerdings öffnen sich die Blüten dieser anspruchslosen, recht trockenheitsverträglichen Einjähriger lediglich bei sonnigem Wetter und schließen sich zudem dann schon früh am Abend.

Arten und Sorten: Meist erhalten Sie Portulakröschen als bunte Samenmischung bzw. „Prachtmischung" mit verschiedenen Blütentönen und können dabei zwischen einfach oder gefüllt blühenden Züchtungen wählen. Mit Namen ausgewiesene Sorten finden Sie eher beim Kauf vorgezogener Jungpflanzen, die oft nur über Stecklinge vermehrt werden, z. B. die lila blühende, großblütige 'Samba'. Dasselbe gilt für Sorten der nah verwandten *P. umbraticola,* die etwas breitere Blätter und öfter zweifarbige Blüten aufweisen. Sie gelten teils als regenverträglicher als die *P.-grandiflora*-Sorten.

Vorziehen: Im März bis April bei 18 °C; nach 2 bis 3 Wochen am besten zwei oder drei Sämlinge zusammen in Töpfe pikieren. Ab Mai können Sie auch direkt ins Beet säen und später etwas ausdünnen. Decken Sie die Samen nur dünn mit Erde ab. Entspitzen der Jungpflanzen fördert kompakten Wuchs.

Pflanzen: Setzen Sie die Pflanzen ab Mitte Mai in Beete oder Pflanzgefäße; mischen Sie Topferden reichlich Sand oder Perlite (zerkleinertes Vulkangestein) unter. In Pflanzgefäßen ist zudem eine Dränageschicht aus Kies oder Blähton auf dem Topfboden sehr empfehlenswert.

Pflegen: Nur bei längerer Trockenheit gießen. Auf normalen Gartenböden muss normalerweise gar nicht gedüngt werden, in Pflanzgefäßen nur alle 4 Wochen mit einem Blütenpflanzendünger. Zupfen Sie gelegentlich die verwelkten Blüten ab.

Schädlinge, Krankheiten: Blattläuse, Thripse.

Gute Partner: Als direkte Nachbarn kommen nur Pflanzen infrage, die ebenfalls recht wenig Wasser brauchen, z. B. Duftsteinrich, Klatschmohn, Mittagsgold oder Stauden wie Lavendel und Sommersalbei.

Studentenblume *(Tagetes)*

Die Studenten- oder Sammetblume ist ein einjähriges Korbblütengewächs *(Asteraceae)* und vielen auch unter ihrem botanischen Namen *Tagetes* bekannt. Schon im 16. Jahrhundert wurden die in Mittelamerika heimischen Blumen bei uns kultiviert und eroberten sich bald einen festen Platz in den Bauerngärten. Früher berüchtigt für ihren strengen Duft, sind die modernen Tagetes meist eher geruchsarm.

Hier unterstreichen blaue Lobelien das leuchtende Orange einer Tagetes patula

Arten und Sorten: Das gewaltige Sortenangebot entstammt drei verschiedenen Arten, die teils auch untereinander gekreuzt werden:

- *Tagetes erecta* gibt es in hohen (60–100 cm), halbhohen (30–50 cm) und – seltener – niedrigen Sorten (um 20 cm). Die Blütenköpfe sind meist gefüllt bis pomponartig und erreichen teils 10 cm Durchmesser.
- *T. patula* dominiert das Angebot mit meist 20–40 cm hohen, seltener bis 60 cm hohen Sorten. Die mittelgroßen Blütenköpfe sind häufig gefüllt, öfter aber auch einfach und dann nicht selten zweifarbig, z. B. rot mit gelbem Rand.
- *T. tenuifolia,* meist 20–30 cm hoch, übersät sich mit unzähligen kleinen, einfachen, ein- oder zweifarbigen Blüten.

Vorziehen: Von Februar bis April bei 18–20 °C; nach 3 bis 4 Wochen einzeln in kleine Töpfe pikieren und hell und kühler (14–18 °C) weiterkultivieren. Ab Mai auch Direktsaat ins Beet möglich.

Pflanzen: Ab Mitte Mai in Beete, Balkonkästen oder Töpfe.

Pflegen: Gießen Sie bei Trockenheit kräftig, doch lassen Sie zwischen den Wassergaben die Erdoberfläche etwas abtrocknen. Düngen Sie im Garten je nach Wuchshöhe alle 4 bis 6 Wochen, in Pflanzgefäßen alle 2 bis 3 Wochen. Kneifen Sie regelmäßig verwelkte Blütenkörbe aus. Für hohe *Tagetes-erecta*-Sorten ist eine Stütze ratsam.

Schädlinge, Krankheiten: Blattläuse, Minierfliegen, Spinnmilben; Grauschimmel, Blattflecken. Leider sind Tagetes auch ein Leckerbissen für Schnecken, nur *T. tenuifolia* entspricht nicht ganz ihrem Geschmack.

Gute Partner: Studentenblumen lassen sich mit den meisten Sommerblumen gut kombinieren und wirken besonders schön mit blau, violett oder weiß blühenden Partnern.

Hinweis: Tagetes hemmen durch ihre Wurzelausscheidungen schädliche Nematoden im Boden und eignen sich deshalb auch als Gründüngung und „Bodenkur".

☼ – ◐

Blütezeit: Mai bis Oktober
Blütenfarbe: Gelb- und Orangetöne, rot, rotbraun, auch zweifarbig, seltener cremeweiß
Höhe: meist 20–40 cm, hohe Sorten bis 100 cm
Wuchs: aufrecht buschig; gefiederte, saatgrüne Blätter
Standort: sonnig, im Halbschatten weniger Blüten; durchlässiger, humoser, nährstoffreicher Boden
Verwendung: in Gruppen auf Beeten und Rabatten, niedrige Sorten als Beeteinfassung und in Pflanzgefäßen; gute Schnittblumen
Pflanzabstand: 15–30 cm
Achtung: Speziell die Blätter enthalten Stoffe, die unter Lichteinwirkung Hautreizungen hervorrufen können.

Kapuzinerkresse *(Tropaeolum majus)*

Die Kapuzinerkressengewächse *(Tropaeolaceae)* bilden eine eigene Familie, mit der Großen Kapuzinerkresse *(Tropaeolum majus)* als bekanntester Vertreterin. 1684 aus Südamerika nach Europa eingeführt, zierte sie mit ihren großen, fröhlich leuchtenden Trichterblüten und ihrem hübschen Laub bald die Bauerngärten. Als kurzlebige Rankpflanze, die schlichte Zäune verschönert, ist sie geradezu ein „Klassiker".

Arten und Sorten: Grundsätzlich gibt es zwei verschiedene Sortengruppen: zum einen nur 25–30 cm hohe, buschig bis niederliegend wachsende Züchtungen, zum andern rankende Sorten mit 200–300 cm langen Trieben. Samentüten enthalten oft Mischungen mit Blüten in Gelb-, Orange- und Rottönen, die Blüten sind meist einfach, seltener halb gefüllt oder gefüllt. Bei den niedrigen Sorten bereichern seit einiger Zeit zunehmend Züchtungen des kleinblütigeren *Tropaeolum minus* das Angebot; hierunter finden sich auch weiß oder fast schwarzrot blühende Sorten. Ein kletternder Verwandter ist die Kanaren-Kapuzinerkresse *(T. peregrinum)* (siehe S. 89).

Vorziehen: Im April bei 15–20 °C, am besten jeweils zwei oder drei Samen in kleine Töpfe legen und gut abdecken; nach der Keimung etwas kühler aufstellen. Ab Anfang Mai können Sie die Kapuzinerkresse direkt ins Beet säen, ebenfalls mit zwei oder drei Körnern pro Saatstelle.

Pflanzen: Setzen Sie vorgezogene Pflanzen ab Mitte Mai in Beete, an Zäune oder Rankgerüste bzw. in Pflanzgefäße.

Pflegen: Halten Sie die Erde gleichmäßig feucht, aber nicht zu nass. Versorgen Sie die Pflanzen im Garten alle 4 bis 6 Wochen, in Pflanzgefäßen alle 2 bis 3 Wochen mit Blütenpflanzendünger; zu stickstoffreiche Düngung fördert das Blattwachstum auf Kosten der Blüten. Leiten Sie rankende Sorten an Zäunen oder Kletterhilfen hoch.

Schädlinge, Krankheiten: Kapuzinerkresse ist eines der Lieblingsopfer schwarzer Blattläuse – allerdings mit dem günstigen Nebeneffekt, dass sie dadurch die Schädlinge von Nachbarpflanzen abzieht. Gelegentlich treten Spinnmilben oder Rostpilze auf.

Gute Partner: Hübsche Nachbarn sind z. B. Vanilleblume und Verbene, in Kästen auch Pelargonien.

Hinweis: Die Blüten sind ebenso wie die Blätter essbar und eignen sich gut, um Salate und andere Gerichte zu dekorieren.

Blütezeit: Juli bis Oktober
Blütenfarbe: Gelb-, Orange- und Rottöne, seltener auch weiß
Höhe: 25–30 cm, rankende Sorten 200–300 cm
Wuchs: buschig niederliegend bis hängend oder mit Ranken kletternd; schildförmige, frischgrüne, hell geaderte Blätter
Standort: vorzugsweise sonnig, im Halbschatten spärlichere Blüte; durchlässiger, humoser, nährstoffreicher Boden
Verwendung: niedrige Sorten in kleinen Gruppen auf Beeten und Rabatten oder als Bodendecker, in Balkonkästen, Töpfen sowie Ampeln; kletternde Sorten zum Beranken von Zäunen und Klettergerüsten, zum Verschönern von Komposthaufen
Pflanzabstand: je nach Wuchshöhe 20–50 cm

Bei der Kapuzinerkresse tragen auch die hübschen Blätter zur Zierwirkung bei

Verbene, Eisenkraut *(Verbena-Hybriden)*

Die Verbenen oder Eisenkräuter gaben der Familie der Eisenkrautgewächse *(Verbenaceae)* ihren Namen. Bei den Beet- und Balkonpflanzen handelt es sich meist um Hybriden, die als Kreuzungen aus süd- und mittelamerikanischen Arten gezüchtet wurden.

Eine besondere Schönheit ist die Verbenensorte 'Aphrodite' mit gestreiften Blüten

Arten und Sorten: Samenvermehrbare Verbenen wurden in den letzten Jahren zunehmend durch stecklingsvermehrte Züchtungen ergänzt und teils auch verdrängt, da Letztere oft reicher und beständiger blühen und weniger mehltauanfällig sind.

- Samenvermehrbare Verbenen wachsen meist buschig und 20–30 cm hoch; hier dominieren *Verbena*-Hybriden in Serien wie 'Novalis', 'Obsession' und 'Quartz', die es jeweils in verschiedenen Blütenfarben gibt. Daneben werden Sorten u. a. von *V. rigida* und *V. canadensis* angeboten. Mit 70–100 cm Wuchshöhe hebt sich *V. bonariensis* deutlich vom übrigen Angebot ab. Die auch als Argentisches Eisenkraut bekannte Pflanze blüht blauviolett bis lavendelfarben und ist wenig krankheitsanfällig.
- Bei den stecklingsvermehrten Sorten spielen die Hängeverbenen die Hauptrolle. Hier lassen sich Züchtungen vom breitlaubigen, großblütigen, oft besonders starkwüchsigem „Temari"-Typ und vom feinlaubigen „Tapien"-Typ unterscheiden. Im Garten lassen sich solche Pflanzen als Bodendecker einsetzen; manche Sorten wachsen auch eher buschig. Hier kommen ständig neue Sorten-Serien hinzu (z. B. 'Babylon', 'Samira', 'Superbena'), oft mit verbesserter Mehltautoleranz und Wetterfestigkeit.

Vorziehen: Samenvermehrbare Sorten von Februar bis April bei 18–20 °C. Manche Saaten, z. B. von *V. bonariensis,* keimen besser, wenn sie nach dem Aussäen zunächst etwa 2 Wochen in den Kühlschrank (bei 5–10 °C) gestellt werden. Sämlinge 2 bis 3 Wochen nach dem Aufgang pikieren und bei etwa 8 cm Höhe entspitzen.

Pflanzen: Ab Mitte Mai in Beete, Balkonkästen oder Ampeln.

Pflegen: Gut feucht halten und bei Trockenheit kräftig gießen. Im Garten alle 4 bis 6 Wochen, in Pflanzgefäßen je nach Wuchsstärke alle 1 bis 2 Wochen düngen. Verblühtes regelmäßig entfernen.

Schädlinge, Krankheiten: Blattläuse, Spinnmilben, Thripse, Weiße Fliegen; Echter Mehltau.

Gute Partner: Verbenen lassen sich mit vielen anderen Sommerblumen und Stauden kombinieren. Starkwüchsige Hängeverbenen harmonieren nur mit anderen „kräftigen" Partnern wie Pelargonien, Petunien oder Zweizahn.

Blütezeit: Juni bis Oktober
Blütenfarbe: rot, rosa, violett, blau, weiß, auch zweifarbig
Höhe: 20–30 cm, *V. bonariensis* bis gut 100 cm
Wuchs: buschig aufrecht oder niederliegend bis hängend, mit bis zu 50 cm langen Trieben; schmal längliche, am Rand grob gezähnte, satt- bis graugrüne Blätter
Standort: sonnig; durchlässiger, humoser, nährstoffreicher, nicht zu trockener Boden
Verwendung: in Gruppen auf Beeten und Rabatten, niederliegende Sorten als Bodendecker; in Balkonkästen, Töpfen und Ampeln
Pflanzabstand: je nach Wuchsstärke 20–30 cm

Stiefmütterchen *(Viola-wittrockiana-*Hybriden)

„Klassiker" sind die Stiefmütterchen mit großen, schwarz gefleckten Blüten

Die zierlicheren Hornveilchen bezaubern oft durch hübsche zweifarbige Blüten

Zu den wichtigsten Elternarten des Gartenstiefmütterchens zählt unser Wildes Stiefmütterchen *(Viola tricolor)*, das ein- bis mehrjährig auf Wiesen oder an Wegrändern wächst. Eine andere bedeutende Art dieser Veilchengewächse *(Violaceae)* ist das Hornveilchen *(V. cornuta)*, eine in Süd- und Mitteleuropa heimische Staude. Ihre Kreuzungen mit den etwas größeren Stiefmütterchen sind auch als Ministiefmütterchen bekannt. Stiefmütterchen wie Ministiefmütterchen werden als Zweijährige eingestuft, doch sie überraschen nicht selten mit mehrmaligem Neuaustrieb und können je nach Saatzeit fast das ganze Jahr über blühen. Besonders geschätzt werden sie als farbenfrohe Frühjahrs- und Herbstblüher.

Arten und Sorten: Aus der gewaltigen Fülle an Sorten mit unterschiedlichen Blütenfarben und –zeichnungen wählt man am besten nach Augenschein, zumal fertige Jungpflanzen stets blühend zum Verkauf kommen. Samen werden oft als Farbmischungen angeboten. Bei den zierlicheren, kleinblütigeren Hornveilchen gibt es leicht überhängende Formen, die sich auch für Ampeln eignen. Achten Sie beim Samenkauf darauf, ob die Sorten vorzugsweise als Frühjahrs- oder als Herbstblüher ausgewiesen sind; bei vielen ist, je nach Saattermin, beides möglich.

Vorziehen: Frühe Aussaat im Juni bringt schon Blüten im Spätjahr, und in milden Wintern setzt sich der Flor bis zum Frühjahr fort. Für die Frühjahrsblüte wird im Juli oder Anfang August gesät. Säen Sie am besten in Schalen, die Sie zur Keimung relativ kühl (16–20 °C) und beschattet aufstellen. Decken Sie die Samen gut mit Erde ab, an sonnigen Plätzen zusätzlich mit Karton, Zeitungspapier oder Schattiervlies. Entfernen Sie die Abdeckung, wenn die Sämlinge spitzen, und pikieren Sie nach etwa 4 Wochen. Manche Sorten lassen sich auch wie Einjährige im Frühjahr vorziehen und blühen dann ab Sommer.

Pflanzen: Ab Mitte August; vor Frostnächten mit Fichtenreisig oder Abdeckvlies schützen. Oder im zeitigen Frühjahr; selbst vorgezogene Pflanzen bis dahin hell und kühl überwintern.

Pflegen: Gleichmäßig leicht feucht halten. Im Garten nach dem Pflanzen und bei Blühbeginn düngen, in Pflanzgefäßen alle 3 Wochen. Verblühtes regelmäßig entfernen.

Schädlinge, Krankheiten: Blattläuse, Gallmilben, Wurzelälchen, Schnecken; Stängelgrund- und Wurzelfäule, Mehltau, Grauschimmel.

Gute Partner: Als Frühjahrsblüher passen Stiefmütterchen hervorragend zu Zwiebelblumen wie Tulpen und Narzissen sowie zu anderen Zweijährigen; als Herbstblüher beispielsweise zu Kissenastern, Besenheide oder Silberblatt *(Senecio cineraria)*.

Blütezeit: März bis Juni oder September bis November, je nach Anzuchttermin und Sorte
Blütenfarbe: alle Farben, oft mehrfarbig gefleckt oder gezeichnet
Höhe: 10–35 cm
Wuchs: buschig kompakt, Hornveilchen teils leicht überhängend; länglich ovale, kräftig grüne Blätter
Standort: sonnig bis halbschattig; durchlässiger, humoser, nährstoffreicher, nicht zu trockener Boden
Verwendung: in Frühjahrs- oder Herbstbepflanzungen gruppenweise auf Beeten und Rabatten sowie in Kästen, Töpfen und Schalen
Pflanzabstand: 10–15 cm

Zinnie *(Zinnia elegans)*

Dieses aus Mexiko stammende Korbblütengewächs (*Asteraceae*) bereichert schon seit dem 18. Jahrhundert europäische Gärten. Ihre einfachen, halb oder dicht gefüllten Blütenkörbe weisen zwischen 4 und 18 cm Durchmesser auf und leuchten in den verschiedensten Farben.

Arten und Sorten: Bei der Auswahl sollte man auf die Wuchshöhe achten, denn das Spektrum reicht von nur 15–30 cm hohen, kompakten Sorten über mittelgroße (40–60 cm) bis zu stattlichen Züchtungen (80–100 cm). Oft handelt es sich um Serien mit jeweils gleichen Blüten- und Wuchsformen, die es in verschiedenen Blütenfarben gibt. Einige populäre Serien, die ein wenig die Vielfalt veranschaulichen: 'Zinnita' (15–20 cm, pomponartige Blüten), 'Profusion' (20–30 cm, einfache Blüten, sehr robust), 'Liliput' (40–50 cm, Pomponblüten), 'Oklahoma' (70–80 cm, Pomponblüten), 'Benarys Riesen' (um 100 cm, große dicht gefüllte, dahlienartige Blüten). Die nah verwandten Art *Zinnia angustifolia* wächst 30–50 cm hoch; ihre Sorten haben oft einfache oder halb gefüllte Blütenkörbe in warmen Gelb-, Orange und Rottönen.

Vorziehen: Im März oder April bei 18–24 °C; nach 4 bis 6 Wochen pikieren, dann etwas kühler (15–18 °C) und sehr hell aufstellen, höhere Sorten entspitzen. Ab Mai können Sie auch direkt ins Beet säen und die Pflänzchen später ausdünnen.

Pflanzen: Ab Mitte Mai in Beete oder Pflanzgefäße.

Pflegen: Halten Sie die Erde gleichmäßig feucht, aber keinesfalls zu nass. Versorgen Sie die Pflanzen im Garten alle 4, in Pflanzgefäßen alle 2 Wochen mit einem Blütenpflanzendünger. Verblühtes sollte regelmäßig entfernt werden; auch häufiger Schnitt für die Vase fördert die Nachblüte. Binden Sie hochwüchsige Zinnien im Sommer an einem Stützstab auf.

Schädlinge, Krankheiten: Blattläuse, Spinnmilben, Thripse, Blattälchen, Schnecken; pilzliche Blattflecken- und Welkekrankheiten, Viruskrankheiten. Wenn Pflanzen ohne erkennbaren Insektenbefall, ohne Saugstellen oder Fraßschäden deutlich kränkeln, am besten gleich entfernen.

Gute Partner: Zinnien lassen sich mit vielen anderen Sommerblumen kombinieren, sehr gut beispielsweise mit Ringelblume, Schmuckkörbchen, Studentenblume, Vanilleblume, Verbene oder Ziertabak.

Zinnien werden meist mit prächtigen, farbkräftigen Pomponblüten angeboten

Blütezeit: Juni bis Oktober
Blütenfarbe: gelb, orange, rosa, rot, violett, weiß, auch zweifarbig
Höhe: 15–100 cm
Wuchs: aufrecht, buschig verzweigt; schmal herzförmige, rau behaarte, tiefgrüne Blätter
Standort: sonnig, warm und etwas windgeschützt; durchlässiger, humoser, nährstoffreicher, nicht zu trockener Boden
Verwendung: in Gruppen auf Beeten und Rabatten, niedrige Sorten auch für Pflanzgefäße oder als Beeteinfassung; gute Schnittblumen (mittelhohe und hohe Sorten)
Pflanzabstand: je nach Wuchshöhe 15–35 cm

Balkonpflanzen im Überblick				
Name	**Blütezeit**	**Blüten**	**Höhe, Wuchs**	**Standort,Hinweise**
Leberbalsam *(Ageratum houstonianum)*	Mai bis Oktober	rundliche Blütenköpfchen; blau, violett, pink, rosa oder weiß	15–25 cm, breit buschig, kompakt	☼ – ◑ recht wetterfest
Goldtaler *(Asteriscus maritimus)*	Mai bis Oktober	recht klein, sternförmig, goldgelb	25–30 cm, breit, überhängend, starkwüchsig	☼ auch pralle Sonne
Zweizahn *(Bidens ferulifolia)*	Mai bis Oktober	klein, sternförmig, goldgelb	15–30 cm, hängend mit bis 100 cm langen Trieben, je nach Sorte recht starkwüchsig	☼ auch pralle Sonne, sehr wetterfest; üppige Ampelpflanze
Zauberglöckchen, „Mini-Petunie“ *(Calibrachoa*-Hybriden*)*	Mai bis Oktober	klein, trichterförmig; rot, blau, violett, gelb, orange, apricot oder weiß	20–30 cm, hängend, breit ausladend, oft recht starkwüchsig	☼ wetterfest; attraktive Ampelpflanze; kalkempfindlich, Petunienerde verwenden
Kapaster *(Felicia amelloides)*	Mai bis Oktober	margeritenähnlich; hell- bis lavendelblau mit gelber Mitte	20–50 cm, aufrecht, buschig verzweigt	☼ auch volle Sonne, windverträglich

Der Leberbalsam ist ein hübscher Begleiter für großblumige Arten

Der Zweizahn oder Bidens ziert mit hängenden Trieben Kästen und Ampeln

Die Zauberglöckchen gibt es mit pastelligen und mit kräftigen Blütenfarben

Balkonpflanzen im Überblick				
Name	**Blütezeit**	**Blüten**	**Höhe, Wuchs**	**Standort, Hinweise**
Vanilleblume *(Heliotropium arborescens)*	Mai bis September	Dolden aus kleinen Blüten; blauviolett; intensiv duftend	30–60 cm, locker buschig; aufrecht	☼ kann als Hochstämmchen und mehrjährig gezogen werden
Elfenspiegel *(Nemesia*-Hybriden*)*	Mai bis September	Rachenblüten in doldigen Trauben; alle Farben, teils auch zweifarbig	15–30 cm, buschig oder hängend	☼ – ◐ möglichst etwas wind- und regengeschützt
Pelargonie, Geranie *(Pelargonium*-Hybriden*)*	Mai bis Oktober	große Dolden, einfach oder gefüllt; rot, rosa, violett, orange, weiß, auch zweifarbig	25–35 cm, buschig aufrecht (Zonale-Gruppe) oder hängend (Peltatum-Gruppe), starkwüchsig	☼ – ◐ meist wind- und wetterfest; Überwinterung möglich (hell bei 2–5 °C)
Petunie *(Petunia*-Hybriden*)*	Mai bis Oktober	trichter- oder tellerförmig, groß- oder kleinblumig; alle Farben, auch mehrfarbig	15–30 cm, oft hängend mit langen Trieben und starkwüchsig, auch aufrecht oder halb hängend	☼ – ◐ moderne Sorten meist wind- und wetterfest; kalkempfindlich, spezielle Petunienerde bevorzugen
Husarenknöpfchen *(Sanvitalia procumbens)*	Juni bis Oktober	klein, sternförmig; gelb mit dunkler Mitte	8–15 cm, niederliegend bis hängend	☼ möglichst etwas regengeschützt; hübsche, verträgliche Begleitpflanze

Der Elfenspiegel erregt mit seinen weit geöffneten Rachenblüten Aufmerksamkeit

Die blühfreudigen Hängepelargonien zählen zu den beliebtesten Balkonblumen

Petunien bestechen durch ihre samtigen, intensiv getönten, oft großen Blüten

Einjährige Kletterer im Überblick				
Name	**Blütezeit**	**Blüten**	**Höhe, Wuchs**	**Standort, Hinweise**
Glockenrebe *(Cobaea scandens)*	Juli bis Oktober	glockenförmig; violett, rot, blau, weiß	3–5 m, Rankpflanze mit gefiederten Blättern	☼ starkwüchsig, sorgt schnell für Sichtschutz
Zierkürbis *(Cucurbita pepo)*	Juli bis September	trichterförmig; gelb oder weiß	2–4 m, Rankpflanze mit großen Blättern	☼ ab Spätsommer dekorative Früchte, verschieden geformt und gefärbt
Schönranke *(Eccremocarpus scaber)*	Juli bis September	röhrenförmig, in Trauben; orangerot oder gelb	3–5 m, Rankpflanze, hübsch gefiederte Blätter	☼ kann milde Winter überdauern
Japanischer Hopfen *(Humulus japonicus)*	Juli bis August	gelblich grün, recht unscheinbar	2–5 m, Schlingpflanze mit großen, handförmig gelappten Blättern	☼ – ◐ weibliche Pflanzen mit Hopfenzapfen
Prunkwinde *(Ipomoea-Arten)*	Juli bis Oktober	trichterförmig; blau, purpurn, rot, rosa oder weiß, oft mit hellem Schlund	2–3 m, Schlingpflanze mit herzförmigen Blättern	☼ Blüten schließen sich oft schon nachmittags, ebenso bei Regen

Die Glockenrebe entfaltet große Blüten mit weit heraushängenden Staubgefäßen

Blatt-, Blüten- und Fruchtschmuck: Der Zierkürbis ist ein Multitalent

Bis 8 cm Durchmesser erreichen die prächtigen Blüten der Prunkwinde

Einjährige Kletterer im Überblick				
Name	**Blütezeit**	**Blüten**	**Höhe, Wuchs**	**Standort, Hinweise**
Duftwicke *(Lathyrus odoratus)*	Juni bis September	große Schmetterlingsblüten; rosa, rot, lila, blau, weiß, intensiv duftend	1,5–3 m, Rankpflanze mit gefiederten Blättern	☼ – ◐ auch in niedrigen, buschigen Sorten (20–40 cm hoch) erhältlich
Feuerbohne *(Phaseolus coccineus)*	Juni bis September	Schmetterlingsblüten, scharlachrot oder weiß	2–4 m, Schlingpflanze mit herzförmigen Blättern	☼ – ◐ reife, essbare Hülsenfrüchte ab Juli; Achtung, rohe Bohnen sind giftig
Rosenkleid *(Rhodochiton atrosanguineus)*	Juni bis Oktober	trompetenförmig; rotviolett	2–3 m, Rankpflanze mit herzförmigen Blättern	☼ möglichst warm und windgeschützt
Schwarzäugige Susanne *(Thunbergia alata)*	Juni bis Oktober	trichterförmig; gelb, orange oder weiß, meist mit dunklem Auge	1–2 m, Schlingpflanze mit herzförmigen Blättern	☼ möglichst warm und windgeschützt; auch als Hängepflanze in Ampeln
Kanaren-Kapuzinerkresse *(Tropaeolum peregrinum)*	Juli bis Oktober	gefranste Blütenblätter; zitronengelb	1–3 m, Rankpflanze mit handförmig gelappten Blättern	☼ möglichst warm und windgeschützt; siehe auch Kapuzinerkresse, S. 82

Duftwicken machen Sitzplätze mit ihrem blumigem Geruch besonders behaglich

Rot blühende Sorten der Feuerbohne wirken tatsächlich „feurig"

Nur 1–2 m hoch, eignet sich die Schwarzäugige Susanne auch gut für den Balkon

Zwiebel- und Knollenblumen

Wissenswertes

Zwiebel- und Knollenblumen im Porträt

Weitere Zwiebel- und Knollenblumen im Überblick

Wissenswertes

Zwiebel- und Knollenblumen haben vor allem im Frühling ihren großen Auftritt, umfassen aber auch aparte Sommer- und Herbstblüher

Diese Pflanzengruppe ist nach ihren besonderen unterirdischen Speicherorganen benannt. Gewöhnlich ziehen die Pflanzen gleich nach der Blüte die Blätter ein, d. h., das Laub welkt und stirbt ab. Währenddessen werden die Nährstoffe als Reserve in den Zwiebeln oder Knollen eingelagert. So können diese Gewächse Trocken- oder Kälteperioden überstehen und immer wieder neu austreiben. Allerdings sind vor allem einigen Sommerblühern, beispielsweise Dahlien oder Gladiolen, unsere Winter zu kühl und auch zu nass. Deshalb müssen ihre Knollen geschützt überwintert werden.

Von Zwiebeln und Knollen

Bei den Zwiebelblumen, z. B. Tulpen und Narzissen, ähneln die Speicherorgane einer Küchenzwiebel: Übereinander geschichtete, fleischige Schalen umhüllen die gestauchten Sprossanlagen am Zwiebelboden. Knollen dagegen sind verdickte, flache, rundliche oder spindelförmige Spross- oder Wurzelteile, so etwa bei Knollenbegonien oder Dahlien. Bei manchen Pflanzen, z. B. bei Krokussen, umgeben sich die Sprossknollen mit einer zwiebelartigen Schale und werden deshalb auch als Zwiebelknollen bezeichnet.

Frühlingsfreuden und Sommerpracht

Bereits ab Februar treiben Vorfrühlingsblüher wie Schneeglöckchen und Winterling den Winter aus. Ihnen folgt ein ganzer Reigen farbenfroher Frühlings- und Frühsommerblüher. Manche davon eignen sich gut, um in Rasen- oder Wiesenflächen zu verwildern, andere schmücken zusammen mit zweijährigen Sommerblumen oder frühen Stauden Beete und Rabatten. Viele sind ideal, um unter noch kaum belaubten

Üppige Sommerblüher: Dahlien schmücken Beete bis zu den ersten Frösten

Gehölzen Farbtupfer zu setzen. Bis deren Blätterdach dann Schatten wirft, haben die Zwiebelblumen ihr Laub bereits eingezogen. In Beeten sollten sie nicht alle in den Vordergrund gesetzt werden, sondern möglichst so, dass später austreibende Pflanzen die welkenden Blätter verdecken. Schneiden Sie diese nie vorzeitig ab, sonst können die Zwiebeln oder Knollen nicht genug Reservestoffe einlagern.

Im Sommer und oft bis in den Herbst hinein prunken dann stattliche Schönheiten wie Dahlien, Gladiolen oder Lilien zwischen Stauden und Sommerblumen. Manche davon lassen sich auch in Kübeln ziehen, während die zierlicheren Frühlingsblüher ohnehin problemlos in Balkonkästen, Töpfen und Schalen gedeihen.

Natürlicher Charme: Botanische Krokusse breiten sich gern von selbst aus

Pflanztermine und Überwinterung

In der Regel werden Zwiebel- und Knollenblumen während der Ruhephase gepflanzt – man steckt also die Zwiebel oder Knolle in den Boden. Pflanzzeit für winterharte Frühlingsblüher ist zwischen Spätsommer und Herbst. Bei der Bepflanzung von Gefäßen dagegen ist es am einfachsten, im Frühjahr bereits vorgetriebene Exemplare zu kaufen und einzusetzen. Achten Sie aber darauf, dass die Pflanzen tatsächlich fürs Freie geeignet sind und nicht für die frühe Blüte in der Wohnung angetrieben wurden.

Nicht winterharte Spätsommerblüher pflanzt man im späten Frühjahr oder Frühsommer. Ab Ende August wird bei ihnen die Düngung eingestellt und im September das Gießen reduziert, um die Ruhephase einzuleiten. Gegen Ende Oktober werden die Pflanzen dann zurückgeschnitten und die Knollen ausgegraben, um sie frostfrei, kühl und trocken in einem gut belüftbaren Raum zu überwintern. Am besten legen Sie die Knollen dazu in flache Kisten mit trockenem Sand oder Torf. Versehen Sie die Knollen mit Etiketten, damit Sie im nächsten Frühjahr noch wissen, um welche Sorte es sich handelt. Kontrollieren Sie ab und zu über Winter, und lesen Sie faule Knollen aus.

Richtig einpflanzen

Die meisten Zwiebel- und Knollenblumen sind vergleichsweise anspruchslos. Was sie jedoch gar nicht vertragen, ist dauernde Nässe, die zum Faulen der unterirdischen Speicherorgane führen kann. Bevorzugen Sie deshalb einen gut durchlässigen Boden bzw. verbessern Sie ihn durch gründliches Lockern und, wenn nötig, durch Einarbeiten von Sand. Viele Arten, beispielsweise Lilien oder Kaiserkronen, gedeihen zudem besser, wenn man die Zwiebeln auf eine Schicht Sand oder Kies setzt, damit sich darunter keine Staunässe bilden kann.

Als Faustregel für die Pflanztiefe gilt bei den allermeisten Arten: Man setzt die Zwiebel oder Knolle etwa dreimal so tief, wie sie hoch ist. Eine 5 cm hohe Tulpenzwiebel kommt also etwa 15 cm tief in den Boden. Achten Sie beim Einsetzen stets darauf, dass bei Zwiebeln die Spitze und bei Knollen die kleinen Triebknospen (Augen) nach oben weisen. Am einfachsten geht die Pflanzung mit einem Zwiebelblumenpflanzer oder einer kleinen Pflanzschaufel, die eine Maßeinteilung am Rand haben, damit man weiß, wie tief man einstechen muss. Da viele Zwiebeln und Knollen eine Delikatesse für Wühlmäuse und Mäuse sind, kann die Pflanzung in Drahtkörben vor Fraßangriffen aus dem Untergrund schützen.

Knollenbegonien *(Begonia-tuberhybrida-*Gruppe*)*

Begonien bilden eine eigene Familie, die Begonien- oder Schiefblattgewächse *(Begoniaceae)* und sind ursprünglich in Mittel- und Südamerika verbreitet. Einige Wildarten entwickeln unterirdische Knollen und dienten als Züchtungsgrundlage der Knollenbegonien. Seit dem 19. Jahrhundert entstanden unzählige Sorten, die man als *Begonia-tuberhybrida*-Gruppe zusammenfasst. Diese ausdauernden Sommerblüher sind bei uns nicht winterhart und werden teils auch nur einjährig kultiviert.

Arten und Sorten: Nach der Blütengröße wird die gewaltige Sortenfülle in Riesen-, groß-, mittel- und kleinblumige Knollenbegonien unterteilt. Entsprechend variiert der Blütendurchmesser zwischen 5 und 20 cm und die Wuchshöhe zwischen 20 und 50 cm. Die Blüten können einfach, halb gefüllt oder gefüllt sein, die Blütenblätter ganzrandig, gefranst, gekraust oder gerüscht. Manche Sorten bieten zudem rot- oder schwarzbraunes oder dunkel geadertes Laub. Eine Sondergruppe sind die langtriebigen Hängebegonien für Ampeln und andere Pflanzgefäße. Sie werden auch als Pendula-, Girlanden- oder Kaskadenbegonien bezeichnet.

Hängebegonien lassen ihre dicht mit Blüten besetzten Triebe herabwallen

Pflanzen: Knollen ebenso wie vorgezogene Jungpflanzen ab Mitte Mai nach draußen pflanzen; die Knollen mit der hohlen Seite nach oben 2–3 cm tief in den Boden drücken. Für eine schnellere Entwicklung können Sie die Knollen auch vortreiben. Pflanzen Sie sie dazu im Februar oder März in Töpfe, die Sie bei 16–18 °C aufstellen. Wenn die ersten Triebe erscheinen, brauchen die Pflanzen viel Licht. Mitte Mai werden sie dann ausgepflanzt.

Pflegen: Gleichmäßig feucht, aber nicht zu nass halten. Im Garten alle 3 bis 4 Wochen, in Pflanzgefäßen alle 1 bis 2 Wochen düngen. Abgeblühtes regelmäßig ausputzen; hohe, großblumige Sorten mit einem Stützstab versehen. Zur Überwinterung im Oktober die Triebe kurz über den Knollen wegschneiden, die Knollen von anhaftender Erde befreien und einige Tage abtrocknen lassen. Bringen Sie sie dann an einem kühlen (5–8 °C), dunklen Platz unter.

Schädlinge, Krankheiten: Blattläuse, Dickmaulrüssler, Spinnmilben; Echter Mehltau, Grauschimmel.

Vermehren: Zerschneiden Sie im Frühjahr bereits angetriebene Knollen in Teilstücke mit jeweils ein bis zwei Triebknospen, und pflanzen Sie diese einzeln in Töpfe. Tauchen Sie zuvor die Schnittflächen in Holzkohlepulver. Von manchen Sorten sind Samen erhältlich; die Anzucht ist allerdings recht langwierig und schwierig.

Gute Partner: Knollenbegonien passen gut zu Sommerblumen wie Fleißigen Lieschen oder Männertreu.

Dicht gefüllte, großblumige Sorten müssen den Vergleich mit Rosen nicht scheuen

☼ – ✹

Blütezeit: Mai bis Oktober
Blütenfarbe: gelb, orange, rot, rosa oder weiß, auch zweifarbig
Höhe: 20–50 cm
Wuchs: buschig aufrecht oder hängend mit bis zu 60 cm langen Trieben; große, gezähnte Blätter, grün oder bräunlich
Standort: vorzugsweise halbschattig, auch sonnig oder im Schatten, dort teils schwächere Blüte; durchlässiger, humoser, nährstoffreicher, nicht zu trockener Boden
Verwendung: in Gruppen auf Beeten und Rabatten; niedrige Sorten auch in Kästen und Töpfen, Hängesorten in Ampeln
Pflanzabstand: je nach Wuchshöhe 20–40 cm

Krokus *(Crocus)*

Krokusse gehören zur Familie der Schwertliliengewächse *(Iridaceae)* und sind in Mittel- und Südeuropa, Nordafrika, im Mittleren Osten und in Westchina verbreitet. Es gibt etwa 80 Arten und Hunderte gärtnerischer Sorten.

Arten und Sorten: Gärtnerisch lässt sich die Gattung unterteilen in:

- Großblumige Gartenkrokusse (Blütezeit März bis April): Diese Züchtungen des Frühlingskrokus *(Crocus vernus)* sind in zahlreichen Blütentönen erhältlich; auch der gelb blühende Goldkrokus *(C. flavus)* zählt zu dieser Gruppe.
- Früh blühende Botanische Krokusse (Blütezeit Februar bis März): Hiervon gibt es etliche Arten und diese wiederum in verschiedenen Sorten; so etwa der Elfen- oder Dalmatiner Krokus *(C. tommasinianus)* in Violett- und Blautönen und der Bunter Krokus *(C. chrysanthus)* mit häufig zweifarbigen Blüten (z. B. purpurn–weiß).
- Herbstblühende Krokusse (Blütezeit September bis Oktober): Zu den bekanntesten Vertretern zählen der hellblau blühende Prachtkrokus *(C. speciosus)* und der blauviolette Safrankrokus *(C. sativus)*.

Pflanzen: Die Frühjahrsblüher werden Ende August bis Ende Oktober gepflanzt, Herbstkrokusse im August oder September. Stecken Sie die Zwiebelknollen je nach Größe 5–10 cm tief.

Pflegen: Kaum nötig; höchstens bei lang anhaltender Trockenheit gießen. Entfernen Sie nach der Blüte das Laub erst, wenn es vollständig verwelkt ist, und warten Sie so lang auch mit dem Abmähen, falls die Krokusse im Rasen wachsen.

Schädlinge, Krankheiten: Amseln zupfen vor allem an gelben Krokussen gern die Blütenblätter heraus, Mäuse, Wühlmäuse und Eichhörnchen fressen an den Knollen. Bei Dauernässe bzw. auf ständig feuchten Böden können Grauschimmel und pilzliche Fäulnis auftreten.

Vermehren: Durch Teilen älterer Horste bzw. das Abnehmen von Brutknollen. Graben Sie dazu die Pflanzen nach dem Verwelken der Blätter aus, und setzen Sie die abgetrennten Knollen umgehend wieder ein.

Gute Partner: Krokusse lassen sich gut mit anderen Frühjahrsblühern kombinieren. Sie passen z. B. zu Schneeglöckchen, Winterlingen, Frühlingsalpenveilchen, Sternanemone und frühen Narzissen.

Hinweis: Besonders die Botanischen Krokusse eignen sich hervorragend zum Verwildern in Rasenflächen und unter laubabwerfenden Gehölzen. Hier breiten sie sich durch Tochterknollen und Selbstaussaat aus.

Blütezeit: Februar bis April oder September bis Oktober, je nach Krokusart
Blütenfarbe: gelb, orange, rosa, blau, violett, purpurn, weiß, auch zwei- oder dreifarbig oder gestreift, oft mit auffälligen orangefarbenen Staubgefäßen
Höhe: 5–15 cm
Wuchs: kompakt aufrecht bis polsterartig; grasartige, frischgrüne Blätter
Standort: vorzugsweise sonnig, im Halbschatten spärlichere Blüte; gut durchlässiger, gern auch sandiger, humoser, mäßig nährstoffreicher, eher trockener Boden
Verwendung: in Gruppen auf Beeten und Rabatten, zum Verwildern im Rasen, am Gehölzrand, im Steingarten; auch in Kästen, Töpfen und Schalen
Pflanzabstand: 5–10 cm

Pflanzen Sie Krokusse stets in größeren Grüppchen – so wirken sie am schönsten

Dahlie *(Dahlia*-Hybriden*)*

Dahliensorten lassen sich so kombinieren, dass sie wie ein Regenbogen leuchten

Blütezeit: Juni bis Oktober
Blütenfarbe: alle Farben außer reinem Blau, auch mehrfarbig
Höhe: 20–150 cm
Wuchs: buschig aufrecht; meist dreiteilige, gezähnte, sattgrüne Blätter
Standort: sonnig; durchlässiger, humoser, nährstoffreicher, nicht zu trockener Boden
Verwendung: in Gruppen auf Beeten und Rabatten; niedrige Sorten in Kästen und Töpfen, höhere Sorten als Schnittblumen
Pflanzabstand: je nach Wuchshöhe 20–100 cm

Die bei uns nicht winterharten Dahlien stammen ursprünglich aus den Bergregionen Mittelamerikas. Ende des 18. Jahrhunderts gelangten die ersten Exemplare dieser Korbblütengewächse *(Asteraceae)* nach Europa, und schon bald wurden verschiedene Wildarten miteinander gekreuzt und die ersten gefüllt blühenden Sorten gezüchtet.

Arten und Sorten: Heute gibt es Tausende von Dahliensorten, und jährlich kommen neue Züchtungen hinzu. Nach ihren Blütenformen werden sie in 10 bis 13 Klassen unterteilt, deren Namen teils schon viel über die Gestalt der Blüten verraten: Einfach blühende, Anemonenblütige, Halskrausen-, Seerosen- und Dekorative Dahlien, Ball-, Pompon-, Kaktus-, Semikaktus- und Hirschgeweihdahlien, einfache und gefüllte Orchideenblütige Dahlien sowie „Diverse Dahlien" mit anderen Blütenformen. In all diesen Gruppen finden sich Sorten in vielfältigen Blütenfarben und mit verschiedenen Wuchshöhen, von kompakten, nur 20–40 cm hohen Formen bis zu Büschen mit über 140 cm Höhe.

Pflanzen: Die Knollen werden gegen Ende April/Anfang Mai ausgepflanzt, dies so tief, dass der oberste Knollenansatz etwa 5 cm hoch mit Erde bedeckt ist. Sie können die Knollen auch schon ab März in Töpfen bei etwa 15–20 °C an einem hellen Ort vortreiben. Dann sollten sie aber erst ab Mitte Mai ins Freie kommen. Schlagen Sie Stützstäbe für hohe Sorten schon beim Pflanzen ein.

Pflegen: Die Erde gleichmäßig feucht halten, aber Staunässe vermeiden. Arbeiten Sie vor dem Pflanzen gut ausgereiften Kompost in den Boden ein, und düngen Sie bei Bedarf mehrmals mit einem stickstoffarmen, kalireichen Dünger nach. Verblühtes regelmäßig herausschneiden. Im Herbst nach den ersten leichten Frösten die Pflanzen etwa 10 cm über dem Boden abschneiden und die Knollen mit einer Grabegabel herausnehmen. Dann Erdreste leicht abklopfen, die Knollen etwas abtrocknen lassen und kühl (5–8 °C), dunkel und luftig überwintern.

Schädlinge, Krankheiten: Blattläuse, Blattwanzen, Ohrwürmer, Schnecken, Spinnmilben, Zikaden; Grauschimmel, pilzliche Blattflecken, Viruskrankheiten (Mosaikscheckung, gestauchtes Wachstum, deformierte Blätter und Blüten).

Vermehren: Durch Knollenteilung im Frühjahr; wichtig ist, dass jedes Teilstück ein Auge (eine Triebknospe) aufweist. Auch eine Stecklingsvermehrung ist möglich. Dazu die Knollen ab Februar warm vortreiben und die Neutriebe nach Entwicklung von zwei Blattpaaren als Stecklinge schneiden oder vorsichtig abreißen.

Gute Partner: Dahlien passen zu vielen Sommerblumen und Prachtstauden. Schön sind z. B. Kombinationen mit Astern, Blumenrohr *(Canna)*, Fetthenne, Rittersporn, Schmuckkörbchen, Sonnenhut oder Gräsern.

Kaiserkrone *(Fritillaria)*

Die aus Vorderasien stammende Kaiserkrone gehört in die große Familie der Liliengewächse *(Liliaceae)* und zählt zu den traditionellen Bauerngartenpflanzen. Im späten Frühjahr zieht sie mit ihren kräftigen Blütenschäften, die von Kränzen aus hängenden Glockenblüten und einem Blattschopf gekrönt werden, alle Blicke auf sich.

Arten und Sorten: Bewährte Sorten sind 'Aurora' (orangerote Blüten), 'Lutea' (gelb), 'Rubra' (ziegelrot) sowie 'Kroon op Kroon' (auch 'Prolifera'; orangerot, mit doppelten Blütenkränzen). Ähnlich stattlich wächst die Persische Kaiserkrone *(Fritillaria persica)*, die sich im späten Frühjahr mit dunkelvioletten Glockenblüten schmückt. Zierlicher präsentiert sich eine in Europa heimische Verwandte, die Schachbrettblume *(F. meleagris)*, auch als Kiebitzei bekannt. Die 20–30 cm hohe Pflanze besitzt Glockenblüten mit hell- und dunkelpurpurnem Würfelmuster, manche Sorten sind auch reinweiß. Diese Art bevorzugt Halbschatten und kann im feuchten Rasen schnell verwildern.

Pflanzen: Am besten pflanzt man die faustgroßen Zwiebeln bereits im August, spätestens im September. Setzen Sie sie 20–25 cm tief ein und etwas schräg, damit in der hohlen Spitze kein Wasser stehen bleibt, das zu Fäulnis führen kann.

Pflegen: Halten Sie die Erde gleichmäßig feucht, aber nicht zu nass. Reichern Sie den Boden vor dem Pflanzen mit reifem Kompost an; bei sauren Böden ist auch eine leichte Kalkgabe empfehlenswert. Eine weitere Düngergabe nach dem Austriebsbeginn im Frühjahr fördert das Wachstum. In windigen Lagen wird eventuell eine Stütze nötig. Schneiden Sie verwelkte Blütenstiele bis zur Höhe der obersten Blätter ab, später dann, nach dem vollständigem Vergilben des Laubs, bis knapp über der Erdoberfläche. Ansonsten sollten Kaiserkronen möglichst ungestört wachsen und nicht verpflanzt werden.

Schädlinge, Krankheiten: Lilienhähnchen (eine Käferart), Schnecken.

Vermehren: Bei älteren Pflanzen im Sommer nach dem Einziehen des Laubs den Wurzelbereich freilegen, junge Brutzwiebeln abtrennen und gleich wieder einpflanzen.

Gute Partner: Hübsche Begleiter sind andere späte Frühlingsblüher wie Tulpen, niedrige Zierlaucharten, Goldlack oder Vergissmeinnicht.

Hinweis: Kaiserkronen riechen etwas unangenehm, was ihnen allerdings auch Wühlmäuse „vom Leibe" hält. Sie können dadurch zudem ihre direkten Nachbarn schützen. Ihrem Ruf als zuverlässige Wühlmausvertreiber werden sie jedoch oft nicht gerecht.

☼

Blütezeit: April bis Mai
Blütenfarbe: orange, gelb oder rot
Höhe: 70–100 cm
Wuchs: aufrecht, mit kahlem Blütenschaft über rosettenartigen schmalen Blättern
Standort: sonnig; gut durchlässiger, humoser, nährstoffreicher, frischer bis mäßig trockener, kalkhaltiger Boden
Verwendung: einzeln oder in kleinen Gruppen auf Beeten und Rabatten, vor Gehölzen, im Bauerngarten; als Schnittblume
Pflanzabstand: 40–50 cm
Achtung: Die Pflanze enthält giftige Alkaloide, hauptsächlich in den Zwiebeln.

Hoch über dem Laub thronen die Blütenkränze mit ihren markanten Blattschöpfen

Schneeglöckchen *(Galanthus nivalis)*

Die Schneeglöckchen, die zur Familie der Amaryllisgewächse (*Amaryllidaceae*) gehören, eröffnen mit ihrer Blüte den Vorfrühling und zählen schon seit langem zu den beliebtesten Zwiebelblumen. Doch den letzten Jahren hat sich eine wahrhafte „Galanthomanie" entwickelt, und es gibt eigens veranstaltete Schneeglöckchenfeste und -ausstellungen, auf denen seltene und ungewöhnliche Sorten und Kreuzungen präsentiert werden.

Arten und Sorten: Zum „traditionellen" Angebot gehören unser heimisches Kleines Schneeglöckchen *(Galanthus nivalis)* sowie das in allen Teilen etwas größere, hauptsächlich in Südosteuropa verbreitete *G. elwesii*. Vom Kleinen Schneeglöckchen werden recht häufig die Sorten 'Flore Pleno' (gefüllte, reinweiße Blüten) und 'Viridi-Apice' (weiß mit grünen Tupfen an den Blütenspitzen) angeboten. Der neue Schneeglöckchentrend hat viele weitere Arten und Sorten ins Blickfeld gerückt, so etwa das recht breitblättrige *G. woronowii*, das im Herbst blühende *G. reginae-olgae* oder Züchtungen mit gelber statt grüner Blütenmarkierung und gelbem Fruchtknoten (z. B. 'Wendy's Gold').

Pflanzen: Im Herbst, am besten schon im September. Da die kleinen Zwiebeln schnell austrocknen und dann nicht mehr austreiben, sollten Sie unbedingt auf frische, saftige Pflanzware achten und diese nach dem Kauf gleich setzen. Die Pflanztiefe beträgt 5–8 cm.

Pflegen: Während der Wachstumszeit sind Schneeglöckchen bei langer Trockenheit für gelegentliche Wassergaben dankbar. In ihrer Ruhephase vertragen sie trockene Sommer recht gut, doch oft wachsen sie im Beet besser als unter Gehölzen, wo der Boden im Sommer stärker austrocknet. Ansonsten nicht düngen und ungestört wachsen lassen. In Rasenflächen gepflanzte Schneeglöckchen erst abmähen, nachdem das Laub völlig eingezogen hat.

Schädlinge, Krankheiten: Narzissenfliege, Schnecken; Grauschimmel.

Vermehren: Schneeglöckchen bilden durch Selbstaussaat und Brutzwiebeln bald große Horste. Diese können Sie im Frühjahr, noch vor dem Welken des Laubs, teilen; danach sofort wieder einpflanzen. Das bewährte Einsetzen noch während oder gleich nach der Blüte nennt man in England Pflanzung „in the green", ein Begriff der sich auch bei uns eingebürgert hat.

Gute Partner: Besonders schön wirken Schneeglöckchen, wenn sie gemeinsam mit Krokussen, Strahlenanemonen und Winterlingen den Frühling einläuten.

Blütezeit: Februar bis März, teils schon Ende Januar
Blütenfarbe: weiß mit grüner, seltener auch gelber Zeichnung
Höhe: 10–20 cm
Wuchs: aufrecht bis überhängend; riemenförmige Blätter
Standort: sonnig oder auch halbschattig; durchlässiger, humoser, frischer Boden, der am besten selbst im Sommer nicht zu stark austrocknet
Verwendung: in Gruppen auf Beeten und Rabatten, unter und vor Gehölzen, in lichten Rasen und Wiesen
Pflanzabstand: 10–15 cm
Achtung: Alle Pflanzenteile, insbesondere die Zwiebeln, sind leicht giftig.

Anmutig und genügsam, läuten Schneeglöckchen den Frühlingsbeginn ein

Gladiole *(Gladiolus*-Hybriden*)*

Mit prunkvollen Blütenständen machen Edelgladiolen ihrem Namen alle Ehre

Diese prächtigen, nicht winterharten Sommerblüher zählen zu den Schwertliliengewächsen *(Iridaceae)*. Ihre Ursprungsarten stammen hauptsächlich aus Südafrika und wurden schon im frühen 19. Jahrhundert miteinander gekreuzt, um groß- und reichblütige Züchtungen erhalten.

Arten und Sorten: Die Sortenvielfalt lässt sich in Gruppen unterteilen, deren Bezeichnungen jedoch im Handel nicht ganz einheitlich gehandhabt werden:

- Großblütige, Edel-, Grandiflorus- oder Holländische Gladiolen: 80–150 cm hoch, mit meist 10–18 cm großen Blüten in dichten, langen Ähren.
- Butterfly- oder Schmetterlingsgladiolen: 60–100 cm hoch, Blüten etwas kleiner als bei den vorgenannten, Blüten meist mehrfarbig und mit gewellten Rändern. Dieser Gruppe werden manchmal auch die recht schlanken Primulinus-Gladiolen zugeordnet, bei denen die oberen Blütenblätter kapuzenartig angeordnet sind.
- Zwerg-, Baby-, kleinblütige oder Nanus-Gladiolen: 50–60 cm hoch, teils mehrtriebig, mit 4–5 cm großen Blüten in lockeren Ähren.

Daneben werden auch einige hübsche Wildarten angeboten, die 30–80 cm hoch wachsen und recht winterhart sind, z. B. die Gewöhnliche Siegwurz *(Gladiolus communis)*.

Pflanzen: Ab Mitte April bis Mai. Pflanzen Sie die Knollen 10–15 cm tief.

Pflegen: Decken Sie den jungen Austrieb mit Vlies oder übergestülpten Töpfen ab, falls noch kalte Nächte drohen. Bei Trockenheit gießen; nach der Pflanzung, nach Blühbeginn und bei Bedarf nochmals im Hochsommer mit Volldünger versorgen. Hohe Sorten mit Stäben oder Staudenhaltern stützen. Verwelkte Blütenstände abschneiden. Im Oktober Knollen herausnehmen, Stängelreste auf 5 cm zurückschneiden, die Knollen säubern, etwas abtrocknen lassen und dann kühl (bei 5–10° C) und luftig überwintern.

Schädlinge, Krankheiten: Thripse, Blattläuse, Schnecken; Grauschimmel, verschiedene Blatt-, Stängel- und Knollenfäulen. Wechseln Sie zur Vorbeugung jährlich die Pflanzfläche.

Vermehren: Gladiolen bilden Tochterknollen, die man beim Ausgraben im Herbst abtrennen kann, um sie im Frühjahr in ein gesondertes Beet zu pflanzen. Sie brauchen allerdings 2 bis 3 Jahre, bis sie üppig wachsen, und blühen auch dann oft nur mäßig.

Gute Partner: Gladiolen passen zu vielen bunten Sommerblumen und Prachtstauden, wie Rittersporn, Nelken, Taglilien, Sonnenhut und Margeriten. Zum Unterpflanzen eignen sich kleine Bartnelken oder Duftsteinrich.

☼ – ◐

Blütezeit: Juni bis September
Blütenfarbe: gelb, rot, orange, rosa, violett, weiß, auch mehrfarbig
Höhe: 50–150 cm
Wuchs: schlank aufrecht, mit langen, schwertförmigen, satt- oder blaugrünen Blättern und kräftigen Blütenschäften
Standort: sonnig; durchlässiger, humoser, nährstoffreicher, frischer, kalkhaltiger Boden
Verwendung: in Gruppen auf Beeten und Rabatten, vor Zäunen und Mauern, im Bauerngarten; höhere Sorten als prachtvolle Schnittblumen
Pflanzabstand: 20–30 cm

Beim näheren Blick offenbart sich die Verwandtschaft mit den Schwertlilien

Hyazinthe *(Hyacinthus orientalis)*

Diese betörend duftende Zwiebelblume gab der Familie der Hyazinthengewächse *(Hyacinthaceae)* ihren Namen. Beheimatet im östlichen Mittelmeerraum und in Kleinasien, gelangte die Hyazinthe bereits im 16. Jahrhundert über Konstantinopel nach Mitteleuropa. Schon damals begeisterte sie die Menschen mit ihren intensiv süß duftenden, sternförmigen Blüten in walzenförmigen Trauben.

Arten und Sorten: Die Züchtungen unterscheiden sich nur durch ihre Blütenfarben sowie durch die Größe der Blütenstände, sodass man einfach nach farblichen Vorlieben bzw. gefallende Farbmischungen auswählt. Die blau und weiß blühenden Sorten gelten als besonders robust. Eine Spezialität sind gefüllt blühende Hyazinthen wie die rote 'Hollyhock'. So genannte Multiflora-Hyazinthen sind so vorbehandelt, dass aus einer Zwiebel fünf oder mehr Blütenstände treiben, doch in den Folgejahren erscheint dann meist nur eine Blütentraube.

Pflanzen: Im September bis November, 8–12 cm tief.

Pflegen: Während der Wachstumszeit gleichmäßig feucht halten, allerdings starke Nässe vermeiden. Als Düngung genügt etwas reifer Kompost im Herbst oder zeitigen Frühjahr. Große Blütenstände, insbesondere mit gefüllten Blüten, brauchen einen Stützstab. Verwelkte Blütenstände wegschneiden, die Blätter hingegen nach der Blüte einziehen lassen. Am besten werden danach die Zwiebeln ausgegraben, kühl sowie trocken gelagert und erst im Herbst wieder eingepflanzt. In kalten und nassen Wintern mit Fichtenreisig und Laub abdecken. Die Blütenfülle lässt leider mit den Jahren nach, deshalb empfiehlt es sich, des Öfteren neue Zwiebeln zu pflanzen.

Schädlinge, Krankheiten: Wühlmäuse und Mäuse, Blattläuse, Blattälchen; Grauschimmel, bakterielle und pilzliche Fäulen.

Vermehren: Durch Abnehmen von Brutzwiebeln nach Einziehen der Blätter; diese im Herbst einpflanzen. Dieser „Nachwuchs" blüht allerdings erst nach einigen Jahren, zwischendurch müssen im Sommer immer wieder die neu gebildeten Tochterzwiebeln entfernt werden.

Gute Partner: Hyazinthen wirken besonders schön mit anderen Frühjahrsblühern, die ihre etwas straffen Gestalten auflockern, z. B. Primeln, Strahlenanemone, Veilchen, Stiefmütterchen und Vergissmeinnicht. Sie passen auch gut zu frühen und mittelfrühen Tulpen oder Narzissen.

Hinweis: Zum Vortreiben in Töpfen oder speziellen, wassergefüllten Hyazinthengläsern hält der Gartenfachhandel präparierte, besonders große Zwiebeln bereit. Sie werden im Spätherbst eingesetzt, erst dunkel und kühl, nach guter Wurzelbildung etwas heller und temperiert aufgestellt und kommen schließlich bei Beginn der Blüte ans warme Zimmerfenster. Mit etwas Glück stehen sie zu Weihnachten in voller, intensiv duftender Blüte.

Im Duftwettstreit der Frühlingsblüher liegt die attraktive Hyazinthe weit vorn

Blütezeit: April bis Mai
Blütenfarbe: in nahezu allen Farbtönen erhältlich
Höhe: 20–30 cm
Wuchs: schmal aufrecht, mit straffen riemenförmigen, kräftig grünen Blättern
Standort: vorzugsweise sonnig, auch halbschattig; durchlässiger, humoser, nährstoffreicher, nicht zu trockener Boden
Verwendung: in Gruppen auf Beeten und Rabatten; in Kästen, Töpfen, und Schalen
Pflanzabstand: 15–20 cm
Achtung: Im Zimmer kann der eindringliche, schwere Duft unter Umständen Kopfschmerzen hervorrufen, sofern man dagegen etwas empfindlich ist.

Lilie *(Lilium)*

Lilien, namensgebend für die Familie der Liliengewächse *(Liliaceae)*, zählen zu den wenigen winterharten Zwiebelblumen, die im Sommer blühen. Von den rund 100 in Europa, Asien und Nordamerika beheimateten Arten wurden unzählige Sorten und Hybriden gezüchtet. Die Lilienzwiebeln bestehen nicht aus Schalen, sondern aus dachziegelartig angeordneten Schuppen.

Arten und Sorten: Von den zahlreichen Wildarten seien hier nur genannt: Madonnenlilie *(Lilium candidum)*, strahlend weiße Trichterblüten, intensiv duftend; Türkenbundlilie *(L. martagon)*, rote, dunkel getupfte, hängende, turban-ähnliche „Türkenbundblüten", duftend; Königslilie *(L. regale)*, trompetenförmige, weiße, rosa gestreifte, innen gelbe Blüten, stark duftend. Die unzähligen Hybriden werden in mehrere Gruppen bzw. Sektionen unterteilt. Die wichtigsten sind:

- Asiatische Hybriden: zumeist 60–120 cm hoch, überwiegend aufrecht stehende, oft duftlose Blüten in dichten Büscheln, robust und wetterfest
- Orientalische Hybriden: meist 100–150 cm hoch, sehr große , intensiv duftende Blüten in Schalen- oder Türkenbundform, oft spät blühend
- *Tigrinum*- oder Tiger-Hybriden: meist 80–120 cm hoch, Blüten in Türkenbundform, gelb bis rot, dunkel gesprenkelt, oft spät blühend
- Trompeten- oder Trichterlilien: meist 120–180 cm hoch: Hierzu zählen die Sorten der erwähnten Königslilie sowie ähnliche, weiß oder gelb blühende, intensiv duftende Hybriden.

Pflanzen: Im September oder Oktober, je nach Zwiebelgröße 10–25 cm tief; Zwiebeln auf eine dicke Schicht aus Sand, Kies oder Splitt setzen. Die Madonnenlilie allerdings macht eine Ausnahme: Sie wird bereits im August gepflanzt und nur so tief, dass die Zwiebelspitze knapp unter die Bodenoberfläche kommt.

Pflegen: Während der Wachstumszeit bei Trockenheit kräftig gießen, aber nach der Blüte nicht mehr wässern. Versorgen Sie die Lilien beim Austrieb im Frühjahr mit Kompost oder organischem Volldünger. Hohe Sorten brauchen an windigen Plätzen einen Stützstab. Verwelkte Blütenstände herausschneiden. Im Herbst die Stängel knapp über dem Boden abschneiden, empfindliche Arten mit Fichtenreisig abdecken. Treten im Frühjahr Spätfröste auf, sollte der zarte Austrieb über Nacht mit Vlies abgedeckt werden.

☼ – ◑

Blütezeit: Juni bis Juli, teils schon ab Mai oder spät bis August/ September
Blütenfarbe: gelb, rot, orange, rosa, violett, weiß, auch mehrfarbig, getupft oder gestreift
Höhe: 40–180 cm
Wuchs: schlank aufrecht, mehrere kräftige Stängel, die dicht mit länglichen, schmalen Blättern besetzt sind
Standort: sonnig, viele Arten und Sorten auch halbschattig, hohe Lilien am besten etwas windgeschützt; gut durchlässiger, humoser, nährstoffreicher, frischer Boden
Verwendung: in Gruppen auf Beeten und Rabatten, am Gehölzrand; niedrige Sorten in Töpfen, höhere Sorten als Schnittblumen
Pflanzabstand: je nach Wuchshöhe 20–40 cm

Die robusten Asiatischen Hybriden gibt es in vielen leuchtenden Farbtönen

Schädlinge, Krankheiten: Lilienhähnchen (eine Käferart), Schnecken, Blattläuse, Wühlmäuse; Grauschimmel, Zwiebelfäule in dauernassem Boden.

Vermehren: Durch Abnehmen und Einpflanzen von Zwiebelschuppen im Herbst oder durch Aussaat im Frühjahr (bei 20 °C, Dunkelkeimer). Manche Arten, etwa die Feuerlilie *(L. bulbiferum)*, bilden kleine Brutzwiebeln in den Blattachseln, die man im Herbst abnehmen und eintopfen kann.

Gute Partner: Lilien sind ideale Rosenbegleiter, passen allerdings auch zu vielen Stauden, z. B. Rittersporn, Akelei, Glockenblumen, Pfingstrose, Storchschnabelarten, Lavendel und Salbei.

Traubenhyazinthe *(Muscari armeniacum)*

Von diesen Hyazinthengewächsen *(Hyacinthaceae)* sind 30 Arten im Mittelmeerraum und Südwestasien verbreitet. Die in dichten Trauben beisammen stehenden Blütchen duften bei manchen Arten etwas streng und moschusähnlich, was auch der botanische Name *Muscari* ausdrückt. Traubenhyazinthen vermehren sich an zusagenden Standorten schnell durch Tochterzwiebeln und Selbstaussaat. Sie eignen sich gut zum Verwildern und können auch schwierige Standorte wie trockene Hänge besiedeln.

Mit roten und gelben Tulpen malen die blauen Traubenhyazinthen einen wunderschönen Farbdreiklang

Arten und Sorten: Von *Muscari armeniacum,* der am häufigsten angebotenen Art, gibt es mehrere Sorten in verschiedenen Blautönen, z. B. 'Blue Spike' (kobaltblaue, gefüllte Blüten) oder 'Valerie Finnes' (himmelblau). Viele blühen erst ab April, manche wie 'Early Giant' (kobaltblau) und 'Christmas Pearl' (violettblau) bereits im März. *M. botryoides* 'Album' hat weiße Blüten, *M. aucheri* 'Mount Hood' und 'Ocean Magic' besitzen blaue Blütentrauben mit weißen Spitzen, die breitblättrige *M. latifolium* dunkelblaue Trauben mit hellblauer Spitze. Eine Besonderheit ist *M. comosum* 'Plumosum' mit fedrig wirkenden, hellvioletten Blütenständen im Mai und Juni.

Pflanzen: Setzen Sie die Zwiebeln im Spätsommer oder Herbst 6–8 cm tief in den Boden.

Pflegen: Grundsätzlich nicht erforderlich. Es kann allerdings nötig werden, den Ausbreitungsdrang durch Ausgraben unerwünschten Zuwachses zu begrenzen.

Schädlinge, Krankheiten: Traubenhyazinthen sind sehr robust. Nur selten treten Viruskrankheiten auf. Bei zu nassem Standort kann es auch zu Fäulen kommen.

Vermehren: Durch Teilen der Horste bzw. Abnehmen von Brutzwiebeln (Tochterzwiebeln) im Sommer, nach Einziehen des Laubs; setzen Sie die Teilstücke bzw. Zwiebeln umgehend wieder in den Boden.

Gute Partner: Das Blau der Traubenhyazinthen untermalt wunderschön die Blüten von Tulpen, Narzissen, rosafarbenen oder weißen Hyazinthen, Frühlings- und Kissenprimeln.

Die anspruchslosen Zwiebelblumen bilden recht schnell größere Bestände

Blütezeit: April bis Mai, frühe Sorten März bis April
Blütenfarbe: verschiedene Blautöne, weiß
Höhe: 15–25 cm
Wuchs: aufrecht in Horsten; schmale, riemenförmige, frisch- bis dunkelgrüne Blätter
Standort: vorzugsweise sonnig, auch halbschattig; durchlässiger, humoser, sandiger, eher trockener Boden
Verwendung: in Gruppen auf Beeten und Rabatten, im Steingarten, vor und unter Gehölzen; auch in Balkonkästen, Schalen und Töpfen
Pflanzabstand: 5–10 cm
Achtung: Alle Pflanzenteile sind leicht giftig.

Narzisse *(Narcissus)*

Narzissen gehören zur Familie der Amaryllisgewächse *(Amaryllidacae)*, ihr ursprüngliches Verbreitungsgebiet liegt im Mittelmeerraum. Charakteristisch ist ihr Blütenbau mit einem äußeren Blütenblattkranz und einer inneren Nebenkrone, die auch „Trompete" genannt wird. Für viele ist Osterglocke ein Synonym für Narzisse, doch streng genommen gilt diese Bezeichnung nur für *Narcissus pseudonarcissus* und ihre Sorten, die durch besonders große Trompeten auffallen.

Arten und Sorten: Wie bei anderen beliebten und artenreichen Zwiebelblumen wurde die Sortenvielfalt so groß, das sie eine „offizielle" Unterteilung erforderte. Danach gibt es heute zwölf Klassen, deren Namen teils schon die Blütenform verraten: Trompetennarzissen (Osterglocken), Großkronige oder Schalennarzissen, Kleinkronige oder Tellernarzissen, Gefüllte, Engelstränen- und Alpenveilchennarzissen, Jonquillen, Tazetten, Dichter- oder Poeticus-Narzissen, Reifrock- und Split-Corona-Narzissen. Dazu kommt eine ganze Reihe von Wildarten.

Alle Gruppen haben attraktive Züchtungen zu bieten. Doch zu den populärsten zählen die Trompetennarzissen mit langer Nebenkrone (z. B. 'Dutch Master', goldgelb), Großkronige Narzissen mit breiter, meist anders gefärbter Nebenkrone (z. B. 'Flower Record', weiß-orange), die zierlichen Alpenveilchennarzissen mit zurückgeschlagenen Kranzblättern und langer Nebenkrone (z. B. 'Tête à Tête', gelb) sowie Dichternarzissen, z. B. 'Actaea', weiß mit kleiner, gelber, rot umrandeter Nebenkrone.

Daneben haben sich im Handel Bezeichnungen wie Miniatur-, Steingartennarzissen oder Botanische Narzissen eingebürgert, wobei es sich oft um Alpenveilchen- oder Engelstränennarzissen handelt. Als „Weihnachtsnarzissen" werden spezielle Sorten angeboten, die sich zum Vortreiben im Zimmer eignen.

☼ – ◐ ❀

Blütezeit: März bis Mai

Blütenfarbe: gelb, orange, weiß, auch zweifarbig

Höhe: 15–60 cm

Wuchs: aufrecht bis leicht überhängend; riemenförmige, frisch- bis blaugrüne Blätter

Standort: sonnig bis halbschattig; gut durchlässiger, humoser, nährstoffreicher, frischer Boden

Verwendung: in Gruppen auf Beeten und Rabatten, zum Verwildern in Wiesen und unter Gehölzen; niedrige Sorten in Kästen und Töpfen, höhere Sorten auch als Schnittblumen

Pflanzabstand: je nach Wuchshöhe 10–20 cm

Achtung: Alle Pflanzenteile, insbesondere die Zwiebeln, enthalten Giftstoffe und können zu allergischen Hautreaktionen führen.

Dicht in größeren Gruppen gepflanzt, entfalten Narzissen gewaltige Leuchtkraft

Pflanzen: Im August oder September, notfalls auch im Oktober, je nach Zwiebelgröße 8–15 cm tief.

Pflegen: Während der Wachstumszeit bei Trockenheit gießen, aber keinesfalls nass halten. Im Herbst oder beim Austrieb mit Kompost oder organischem Dünger versorgen.

Schädlinge, Krankheiten: Narzissenfliege, Blatt- und Wurzelälchen, Schnecken; Zwiebelfäule, Rostpilze, Grauschimmel (anfangs mit gelblichen bis rötlichen Blattflecken, „Narzissenfeuer" genannt), Viruskrankheiten.

Vermehren: Durch Teilen größerer Bestände bzw. Abnehmen von Brutzwiebeln im Sommer, nach Einziehen des Laubs.

Gute Partner: Narzissen passen zu vielen anderen Frühjahrsblühern wie etwa Tulpen, Traubenhyazinthen, Frühlingsprimeln, Stiefmütterchen, Tausendschön und Vergissmeinnicht.

Blaustern *(Scilla siberica)*

Die Blausterne gehören zur Familie der Hyazinthengewächse *(Hyacinthaceae)* und stammen ursprünglich aus Wäldern in Vorderasien, Russland und Südosteuropa. Im Garten sind sie ideale Zwiebelblumen, um unter Gehölzen im lichten Schatten zu verwildern oder sich durch Selbstaussaat in Blumenwiesen und -rasen auszubreiten.

Arten und Sorten: 'Alba' ist eine weiß blühende Sorte. Die tiefblaue 'Spring Beauty' bildet keine Samen aus und eignet sich somit besonders dort, wo keine starke Ausbreitung gewünscht ist. Zuweilen werden auch blaue, rosa oder weiß blühende Sorten der zierlichen *Scilla bifolia* angeboten, des Weiteren die blaue, oft schon im Februar blühende *S. mischtschenkoana* und die etwas höhere, nicht völlig winterharte *S. peruviana* mit doldenartigen blauen Blütenständen.

Pflanzen: Im Spätsommer oder Herbst, etwa 10 cm tief. Achten Sie auf frische, saftige Pflanzzwiebeln, und setzen Sie diese gleich nach dem Kauf ein.

Pflegen: Gelegentlich im Herbst oder im zeitigen Frühjahr mit etwas Kompost überstreuen, sonst ungestört wachsen lassen – sofern die Blausterne nicht in ihrem Ausbreitungsdrang gestoppt werden müssen. In letzterem Fall können Sie einfach die Hacke einsetzten. Wie bei allen Zwiebelblumen in Rasenflächen darf auch bei Blausternen erst dann gemäht werden, nachdem das Laub völlig eingezogen hat, damit sie genügend Nährstoffe speichern können.

Schädlinge, Krankheiten: Treten kaum auf. Gelegentlich kann es zu Fäulniskrankheiten kommen, vor allem in dauerfeuchten, verdichteten Böden.

Vermehren: Durch Teilen der Horste bzw. Abnehmen von Brutzwiebeln nach dem Einziehen des Laubs; die Teilstücke bzw. Zwiebeln nach dem Abtrennen sofort wieder einsetzen.

Gute Partner: Blausterne sind ideale Begleiter für viele Frühlingsblüher wie gelbe Schlüsselblumen, Narzissen und Tulpen. Besonders hübsch sehen sie zusammen mit weiß blühendem Märzenbecher unter gelb blühenden Forsythien aus.

Die zierlichen Blausterne zählen zu den anmutigsten Frühjahrsblühern

Blütezeit: März bis April
Blütenfarbe: in Blautönen oder weiß
Höhe: 10–20 cm
Wuchs: aufrecht, in kleinen Horsten oder großen Kolonien; längliche, schmale, frischgrüne Blätter
Standort: vorzugsweise sonnig, auch halbschattig; durchlässiger, sandig-lehmiger, humoser, mäßig trockener bis frischer Boden
Verwendung: in Gruppen vor oder unter laubabwerfenden Gehölzen, in Rasen und Wiese, im Beetvordergrund, im Steingarten; auch in Kästen und Schalen
Pflanzabstand: 5–10 cm

Tulpe *(Tulipa)*

Tulpen, die zur Familie der Liliengewächse *(Liliaceae)* gehören, faszinieren schon seit vielen Jahrhunderten Gärtner und Pflanzenliebhaber. Die meisten der rund 100 Arten stammen ursprünglich aus Asien. Aus ihnen sind durch Züchtung und Kreuzung Tausende von Sorten entstanden, die man als Gartentulpen bzw. botanisch als *Tulipa*-Cultivars oder -Hybriden zusammenfasst.

Arten und Sorten: Unterschieden werden zwölf Tulpen-Gruppen. Auf deren unterschiedliche Blütenmerkmale kann hier nicht eingegangen werden, doch die Sortierung nach Blütezeit hilft beim Überblick:

- Frühe Gruppen (März/April): Einfache und Gefüllte frühe Tulpen, Kaufmanniana-, Fosteriana- und Greigiitulpen. Die letzten drei Gruppen werden auch als Botanische Tulpen bezeichnet.
- Mittelfrühe Gruppen (Ende April/Mai): Triumphtulpen, Darwin-Hybrid-Tulpen.
- Späte Gruppen (Mai/Juni): Einfache und Gefüllte frühe Tulpen, Lilienblütige, Gefranste, Viridiflora-, Rembrandt- und Papageientulpen.

Dazu kommt eine Fülle hübscher Wildtulpen, die meist anspruchsloser sind als die Zuchtformen und häufig duften, so etwa die rot-weiß blühende Damentulpe *(Tulipa clusiana)* oder die goldgelbe Weinbergtulpe *(T. sylvestris)*.

Pflanzen: Setzen Sie Tulpenzwiebeln im Herbst 10–15 cm tief in den Boden.

Pflegen: Halten Sie die Erde während der Wachstumszeit gleichmäßig feucht. Im Herbst zum Austrieb mit Kompost oder organischem Volldünger versorgen. Verblühte Stiele bis zur Hälfte zurückschneiden. Am besten alle 2 bis 3 Jahre Zwiebeln nach Einziehen der Blätter herausnehmen und umpflanzen.

Blütezeit: meist April bis Mai, frühe Sorten ab März, späte teils bis Juni
Blütenfarbe: alle Farben außer Blau, auch mehrfarbig
Höhe: 20–60 cm, Wildtulpen auch kleiner
Wuchs: aufrecht, mit breiten, zugespitzten, frisch- bis blaugrünen Blättern
Standort: sonnig, manche Wildtulpen auch halbschattig; durchlässiger, humoser, nährstoffreicher, frischer Boden
Verwendung: in Gruppen auf Beeten und Rabatten, Wildtulpen auch zum Verwildern und im Steingarten; niedrige Sorten in Kästen und Töpfen, höhere Sorten als Schnittblumen
Pflanzabstand: je nach Wuchshöhe 10–20 cm
Achtung: Der Pflanzensaft, besonders der in den Zwiebeln, kann allergische Hautreaktionen auslösen.

Schädlinge, Krankheiten: Wühlmäuse, Mäuse, Schnecken, Blattläuse, Nematoden (Wurzelälchen); Grauschimmel (auch Tulpenfeuer genannt), Zwiebelfäule und Viruskrankheiten.

Vermehren: Durch Abnehmen von Brutzwiebeln nach dem Einziehen der Blätter; diese zunächst kühl, dunkel und trocken lagern und im Herbst dann auspflanzen.

Gute Partner: Tulpen harmonieren mit fast allen anderen Frühjahrsblühern, doch achten Sie bei der Auswahl von Begleitern auf die unterschiedlichen Blütezeiten je nach Sorte.

Die Farbpalette der Tulpen reicht von Weiß bis zu tiefem Dunkelviolett

Papageientulpen haben interessant gefranste, geschlitzte oder gekrauste Blüten

Weitere Zwiebelblumen im Überblick

Name	Blütezeit	Blüten	Höhe, Wuchs	Standort, Hinweise
Zierlauch *(Allium-Arten)*	Mai bis Juni	meist in kugeligen Dolden; rosa, violett, blau, weiß oder gelb	je nach Art 15 –100 cm, aufrecht in kompakten Horsten	– oft mit intensivem Zwiebelgeruch
Strahlenanemone *(Anemone blanda)*	Februar bis April	Strahlenblüten; weiß, rosa, violett oder blau, mit gelber Mitte	10–25 cm, kompakt buschig	– in kalten Wintern abdecken
Blumenrohr *(Canna indica)*	Juni bis Oktober gladiolenähnlich;	orange, gelb, rot, rosa, violett, auch zweifarbig gestreift und gepunktet	60–200 cm, aufrecht, mit langen Blütenschäften und großen, teils rötlich gefärbten Blättern	– im Herbst die knolligen Rhizome ausgraben; oder als Kübelpflanze halten
Sternhyazinthe, Schneestolz *(Chionodoxa-Arten)*	März bis April	sternförmig, klein, in Trauben; blau oder rosa mit weißer Mitte	10–15 cm, aufrecht, bildet kleine Teppiche	hübsch unter Gehölzen, anspruchslos
Maiglöckchen *(Convallaria majalis)*	Mai (bis Juni)	kleine weiße, hängende Glöckchen in Rispen, intensiv duftend	15–20 cm, aufrecht mit länglichen Blättern, bildet dichte Bestände	– ideal unter Gehölzen; ab Sommer rote Beeren; stark giftig!

Der Riesenzierlauch (Allium giganteum) bildet üppige Blütenbälle

Mit exotischer Blütenpracht wartet das nicht winterharte Blumenrohr auf

Als typische Waldpflanzen vertragen Maiglöckchen recht viel Schatten

Weitere Zwiebelblumen im Überblick

Name	Blütezeit	Blüten	Höhe, Wuchs	Standort, Hinweise
Vorfrühlings-Alpenveilchen *(Cyclamen coum)*	Februar bis März	einzeln an rötlichen Stielen; rosa, rot oder weiß	10–15 cm; kompakt, rundliche bis nierenförmig, oft silbrig gefleckte Blätter	giftig; ähnlich, aber im Herbst blühend: Efeublättriges Alpenveilchen *(C. hederifolium)*
Winterling *(Eranthis hyemalis)*	Februar bis März	gelbe bis orangegelbe Sternblüten	5-15 cm, sehr kompakt, mit handförmigen Blättern, bildet bald Teppiche	schön unter Gehölzen, an Hecken, im Steingarten; giftig
Steppenkerze *(Eremurus-Arten und -Hybriden)*	Mai bis Juli	in langen, aufrechten Trauben; blassrosa, weiß, gelb, orange oder bräunlich	80–250 cm, straff aufrechte, lange Blütenschäfte über Blattrosetten	für warme, trockene Plätze; über Winter und beim Austrieb vor Frösten schützen
Spanisches Hasenglöckchen *(Hyacinthoides hispanica)*	Mai	glockenförmig, nickend, in Rispen; blau, rosa oder weiß	20–30 cm, aufrecht, bildet Horste	bevorzugt frischen bis feuchten Boden, verwildert leicht unter Gehölzen
Märzenbecher *(Leucojum vernum)*	Februar bis April	kleine weiße Glöckchen mit grünen oder gelben Spitzen	15–30 cm, kompakt, leicht überhängend, in kleinen Horsten	bevorzugt nährstoffreiche, frische bis feuchte Böden

Vorfrühlings-Alpenveilchen öffnen schon ab Februar ihre Blüten

Der zeitig blühende Winterling bildet sehr attraktive Teppiche

Die Glockenblüten des Hasenglöckchens erscheinen in dichten Rispen

Stauden

Wissenswertes

Ansprechend, ausdauernd, meist pflegeleicht, ungemein vielfältig und vielseitig zu verwenden: Stauden sind im Garten praktisch unverzichtbar

Sonnenhut, Blaukissen, Pampasgras oder Fetthenne – so unterschiedlich diese Pflanzen erscheinen, entsprechen sie doch alle der Definition von Stauden: Sie leben mehrere Jahre, oft sogar sehr lange, doch ihre Triebe verholzen nicht. In der Regel sterben ihre oberirdischen Teile über Winter oder nach der Blüte ab. Sie überdauern dann mithilfe unterirdischer Organe, um zur nächsten Saison wieder auszutreiben.

Manche Stauden bilden kräftige Wurzeln, in denen sie bis zum Neuaustrieb die nötigen Nährstoffe speichern. Weitaus häufiger dienen jedoch Rhizome als Speicherorgane. Diese werden auch als Wurzelstöcke bezeichnet, aber tatsächlich handelt es sich nicht um Wurzeln, sondern um unterirdische, oft fleischig verdickte Sprosse. Auch dünne, unter oder an der Erdoberfläche gebildete Ausläufer, die bei Stauden oft vorkommen, sind umgewandelte Sprosse und lassen sich leicht zur Vermehrung verwenden.

Taglilie und Rittersporn haben sich den Namen „Prachtstauden" redlich verdient

Stauden in Hülle und Fülle

Stauden sind mit Abstand die größte Pflanzengruppe, die für das Verschönern des Gartens zur Verfügung steht. Selbst die recht umfangreiche Auswahl auf den folgenden Seiten kann nur einen vergleichsweise kleinen Ausschnitt aus der gewaltigen Artenfülle vorstellen. Studieren Sie gründlich das Angebot der Staudengärtnereien, wenn Sie etwas Besonderes suchen – es gibt für nahezu jeden Wunsch und Verwendungszweck spezielle Stauden, sei es für die Teichbepflanzung oder die Begrünung von Dächern.

Grundsätzlich lassen sich zunächst Blütenstauden mit auffälligem Flor von den Blattschmuckstauden abtrennen. Letztere wirken vor allem durch ihr ausgesprochen attraktiv geformtes oder gezeichnetes Laub. Am eindrucksvollsten blühen die so genannten Prachtstauden, die meist züchterisch stark bearbeitet sind – ihnen stehen die Wildstauden mit naturnahem Charme gegenüber.

Nach Verwendung im Garten sowie Standortansprüchen unterscheidet man beispielsweise Beetstauden (die meist zu den Prachtstauden zählen), Stauden für Gehölzränder, Steingarten-, Bodendecker-, Sumpf- oder Schattenstauden. Schließlich ist auch die Wuchsform ein wichtiges Unterscheidungsmerkmal:

Viele Stauden bilden teils recht breit werdende Horste; Polsterstauden dagegen wachsen gedrungen und kuppel- oder kissenartig, andere wiederum breiten sich in flachen Teppichen oder Matten aus.

Im Grunde kann man auch die Zwiebel- und Knollenblumen (ab S. 90) zu den Stauden zählen, sie werden aber aufgrund ihrer besonders geformten Speicherorgane als eigene Gruppe eingestuft. Andererseits gibt es manche Pflanzen, die halb oder sogar ganz verholzen, jedoch wegen ihrer Verwendung im Garten oft den Stauden zugerechnet werden, so etwa Lavendel und Heiden.

Viele Stauden eignen sich für eine pflegeleichte Flächenbegrünung

Nützliche Handgriffe, kreative Eingriffe

Wenn Sie bei der Standortwahl die jeweiligen Licht- und Bodenansprüche der Stauden berücksichtigen, sind sie überwiegend pflegeleichte und unkomplizierte Gartenpflanzen. Die empfohlenen Pflanztermine in den nachfolgenden Porträts beziehen sich vor allem auf Stauden ohne oder nur mit kleinem Erdballen; Containerpflanzen dagegen können – außer bei Frost – ganzjährig gesetzt werden.

Bei den meisten Stauden empfiehlt sich ein Rückschnitt im Spätherbst oder zeitigen Frühjahr, wobei die Triebe auf etwa 10 cm über dem Boden eingekürzt werden. Besonders bei Gräsern oder Stauden mit attraktiven Samenständen wie Fetthenne oder Astilben wartet man besser bis zum Frühjahr, da sich die abgestorbenen Pflanzenteile im winterlichen Raureif ausgesprochen dekorativ präsentieren.

Manchmal lässt mit den Jahren die Blühwilligkeit der Stauden nach. Dann wird es Zeit, die Staude auszugraben

Spätblüher wie der Sonnenhut und Ziergräser sorgen für hübsche Herbstaspekte

und zu teilen, um den Stock zu verjüngen. Die Teilstücke pflanzt man an anderer Stelle im Garten wieder ein oder tauscht einige davon mit Nachbarn und Freunden.

Da die meisten Stauden nicht so lang blühen wie beispielsweise viele Sommerblumen, sollten Sie bei der Bepflanzung darauf achten, dass die Blütezeiten der verwendeten Arten möglichst ineinander übergehen. So hat das Beet von Frühjahr bis Herbst etwas fürs Auge zu bieten. Blattschmuckpflanzen sowie Gräser sorgen dazu auch im Winter für interessante Aspekte. Weitere Anregungen und Hinweise zur Beetgestaltung finden Sie im Kapitel „Mit Pflanzen gestalten" (ab S. 40).

Neu angelegte Staudenbeete und -rabatten brauchen etwas Zeit, bis sie ein geschlossenes Gesamtbild zeigen. Nicht selten entwickeln sich auch manche Pflanzen und Gruppierungen etwas anders als geplant. Deshalb sind immer mal wieder dezente Eingriffe hilfreich. Hier etwas umsetzen oder auslichten, dort noch eine kleine Lücke füllen – so werden und bleiben Ihre Staudenarrangements dauerhaft attraktiv.

Schafgarbe *(Achillea)*

Die Sorte 'Terracotta' entfaltet Doldenschirme in pastelligem Orangegelb

Blütezeit: Juni bis August/September
Blütenfarbe: rosa, rot, weiß, zartgelb, goldgelb oder orange
Höhe: 30–140 cm
Wuchs: aufrechte, lockere Horste; meist stark gefiederte, dunkel- bis graugrüne Blätter
Standort: sonnig, gern auch vollsonnig; gut durchlässiger, humoser, nährstoffreicher, je nach Art frischer oder trockener Boden
Verwendung: einzeln oder in kleinen Gruppen in Beeten und Rabatten, an Zäunen und Mauern, in naturnahen Bereichen; gute Schnitt- und Trockenblume
Pflanzabstand: 30–40 cm

Bekannteste Vertreterin dieser Korbblütengewächse *(Asteraceae)* ist die bei uns heimische Gewöhnliche Schafgarbe *(Achillea millefolium)*. Eher unscheinbar blühend, hat sie vor allem Bedeutung als Heilpflanze. Von ihr gibt es aber auch attraktive Sorten und Hybriden für den Staudengarten, dazu kommen andere prächtige Arten, die das Angebot bereichern. Die Züchtungen werden teils auch als Edelgarben bezeichnet. Die flachen Dolden mit unzähligen duftenden Blütchen ziehen viele Insekten an.

Arten und Sorten: Die Sorten von *Achillea millefolium* wachsen meist etwa 50–80 cm hoch und blühen überwiegend rosa, rot oder weiß, wie z. B. die bewährte 'Cerise Queen' (purpurrot). Mittlerweile gibt es auch Sorten in gedämpften Gelbtönen. Leuchtendes Gelb hat dagegen die Gold- oder Hohe Garbe *(A. filipendulina)* zu bieten. Sie eignet sich für eher trockene Standorte. Schöne, etwa 100–120 cm hohe Sorten sind 'Coronation Gold' und 'Parker'; die Hybride 'Feuerland' dagegen blüht leuchtend rot. Von den weiteren Arten, die gelegentlich angeboten werden, sei hier noch die rund 60 cm hohe Sumpfschafgarbe *(A. ptarmica)* genannt. Sie blüht weiß und bevorzugt eher feuchte Böden.

Pflanzen: Die beste Pflanzzeit ist das Frühjahr, doch auch Herbstpflanzung bis etwa Anfang Oktober ist möglich.

Pflegen: Bei anhaltender Sommertrockenheit gründlich gießen. Jährlich im Herbst oder Frühjahr mit Kompost versorgen. Hohe Sorten stützen und am besten welke Blütenstände vor der Samenbildung herausschneiden. Im Spätjahr bodennah zurückschneiden. Es empfiehlt sich, die Schafgarben rund alle 3 bis 4 Jahre zur Verjüngung zu teilen.

Schädlinge, Krankheiten: Schädlinge sind selten. Bei Staunässe kann es zu Wurzelfäule kommen.

Vermehren: Am einfachsten durch Teilung im Frühjahr oder Spätherbst. Zertrennen Sie die Wurzelstöcke nach dem Ausgraben in genügend große Teilstücke, und pflanzen Sie diese gleich wieder ein. Viele Arten lassen sich auch durch Aussaat vermehren, Nachwuchs von Sorten ähnelt aber nicht immer den Elternpflanzen. Die Samen werden im Frühjahr geschützt und warm ausgesät (Lichtkeimer, nicht abdecken).

Gute Partner: Schafgarben passen je nach Blütenfarbe gut z. B. zu Bartiris, Katzenminze, Margerite, Sonnenbraut, Sonnenhut sowie Ziergräsern.

Eisenhut *(Aconitum)*

Eisenhüte gehören zur Familie der Hahnenfußgewächse *(Ranunculaceae)* – und zählen zu den giftigsten Gartenpflanzen! Wo kleine Kinder im Garten spielen, sollten Sie besser auf den Eisenhut verzichten. Außerdem empfiehlt es sich unbedingt, die Pflanze nur mit Handschuhen anzufassen. Doch abgesehen davon ist der Eisenhut eine der wertvollsten Stauden für halbschattige Plätze. Seinen Namen erhielt er nach der Form der Blüten, die an eiserne Helme der Ritterzeit erinnern.

Arten und Sorten:

- Der bei uns wild wachsende Blaue Eisenhut *(Aconitum napellus)* ist eine traditionelle Bauergartenstaude. Er blüht im Juli bis August, die reine Art blauviolett, Sorten außerdem in Dunkelblau, Weiß oder Rosa.
- Der Garteneisenhut *(A. x cammarum)* entfaltet seinen Flor zu selben Zeit. Er bleibt mit 100–120 cm etwas kleiner als die anderen Arten.
- Zuweilen wird auch der heimische Gelbe oder Fuchseisenhut *(A. lycoctonum* subsp. *vulparia)* angeboten, der von Juni bis Juli hellgelb blüht.
- Von September bis Oktober blüht der aus China stammende Herbsteisenhut *(Aconitum carmichaelii)*. Meist findet man im Handel die dunkel blauviolette Sorte 'Arendsii'.

Pflanzen: Die beste Pflanzzeit ist das Frühjahr. Falls Sie im Herbst pflanzen, sollten Sie den Wurzelbereich mit einer Laubschicht abdecken.

Pflegen: In trockenen Frühlings- und Sommerwochen sollten Eisenhüte kräftig gegossen werden. Als Düngung reicht eine Kompostgabe im Frühjahr, der Sie am besten eine Handvoll Hornspäne untermischen. Statt dessen können Sie aber auch einen organischen Volldünger verwenden. Nach der Blüte werden die Pflanzen bis auf eine Handbreit über dem Boden zurückgeschnitten. Etwa alle 3 Jahre teilen, damit die Stauden wüchsig und blühfreudig bleiben.

☼ ❀ ☠

Blütezeit: Juli – August, Herbsteisenhut September – Oktober
Blütenfarbe: blauviolett, auch dunkelblau, rosa, weiß oder hellgelb
Höhe: 100-150 cm
Wuchs: aufrechte, breite Horste; attraktive handförmig gelappte, tiefgrüne Blätter
Standort: halbschattig, auch hell, aber ohne direkte Sonne; humoser, nährstoffreicher, frischer Boden
Verwendung: einzeln oder in kleinen Gruppen, in halbschattigen Beeten und Rabatten, am Gehölzrand, im Teichumfeld oder anderen naturnahen Bereichen; haltbare Schnittstaude
Pflanzabstand: etwa 40 cm
Achtung: Alle Pflanzenteile sind hochgiftig!

Schädlinge, Krankheiten: Tierische Schädlinge sind selten, bei dauernassem Boden kann es aber zu Wurzel- und Sprossfäule kommen. Befallene Pflanzen müssen umgehend entfernt werden.

Vermehren: Am einfachsten durch Teilung im Frühjahr, bei den Sommerblühern auch im Herbst gleich nach der Blüte. Pflanzen Sie die Teilstücke nach dem Ausgraben und Zertrennen gleich wieder ein. Dabei unbedingt Handschuhe tragen! Eine Aussaat ist ebenfalls möglich und wird bereits im November durchgeführt: Saatgefäß zunächst bei 20 °C aufstellen, nach 2 Wochen dann an einem beschatteten Platz im Freien. Im Februar wieder warm stellen, die größer werdenden Sämlinge pikieren und im späten Frühjahr auspflanzen.

Beschattete Plätze verzaubert der Eisenhut mit blauvioletten Blütenrispen

Gute Partner: Eisenhüte wirken sehr schön in Gesellschaft von Astilben, Geißbart *(Aruncus dioicus)*, Herbstanemonen und Farnen.

Frauenmantel *(Alchemilla mollis)*

Die samtigen Blätter des Frauenmantels bieten dem Auge einen Ruhepunkt

Im Sommer überziehen zarte, gelbliche Blütenwolken das attraktive Laub

Diese bekannte und beliebte Staude aus Osteuropa und Kleinasien ist ausgesprochen pflegeleicht und schnellwüchsig. Sie gehört zur großen Familie der Rosengewächse *(Rosaceae)* – auch wenn die Verwandtschaft zu Rosen, Weißdorn und anderen Familienmitgliedern nicht gerade offensichtlich ist. Die grünlich gelben, doldenähnlichen, duftenden Blütenstände haben ihren Charme, doch in erster Linie besticht der Frauenmantel durch seine hübsch geformten Blätter und die schöne Wuchsform. Besonders malerisch wirkt er, wenn morgens an den Blatträndern ausgeschiedene Wassertropfen das Laub überziehen.

Arten und Sorten: Der Weiche Frauenmantel *(Alchemilla mollis)* wird meist ohne Sortennamen angeboten. Gelegentlich finden Sie im Handel weitere interessante Arten, etwa den Zwergigen Frauenmantel *(A. erythropoda)*, der mit nur 10–15 cm Höhe wie eine Miniaturform von *A. mollis* erscheint. Sehr reizvoll ist auch der Alpenfrauenmantel *(A. alpina)* mit handförmig gefiederten, silbrig gerandeten Blättern; er eignet sich besonders für sonnige Standorte im Steingarten.

Pflanzen: Im Frühjahr oder Herbst. Bei Herbstpflanzung ist eine leichte Laubabdeckung über Winter empfehlenswert.

Pflegen: Der Frauenmantel muss nur in langen Hitzeperioden gewässert werden. Alle 1 bis 2 Jahre im Herbst mit Kompost oder im Frühjahr mit organischem Volldünger versorgen. Nach der Blüte kann man die Blütenstände entfernen, um unerwünschte Selbstaussaat zu verhindern. Im Frühjahr das alte Laub entfernen, bevor die neuen Triebe erscheinen.

☼ – ◐ ❀

Blütezeit: Juni bis Juli
Blütenfarbe: grünlich gelb
Höhe: 30–50 cm
Wuchs:, bildet breite, halbkugelige Horste; rundliche, am Rand regelmäßig gekerbte, graugrüne Blätter mit samtiger Oberfläche
Standort: sonnig bis halbschattig; humoser, nährstoffreicher, vorzugsweise lehmiger, frischer Boden
Verwendung: einzeln oder in kleinen Gruppen in Beeten und Rabatten, als Rosenbegleiter, am Gehölz- oder Teichrand, als Bodendecker oder Beeteinfassung
Pflanzabstand: 30–40 cm

Schädlinge, Krankheiten: Schädlinge sind selten. Staunässe kann zu Wurzelfäule führen.

Vermehren: Durch Teilung im Spätherbst oder Frühjahr. Pflanzen Sie die Teilstücke nach dem Ausgraben und Zertrennen gleich wieder ein. Auch Aussaat im November ist möglich: Die Samen werden zunächst warm aufgestellt, dann über Winter an einem geschützten Platz draußen und schließlich ab Februar mäßig warm weiter kultiviert. Doch es geht auch unkomplizierter: einfach die feinen Samen nach Reife der Samenstände abschütteln; auf leicht feucht gehaltenem Boden keimen sie schnell.

Gute Partner: Frauenmantel ist eine ideale Füll- und Begleitpflanze zwischen höheren Blütenstauden oder Rosen. An halbschattigen Plätzen bietet er mit Glockenblumen, Astilben, Funkien und Farnen einen charmanten Anblick.

Herbstanemone *(Anemone hupehensis* var. *japonica)*

Was Herkunft und botanische Benennung dieser schmucken Hahnenfußgewächse *(Ranunculaceae)* angeht, sind sich Botaniker und Gärtner nicht so ganz einig. Die reine Art mit einfachen Blüten stammt zweifelsfrei aus West- und Zentralchina. Gefüllt blühende, oft etwas höher wachsende Formen wurden dagegen aus Japan nach Europa eingeführt und heißen heute noch oft Japananemonen bzw. *Anemone japonica* oder *A. hupehensis* var. *japonica.* Doch wahrscheinlich liegt ihr Ursprung ebenfalls in China; sie wurden jedoch schon vor Jahrhunderten in Japan gezüchtet und mit ähnlichen Arten gekreuzt. Entsprechend werden sie und ihre modernen Züchtungen auch als *A.-japonica*-Hybriden oder *A.* x *hybrida* geführt.

Arten und Sorten: Achten Sie aufgrund der uneinheitlichen Artbezeichnungen eher auf die Angaben zu Wuchshöhe, Blütenfarbe und -füllung. Einfach blüht z. B. 'Praecox' (tiefrosa, früher Blühbeginn, 60–80 cm hoch), halb gefüllt blüht 'Honorine Jobert' (strahlend weiß, um 100 cm), gefüllt blüht 'Bressingham Glow' (dunkel altrosa, 80–110 cm). Ein weiterer Herbstblüher ist die robuste, stark Ausläufer bildende *A. tomentosa.* Sie wird 80–120 cm hoch, blüht einfach, weiß bis rosa, und besitzt filzige Blätter.

Pflanzen: Vorzugsweise im Frühjahr.

Pflegen: Bei Sommertrockenheit regelmäßig gießen. Im Herbst oder Frühjahr mit Kompost versorgen. Zumindest in den ersten Jahren ist über den Winter ein Abdecken der Pflanzenbasis mit Laub ratsam. Erst im Frühjahr zurückschneiden.

Schädlinge, Krankheiten: Blattälchen (Nematoden), Schnecken; pilzliche Blattflecken, Echter Mehltau

Vermehren: Am einfachsten durch Teilung im Frühjahr oder Spätherbst; Teilstücke gleich wieder einpflanzen. Die Vermehrung über im Spätherbst geschnittene, etwa 5 cm lange Wurzelteilstücke (Wurzelschnittlinge) verhilft zu mehr Exemplaren, ist aber etwas diffiziler. Die Schnittlinge werden so eingetopft, dass das obere Ende knapp unter die Erdoberfläche kommt, kühl überwintert und im Frühjahr bei Erscheinen der Triebspitzen nochmals umgetopft, einige Wochen später dann auspflanzen.

Gute Partner: Stimmige Begleiter sind Astilben, Eisenhut, Funkien, Farne und Schattengräser.

Hinweis: Manche Sorten zieren sich nach der Blüte mit auffälligen weißwolligen Samenständen.

Einfach blühende Herbstanemonen bestechen durch natürlichen Charme

◐ ❀

Blütezeit: August bis Oktober
Blütenfarbe: hell- bis dunkelrosa, weiß
Höhe: 30–120 cm
Wuchs: aufrecht buschig; dreiteilige, leicht behaarte, mattgrüne Blätter
Standort: halbschattig, notfalls noch lichtärmer oder auch hell ohne pralle Sonne; humoser, nährstoffreicher, frischer bis feuchter Boden
Verwendung: einzeln oder in kleinen Gruppen am Gehölzrand, in halbschattigen Beeten oder naturnahen Bereichen; gute Schnittstaude
Pflanzabstand: 30–40 cm
Achtung: Alle Pflanzenteile enthalten Giftstoffe, die vor allem Haut- und Schleimhautreizungen hervorrufen können.

Akelei *(Aquilegia)*

Zweifarbige Sorten der Gewöhnlichen Akelei bieten ein herrliches Blütenschauspiel

An dieser rosa blühenden Akelei sind die langen Blütensporne gut zu erkennen

Von den europäischen Arten dieser hübschen Hahnenfußgewächse *(Ranunculaceae)* wird vor allem die Gewöhnliche Akelei *(Aquilegia vulgaris)* gärtnerisch kultiviert, des Weiteren die alpinen Vertreter Alpenakelei *(A. alpina)* und Schwarzviolette Akelei *(A. atrata)*. Große Bedeutung hat außerdem die nordamerikanische Rocky-Mountains-Akelei *(A. caerulea)* in vielen Sorten. Gelegentlich werden noch weitere Arten angeboten. Charakteristisch sind die glocken- bis sternförmigen Blüten mit gespornten Kronblättern. Akeleien sind recht kurzlebig, sorgen aber meist durch Selbstaussaat für ihren Fortbestand im Garten.

Arten und Sorten:

- Die Gewöhnliche Akelei gibt es als blauviolett blühende Wildform sowie in Sorten mit blauen, violetten, weinroten, rosa, weißen oder mehrfarbigen Blüten, die auch gefüllt sein können.
- Die Alpenakelei blüht blau, manchmal mit weißen Kronblättern; die Schwarzviolette Akelei trägt ihre Blütenfarbe im Namen.
- Die zahlreichen Züchtungen der Rocky-Mountains-Akelei werden oft als *A.-caerulea*-Hybriden gehandelt. Sie haben große, oft zweifarbige Blüten, mit besonders auffälligem Sporn. Zu den bei den anderen Akeleien genannten Farben kommen hier teils auch Gelb- und leuchtende Rottöne.
- *A. flabellata* stammt aus Ostasien und wird nur 10–30 cm hoch. Sie trägt purpurblaue Blüten mit weißlichen Spitzen; 'Nana Alba' blüht weiß.
- Die in Nordamerika heimische, rund 80 cm hohe Goldakelei *(A. chrysantha)* bringt im Hochsommer große, gelbe Blüten hervor.

Pflanzen: Die beste Pflanzzeit ist der Herbst.

Pflegen: Bei anhaltender Trockenheit gießen. Gelegentlich etwas Kompost geben. Manchmal muss die Verbreitung durch Entfernen selbst ausgesäter Pflänzchen eingedämmt werden.

☼ – ◐ ❀

Blütezeit: Mai bis Juni, Goldakelei Juni bis August
Blütenfarbe: blau, violett, rosa, rot, gelb oder weiß, auch zweifarbig
Höhe: meist 40–70 cm
Wuchs: aufrechte, breite lockere Horste; gelappte, satt- bis blaugrüne Blätter in bodenständiger Rosette
Standort: vorzugsweise halbschattig, nicht in praller Sonne; durchlässiger, humoser, nährstoffreicher, mäßig trockener Boden
Verwendung: einzeln oder in kleinen Gruppen in Beeten und Rabatten, am Gehölzrand, in naturnahen Pflanzungen; haltbare Schnittstaude
Pflanzabstand: 20–30 cm
Achtung: Der Kontakt mit den Blättern kann bei dafür empfindlichen Menschen zu Hautreizungen führen.

Schädlinge, Krankheiten: Blattläuse, Minierfliegen; Echter Mehltau.

Vermehren: Durch Aussaat nach der Samenreife oder im Frühjahr in Schalen oder Töpfe. Die Samen brauchen eine Kälteperiode, um die Keimhemmung zu durchbrechen. Arten aus Bergregionen keimen oft erst im zweiten Jahr. Eine Teilung ist aufgrund der langen Pfahlwurzeln schwierig und sollte, wenn überhaupt, nur bei wüchsigen, älteren Horsten im Frühjahr durchgeführt werden.

Gute Partner: Akeleien lassen sich gut mit Goldlack, Purpurglöckchen, Storchschnabel, Funkien und Farnen kombinieren.

Herbstblühende Astern *(Aster)*

Die große Gattung der Astern, nach der die Familie der *Asteraceae* (Korbblütengewächse) benannt wurde, umfasst auch schmucke Frühlings- und Sommerblüher, die vor allem im Steingarten eine Rolle spielen. Größte Bedeutung haben jedoch die herbstblühenden Arten, die mit ihren margeritenähnlichen Blütenkörben teils bis in den November hinein für Farbe im Garten sorgen. Sie stammen überwiegend aus Nordamerika.

Raublattastern bilden stattliche, buschige, sehr reich blühende Horste

Arten und Sorten:

- Die Raublattaster *(Aster novae-angliae)* wird 80–150 cm hoch und bis etwa 60 cm breit. Sie besitzt behaarte Blätter und Triebe, an deren Enden große Schirmrispen mit zahlreichen, je nach Sorte weißen, blauen, rosa, roten oder violetten, einfachen oder gefüllten Blütenkörbchen stehen.
- Die Glattblattaster *(A. novae-belgii)* wächst ebenso hoch, mit bis zu 90 cm Durchmesser aber noch stattlicher. Das Sortenangebot zeigt in etwa dasselbe Farbspektrum wie den Raublattastern.
- Die polster- bis teppichartig wachsende Kissenaster *(A. dumosus)* ist mit nur 20–40 cm Höhe und bis 30 cm Breite ideal für den Beetvordergrund. Auch ihre Sorten können mit allen genannten Farbtönen aufwarten.
- Die 90–120 cm hohe Myrtenaster *(A. ericoides)* übersät sich mit kleinen weißen bis zartrosa Blütenköpfchen.

Erkundigen Sie sich beim Kauf nach der Anfälligkeit gegen Mehltau und andere Krankheiten; hier gibt es deutliche Sortenunterschiede.

Pflanzen: Im Spätherbst oder Frühjahr.

Pflegen: Vor allem die hohen Arten brauchen im Sommer während der Wachstumsperiode ausreichend Feuchtigkeit und sollten zudem gestützt werden. Im Frühjahr Kompost oder organischen Volldünger geben, bei Bedarf zum Blühbeginn nachdüngen. Nach der Blüte schneidet man die Triebe auf etwa 10–15 cm zurück und gibt eine Mulchschicht über die Pflanze. Wer mag, lässt die abgeblühten Samenstände bis zum Frühjahr stehen, da sie bei Raureif oder im Herbstnebel sehr attraktiv wirken.

Schädlinge, Krankheiten: Blattälchen, Blattläuse, Schnecken; Echter Mehltau, Grauschimmel, pilzliche Blattflecken- und Welkekrankheiten.

Vermehren: Am einfachsten durch Teilung im Frühjahr oder Spätherbst. Manche Arten auch durch Aussaat oder Stecklinge im Frühjahr.

Gute Partner: Herbstastern passen gut zu Herbstchrysanthemen, Sonnenhut, Dahlien und Ziergräsern wie Chinaschilf oder Federgras.

Blütezeit: September bis Oktober/November
Blütenfarbe: weiß, rot, rosa, violett oder blau
Höhe: 20–150 cm
Wuchs: breite, buschige Horste, Kissenastern polsterartig; lanzettliche, grüne Blätter, bei der Myrtenaster sehr schmal
Standort: sonnig; durchlässiger, humoser, nährstoffreicher, frischer Boden
Verwendung: einzeln oder in kleinen Gruppen in Beeten und Rabatten, in naturnahen Pflanzungen, Kissenastern auch in Pflanzgefäßen; haltbare Schnittstauden
Pflanzabstand: je nach Art 30–90 cm

Prachtspiere *(Astilbe)*

Gartenastilben zählen zu den attraktivsten Zierden für schattige Gartenplätze

Astilben oder Prachtspieren gehören zur Familie der Steinbrechgewächse *(Saxifragaceae)* und stammen hauptsächlich aus Ostasien, wo sie in feuchten Wäldern oder schattigen Gebirgsschluchten wachsen. Sie werden wegen des attraktiven gefiederten Laubs und der federartig anmutenden Blütenstände an schattigen Stellen im Garten gepflanzt. Die Blütenstände bleiben den ganzen Winter attraktiv und verzaubern an kalten Morgen, mit Raureif überzogen, den Garten.

Arten und Sorten: Von allen nachfolgend genannten Arten gibt es verschiedene Sorten, die sich nicht nur in der Blütenfarbe unterscheiden, sondern teils auch etwas früher oder später blühen.

- Garten- oder Arends-Astilben *(Astilbe x arendsii)* wachsen 60–120 cm hoch und werden in etlichen Sorten angeboten, z. B. 'Brautschleier' (reinweiße Blüten), 'Cattleya' (lilarosa) und 'Fanal' (tiefrot).
- Thunberg-Astilben *(A. thunbergii)* wachsen 90–120 cm hoch und oft breit ausladend, mit überhängenden Blütenrispen.
- Die 80–110 cm hohen Sorten der Hohen Kerzenspiere *(A. chinensis* var. *taquetii),* wie z. B. 'Purpurlanze' (purpurrot), haben lange Blütenstände und tolerieren etwas mehr Trockenheit und Sonne als andere Astilben.
- Japanische Prachtspieren *(A. japonica)* werden 50–70 cm hoch und blühen bereits im Juni und Juli.
- Die Sorten der Kleinen oder Einfachblättrigen Astilbe *(A. simplicifolia)* wachsen 30–50 cm hoch und haben leicht überhängende Blütenrispen.
- Nur 10–30 cm Höhe erreichen die kissenartig wachsenden Zwergastilben *A. glaberrima* und *A. chinensis* var. *pumila,* die kriechende Ausläufer bildet.

Pflanzen: Die beste Pflanzzeit ist das zeitige Frühjahr oder auch der späte Herbst.

Pflegen: Bei Trockenheit regelmäßig und kräftig gießen. Im Herbst oder Frühjahr mit Kompost versorgen. Junge Pflanzen in kalten Wintern mit Laub oder Fichtenreisig schützen. Erst im Frühjahr die vorjährigen Triebe und Fruchtstiele zwischen den Neutrieben herausschneiden. Am besten alle 3 bis 4 Jahre teilen und umpflanzen.

Schädlinge, Krankheiten: Echter Mehltau, pilzliche Blattflecken.

Vermehren: Durch Teilung im Frühjahr oder Spätherbst. Für die verholzenden Wurzeln brauchen Sie ein kräftiges Messer. Verwenden Sie nur Teilstücke mit jüngeren Wurzeln und mindestens einer Triebknospe, und setzen Sie diese gleich wieder ein.

Gute Partner: Passende Nachbarn und Begleiter sind Eisenhut, Elfenblumen, Funkien, Glockenblumen, Silberkerzen *(Cimicifuga)* und Waldgeißbart *(Aruncus dioicus).*

Blütezeit: je nach Art und Sorte Juni bis September
Blütenfarbe: weiß, cremefarben, rosa, rot
Höhe: 20–120 cm
Wuchs: aufrechte, breite Horste; attraktive gefiederte, tiefgrüne Blätter
Standort: vorzugsweise halbschattig oder im lichten Gehölzschatten, auch schattig möglich; an recht sonnigen Plätzen hoher Wasserbedarf; humoser, nährstoffreicher, frischer bis feuchter, möglichst kalkarmer Boden
Verwendung: einzeln oder in kleinen Gruppen in halbschattigen Beeten und Rabatten, am Gehölzrand, im Teichumfeld oder anderen naturnahen Bereichen; Zwergastilben auch in Pflanzgefäßen, haltbare Schnittstaude
Pflanzabstand: je nach Wuchshöhe 20–50 cm

Bergenie *(Bergenia cordifolia)*

Blattschmuck und Blütenzierde – die robuste Bergenie ist ein Allround-Talent

Blütezeit: April/Mai bis Juni
Blütenfarbe: Rosa- und Rottöne, lila, weiß
Höhe: 30–45 cm
Wuchs: breit kriechend; eiförmige bis ovale, ledrige Blätter, meist immergrün und mit rötlicher oder bronzefarbener Herbstfärbung
Standort: bevorzugt halbschattig, im Schatten schwächere Blüte; geringe Bodenansprüche, doch am besten humos und frisch
Verwendung: einzeln oder in kleinen Gruppen in halbschattigen Beeten und Rabatten, am feuchten Fuß von Trockenmauern, am Gehölzrand, im Teichumfeld; niedrige Sorten auch in Pflanzgefäßen
Pflanzabstand: 30–50 cm

Dieses Steinbrechgewächs *(Saxifragaceae)*, das aus dem Altai-Gebirge in Kasachstan und der Mongolei stammt, nimmt mit fast jedem Standort vorlieb und ist nahezu unverwüstlich. Bergenien zieren den Garten nicht nur mit ansehnlichen Frühsommerblüten, sondern auch mit ihren meist immergrünen, großen, ledrigen Blättern, die im Winter oft rötlich oder bronzefarben überlaufen sind.

Arten und Sorten: Von *Bergenia cordifolia* sind zahlreiche Sorten und Hybriden im Handel, etwa 'Abendglocken' (violettrot blühend), 'Morgenröte' (leuchtend rosa, oft mit Nachblüte im Herbst) und 'Silberlicht' (weiß, mit rosagräulichem Auge). Gelegentlich findet sich auch die recht ähnliche, aus Westchina kommende *B. purpurascens.* Sie blüht purpurrot und hat etwas höhere Ansprüche an die Bodenfeuchtigkeit als *B. cordifolia.*

Pflanzen: Bergenien werden am besten im Spätherbst oder Frühjahr gepflanzt. Aufgrund des immergrünen Laubs ist ein ausreichendes Angießen nach der Pflanzung, vor allem in Trockenperioden, besonders wichtig.

Pflegen: Bei anhaltender Trockenheit gießen. Eine im Herbst aufgetragene Mulchschicht aus Lauberde oder Kompost schützt das dicke Rhizom vor Frösten und liefert zugleich ausreichend Nährstoffe. Im Frühjahr die welken Blätter entfernen, ansonsten ungestört wachsen lassen.

Schädlinge, Krankheiten: Recht selten Blattälchen (Nematoden) oder Dickmaulrüssler, etwas öfter Schnecken; bei Staunässe kann es unter Umständen zu Wurzelfäule kommen.

Vermehren: Durch Teilung nach der Blüte oder im Spätherbst. Zertrennen Sie die Wurzelstöcke nach dem Ausgraben, verwenden Sie genügend große Teilstücke aus dem jüngeren Rhizombereich, und pflanzen Sie diese gleich wieder ein. Bergenien lassen sich außerdem durch Aussaat im Frühjahr vermehren (Lichtkeimer, keinesfalls abdecken); Sorten fallen aber nicht immer rein aus.

Gute Partner: An schattigen Standorten lassen sich Bergenien gut mit Astilben, Silberkerze *(Cimicifuga),* Farnen oder Schattengräsern kombinieren, ansonsten passen sie z. B. auch zu Rosen, Frauenmantel, hohen Glockenblumen und Storchschnabel.

Besenheide *(Calluna vulgaris)*

Zwar wächst die Besenheide als verholzender Zwergstrauch, sie wird im Garten aber eher wie eine Staude verwendet und deshalb oft dieser Gruppe zugerechnet. Sie gehört ebenso wie Schneeheide *(Erica carnea)* und Rhododendren zur Familie der Heidekrautgewächse *(Ericaceae)*. Die Besenheide wächst in vielen Regionen Europas wild. Als charakteristische Pflanze der Heideflora kommt sie mit kargen, sauren Sand- und Moorböden zurecht. Aus der ursprünglichen Art sind durch Züchtung Hunderte von Sorten entstanden, und jährlich kommen neue hinzu. Dabei werden oft spät blühende Varianten bevorzugt, sodass die auch als Sommerheide bekannte Pflanze immer mehr zur Herbstheide wird.

Blütezeit: je nach Sorte zwischen Juli und Oktober/November, Knospenblüher bis Dezember
Blütenfarbe: weiß, rosa, karminrot, lila
Höhe: 20–60 cm, selten auch höher
Wuchs: kompakt aufrecht, buschig; immergrüne, nadelartige Blätter in verschiedenen Farben
Standort: sonnig bis halbschattig; humoser bis sandiger, mäßig trockener bis frischer, saurer Boden
Verwendung: in Gruppen im Heide- und Steingarten, als Einfassung von Beeten und Rabatten, am Gehölzrand, in Töpfen und Kästen
Pflanzabstand: je nach Wuchshöhe 15–30 cm

Arten und Sorten: Die zahlreichen Sorten unterscheiden sich im Wuchs, in der Länge der Blütenrispen und natürlich in der Blütenfarbe, die von Reinweiß über Rosatöne bis hin zu dunklem Karminrot reicht. Dazu kommen teils auch besondere Blattfarben, etwa gelb, orange oder silbrig grün. Frühe Sorten blühen von Juli/August bis September, spätere ab September bis Oktober/November. Noch länger, bis in den Winter hinein, währt die Zierde bei den so genannten Knospenblühern, bei denen sich die Knospen nicht öffnen. Die Blütenfarbe kommt hier von den robusten, wetterfesten Kelchblättern, die die Knospen umhüllen. Viele dieser Sorten sind im Handel unter dem Namen 'Gardengirls' erhältlich.

Pflanzen: Im Frühjahr oder Frühherbst; bereits blühende Jungpflanzen so schnell wie möglich einpflanzen.

Pflegen: Da die Besenheide von Natur aus an karge Bedingungen angepasst ist, braucht sie nicht gedüngt zu werden. Gießen ist nur bei längerer Trockenheit nötig. Im März/April die Triebe auf die Hälfte zurückschneiden.

Schädlinge, Krankheiten: Bei warmem, feuchten Wetter oder dauernassem Boden können Pilzkrankheiten wie Grauschimmel, Rost oder Wurzelfäule zum Problem werden.

Vermehren: Im Hochsommer können Sie die Spitzen halb verholzter Triebe als Kopfstecklinge schneiden und eintopfen; nach Wurzelbildung bis zur Pflanzung im nächsten Frühjahr hell und kühl weiter kultivieren. Die Besenheide lässt sich auch im Frühjahr durch Absenker vermehren. Eine Teilung ist nicht ratsam.

Gute Partner: Für heideartige Gestaltungen eignen sich Partner wie winterblühende Schneeheide, Zwergwacholder und -kiefern, Ziergräser, Ginster und kleine Rhododendron-Arten.

Besenheiden wirken in Kombination verschiedener Farben besonders schön

Hinweis: Oft werden im Herbst Pflanzen in knallig bunten Farben – Blau, Pink, Gelb, Gold oder Silber – angeboten. Dies ist keine natürliche Tönung, sondern ein Resultat künstlicher Farbstoffe. Ein langes Leben ist derart malträtierten Pflanzen nicht vergönnt.

Glockenblume *(Campanula)*

Glockenblumen bilden eine eigene Familie, die Glockenblumengewächse *(Campanulaceae).* Sie sind weltweit in der nördlichen Hemisphäre verbreitet und wachsen in Wiesen, Wäldern, Sümpfen und Felsspalten. Als Stauden werden bei uns rund 30 Arten angeboten, allerdings viele davon eher als Raritäten. Mit ihren vielfältigen Wuchsformen – von straff aufrecht über buschig oder polsterförmig bis kriechend oder hängend – lassen sich Glockenblumen in jeder Gartensituation einsetzen.

Arten und Sorten: Das breite Spektrum lässt sich unterteilen in hohe (80–150 cm), mittelhohe (40–80 cm) und niedrige, nur 10–30 cm hohe *Campanula*-Arten. Von vielen gibt es Sorten in verschiedenen Blütenfarben.

- Attraktive hohe Arten sind z. B. die großblütige Waldglockenblume *(C. latifolia* var. *macrantha*) und die Riesenglockenblume *(C. lactiflora)* mit kleinen Blüten in stattlichen Dolden.
- Unter den mittelhohen zählt die Pfirsichblättrige Glockenblume *(C. persicifolia)* mit ihren großen Glockenblüten zu den schönsten, ebenso die Knäuelglockenblume *(C. glomerata)* mit dichten Blütenbüscheln. Von ihr gibt es auch niedrige Sorten.
- Beliebte niedrige Arten sind die kompakt polsterförmige Karpatenglockenblume *(C. carpatica)* und die rasenartig wachsende Zwergglockenblume *(C. cochleariifolia),* beide mit Glockenblüten. Hübsche sternförmige Blüten zeigen dagegen die polsterförmige Dalmatinerglockenblume *(C. portenschlagiana)* sowie die teppichbildende, kriechend wachsende Hängepolsterglockenblume *(C. poscharskyana).*

Bei der Hängepolsterglockenblume wirken die Blüten wie kleine Sterne

Pflanzen: Glockenblumen wachsen bei Frühjahrspflanzung am besten an. Bleibt zunächst die Blüte aus, ist das kein Anlass zur Sorge, da viele Arten erst im zweiten Jahr blühen.

Pflegen: Bei Trockenheit gießen. Alle paar Jahre etwas Kompost geben. Hohe Arten stützen. Nach der Blüte zurückschneiden, wenn keine Selbstaussaat gewünscht wird. Sich stark durch Samen oder Ausläufer ausbreitende Arten, wenn nötig, eindämmen.

Schädlinge, Krankheiten: Schnecken; Rostpilze.

Vermehren: Durch Teilung im Frühjahr oder Spätsommer nach der Blüte; Teilstücke gleich wieder einsetzen. Reine Arten und manche Sorten können zudem durch Aussaat vermehrt werden, am besten gleich nach der Samenreife im Frühbeet oder direkt im Beet.

Gute Partner: Glockenblumen sind ideale Nachbarn z. B. für Rittersporn, Katzenminze, Akelei und verschiedene Storchschnabelarten, im Halbschatten für Astilben und Funkien.

Die 40–60 cm hohe Knäuelglockenblume trägt ihre Blüten in dichten Büscheln

Blütezeit: Juni bis August
Blütenfarbe: blau, violett, rosa, weiß
Höhe: 10–150 cm
Wuchs: aufrecht horstartig, polsterförmig oder kriechend bis hängend; eiförmig zugespitzte, frischgrüne Blätter
Standort: je nach Art eher sonnig oder halbschattig; durchlässiger, humoser, nährstoffreicher, frischer Boden, vorzugsweise kalkhaltig
Verwendung: in kleinen Gruppen in Beeten und Rabatten, im Steingarten, am Gehölzrand; niedrige Arten in Pflanzgefäßen, höhere als Schnittstauden
Pflanzabstand: je nach Wuchshöhe 10–60 cm

Herbstchrysantheme *(Chrysanthemum-indicum*-Hybriden*)*

Dicht gefüllte Blüten sind das Markenzeichen vieler Chrysanthemensorten

Diese auch als Gartenchrysanthemen oder Winterastern bekannten Schönheiten gehören zu den Korbblütengewächsen *(Asteraceae)*. Sie stammen ursprünglich aus China und Japan und werden seit dem 15. Jahrhundert kultiviert. Durch Kreuzung verschiedener Arten und Züchtung sind Tausende von Sorten entstanden. Als botanische Bezeichnungen finden Sie auch *Chrysanthemum* x *hortorum, Chrysanthemum-indicum*-Hybriden oder *Dendranthema* x *grandiflorum,* denn die schwer zu klassifizierende Sortenfülle wurde mehrmals umbenannt und verschieden unterteilt. Meist sieht man diese farbenfrohen Herbstblüher nur als Kübel- oder Balkonpflanzen, viele Sorten sind aber winterhart und können im Garten ausgepflanzt werden.

Arten und Sorten: Das Sortenangebot ist nicht nur gewaltig, es wechselt auch häufig. Die Blütenform variiert von einfach bis gefüllt, es gibt ballförmige Blütenkörbe mit gekräuselten, zurückgebogenen oder eingedrehten Blütenblättern bzw. Zungenblüten. Die Farbpalette reicht von Weiß über Gelb und Orange bis Rot, Rosa, Violett und Braun. Achten Sie bei der Auswahl aber auch auf die Winterhärte, die unterschiedlichen Wuchshöhen und Blütezeiten, die je nach Sorte ab August beginnen oder bis in den November oder gar Dezember hineinreichen können. Bei geschickter Kombination verschiedener Sorten kann ein Chrysanthemenbeet mehrere Monate durchblühen.

Pflanzen: Vorzugsweise im Frühjahr. Vor allem für Töpfe und Kübel werden auch ab August knospende oder blühende Jungpflanzen angeboten, die draußen aber oft die ersten stärkeren Fröste nicht überleben.

Pflegen: Bei Trockenheit kräftig gießen, aber Staunässe unbedingt vermeiden. Im Frühjahr Kompost oder organischen Dünger geben, bei Bedarf spätestens im Juli nachdüngen; zu starke Stickstoffdüngung führt zu „mastigem", weichem Wuchs und schlechtem Blütenansatz. Regelmäßig welke Blüten ausputzen und hohe Sorten stützen. Über Winter die Pflanzenbasis mit Fichtenreisig abdecken; erst im Frühjahr zurückschneiden.

Kaum eine andere Pflanze kann noch im Spätjahr solch intensive Farben bieten

Blütezeit: je nach Sorte zwischen August und November
Blütenfarbe: alle Farben außer Blau
Höhe: 40–120 cm
Wuchs: buschig aufrecht oder breit kugelig, reich verzweigt; dunkel- bis graugrüne, tief eingeschnittene Blätter, oft aromatisch duftend
Standort: sonnig, etwas geschützt; gut durchlässiger, humoser, nährstoffreicher, nicht zu trockener Boden
Verwendung: einzeln oder in Gruppen in Beeten und Rabatten, vor Mauern, niedrige Sorten in Pflanzgefäßen; haltbare Schnittstaude
Pflanzabstand: 30–50 cm

Schädlinge, Krankheiten: Blattälchen, Blattläuse, Minierfliegen, Spinnmilben, Weiße Fliegen; Echter Mehltau, Grauschimmel, Pilzfäulen.

Vermehren: Durch Teilung im Frühjahr vor dem Blattaustrieb oder durch im Frühjahr oder Frühsommer geschnittene Kopfstecklinge.

Gute Partner: Chrysanthemen wirken schon in Kombination unterschiedlicher Sorten sehr attraktiv. Sie lassen sich aber auch mit Herbstastern, Besenheide, Ziergräsern, Efeu und kleinen Koniferen zusammen setzen.

Mädchenauge *(Coreopsis grandiflora)*

Diese Korbblütengewächse *(Asteraceae)* sind in Nord- und Zentralamerika bis nach Mexiko verbreitet und wachsen dort in Graslandschaften und Wäldern. Ihre margeritenähnlichen gelben Blütenkörbe sind nicht nur in sommerlichen Beeten attraktiv, sondern halten auch in der Vase lange.

Arten und Sorten:

- Das Großblumige Mädchenauge *(Coreopsis grandiflora)* wird 60–90 cm hoch. Die Blüten sind goldgelb und bei manchen Sorten, z. B. 'Early Sunrise', halb gefüllt. Die einfachen oder gefiederten Blätter werden bis 10 cm lang.
- Das Lanzettblättrige Mädchenauge *(C. lanceolata)* bleibt etwas kleiner und hat ebenfalls goldgelbe Blüten, bei den Sorten 'Rotkehlchen' und 'Sterntaler' mit einem braunroten Ring in der Mitte.
- Sehr stattlich und imposant präsentiert sich das ausläuferbildende Hohe Mädchenauge *(C. tripteris)*, mit bis zu 180 cm Wuchshöhe, straff aufrechten Horsten und großen hellgelben Blüten mit dunklem Auge.
- Anders als bei den vorgenannten Arten sind die Blätter beim Quirlblättrigen Mädchenauge *(C. verticillata)* kurz und nadelartig. Die sonnengelben Blüten leuchten im Beet wie kleine Sterne. Die Sorte 'Grandiflora' hat große, reingelbe Blüten, bildet Ausläufer und wird etwa 60 cm hoch. Die bis 40 cm hohe 'Moonbeam' blüht hell zitronengelb, die nur 25 cm hohe 'Zagreb' goldgelb.
- Eine Besonderheit ist das rosa blühende *C. rosea,* meist in der Sorte 'American Dream' im Handel. Dieses Mädchenauge wird 30–40 cm hoch und besitzt sehr schmale, linealische Blätter.

Pflanzen: Im Herbst oder Frühjahr.

Pflegen: Bei anhaltender Trockenheit gießen. Im Frühjahr mit Kompost versorgen. Hohe Sorten stützen. Am besten gleich nach der Blüte bodennah zurückschneiden.

Schädlinge, Krankheiten: Selten, gelegentlich Schnecken oder Blattälchen (Nematoden).

Vermehren: Im Frühjahr durch Teilung, Stecklinge oder Aussaat (nicht bei allen Sorten möglich). Die Samen kann man direkt ins Beet säen oder in Saatschalen anziehen.

Gute Partner: Mit seinen leuchtend gelben Blüten passt das Mädchenauge sehr schön zu Rittersporn, Sommersalbei, roten Schafgarben und Margeriten. Im Kübel wirken Kombinationen mit Schmucklilie *(Agapanthus)* attraktiv.

Hinweis: Das recht kurzlebige Große Mädchenauge sollte alle 2 bis 3 Jahre geteilt und neu verpflanzt werden.

Bei der Sorte 'Sterntaler' umkränzt ein braunroter Ring die Blütenmitte

Blütezeit: Juni bis September
Blütenfarbe: verschiedene Gelbtöne, rosa, auch zweifarbig
Höhe: 25–180 cm
Wuchs: aufrechte, lockere Horste, teils ausläuferbildend; lanzettliche bis linealische, einfache oder gefiederte, hell- bis sattgrüne Blätter
Standort: sonnig, auch vollsonnig; durchlässiger, humoser, gern etwas sandiger, nicht zu trockener Boden
Verwendung: in kleinen oder großen Gruppen in Beeten und Rabatten, auch in Kübeln; haltbare Schnittstaude
Pflanzabstand: 30–40 cm, Hohes Mädchenauge etwa 100 cm

Rittersporn *(Delphinium-Hybriden)*

Ihren Namen verdanken die fast weltweit verbreiteten Rittersporne den oft helmartig geformten Blüten mit einem Sporn am obersten Blütenblatt. Von diesen Hahnenfußgewächsen *(Ranunculaceae)* gibt es ein-, zwei- und mehrjährige Arten, wobei im Garten zur Hauptsache ausdauernd wachsende Hybriden Verwendung finden.

Arten und Sorten: Die zahlreichen Sorten werden in drei Gruppen unterteilt:

- Die *Belladonna*-Hybriden wachsen bis 120 cm hoch und etwa 45 cm breit. Sie bilden aufrechte, verzweigte, locker aufgebaute Blütenstände mit bis 2 cm großen Blüten.
- Die *Elatum*-Hybriden besitzen kräftigere Triebe und fleischigere Blätter. Sie lassen sich in niedrige (bis 150 cm), in mittlere (bis 170 cm) und in hohe (bis 200 cm) Rittersporne unterteilen. Die bis 6 cm großen Blüten stehen dicht in kerzenartigen Trauben beisammen und zeigen meist ein auffälliges weißes oder dunkles Auge in der Blütenmitte.
- Ähnlich präsentieren sich die *Pacific*-Hybriden, die bis 180 cm hoch werden und bis zu 7 cm große Blüten tragen. Hier finden sich auch einige Sorten mit rosa oder dunkelvioletten Blüten. Vertreter dieser Gruppe sind recht kurzlebig und müssen immer wieder neu aus Samen angezogen werden.

Pflanzen: Am besten im Herbst, aber auch im Frühjahr bis etwa Anfang Mai.

Pflegen: Bei Trockenheit gründlich gießen. Im Frühjahr vor dem Austrieb Kompost oder Volldünger geben. Hohe Sorten frühzeitig stützen. Nach der ersten Blühphase im Sommer bis auf eine Handbreit über dem Boden zurückschneiden und nochmals düngen, um eine Nachblüte zu erhalten. Danach im Herbst nochmals zurückschneiden.

Schädlinge, Krankheiten: Schnecken (Fraß am jungen Austrieb), Minierfliegen; Echter Mehltau, dunkle Blattflecken (Pilzkrankheit).

Vermehren: Durch Teilung im Herbst oder zeitigen Frühjahr, pflanzen Sie die Teilstücke gleich wieder ein. Im Frühjahr oder Frühsommer können Sie auch grundständige Stecklinge mitsamt einigen Wurzeln abtrennen und in Vermehrungserde topfen, um sie dann im Herbst auszupflanzen. *Pacific*- und viele *Belladonna*-Hybriden lassen sich zudem im Frühjahr aus Samen anziehen (bei 14–18 °C).

Gute Partner: Rittersporne sind wunderschöne Rosenbegleiter und wirken im Staudenbeet sehr attraktiv mit Lupinen, Pfingstrosen, Margeriten, Sonnenhut, Türkenmohn sowie Lilien.

Blütezeit: Juni bis Juli, Nachblüte August bis Oktober
Blütenfarbe: viele Blautöne, violett, weiß, rosa, auch zweifarbig
Höhe: 70–200 cm
Wuchs: straff aufrechte, breite Horste; handförmig gelappte, tiefgrüne Blätter
Standort: sonnig; durchlässiger, humoser, nährstoffreicher, frischer Boden
Verwendung: einzeln oder in Gruppen in Beeten und Rabatten, als Rosenbegleitpflanzen; haltbare Schnittstaude
Pflanzabstand: 50–70 cm
Achtung: Rittersporn ist in allen Teilen giftig; der Kontakt mit Blüten und Blättern kann zu Hautreizungen führen.

Rittersporne bilden eine wunderschöne Kulisse für etwas niedrigere Stauden

Roter Fingerhut *(Digitalis purpurea)*

Die Fingerhüte aus der Familie der Braunwurzgewächse *(Scrophulariaceae)* sind kurzlebige Stauden oder gar nur zweijährig, können sich aber an zusagenden Stellen durch Selbstaussaat etablieren. Dort beeindrucken sie als stattliche Gestalten mit großen Blattrosetten, aus deren Mitte sich die langen Blütentrauben hervorschieben. Die hauptsächlich kultivierten Arten sind bei uns heimisch, wilde Bestände stehen unter Naturschutz. Fingerhüte gehören zu den giftigsten Gartenpflanzen – wo kleine Kinder spielen, sind sie völlig fehl am Platz!

Blütezeit: Juni bis Juli/August
Blütenfarbe: rosa, purpurrosa, weiß, gelb
Höhe: 50–200 cm
Wuchs: straff aufrechte Blütenkerzen aus breiten Blattrosetten; große, lanzettliche oder verkehrt eiförmige, tiefgrüne Blätter
Standort: vorzugsweise halbschattig, in der Sonne häufiger gießen; durchlässiger, humoser, nährstoffreicher, frischer Boden
Verwendung: einzeln oder in kleinen Gruppen in Beeten und Rabatten, am Gehölzrand, in naturnahen Bereichen; haltbare Schnittstaude
Pflanzabstand: 40–50 cm
Achtung: Alle Pflanzenteile, besonders die Blätter, sind sehr giftig. Der Kontakt mit Blüten und Blättern kann zudem zu Hautreizungen führen.

Arten und Sorten:

- Am bekanntesten ist der Rote Fingerhut *(Digitalis purpurea)*, mit einer Höhe von bis zu 200 cm einer der größten Vertreter. Die Blüten sind meist rosa oder purpurrosa, es gibt aber auch eine weiß blühende Sorte ('Alba'). Besondere Züchtungen sind die 'Excelsior'-Hybriden, die mit gelben, weißen, purpurnen oder rosa Blüten aufwarten und sich hervorragend für den Vasenschnitt eignen.
- Der Großblütige Fingerhut *(D. grandiflora)* wächst 50–100 cm hoch und zeigt große, cremegelbe Blüten.
- Der Gelbe Fingerhut *(D. lutea)* hat kräftiger gelb gefärbte Blüten und bleibt mit etwa 60 cm noch etwas kleiner. Er gedeiht am besten auf kalkhaltigen Böden.

Pflanzen: Im späten Frühjahr, wenn keine starken Fröste mehr drohen.

Pflegen: Bei anhaltender Trockenheit sind Fingerhüte für eine Wassergabe dankbar, ansonsten brauchen sie kaum Pflege. Das Abschneiden der Blütenstände gleich nach der Blüte kann die Lebensdauer der Pflanzen verlängern und verhindert die Ausbreitung durch Samen. Allerdings ist es oft günstiger, ein paar Stiele stehen zu lassen, um so eine „kontrollierte" Selbstaussaat zu ermöglichen.

Schädlinge, Krankheiten: Echter Mehltau, pilzliche Blattflecken, auf nassen Böden Wurzelfäule.

Vermehren: Durch Anzucht im Frühjahr bei 15–18 °C und späteres Verpflanzen oder Aussaat ab April direkt ins Freie, mit nachfolgendem Ausdünnen der Pflänzchen. Die meisten Arten und Sorten sind Lichtkeimer, ihre Samen dürfen nicht abgedeckt werden; achten Sie auf die Angaben auf der Samentüte. Später reicht es dann oft, die durch Selbstaussaat um die Mutterpflanze herum aufgegangenen Sämlinge zu vereinzeln bzw. zu verpflanzen.

Fingerhüte verbreiten sich an geeigneten Plätzen gern durch Selbstaussaat

Gute Partner: Passende Nachbarn sind Akeleien, Funkien, Glockenblumen, Silberkerzen *(Cimicifuga)*, Storchschnabelarten, Farne und Ziergräser.

Gämswurz *(Doronicum orientale)*

Die großen, gelben Blütenkörbe der Gämswurz erinnern an Margeriten

Blütezeit: April bis Mai
Blütenfarbe: gelb, goldgelb
Höhe: 30–60 cm
Wuchs: aufrechte, breite Horste; herzförmige, gekerbte, sattgrüne Blätter
Standort: vorzugsweise halbschattig, möglichst keine pralle Sonne; durchlässiger, humoser, nährstoffreicher, frischer Boden
Verwendung: in Gruppen in halbschattigen Beeten und Rabatten, am Gehölzrand, im Teichumfeld oder anderen naturnahen Bereichen; auch als Schnittblume
Pflanzabstand: 20–40 cm

Dieses breit buschige Korbblütengewächs *(Asteraceae)* sorgt schon im Frühjahr für leuchtende gelbe Farbkleckse im Garten. Ursprünglich im Kaukasus, in Kleinasien und Südosteuropa beheimatet, zählt die Gämswurz schon lange zu den bewährten Bauerngartenstauden. Die Gämswurz gehört zu den unkomplizierten Vertretern im Staudenbeet und verwildert an zusagenden Standorten leicht.

Arten und Sorten: Die am häufigsten kultivierte Gämswurz, *Doronicum orientale,* wird meist in Sorten angeboten. Empfehlenswert sind z. B. die nur bis 35 cm hohe 'Little Leo (goldgelbe Blüten mit doppeltem Zungenblütenkranz) sowie die 40–60 cm hohen Sorten 'Finesse' (gelb), 'Frühlingspracht' (goldgelb, gefüllt) und 'Magnificum' (goldgelb). Gelegentlich finden Sie im Handel auch andere Arten, etwa die bis 80 cm hohe, von Mai bis Juni blühende Wegerich-Gämswurz *(D. plantagineum),* meist in der großblütigen Sorte 'Excelsum' (goldgelb).

Pflanzen: Am besten im Herbst, damit die Pflanze schon anwachsen kann, bevor sie in die Winterruhe geht. Eine Frühjahrspflanzung ist nicht empfehlenswert. Hat man blühende Exemplare im Container erworben, wartet man besser, bis sie abgeblüht sind, und pflanzt dann im Frühsommer.

Pflegen: Bei Trockenheit gießen; starkes Austrocknen wird ebenso wenig vertragen wie Staunässe. Im Frühjahr vor dem Austrieb etwas Kompost geben. Regelmäßiges Ausputzen welker Blüten verlängert die Blütezeit, verhindert aber den Samenansatz.

Schädlinge, Krankheiten: Schnecken; Echter Mehltau, Wurzelfäule bei Staunässe.

Vermehren: Am einfachsten durch Teilung nach der Blüte oder im Frühherbst. pflanzen Sie die Teilstücke nach dem Ausgraben und Zertrennen gleich wieder ein. Auch eine Aussaat ist möglich, im Frühjahr bei etwa 15 °C in Anzuchtschalen oder ab April direkt ins Beet.

Gute Partner: Die Gämswurz passt mit ihren gelben Blüten gut zu blauen Strahlenanemonen, roten Tulpen, weißen Narzissen sowie Hyazinthen und Traubenhyazinthen.

Elfenblume *(Epimedium)*

Die Elfenblumen, auch als Sockenblumen bekannt, sind krautige Vertreter der Sauerdorngewächse *(Berberidaceae)* und in rund 30 Arten vom Mittelmeergebiet bis nach Ostasien verbreitet. Die meist dreiteiligen Blätter mit herzförmigen Abschnitten sind häufig attraktiv marmoriert und gezeichnet. Viele Arten besitzen zudem ansprechende Blüten von zarter Schönheit. Elfenblumen haben sich als ideale Bodendecker für schattige und halbschattige Bereiche bewährt und kommen auch mit Wurzelkonkurrenz von Gehölzen gut zurecht.

Arten und Sorten:
- Die Großblumige Elfenblume *(Epimedium grandiflorum)* wächst breit polsterförmig. Ihre Blüten können weiß, gelb, rosa, violett oder gefärbt sein und werden bis 4,5 cm breit. Bei vielen Sorten sind die Blätter attraktiv gezeichnet.
- *E.* x *rubrum* besticht durch rötliche Blüten und rotbraun gemusterte Blätter.
- Zierlich und nur rund 20 cm hoch wächst *E.* x *youngianum.* Die Blüten sind weiß oder zartviolett, die Blätter bleiben über Winter grün.
- Die sonst angebotenen Elfenblumen sind meist ebenfalls wintergrün, verfärben ihre Blätter im Herbst oft rötlich, blühen überwiegend gelb und verbreiten sich häufig stark durch Ausläufer, so z. B. *E. pinnatum* subsp. *colchicum.*

Bei vielen Sorten der Elfenblume sind die Blätter rotbraun marmoriert

Pflanzen: Wenn im Herbst gepflanzt wird, muss die Elfenblume genügend Zeit zum Anwachsen vor den ersten Frösten haben. Weitaus besser ist daher eine Pflanzung im Frühjahr nach der Blüte.

Pflegen: In Trockenperioden regelmäßig gießen. Alte Blätter im späten Winter oder im Frühjahr, bevor sich die Blütenstände zeigen, abschneiden. Eine im Herbst ausgebrachte Mulchschicht aus Laub schützt vor Kahlfrösten und reicht oft auch schon zur Nährstoffversorgung, ebenso wie das Falllaub unter Bäumen. Andernfalls im Herbst mit etwas Kompost überstreuen.

Schädlinge, Krankheiten: Selten, gelegentlich Blattfraß (Kerben am Blattrand) durch Dickmaulrüssler.

Vermehren: Am einfachsten durch Teilung im Frühherbst oder im Spätfrühling nach der Blüte. Einzelne Rhizomstücke kann man auch über Winter in Töpfen mit Vermehrungserde unter Glas oder auf der Fensterbank bewurzeln lassen und im Frühjahr auspflanzen, wenn kein strenger Frost mehr droht.

Gute Partner: Elfenblumen wirken schön in Kombination mit Buschwindröschen, Günsel, Funkien, Kaukasusvergissmeinnicht *(Brunnera macrophylla)* sowie Ziergräsern und passen gut zu Rhododendren.

Epimedium x rubrum überrascht im späten Frühjahr mit anmutigen Blüten

Blütezeit: April bis Mai
Blütenfarbe: gelb, weiß, rosa, violett, purpurn, rot
Höhe: 15–40 cm, selten auch höher
Wuchs: breit buschig bis polsterförmig, teils ausläuferbildend; hell- bis dunkelgrüne Blätter mit herzförmigen Abschnitten, häufig rötlich bis kupferfarben gezeichnet
Standort: halbschattig bis schattig; durchlässiger, humoser, nährstoffreicher, frischer bis feuchter, leicht saurer Boden
Verwendung: in Gruppen in halbschattigen Beeten und Rabatten, am Gehölzrand, in naturnahen Bereichen, als Bodendecker
Pflanzabstand: 15–20 cm

Schneeheide *(Erica carnea)*

Schneeheiden bezaubern mit ihren dicht an dicht stehenden Blütenglöckchen

Selbst eine Schneedecke kann diese Winterblüher nicht bremsen

Über 700 Arten umfasst die Gattung Erica, nach der die Familie der Erika- oder Heidekrautgewächse *(Ericaceae)* benannt wurde. Allen gemein sind kleine, glockenartige Blüten und nadelartige Blättchen. Die in den Alpen wild wachsende Schnee- oder Winterheide ist die populärste Vertreterin und wird schon lange als winter- und frühjahrsblühende, immergrüne Gartenpflanze geschätzt. Wie die verwandte Besenheide (S. 120) wird sie häufig als Staude eingestuft, obwohl es sich um ein Zwerggehölz handelt. Die Schneeheide ist eins der wenigen Heidekrautgewächse, das auch kalkhaltige Böden toleriert.

Arten und Sorten: Von der Schneeheide *(Erica carnea)* gibt es etliche Sorten, deren Blütenfarbe von Weiß über Rosa und Rot bis hin zu Violett variiert. Manche wirken zudem durch bronzefarbene oder goldgelbe Blätter attraktiv. Beachten Sie bei der Auswahl und Zusammenstellung, dass die Blütenzeiten unterschiedlich sind. Oft schon ab November blüht z. B. 'Winter Beauty' (rosa); erst ab März, dann aber bis in den Mai hinein die bronzefarben belaubte 'Vivellii' mit violettroten Blüten.

Pflanzen: Am besten im Frühherbst; auch etwas später und bereits blühend möglich.

Pflegen: Bei anhaltender Trockenheit, gießen, auch im Winter. Alle paar Jahre etwas Kompost geben. Ein leichter Rückschnitt nach der Blüte sorgt für buschigen Wuchs und guten Blütenansatz im Folgejahr.

Schädlinge, Krankheiten: Echter Mehltau, Erikasterben (Welke durch Schadpilze, oft durch Staunässe und Überdüngung gefördert), Rostpilze.

Vermehren: Im Frühling kann man die Schneeheide durch Absenker vermehren, im Frühsommer auch durch halb verholzte Stecklinge, die sich in mit Sand vermischter Anzuchterde schnell bewurzeln.

Gute Partner: Schneeheiden wirken besonders attraktiv, wenn Sie Sorten mit verschiedenen Blütenfarben kombinieren. Gräser und kleinwüchsige Nadelgehölze lockern solche Heidepflanzungen auf.

Blütezeit: je nach Sorte zwischen November und Mai
Blütenfarbe: rosa, rot, violett, weiß
Höhe: 15–40 cm
Wuchs: aufrecht, breit buschig; nadelartige kleine Blätter, teils goldgelb oder bronzefarben
Standort: sonnig bis halbschattig; durchlässiger, humoser, frischer Boden, bevorzugt schwach sauer, auch kalkhaltig
Verwendung: in Gruppen, am besten flächig, in Heidebeeten, als Beeteinfassung, am Gehölzrand, auch in Töpfen und Kästen
Pflanzabstand: 20–30 cm

Storchschnabel *(Geranium)*

Wer charmante, robuste, recht lang blühende, gut kombinierbare Stauden für die verschiedensten Gartensituationen sucht, sollte unbedingt das umfangreiche Angebot an Storchschnabelarten und -sorten studieren. Mit ihren schnabelähnlichen Früchten gab diese Gattung der Familie der Storchschnabelgewächse *(Geraniaceae)* ihren Namen. Von den 300 Arten, die in den gemäßigten Zonen der Nord- und Südhalbkugel verbreitet sind, werden knapp zwei Dutzend für den Garten angeboten, dazu kommen etliche Hybriden.

Arten und Sorten: Achten Sie bei der Auswahl in Gärtnereien und Katalogen auf die jeweiligen Angaben zu Verwendung und Lebensbereich; des Weiteren darauf, ob die Art eventuell durch Ausläuferbildung wuchert. Aus der gewaltigen Fülle können hier nur kurz einige empfehlenswerte Storchschnäbel vorgestellt werden.

- Einer der schönsten ist der Prachtstorchschnabel *(G.* x *magnificum).* Er wird 40–60 cm hoch und blüht zart lila bis violettblau. Er eignet sich als Bodendecker genauso wie für Staudenrabatten und blüht von Juni bis Juli. Im Herbst färben sich die Blätter gelb.
- Der 20–40 cm hohe, gut trockenheitsverträgliche Blutstorchschnabel *(G. sanguineum)* blüht von Juni bis August karminrot (Sorten auch in Weiß) und hat fein geschlitztes Laub, das sich im Herbst rot verfärbt.
- Beim 20–40 cm hohen Balkanstorchschnabel *(G. macrorrhizum)* stehen von Mai bis Juli rosa, rote oder weiße Blüten über den Blättern, die sich im Herbst rot färben. Er bildet bald bodenbedeckende Teppiche.
- Der Dalmatische Storchschnabel *(G. dalmaticum)* wird nur etwa 10–15 cm hoch, bildet Polster, verträgt viel Sonne und passt gut in den Steingarten. Seine Blätter sind wintergrün, die rosa oder weiß getönten Blüten erscheinen von Juni bis August.

☼ – ◐ ❀
Blütezeit: je nach Art zwischen Mai und August
Blütenfarbe: rosa, rot, purpurn, violett, blau, weiß
Höhe: 10–60 cm
Wuchs: aufrechte, breite Horste; attraktive handförmig gelappte oder geschlitzte, sattgrüne Blätter
Standort: viele Arten bevorzugt halbschattig, aber auch sonnig; durchlässiger, humoser, nährstoffreicher Boden
Verwendung: in kleinen oder größeren Gruppen in Beeten und Rabatten, am Gehölzrand, in naturnahen Bereichen, im Bauerngarten, als Rosenbegleiter
Pflanzabstand: 20–30 cm

Pflanzen: Im Herbst oder Frühjahr.

Pflegen: Die meisten Arten leiden erst in wirklich langen Trockenperioden unter Wassermangel. Eine im Spätherbst ausgebrachte Mulchschicht aus Laubhumus oder reifem Kompost liefert ausreichend Nährstoffe. Nach der Blüte zurückschneiden; manche Arten bringen dann noch einen Nachflor. Falls die Blühfreude nachlässt, teilen und neu verpflanzen.

Schädlinge, Krankheiten: Gelegentlich Echter Mehltau, Rostpilze oder bakterielle Blattflecken.

Vermehren: Durch Teilung im Frühjahr oder Spätherbst; pflanzen Sie die Teilstücke nach dem Ausgraben und Zertrennen gleich wieder ein. Manche Arten und Sorten können auch im Frühjahr ausgesät werden.

Viele Storchschnäbel gedeihen und blühen im Halbschatten besonders schön

Gute Partner: Storchschnäbel passen zu vielen anderen Stauden, etwa zu Glockenblumen, Rittersporn, Lupinen, Pfingstrosen, und sind auch hübsche Begleiter für Rosen und Lilien.

Sonnenbraut *(Helenium)*

Diese wahrhaft sonnigen Korbblütengewächse *(Asteraceae)* sind Kreuzungen aus verschiedenen Arten, die in Nordamerika in Prärien, feuchten Wiesen oder am Rand von Gehölzen gedeihen. Ihre warm leuchtenden, margeritenartigen Blütenkörbe, die über einen langen Zeitraum blühen und sich auch gut als Schnittblumen eignen, waren ein Grund dafür, dass die Sonnenbraut 2008 zur Staude des Jahres gewählt wurde.

Arten und Sorten: Die zahlreichen Sorten unterscheiden sich nicht nur in der Blütenfarbe und Wuchshöhe, sondern auch in der Blütezeit. 'The Bishop' (zitronengelbe Blüten mit brauner Mitte, bis 70 cm hoch) blüht als eine der ersten ab Mitte Juni. Ab Ende Juni folgen z. B. die rote 'Moerheim Beauty' und die gelbe 'Wesergold', beide ebenfalls um 70 cm hoch. Viele Sorten entfalten ihre ersten Blüten gegen Mitte oder Ende Juli, u. a. 'Biedermeier' (rotbraun mit gelbem Rand, 120 cm), 'Dunkle Pracht' (dunkelrot, 120 cm), 'Goldrausch' (goldgelb, 150 cm) oder 'Rauchtopas' (gelb-braunrot, 150 cm). Sorten, deren Blüte bis weit in den September hineinreicht, sind beispielsweise 'Feuersiegel' (rot-gelb, 160 cm), 'Rubinzwerg' (tief rubinrot, 70 cm) und 'Septembergold' (goldgelb, 110 cm).

Pflanzen: Im Herbst oder Frühjahr, bis etwa Anfang Mai.

Pflegen: In Trockenperioden regelmäßig gießen. Hohe Sorten stützen. Im Spätherbst oder Frühjahr die verblühten Triebe bodennah zurückschneiden und die Pflanzen mit Kompost oder organischem Volldünger versorgen. Bei nachlassender Blühfreude teilen und neu verpflanzen.

Schädlinge, Krankheiten: Schnecken; recht selten Echter Mehltau, Rostpilze oder pilzliche Blattflecken.

Vermehren: Am einfachsten durch Teilung im zeitigen Frühjahr oder Spätherbst. Zertrennen Sie die Wurzelstöcke nach dem Ausgraben in genügend große Teilstücke, und pflanzen Sie diese unmittelbar wieder ein. Manche Sorten lassen sich auch durch Aussaat im Frühjahr vermehren. Eine weitere Möglichkeit sind Stecklinge, die man im Frühling schneidet und in Töpfen mit Anzuchterde auf der Fensterbank bewurzeln lässt.

Gute Partner: Schön wirkt die Sonnenbraut, wenn sie gruppenweise mit anderen Prachtstauden und Gräsern kombiniert wird. Hübsche Nachbarn sind Astern, Indianernessel, Phlox, Rittersporn, Sommersalbei oder Sonnenhut.

Gelbe Sorten der Sonnenbraut haben mit ihrer Leuchtkraft eine gute Fernwirkung

Blütezeit: je nach Sorte zwischen Juni und September
Blütenfarbe: gelb, orange, rot, rotbraun, auch zweifarbig
Höhe: 70–180 cm
Wuchs: aufrecht in buschigen Horsten; schmal eiförmige oder lanzettliche, tiefgrüne Blätter
Standort: sonnig, auch volle Sonne; durchlässiger, humoser, nährstoffreicher, frischer bis mäßig trockener Boden
Verwendung: in Gruppen in Beeten und Rabatten oder in naturnahen, prärieähnlichen Gestaltungen; haltbare Schnittstaude
Pflanzabstand: je nach Wuchshöhe 40–70 cm

Christrose *(Helleborus)*

Die Helleborus-Hybriden schmücken sich mit großen, auffälligen Blüten

Schädlinge, Krankheiten: Schnecken; dunkle Blattflecken (Pilzkrankheit), Falscher Mehltau, Wurzelfäule in nassem Boden.

Vermehren: Eine Teilung ist bei den meisten Arten etwas heikel, weil die Pflanzen wenig Seitentriebe bilden. Eine Aussaat gelingt am besten, wenn die Samen möglichst bald nach ihrer Reife, zwischen Frühsommer und spätestens September, in die Erde kommen und höchstens dünn abgedeckt werden. Bis der Nachwuchs zum ersten Mal blüht, kann es einige Jahre dauern.

Gute Partner: Christrosen sorgen im Frühling zwischen Buchsbaum, Schneeglöckchen, Winterlingen, Frühlingsprimeln und Purpurglöckchen *(Heuchera)* für Abwechslung.

Mit der Blüte zum Christfest, also zu Weihnachten, kann nicht jede Art dieser Hahnenfußgewächse *(Ranunculaceae)* dienen. Doch spätestens im Frühjahr bezaubern alle mit hübschen schalenförmigen Blüten, und schon zuvor fallen die meisten durch wintergrüne Blätter auf.

Arten und Sorten:

- Die eigentliche Christrose oder Schwarze Nieswurz *(Helleborus niger)* ist bei uns heimisch, allerdings in der Natur selten und streng geschützt. Ihre Triebe schieben sich selbst mitten im Winter durch den Schnee, und manche Sorten wie 'Praecox' und 'Joshua' entfalten ihre weißen, im Verblühen rosa überhauchten Blüten bereits ab November.
- Die Lenzrose oder Frühlingsnieswurz *(H. orientalis)*, beheimatet in Griechenland, der Türkei und im Kaukasus, trägt ihre spätere Blütezeit – Februar bis April – schon im Namen. Von ihr gibt es etliche Sorten mit weißen, gelblichen, grünlichen, rosa oder purpurfarbenen Blüten.
- *Helleborus*-Hybriden ähneln in ihrer Farbpalette und Blütezeit der Lenzrose, die meist auch eine der Stammarten dieser Kreuzungen ist. Die Blüten erreichen bis zu 8 cm Durchmesser. Manche Sorten blühen bereits ab Januar.

Pflanzen: Die beste Pflanzzeit ist der Frühherbst. Getopfte Pflanzen werden teils schon im November knospend oder blühend angeboten. Oft sind sie vorgetrieben – deshalb im Zweifelsfall erst allmählich an die Kälte gewöhnen.

Pflegen: Bei anhaltender Trockenheit ist eine gelegentliche Wassergabe empfehlenswert. Im Herbst mulcht man die Pflanzen mit Laub- oder Rindenhumus. Ansonsten beschränkt sich die Pflege auf das Entfernen welker Blätter und Blüten.

◐ ✿ ☠

Blütezeit: je nach Sorte zwischen November und April
Blütenfarbe: weiß, creme, hellgelb, grün, rosa, rot, purpurn-, auch mehrfarbig
Höhe: 25–60 cm
Wuchs: lockere Horste; handförmig gelappte oder zerteilte, hell- bis tiefgrüne Blätter, meist wintergrün
Standort: halbschattig; durchlässiger, humoser, kalkhaltiger, frischer Boden
Verwendung: einzeln oder in kleinen Gruppen, in halbschattigen Beeten und Rabatten, am Gehölzrand, auch in Pflanzgefäßen
Pflanzabstand: 20–40 cm
Achtung: Christrosen sind in allen Teilen giftig. Der Pflanzensaft kann zu Hautreizungen führen.

Taglilie *(Hemerocallis)*

Die nur einen Tag haltenden Blüten werden ständig durch neue Knospen ersetzt

Taglilien bilden eine eigenständige Familie, die Tagliliengewächse *(Hemerocallidaceae)*. Einmal entfaltet, halten ihre oft duftenden Einzelblüten nur einen Tag. Doch an jedem Blütenstand werden zahlreiche Knospen angesetzt, die sich über mehrere Wochen nach und nach öffnen. Einige der sämtlich in Ostasien beheimateten Arten wurden bereits ab dem 16. Jahrhundert nach Europa eingeführt. Das Angebot wird heute hauptsächlich von Hybriden (Kreuzungen verschiedene Wildarten) bestimmt. Weltweit gibt es über 40 000 Sorten, die fast alle erdenklichen Blütenfarben aufweisen.

Arten und Sorten:

- Die *Hemerocallis*-Hybriden werden nach ihrer Blütenform klassifiziert: sternförmig, spinnenförmig mit schmalen Blütenblättern, dreieckig mit sich überlappenden, breiten Blütenblättern, runde, fast kreisförmige sowie trichterförmige Blüten. Bei den gefüllt blühenden Sorten sind die Staubgefäße in der Mitte zu zusätzlichen Blütenblättern umgeformt. Oft schmücken sich die Blüten mit andersfarbigem Schlund oder hübscher Zeichnung. Frühe Sorten blühen bereits ab Mai/Anfang Juni, späte bis in den September hinein. Die Wuchshöhe liegt meist bei 60–80 cm, kann aber zwischen 40 und 120 cm variieren.
- Beliebte Wildarten sind u. a. die Zitronentaglilie *(H. citrina)* mit zitronengelben, abends intensiv duftenden Blüten und die starkwüchsige Braunrote Taglilie *(H. fulva)* mit braunorangen Blüten, beide 80–120 cm hoch.

Pflanzen: Im Herbst oder Frühjahr.

Pflegen: Bei Trockenheit regelmäßig gießen, speziell im Frühjahr und Sommer, wenn sich die Knospen entwickeln. Im Frühjahr mit Kompost versorgen. Verwelkte Blüten am besten ausputzen, später die verblühten Stiele und im Herbst das welke Laub abschneiden.

Schädlinge, Krankheiten: Schnecken sowie Gallmücken, deren Maden die Knospen anschwellen lassen; befallene Knospen umgehend entfernen. Gelegentlich auch Blattläuse, Thripse oder Rostpilze.

Vermehren: Durch Teilung im Frühjahr oder im Herbst nach der Blüte. Gekaufte oder selbst geerntete Samen können im Frühjahr bei 18–22 °C vorgezogen werden. Bei Sorten unterscheidet sich der Nachwuchs aber oft von den Eltern.

Gute Partner: Taglilien passen gut zu Rittersporn, Glockenblumen, Schwertlilien *(Iris)*, Chinaschilf oder auch Rosen und Clematis.

Blütezeit: je nach Sorte zwischen Mai und September
Blütenfarbe: alle Farben außer reinem Blau, häufig in Gelb- und Rottönen, auch zwei- oder mehrfarbig
Höhe: 40–120 cm
Wuchs: breite Horste aus langen, schmalen, überhängenden Blättern und aufrechten Blütenstielen
Standort: vorzugsweise sonnig, im Halbschatten schwächere Blüte; durchlässiger, humoser, nährstoffreicher, frischer Boden
Verwendung: einzeln oder in kleinen Gruppen in Beeten und Rabatten, am Gehölzrand, vor Hecken; niedrige, kleinblütige Sorten auch in Pflanzgefäßen
Pflanzabstand: 40–60 cm

Funkie *(Hosta)*

Früher zu den Liliengewächsen *(Liliaceae)* gezählt, werden die Funkiengewächse *(Hostaceae)* heute als gesonderte Familie angesehen. Rund 50 Funkienarten wachsen in Ostasien und im östlichen Russland wild in Wäldern, an Wasserläufen, zwischen Felsen oder auf Wiesen. In Japan und China werden Funkien bereits seit langem als Blattschmuckpflanzen kultiviert, vor etwa 200 Jahren hielten sie Einzug in europäische Gärten, und heute gehören sie zu den „Klassikern" für halbschattige und schattige Plätze. Obwohl die dekorativen Blätter, die im Herbst einziehen, die Hauptrolle spielen, sind auch die trichterförmigen Blüten, die im Sommer in lockeren Trauben an langen Stielen erscheinen, attraktiv und teils sogar duftend.

Arten und Sorten: Im Angebot finden sich etliche Arten und Tausende von Sorten, bei denen es sich meist um Hybriden, also Kreuzungen, handelt. Sie unterscheiden sich in Blattfarbe, -form und -textur sowie in der Wuchshöhe und -breite. Die Blattform variiert von schmal lanzettlich bis breit herzförmig, die Oberfläche ist glatt, wellig oder gewölbt. Nach den Blattfarben unterscheidet man Grünblatt-, Weißblatt-, Gelbblatt- und Blaublattfunkien, wobei teils auch die Blätter am Rand oder innen weiß oder gelb gezeichnet sind. Die Wuchshöhen lassen sich unterteilen in zwergig (um 10 cm), klein (bis 30 cm), mittel (bis 50 cm), groß (bis 80 cm) und sehr groß (bis über 100 cm). Auf Sortenbeispiele sei hier verzichtet – am besten erkunden Sie das umfangreiche Angebot in Katalogen oder gut sortierten Staudengärtnereien.

Pflanzen: Die beste Pflanzzeit ist das Frühjahr, aber auch Herbstpflanzung bis etwa Anfang Oktober ist möglich.

Blütezeit: Juni bis August
Blütenfarbe: weiß, rosa, hellblau, lila, violett
Höhe: 10–120 cm
Wuchs: breite Horste; lanzettliche bis eiförmige, gelbgrüne, grüne, bläuliche oder auch gelb-grün oder weiß-grün gemusterte Blätter
Standort: halbschattig bis schattig, auch hell, aber ohne direkte Sonne; möglichst kühl und luftfeucht; humoser, nährstoffreicher, frischer Boden, der nicht austrocknen darf
Verwendung: einzeln oder in Gruppen, in halbschattigen Beeten und Rabatten, am Gehölzrand, im Teichumfeld, kleine und mittlere Sorten für Töpfe und Kübel
Pflanzabstand: 30–40 cm, kleine Sorten etwas enger

Pflegen: In Trockenperioden regelmäßig gießen. Mit Kompost oder Rindenhäcksel mulchen, hohen Sorten gelegentlich organischen Dünger geben. Im Herbst schneidet man die welken Blätter nach dem Einziehen ab und bedeckt die Pflanzen mit einer lockeren Schicht aus Laubstreu.

Schädlinge, Krankheiten: Schnecken bedrohen Jungpflanzen und den zarten Austrieb. Auch der Dickmaulrüssler kann, vor allem bei im Topf kultivierten Exemplaren, Schäden anrichten.

Vermehren: Durch Teilung im Frühjahr oder Herbst. Pflanzen Sie die Teilstücke nach dem Ausgraben und Zertrennen gleich wieder ein. Fördern Sie bei trockenem Wetter das Anwachsen durch zurückhaltende Wassergaben.

Die mehrfarbig gezeichneten Blätter der Sorte 'Summer Music' wirken wie gemalt

Gute Partner: Funkien lassen sich gut mit Glockenblumen, Farnen, Schattengräsern, Astilben, Silberkerzen *(Cimicifuga)* und anderen Schattenstauden vergesellschaften. Wirkungsvolle Pflanzungen können aber auch allein mit unterschiedlichen Funkiensorten gestaltet werden, wenn Sie die Vielfalt an Blattfarben, -formen und Wuchshöhen gezielt nutzen.

Bartiris *(Iris-barbata*-Hybriden)

Die kontraststarke Sorte 'Arctic Fancy' zählt zur Iris-Barbata-Media-Gruppe

Gelb leuchtet 'Harlow Gold', eine früh blühende, mittelhohe Bartiris

Die Gattung *Iris*, aufgrund ihrer Blattform als Schwertlilien bekannt, gab der großen Familie der Schwertliliengewächse *(Iridaceae)* ihren Namen. Manche Arten überdauern mit Zwiebeln, viele bilden statt dessen fleischige Rhizome. Einige sind Spezialisten für feuchte bis sumpfige Standorte, z. B. die hochwüchsige, im Frühsommer prächtig blühende Sibirische Schwertlilie *(I. sibirica)*. Auf Beeten sind vor allem die Bartiris von Bedeutung. Es handelt sich um Kreuzungen aus in Europa und Vorderasien beheimateten Arten mit charakteristischem Blütenaufbau. Jede Einzelblüte besteht aus drei nach oben gerichteten Domblättern und drei herabhängenden Blütenblättern. An der Basis dieser Hängeblätter befinden sich haarähnliche Auswüchse, der so genannte Bart. Dom und Hängeblätter können unterschiedlich getönt sein, auch der Bart ist oft farblich abgesetzt.

Arten und Sorten: Die gewaltige Sortenfülle wird nach Wuchshöhe und Blütengröße, die zwischen 5 und 20 cm variieren kann, unterteilt:
- Hohe Bartiris *(Barbata-Elatior*-Gruppe) oder Tall Bearded, bis über 70 cm, 10–20 cm Blütendurchmesser;
- Mittelhohe Bartiris *(Barbata-Media*-Gruppe) 40–70 cm, teils noch feiner unterteilt in Intermediate Bearded (früher Blühbeginn) und Border Bearded, beide mit großen Blüten, sowie Miniature Tall Bearded mit kleinen Blüten und frühem Blühbeginn.
- Niedrige Bartiris *(Barbata-Nana*-Gruppe), teils noch unterschieden in Miniature Dwarf Bearded (bis 20 cm, besonders kleine Blüten, oft schon ab April blühend) und Standard Dwarf Bearded (20–40 cm, kleinblütig).

Pflanzen: Nach der Blüte, im Spätsommer oder Frühherbst. Rhizome flach einsetzen, sodass die obere Hälfte über der Erde sitzt. Sofern die Blätter der Jungpflanzen nicht bereits eingekürzt sind, diese auf etwa die Hälfte zurückschneiden.

Blütezeit: Mai bis Juni, teils schon ab April
Blütenfarbe: alle Farben, auch fast schwarz, oft zwei- oder mehrfarbig
Höhe: 15–70 cm
Wuchs: aufrechte Horste mit breiten Fächern aus schwertförmigen, frisch- bis graugrünen Blättern
Standort: gern vollsonnig und warm; gut durchlässiger, nährstoffreicher, kalkhaltiger, frischer bis mäßig trockener Boden
Verwendung: in Gruppen in Beeten und Rabatten, in Steppenpflanzungen oder anderen naturnahen Bereichen, kleine Sorten auch zur Dachbegrünung und im Steingarten
Pflanzabstand: 30–40 cm

Pflegen: In Trockenperioden gießen, aber nicht zu nass halten. Nicht mulchen, da es dadurch zu Fäulnis kommen kann. Abgeblühte Stiele herausschneiden. Im Frühjahr alte Blätter entfernen und mit gut ausgereiftem Kompost düngen. Alle 3 bis 5 Jahre teilen und neu verpflanzen.

Schädlinge, Krankheiten: Schnecken; Blattbrand (braune Flecken; befallenes Laub gleich entfernen), Grauschimmel, Rost, Wurzel- und Rhizomfäule.

Vermehren: Durch Teilung im Spätsommer oder Frühherbst; jüngere Rhizomteile zertrennen und gleich wieder einpflanzen.

Gute Partner: Bartiris stehen am besten in eigenen Beeten, lassen sich aber auch z. B. mit Lavendel, Salbei, oder Schafgarbe kombinieren.

Lavendel *(Lavandula angustifolia)*

Lavendel gehört zur Familie der Lippenblütengewächse *(Lamiaceae)*, ebenso wie viele andere Duft- und Würzkräuter, etwa Basilikum, Thymian oder Melisse. Als so genannter Halbstrauch verholzt er an der Triebbasis. Dennoch ist die aus dem Mittelmeerraum stammende Pflanze zwischen Stauden gut aufgehoben und hält mit dem herb aromatischen Duft ihrer immergrünen Blätter und schlanken Blütenähren so manchen Schädling fern.

Arten und Sorten: Vom Echten Lavendel *(Lavandula angustifolia)* gibt es mehrere Sorten, etwa die gedrungen wachsende, blauviolett blühende 'Hidcote Blue' oder die kompakte 'Nana Alba' mit weißen Blüten. Daneben werden zuweilen auch andere Arten angeboten, z. B. der recht starkwüchsige Breitblättrige oder Speik-Lavendel *(L. latifolia)* mit violetten Blüten, außerdem Kreuzungen *(L. x intermedia)* in verschiedenen Blütenfarben. Der Schopflavendel *(L. stoechas)* besitzt etwas kürzere, feinere Blätter. Seine Blütenähren sind graugrün, doch die obersten Blüten zieren sich mit auffälligen Hochblättern, die je nach Sorte weiß, rosa oder purpurrosa gefärbt sind. Da nicht zuverlässig winterhart, wird diese Art meist als Kübelpflanze kultiviert.

Pflanzen: Die beste Pflanzzeit ist das Frühjahr. Im Herbst gesetzte Pflanzen sollten mit einer Laub- oder Fichtenreisigauflage geschützt werden.

Pflegen: Im Sommer nur bei extremer Trockenheit gießen. In rauen Lagen mit leichtem Winterschutz versehen. Alle 2 bis 3 Jahre im zeitigen Frühjahr um ein Drittel zurückschneiden und Kompost oder organischen Dünger geben.

Schädlinge, Krankheiten: Grauschimmel bei zu feuchtem Stand.

Vermehren: Durch im Frühjahr geschnittene, etwa 10 cm lange Kopfstecklinge, die sich in Töpfen mit einer Mischung aus Sand und Anzuchterde recht schnell bewurzeln. Teils sind auch Samen erhältlich; sie werden am besten im März oder April in Anzuchtschalen gesät und bei etwa 20 °C zum Keimen gebracht.

Gute Partner: Lavendel ist ein traditioneller Rosenbegleiter, passt aber auch gut Bartiris, Lilien, Fetthenne und anderen sonnenliebenden Stauden.

Der Schopflavendel überrascht mit auffälligen Hochblättern an der Ährenspitze

Blütezeit: Juni bis August
Blütenfarbe: blauviolett, weiß oder rosa
Höhe: 30–90 cm
Wuchs: breit buschige Horste; schmal linealische, silbergraue Blätter; aromatisch duftend
Standort: sonnig, gern vollsonnig, und warm; durchlässiger, sandiger, nicht zu nährstoffreicher, am besten kalkhaltiger Boden
Verwendung: einzeln oder in kleinen Gruppen in Beeten und Rabatten, als Einfassungshecke, Rosenbegleitpflanze, im Steingarten, auch in Kübeln; zum Trocknen als Duft- und Würzkraut
Pflanzabstand: 30–40 cm

Mit seinem breiten Wuchs macht der Lavendel auch als Einzelpflanze Eindruck

Wiesenmargerite *(Leucanthemum vulgare)*

Viele ein- und mehrjährige Korbblütengewächse *(Asteraceae)* aus unterschiedlichen Gattungen werden als Margeriten bezeichnet. Doch meist kommt einem bei diesem Namen als erstes die heimische Wiesenmargerite in den Sinn. Verbreitet auf nährstoffarmen Wiesen, an Böschungen und Wegrändern, entfaltet sie im Frühsommer ihre Blütenkörbe mit goldgelber Mitte und einem Strahlenkranz aus weißen Zungenblüten, die wie Blütenblätter aussehen. Im Garten hat sich die Wiesenmargerite schon seit langem als dankbare Rabatten- und Wildstaude bewährt.

Arten und Sorten: Neben der reinen Art werden von der Wiesenmargerite auch einige Sorten angeboten, z. B. die nur 30 cm hohe 'White Knight' oder die besonders früh und reich blühende, 70 cm hohe 'Maikönigin'. Mit größeren, bis 10 breiten Blüten, die teils dicht gefüllt sind, können die Sorten der Garten- oder Prachtmargerite *(Leucanthemum x superbum)* aufwarten, beispielsweise die 90 cm hohe 'Wirral Supreme'. Die Gartenmargeriten eignen sich auch gut als Schnittstauden. Wer gern Margeriten in Farbe hätte, sollte sich bei einer entfernteren Verwandten umschauen: Die Bunte Margerite *(Tanacetum coccineum)* gibt es in vielen Rosa- und Rottönen. Sonst ähnelt sie in Aussehen und Ansprüchen der Wiesenmargerite.

Pflanzen: Im Frühjahr oder Herbst.

Pflegen: Im Sommer regelmäßig gießen, aber nicht zu nass halten. Gelegentlich im Frühjahr etwas Kompost geben. Hohe Sorten stützen. Verwelkte Blütenstände bis zu den oberen Stängelblättern zurückschneiden, um eine Nachblüte zu fördern. Nach 3 bis 4 Jahren lässt oft die Blühfreude nach; dann sollten Sie die Margeriten teilen und neu verpflanzen.

Schädlinge, Krankheiten: Blattläuse, Spinnmilben, Schaumzikaden; pilzliche Blattflecken.

Vermehren: Durch Teilung im zeitigen Frühjahr oder Spätherbst; nach dem Zertrennen in genügend große Teilstücke gleich wieder einpflanzen. Die Art und manche Sorten lassen sich auch durch Aussaat zwischen März und Juni vermehren, entweder zunächst in Anzuchtschalen oder direkt ins Beet.

Gute Partner: Margeriten passen gut zu Bauerngartenstauden wie Phlox, Rittersporn, Lupinen oder auch zu Sommerblumen, besonders zu Klatschmohn und Kornblume.

Blütezeit: Mai bis Juni/Juli, Nachblüte im Spätsommer
Blütenfarbe: weiß mit breiter gelber Mitte
Höhe: 30–90 cm
Wuchs: breit buschige Horste; verkehrt eiförmige bis spatelförmige, sattgrüne Blätter
Standort: sonnig, verträgt auch lichten Gehölzschatten recht gut; gut durchlässiger nährstoffreicher, frischer bis mäßig trockener Boden
Verwendung: einzeln oder in kleinen Gruppen in Beeten und Rabatten, am Gehölzrand, in Blumenwiesen und anderen in naturnahen Bereichen, im Bauerngarten; haltbare Schnittstaude
Pflanzabstand: je nach Wuchshöhe 30–50 cm

Wiesenmargeriten überzeugen als Beetstauden ebenso wie als Wildblumen

Lupine *(Lupinus-polyphyllus-*Hybriden*)*

Die Vielblättrige oder Staudenlupine *(Lupinus polyphyllus)* stammt ursprünglich aus Nordamerika und wurde im 19. Jahrhundert nach England als Gartenpflanze eingeführt. Sie ist vielerorts verwildert und gehört heute in Mitteleuropa zu den häufigsten Lupinenarten. Als Schmetterlingsblütengewächs *(Fabaceae)* vermag sie mithilfe von Knöllchenbakterien in ihren Wurzeln Stickstoff aus der Luft zu binden und zu verwerten. Sorten sind oft Hybriden, in die andere Arten eingekreuzt wurden. Mit ihren in vielen Farbtönen leuchtenden Blütenkerzen und den hübschen gefingerten Blättern war die Lupine schon früher in den Bauerngärten sehr beliebt.

Mit ihren markanten Blütenkerzen bieten Lupinen einen besonderen Anblick

Arten und Sorten: Die 70–100 cm hohen Russell-Hybriden zeichnen sich durch ihre besonders farbkräftigen Blüten aus. Die Palette reicht von Weiß über Gelb und Orange bis Rot und Violett – mitsamt allen Zwischentönen und auch mit zweifarbigen Blüten. Ähnlich farbprächtig blühen einige kleinere, bis etwa 50 cm hohe Sortenserien wie 'Gallery' (auch als Nanus-Russell-Sorten bezeichnet), 'Lulu' und 'Minarette'. Samen all dieser Sortengruppen werden oft in wunderschönen Farbmischungen angeboten.

Pflanzen: Am besten im Frühjahr, auch im Frühherbst.

Pflegen: Der Wasserbedarf ist nicht allzu hoch, sodass nur bei extremer Trockenheit gegossen werden muss. Hohe Sorten brauchen oft eine Stütze. Ein Rückschnitt verwelkter Blütenstände gleich nach der Blüte, gefolgt von einer schwach dosierten Düngung, führt häufig zu einem zweiten Flor im Spätsommer. Im Herbst die welken Triebe eine Handbreite über dem Boden zurückschneiden.

Schädlinge, Krankheiten: Blattrandkäfer, Blattläuse, Schnecken; Echter Mehltau, pilzliche Welke- und Blattfleckenkrankheiten.

Vermehren: Von manchen Sorten werden Samen angeboten. Diese am besten vor der Aussaat mit Schmirgelpapier aufrauen und dann 24 Stunden in Wasser vorquellen lassen. Saatzeit ist im Frühjahr, die Pflanzen können bei 15 °C vorgezogen oder direkt ins Beet gesät werden. Eine weitere Möglichkeit sind grundständige Stecklinge, d. h. etwa 10 cm Jungtriebe, die von der Basis mitsamt einigen Wurzeln abgetrennt und in Anzuchterde getopft werden. Viele Lupinen vermehren sich allerdings auch ausreichend durch Selbstaussaat.

Gute Partner: Lupinen passen gut zu Margeriten, Storchschnabel, Zierlauch, Pfingstrose und Türkenmohn.

Blütezeit: Juni bis August
Blütenfarbe: nahezu alle Farben, pastellig oder intensiv, auch zweifarbig
Höhe: 40–100 cm
Wuchs: aufrechte, breite Horste; handförmig gelappte, satt- bis bläulich grüne Blätter
Standort: sonnig; gut durchlässiger, nicht allzu nährstoffreicher und kalkarmer, mäßig trockener bis frischer Boden
Verwendung: einzeln oder in kleinen Gruppen in Beeten und Rabatten, im Bauerngarten; haltbare Schnittstaude
Pflanzabstand: etwa 30–40 cm
Achtung: Die Samen enthalten giftige Alkaloide.

Indianernessel *(Monarda*-Hybriden*)*

Indianernesseln gehören zur Familie der Lippenblütengewächse *(Lamiaceae)* und sind typische Bewohner der nordamerikanischen Prärie. Ihre charakteristischen, etagenartig am Stängel angeordneten Blütenköpfchen mit den langen, röhrenartigen Lippenblüten sind schon von weitem sichtbar. Sie bieten viele Bienen, Schmetterlingen und andere Insekten wertvolle Nahrung. Die Blätter verströmen einen herb aromatischen Duft. Fast alle bei uns kultivierten Sorten gehen auf *Monarda didyma* oder Kreuzungen dieser Art mit *M. fistulosa* zurück.

Die etwa 80 cm hohe Monarda-Hybride 'Blaustrumpf' ist eine altbewährte Sorte

Arten und Sorten: Die Sorten werden teils als *Monarda*-Hybriden angeboten, teils der in der Züchtung dominierenden Art *(M. didyma* oder *M. fistulosa)* zugeordnet. Die Blütezeiten können ein wenig variieren, die Wuchshöhen recht stark. Die meisten Sorten werden zwischen 70 und 140 cm hoch, es gibt aber auch „Zwergsorten" mit nur 30–40 cm Höhe wie 'Petite Delight' mit lilarosa Blüten. Auch die kräftig purpurrote 'Fireball' bleibt mit etwa 60 cm recht niedrig, ähnlich die kräftig rosafarbene 'Balance'. Beide sind recht widerstandsfähig gegen Mehltau, ebenso wie z. B. 'Gardenview Scarlet' (leuchtend rot, bis 120 cm) und 'Marshall's Delight' (rosarot, 100 cm). Als relativ wenig anfällig gelten auch Sorten mit „Indianernamen" wie 'Mohawk' (lilarosa), 'Pawnee' (helllila) und 'Squaw' (tiefrot), alle drei über 100 cm hoch.

Pflanzen: Die beste Pflanzzeit ist das Frühjahr.

Pflegen: Im Sommer bei Trockenperioden regelmäßig gießen, aber nicht zu nass halten. Über Winter sollten Indianernesseln möglichst trocken stehen. Im Frühjahr mit Kompost oder organischem Dünger versorgen. Hohe Sorten bei Blühbeginn nachdüngen und bei Bedarf stützen. Im Herbst zurückschneiden. Bei Nachlassen der Blühfreude teilen und neu einpflanzen.

Schädlinge, Krankheiten: Blattläuse, Schnecken; Echter Mehltau, Wurzelfäule bei Staunässe.

Vermehren: Durch Teilung großer Horste im Frühling vor dem Austrieb oder im späten Frühjahr geschnittene, grundständige Stecklinge. Manchmal werden auch Samen angeboten, die man ab März bei 15–20 °C vorzieht; Sämlinge nach etwa 4 Wochen pikieren, im späten Frühjahr auspflanzen.

Gute Partner: Indianernesseln wirken sehr schön mit Sonnenbraut, Sonnenhut, Edeldistel *(Eryngium)*, Steppenkerze *(Eremurus)*, Glockenblumen und Ziergräsern.

Blütezeit: je nach Sorte zwischen Juni und September
Blütenfarbe: viele Rosa-, Rot- und Violetttöne, weiß
Höhe: 70–140 cm, selten niedriger
Wuchs: aufrechte, breite Horste; schmal eiförmige, zugespitzte, gesägte, tiefgrüne Blätter, angenehm duftend
Standort: sonnig; gut durchlässiger, am besten sandiger, recht nährstoffreicher, frischer bis mäßig trockener Boden
Verwendung: einzeln oder in kleinen Gruppen in Beeten und Rabatten, am Gehölzrand, in prärieähnlichen oder Bauerngartengestaltungen; haltbare Schnittstaude
Pflanzabstand: 40–60 cm

Edelpfingstrose *(Paeonia-lactiflora-Hybriden)*

Die Pfingstrosen oder Päonien bilden eine eigene Familie, die Pfingstrosengewächse *(Paeoniaceae)*. Manche Arten verholzen (siehe Strauchpfingstrose, S. 179), doch die meisten sind Stauden mit einem kräftigen bis knolligen Rhizom. So auch die Bauernpfingstrose *(Paeonia officinalis)*, die ursprünglich in Südeuropa heimisch ist. Schon im Frühmittelalter gelangte sie in nördlichere Gefilde, um hier als Heil- und Zierpflanze Kloster- und Bauerngärten zu bereichern. Zu der Zeit hatte man im fernen China bereits begonnen, Zuchtformen aus der ostasiatischen *P. lactiflora* zu entwickeln. Die ersten wurden Ende des 18. Jahrhunderts nach Europa eingeführt. Aus ihnen sind bis heute unzählige Sorten entstanden, die das Angebot an Staudenpäonien dominieren und auch als Edelpfingstrosen bezeichnet werden.

Arten und Sorten: Streng genommen sind Züchtungen von *P. lactiflora* und Hybriden aus verschiedenen Arten *(P. x hybrida)* zu unterscheiden. Doch nicht selten verzichten Anbieter auf diese Differenzierung und kategorisieren ihre Sorten schlicht nach Blütenfarben sowie einfach, halb oder ganz gefüllten Blüten, die über 10 cm Durchmesser erreichen können. Achten Sie bei der Auswahl auch auf die jeweilige Wuchshöhe und die etwas unterschiedlichen Blütezeiten – und darauf, ob die Sorte duftet. Gut sortierte Gärtnereien haben zudem die etwas früher blühende Bauernpfingstrose samt einigen Sorten sowie hübsche Wildarten im Angebot.

Pflanzen: Wurzelnackte Pflanzen nur im Herbst, Containerpflanzen auch im zeitigen Frühjahr. Die Triebknospen an den Rhizomen dürfen höchstens 3 cm unter die Erdoberfläche kommen. Jungpflanzen in rauen Lagen mit Fichtenreisig abdecken.

Die Sorte 'Dr. Alexander Fleming' hat gefüllte lilarosa Blüten mit zartem Duft

Pflegen: Bei Trockenheit gießen, besonders kurz vor der Blüte feucht halten. Beim Austrieb Kompost oder organischen Dünger geben. Sorten mit schweren Blüten stützen. Im Herbst bodennah zurückschneiden. Pfingstrosen vertragen Störungen der Wurzeln sehr schlecht, deshalb besser mulchen statt hacken und ein Umpflanzen möglichst vermeiden.

Schädlinge, Krankheiten: Blattälchen, Dickmaulrüssler; Grauschimmel, Welke- und Blattfleckenkrankheiten, Viruskrankheiten.

Vermehren: Durch Teilung älterer Exemplare im Herbst; in Teilstücke mit je mindestens drei Knospen zertrennen, gleich wieder einpflanzen.

Gute Partner: Attraktive Begleiter sind z. B. Akelei, Bartiris, Frauenmantel, Glockenblume, Rittersporn, Sommersalbei und Storchschnabel.

Hinweis: Pfingstrosen zählen zu den langlebigsten Stauden und können über 100 Jahre alt werden.

Blütezeit: Mai bis Juni
Blütenfarbe: viele Rosa-, Rot- und Violetttöne, weiß, cremefarben, hellgelb, auch mehrfarbig
Höhe: 50–100 cm
Wuchs: aufrechte, breite Horste; gefiederte, dunkelgrüne Blätter
Standort: sonnig; gut durchlässiger, humoser, nährstoffreicher, mäßig trockener Boden
Verwendung: einzeln oder in Gruppen in Beeten und Rabatten, am Gehölzrand, im Bauerngarten; haltbare Schnittstaude
Pflanzabstand: 40–60 cm
Achtung: Alle Pflanzenteile der Pfingstrose sind leicht giftig.

Mit den Jahren bilden Pfingstrosen stattliche, buschige Horste

Türkischer Mohn *(Papaver orientale)*

Dieses Mohngewächs *(Papaveraceae)* ist, wie sein Name schon verrät, in der Türkei beheimatet, ebenso im Iran und im Kaukasus. Der Türkische oder Türkenmohn, auch Orientalischer Mohn genannt, wächst stattlicher als der einjährige Klatschmohn (siehe S. 79) und entfaltet im Frühsommer üppige Blüten mit bis zu 20 cm Durchmesser. Danach zieht er bald die oberirdischen Teile ein, treibt aber bereits im Frühherbst wieder aus.

Arten und Sorten: Die Gartensorten des Türkenmohns werden zwischen 50 und 100 cm hoch. Die Palette der Blütenfarben reicht von leuchtendem Rot, tiefem Dunkelrot und Violett über viele Orange- und Rosatöne bis hin zu Weiß oder Silbrig. An der Basis der seidig verknittert wirkenden Kronblätter befinden sich weiße oder schwarze Male. Es gibt auch gefüllt blühende Sorten und solche, bei denen die Blütenblätter gefranst sind. Die Pflanzen blühen oft nur etwa 6 Wochen, doch wenn Sie verschiedene Sorten mit früher, mittlerer und später Blütezeit pflanzen, können Sie sich von Mai bis Juli an den prächtigen Blüten erfreuen.

Pflanzen: Am besten im Herbst; aber auch Frühjahrspflanzung ist möglich. Vorsicht, aufgrund ihrer tief reichenden Wurzeln lassen sich ältere Exemplare nur schwer umpflanzen.

Pflegen: In Trockenperioden regelmäßig, aber nicht zu stark gießen. Im Frühjahr mit Kompost oder organischem Volldünger versorgen. Abgeblühte Stiele auf Höhe der obersten Blätter kappen und nach der Blüte die welken Triebe zurückschneiden.

Schädlinge, Krankheiten: Blattläuse, Schnecken, Wühlmäuse; Falscher Mehltau, Wurzelfäule bei zu nassem Stand.

Vermehren: Durch Wurzelschnittlinge; dazu im Herbst die Wurzeln freilegen, etwa 5 cm lange, kräftige Teilstücke abschneiden und diese so in Töpfe mit Anzuchterde stecken, dass das obere Ende knapp unter die Erdoberfläche kommt. Die Schnittlinge werden kühl überwintert, im Frühjahr bei Erscheinen der ersten Blätter umgetopft und schließlich im Spätsommer ausgepflanzt. Teils werden auch Samen angeboten, zur Anzucht oder Direktsaat ins Beet zwischen April und Juni. Sie keimen bei 18–20 °C nach etwa 14 Tagen; später pikieren bzw. ausgedünnen.

Gute Partner: Schön wirkt der Türkenmohn mit Lupine, Mädchenauge, Margerite, Rittersporn, Sommersalbei, Storchschnabel, Edeldistel *(Eryngium)* und Ziergräsern.

Hinweis: Da der Türkenmohn im Sommer nach dem Einziehen eine Lücke hinterlässt, wird er am besten zwischen etwas höhere Nachbarn oder in den Beethintergrund gesetzt.

Blütezeit: zwischen Mai bis Juli
Blütenfarbe: rot, purpurviolett, orange, rosa, weiß, silbrig, mit schwarzer oder weißer Zeichnung in der Mitte, auch zweifarbig
Höhe: 50–100 cm
Wuchs: aufrechte, breite Horste; gefiederte, behaarte, grüne bis gräulich grüne Blätter
Standort: sonnig, warm; gut durchlässiger, am besten sandig humoser, frischer bis trockener Boden, nicht zu nährstoffreich
Verwendung: einzeln oder in Gruppen in Beeten und Rabatten, im Bauerngarten; hält sich auch in der Vase
Pflanzabstand: 40–60 cm
Achtung: Der Milchsaft in den Stängeln ist leicht giftig.

Diese üppig blühende Türkenmohnsorte trägt den treffenden Namen 'Feuerriese'

Phlox, Flammenblume *(Phlox)*

Die hochwüchsigen Phlox-Maculatum-Hybriden besitzen lange Blütenstände

Phloxe oder Flammenblumen gehören zur Familie der Sperrkrautgewächse *(Polemoniaceae)* und stammen aus Nordamerika. Die hochwüchsigen Arten zieren die Beete bis in den September hinein mit tellerförmigen Blüten in großen, dichten, duftenden Doldentrauben oder Rispen; die niedrigen dagegen sind im späten Frühjahr oder Frühsommer mit sternförmigen Blütchen in lockeren Ständen übersät.

Arten und Sorten:

- Hoher Staudenphlox, Gartenphlox oder Große Flammenblume sind verschiedene Bezeichnungen für *Phlox paniculata,* dessen zahllose Sorten 70–150 cm hoch wachsen und zwischen Juni und September blühen. Die Farbspektrum erstreckt sich von Reinweiß über Rosa und Rot bis zu kräftigem Violett. Viele Sorten zeigen in der Blütenmitte ein helles oder dunkles Auge. Ähnlich präsentieren sich die *P.-Maculatum*-Hybriden mit etwas kleineren Blüten in länglichen Ständen.
- Eine beliebte Polster- und Steingartenstaude ist der Polster- oder Teppichphlox *(P. subulata),* der mit kriechenden Trieben nur etwa 15 cm hoch, aber teils über 50 cm breit wächst. Auch von ihm gibt es etliche Sorten, die von April bis Mai weiß, rosa, rot, violett, lilablau oder auch zweifarbig blühen. Etwas höher (30–40 cm) wird der Waldphlox *(P. divaricata),* dessen Sorten zwischen April und Juni blau oder violett blühen.

Pflanzen: Im Frühjahr oder Herbst.

Pflegen: Bei Trockenheit regelmäßig gießen. Im Frühjahr Kompost oder organischen Dünger geben, den niedrigen Arten nur alle paar Jahre. Bei hohen Sorten rund um die Basis etwas Erde anhäufeln, wenn nötig, zusätzlich an einem Stab aufbinden. Beim Polsterphlox fördert ein Rückschnitt nach der Blüte (etwa um die Hälfte) kompakten Wuchs und oft auch einen zweiten Flor im Herbst. Hohen Phlox im Spätjahr bodennah zurückschneiden. In frostigen Wintern mit Fichtenreisig abdecken. Am besten alle 3 bis 4 Jahre zur Verjüngung teilen.

Polsterphlox bezaubert mit Blütenteppichen im Frühjahr und Frühsommer

Schädlinge, Krankheiten: Blatt- und Stängelälchen (Nematoden); Echter Mehltau, pilzliche Blattflecken.

Vermehren: Hohen Phlox durch Teilung im Frühjahr oder Spätherbst. durch im Herbst abgetrennte Wurzelschnittlinge oder im Frühjahr bis Sommer geschnittene Kopf- oder Grundstecklinge. Niedrige Arten durch Teilung nach der Blüte oder im Herbst.

Gute Partner: Mädchenauge, Margerite, Rittersporn und Sonnenhut sind bewährte Nachbarn des Hohen Phlox. Zum Polsterphlox passen z. B. Blaukissen *(Aubrieta),* Schleifenblumen *(Iberis)* und kleine Glockenblumen.

☼ – ◐

Blütezeit: Juni bis September (hohe Arten), April bis Mai/Juni (niedrige Arten)
Blütenfarbe: weiß, rosa, rot, violett, blau, auch mehrfarbig
Höhe: 70–150 cm bzw. 10–40 cm
Wuchs: buschig aufrecht oder polsterförmig; eiförmige bis sehr schmale, frisch- bis dunkelgrüne Blätter
Standort: bevorzugt sonnig, auch halbschattig; durchlässiger, humoser, nährstoffreicher, frischer Boden
Verwendung: einzeln oder in Gruppen in Beeten und Rabatten, am Gehölzrand, im Bauerngarten, niedrige Arten im Steingarten; hohe Arten als haltbare Schnittstauden
Pflanzabstand: 30–60 cm

Primel *(Primula)*

Die Echte Schlüsselblume entfaltet ihre doldigen Blütenstände spät im Frühjahr

Namensgebend für die Familie der Primelgewächse *(Primulaceae)*, ist diese Gattung mit über 400 Arten in Asien, Europa und Nordamerika verbreitet. In der Natur wachsen Primeln meist an feuchten Stellen, auf Wiesen, in Wäldern oder entlang von Bachläufen. Etliche Arten haben Einzug in unsere Gärten gehalten, dazu kamen unzählige Kreuzungen und Züchtungen. Sie blühen hauptsächlich im Frühjahr, manche auch im Früh- oder Hochsommer. Teils verströmen die Blüten einen zarten Duft.

Arten und Sorten: Nach Blütenstand oder Wuchsform werden die Primeln in verschiedene Gruppen unterteilt. Einige der wichtigsten Vertreter:

- Kissen- oder Frühlingsprimeln umfassen *Primula vulgaris, P. juliae* und deren Kreuzungen. Hierzu zählen die bunten, oft nur 5–15 cm hohen Primeln, die teils schon ab Februar blühend verkauft werden. In diese Gruppe gehören auch zwei heimische, 15–25 cm hohe Arten, die Hohe Schlüsselblume *(P. elatior)* mit hellgelben Blüten im März/April und die Echte Schlüsselblume *(P. veris)* mit goldgelben Blüten im April/Mai. Von *P. elatior* gibt es auch Sorten in verschiedenen Blütenfarben.
- Kugelprimeln wie *P. denticulata* blühen von März bis Mai mit hübschen kugeligen Dolden an bis zu 30 cm hohen Stielen, je nach Sorte lila, rosa, rot oder weiß. Sie brauchen einen kalkarmen, leicht sauren Boden.
- Aurikeln wie *P. auricula* und *P.* x *pubescens* stammen aus den Gebirgen Mittel- und Osteuropas. Sie werden nur etwa 20 cm hoch und zeigen ab April große, tellerförmige Blüten in den verschiedensten Farben, meist zweifarbig mit einem kontrastierenden Auge in der Mitte. Viele Aurikeln sind etwas anspruchsvoller als andere Primeln, bevorzugen kalkhaltige Böden und fühlen sich im Steingarten am wohlsten.
- Etagenprimeln, z. B. *P.* x *bullesiana* sowie *P. bulleyana,* werden bis 70 cm hoch und entfalten ihre am Stiel etagenförmig angeordneten Blüten meist im Juni und Juli. Hier überwiegen Gelb-, Orange-, Rot- und Rosatöne, oft in pastelligen Nuancen.

Pflanzen: Am besten im Frühjahr.

Pflegen: Bei Trockenheit regelmäßig gießen, besonders an sonnigeren Plätzen. Im Frühjahr etwas Kompost geben. Ab Frühsommer, wenn die größte Schneckengefahr vorüber ist, am besten mit Laubhumus, Rindenhumus oder Rasenschnitt mulchen.

Schädlinge, Krankheiten: Blattläuse, Dickmaulrüssler, Schnecken; Falscher Mehltau, Grauschimmel, Blattflecken.

Vermehren: Durch Teilung im Frühjahr oder Spätherbst. Viele Arten auch durch Aussaat; einige, z. B. die Echte Schlüsselblume, sind Kaltkeimer.

Gute Partner: Die Frühjahrsblüher passen gut z. B. zu Narzissen, Tulpen und Traubenhyazinthen, die Etagenprimeln zu Glockenblumen.

Blütezeit: je nach Art zwischen März und Mai oder Juni bis August
Blütenfarbe: fast alle Farben außer Blau, oft zweifarbig
Höhe: 10–70 cm
Wuchs: aufrecht oder kissenförmig; rundliche bis ovale, teils immergrüne Blätter in grundständigen Rosetten
Standort: halbschattig, auch hell, aber keine pralle Sonne; durchlässiger, humoser, nährstoffreicher, frischer bis feuchter Boden
Verwendung: einzeln oder in kleinen und größeren Gruppen in Beeten und Rabatten, am Gehölzrand, im Teichumfeld, Kissenprimeln auch in Pflanzgefäßen
Pflanzabstand: je nach Wuchshöhe 15–30 cm
Achtung: Primeln enthalten Stoffe, die bei dafür empfindlichen Menschen Hautreizungen hervorrufen können.

Sonnenhut *(Rudbeckia)*

Sonnenhüte oder Rudbeckien gehören wie viele andere Prachtstauden zur Familie der Korbblütler *(Asteraceae)*. Sie stammen aus Nordamerika und wachsen dort in feuchten Wiesen und an Gehölzrändern. Ihre leuchtend gelben Blüten haben eine hervorragende Fernwirkung und locken zahlreiche Insekten wie Schmetterlinge und Bienen an.

Arten und Sorten:

- Der Prächtige Sonnenhut *(Rudbeckia fulgida* var. *sullivantii* 'Goldsturm'*)* entfaltet ab Juli goldgelbe Blüten mit braunschwarzer Mitte und wird 50–80 cm hoch.
- Der Schlitzblättrige Sonnenhut oder Lange Heinrich *(R. laciniata)* zeigt oft erst ab August seine hell- bis tiefgelben Strahlenblüten, die bei Sorten wie 'Goldquelle' ballförmig gefüllt sind. Die drahtigen Sprosse entspringen einem kurzen Rhizom und werden bis 200 cm hoch.
- Der Fallschirmsonnenhut *(R. nitida* 'Herbstsonne') wird ebenso hoch und besitzt gelbe Blütenkörbe mit einer grünen Mitte sowie leicht nach unten geschlagenen „Blütenblättern" (Zungenblüten).
- Nicht nur gelbe, sondern auch rote oder orange Töne haben die Sorten des Rauen Sonnenhuts *(R. hirta)* zu bieten. Die um 50 cm hohe Pflanze wird allerdings nur einjährig als Sommerblume gezogen.
- Wie eine rötliche Ausgabe der Rudbeckien wirkt der verwandte, auch als Arzneipflanze bekannte Purpursonnenhut *(Echinacea purpurea)*. Die 70–100 cm hohen Sorten haben Blüten in Rosa- und Rottönen oder in Weiß, mit breiter, braunroter Mitte.

Pflanzen: Die beste Pflanzzeit ist das Frühjahr, Sonnenhüte können aber auch im Herbst gesetzt werden.

Pflegen: In Trockenperioden regelmäßig gießen. Im Frühjahr mit Kompost versorgen. Breite Büsche locker zusammenbinden. Verblühtes regelmäßig herausschneiden. Im Herbst oder Frühjahr schneidet man alle Triebe bodennah zurück. Am besten alle 3 bis 4 Jahre durch Teilung verjüngen.

Schädlinge, Krankheiten: Blattälchen, Schnecken; Echter Mehltau.

Vermehren: Am einfachsten durch Teilung im Frühjahr oder Spätherbst. Von manchen Arten und Sorten sind auch Samen erhältlich, die teils im Frühjahr, teils schon im Herbst (Kaltkeimer) gesät werden.

Gute Partner: Sonnenhut harmoniert äußerst schön mit Herbstastern, Mädchenauge, Phlox, Rittersporn und Ziergräsern.

Schmetterlinge lieben den Nektar der leuchtenden Sonnenhutblüten

Blütezeit: Juli/August bis September
Blütenfarbe: hell- bis goldgelb, rot, mit auffälliger dunkler oder grünlicher Mitte
Höhe: 50–200 cm
Wuchs: aufrechte, breite Horste; eiförmige bis breit lanzettliche, gesägte, tiefgrüne Blätter
Standort: sonnig, warm; durchlässiger, nährstoffreicher, humoser, frischer bis feuchter Boden, der nicht austrocknen sollte
Verwendung: einzeln oder in Gruppen in Beeten und Rabatten, am Gehölzrand, am Teichrand; haltbare Schnittstaude
Pflanzabstand: 30–60 cm

Sommer-, Steppensalbei *(Salvia nemorosa)*

Die tiefviolette Sommersalbeisorte 'Viola Klose' wird nur 40–50 cm hoch

Die äußerst artenreiche Gattung *Salvia* zählt zu den Lippenblütengewächsen *(Lamiaceae)* und hat allerhand für den Garten zu bieten. Einjährig kultivierte Arten wie Mehlsalbei *(Salvia farinacea)* oder Feuersalbei *(S. splendens)* können Sommerblumenbeete und Balkonkästen bereichern. Der aromatische Echte oder Gartensalbei *(S. officinalis)* wirkt mit seinen graugrünen Blättern und blauvioletten Blüten nicht nur im Kräuterbeet ansprechend. Doch unter den Stauden spielt der in Europa und Vorderasien beheimatete Sommer- oder Steppensalbei *(S. nemorosa)* die Hauptrolle. Mit seinen ährenähnlichen Blütenständen in Blau oder Violett unterstreicht er die Farben benachbarter Prachtstauden und lockt zahlreiche Bienen an.

Arten und Sorten: Vom Sommersalbei gibt es eine Reihe von Sorten, die in verschiedenen Blau- und Violetttönen oder auch rosarot und weiß blühen. Manche, wie etwa 'Blauhügel' (blauviolett) oder 'Viola Klose' (dunkelviolett) bleiben mit 40–50 cm Höhe recht kompakt. Die etwas höhere dunkelviolette 'Caradonna' fällt durch fast schwarze Stängel auf. Der 40–80 cm hohe Gartensalbei *(S. officinalis)*, im Staudenbeet eine wintergrüne Blattschmuckpflanze, kann mit Sorten mit gelb oder rot gemustertem Laub aufwarten. Staudengärtnereien bieten oft noch weitere Arten an, etwa den Wiesensalbei *(S. pratensis)* mit blauvioletten oder weißen Blüten.

Pflanzen: Vorzugsweise im Frühjahr.

Pflegen: Gießen wird höchstens in langen Trockenperioden erforderlich. Am besten schneiden Sie kurz vor dem Verblühen die Blütentriebe zurück und versorgen die Pflanzen mit etwas Kompost, um eine Nachblüte im Spätsommer anzuregen. Im Herbst werden die Stängel dann bodennah zurückgeschnitten.

Schädlinge, Krankheiten: Schädlinge sind selten, neue Triebe werden manchmal von Schnecken angefressen. Bei feuchter, warmer Witterung kann es zu Mehltaubefall kommen.

Vermehren: Durch Teilung im Frühjahr oder durch im Frühjahr oder Sommer geschnittene, etwa 10 cm lange Grund- oder Kopfstecklinge.

Vom Gartensalbei gibt es hübsche Sorten mit rötlichen Blättern, z. B. 'Purpurascens'

Gute Partner: Die blauen und violetten Sorten bilden einen hübschen Kontrast zu rot, rosa oder gelb blühenden Stauden wie Pfingstrose, Türkenmohn, Mädchenauge, Schafgarbe oder Sonnenhut. Sommersalbei passt auch gut zu Rosen.

Blütezeit: Mai bis Juli, Nachblüte bis September
Blütenfarbe: blau, violett, rosa, weiß
Höhe: 40–70 cm
Wuchs: aufrechte, breite Horste; lanzettliche, runzlige, tiefgrüne Blätter, aromatisch duftend
Standort: sonnig; durchlässiger, nährstoffreicher, kalkhaltiger, mäßig trockener bis frischer Boden
Verwendung: einzeln oder in kleinen Gruppen in Beeten und Rabatten, als Rosenbegleiter, im Steingarten; haltbare Schnittstaude
Pflanzabstand: 30–40 cm

Purpurfetthenne *(Sedum telephium)*

Mit ihren dicken, fleischigen Blättern sind die Fetthennen typische Vertreter der Dickblattgewächse *(Crassulaceae).* In den als sukkulent bezeichneten Blättern werden Wasser gespeichert, sodass die Pflanzen auch längere Trockenperioden gut überstehen können. Die in Europa bis nach Sibirien wild vorkommende Purpurfetthenne zählt mit ihren spät erscheinenden flachen Blütenschirmen zu den besonderen Zierden im herbstlichen Staudenbeet. Die großen braunroten Samenstände an den aufrechten Stängeln sind auch über Winter attraktiv.

Arten und Sorten: Es gibt mehrere Sorten mit rosa, rost- oder purpurroten Blüten, die auch in den Blattfarben (grün, blaugrün, rötlich überhaucht) leicht variieren können. Ein „Klassiker" ist die dicht buschige, reich blühende 'Herbstfreude' mit anfangs rosa, später braunroten Blüten. Recht ähnlich ist *Sedum spectabile,* von der auch weiß oder kräftig rot blühende Sorten angeboten werden. Zur nahen Verwandtschaft gehören etliche niedrig wachsende, polster- oder rasenbildende *Sedum*-Arten wie die Goldfetthenne *(S. floriferum* 'Weihenstephaner Gold') mit goldgelben, sternförmigen Blütenständen, der ebenfalls gelb blühende Mauerpfeffer *(S. acre)* und die Weiße Fetthenne *(S. album).* Diese besonders genügsamen Arten eignen sich vor allem für Steingärten, Trockenmauern sowie Trogbepflanzung und Dachbegrünung.

Mit Raureif überzogene Samenstände wirken auch im Herbst und Winter attraktiv

Pflanzen: Die beste Pflanzzeit ist das Frühjahr, aber auch im Herbst bis etwa Anfang Oktober kann man Fetthennen pflanzen. Containerpflanzen lassen sich bereits blühend im Sommer oder Frühherbst in Kübel oder Beete setzen

Pflegen: Der Wasserbedarf ist gering, daher nur wenig oder gar nicht gießen. Zur Nährstoffversorgung genügt alle paar Jahre etwas Kompost. Schneiden Sie die Fetthennen wegen der zierenden Samenstände erst im Frühjahr bodennah zurück. Es ist vorteilhaft, die Pflanzen alle 3 bis 4 Jahre durch Teilung zu verjüngen.

Schädlinge, Krankheiten: Blattälchen; Wurzelfäule bei Staunässe, pilzliche Welkekrankheiten.

Vermehren: Durch Teilung im Frühjahr oder von Frühjahr bis Sommer geschnittene Trieb- oder Kopfstecklinge.

Gute Partner: Purpurfetthennen harmonieren gut mit Herbstastern, Herbstchrysanthemen, Lavendel, Schafgarben, Dahlien und Ziergräsern.

Purpurfetthennen sind als spätsommerliche Topfzierden besonders beliebt

Blütezeit: Juli/August bis September
Blütenfarbe: rosa, braunrot, purpurrot
Höhe: 40–60 cm
Wuchs: aufrechte Horste; fleischige, ovale, gezähnte, grüne, blaugrüne oder rötliche Blätter
Standort: sonnig; durchlässiger, am besten sandiger oder kiesiger, nicht zu nährstoffreicher, recht trockener Boden
Verwendung: einzeln oder in kleinen Gruppen in Beeten und Rabatten, im Steingarten, in Töpfen und Kübeln
Pflanzabstand: 30–50 cm

Polsterstauden und Bodendecker im Überblick

Name	Blütezeit	Blüten	Höhe, Wuchs	Standort,Hinweise
Stachelnüsschen *(Acaena-*Arten)	Juni bis August	grünlich weiß oder cremeweiß, unscheinbar; rote, kugelige Fruchtstände	5–10 cm, teppichbildend, kriechend; meist blaugrüne Blätter, wintergrün	☼ gern vollsonnig; mäßig trockener, recht magerer Boden
Günsel *(Ajuga reptans)*	Mai bis Juni	blauviolette oder weiße Lippenblüten in aufrechten Rispen	15–20 cm, teppichbildend, kriechend, wuchert recht stark; mehrere rot- und buntblättrige Sorten	◐ liebt lehmige, nährstoffreiche, frische bis feuchte Böden
Gänsekresse *(Arabis caucasica)*	März bis April	weiß, klein, in lockeren Ripsen	10–20 cm, polster- bzw. teppichbildend, graufilzige Blätter	☼ – ◐ auch zur Unterpflanzung lichter Gehölze geeignet
Blaukissen *(Aubrieta-*Hybriden)	April bis Mai	blau, rosa, rosarot, karmin oder weiß, klein, sehr zahlreich	8–12 cm, flach und breit kissenförmig; winter- bis immergrün	☼ für Steingarten, Trockenmauer; nach der Blüte zurückschneiden
Steinkraut *(Aurinia saxatilis,* auch: *Alyssum saxatile)*	April bis Mai	zart- bis goldgelb, klein, zahlreich in dichten Büscheln	20–40 cm, breit kissenförmig; winter- bis immergrün	☼ für Steingarten, Trockenmauer, Böschungen

Die roten, stacheligen Fruchtstände gaben dem Stachelnüsschen seinen Namen

Das Blaukissen zählt zu den beliebtesten frühjahrsblühenden Polsterstauden

Das gelbe Steinkraut ist ein idealer Partner für Blaukissen und Schleifenblume

Polsterstauden und Bodendecker im Überblick				
Name	**Blütezeit**	**Blüten**	**Höhe, Wuchs**	**Standort,Hinweise**
Purpurglöckchen *(Heuchera-Arten)*	Juli bis August	rosa, rot oder weiß, klein, in zarten, duftigen Rispen	30–40 cm, kompakt kissenartig; oft rötliche Blätter, gelbe Herbstfärbung, wintergrün	◐ vor und zwischen Gehölzen, auch für leicht beschattete Böden
Schleifenblume *(Iberis sempervirens)*	April bis Mai	weiß, klein, in doldenartigen Ständen	15–30 cm, polsterförmig; immergrüne Blätter	☼ für Steingarten, Trockenmauer, Böschungen, Beete
Katzenminze *(Nepeta x faassenii)*	Juni bis September	violettblaue Lippenblüten in lockeren Quirlen	25–50 cm, kompakt buschig; graugrüne Blätter	☼ recht trockenheitsverträglicher Flächendecker; duftend, Insektenweide
Wollziest *(Stachys byzanthina)*	Juni bis September	hellviolette Lippenblüten in weiß behaarten Rispen	30–40 cm, niederliegend, kriechend; silbrig graue Blätter	☼ idealer Bodendecker für trocken-heiße Standorte
Schaumblüte *(Tiarella cordifolia)*	April bis Mai	weiß, klein, in lockeren Trauben	20–30 cm, teppichbildend; Blätter wintergrün, rötliche Herbstfärbung	◐ – ● für frische bis feuchte Plätze unter Gehölzen

Rotlaubige Purpurglöckchen sind dekorative Blattschmuckpflanzen

Die Katzenminze eignet sich als Flächendecker, Rosenbegleiter und Beetstaude

Trockenheit und Hitze können dem silbrig behaarten Wollziest wenig anhaben

Ziergräser im Überblick

Name	Blüten/Fruchtstände	Höhe, Wuchs	Standort,Hinweise
Pfahlrohr, Riesenschilf *(Arundo donax)*	Juli bis August; weißlich, in fedrigen Ähren	2–5 m, mit einseitig mähnenartig überhängenden Blättern	☼ feuchter Boden; 'Albovariegatus' mit weiß-grün gestreiften Blättern
Reitgras *(Calamagrostis* x *acutiflora)*	Juni bis Juli; gelbbraun, in straff aufrechten, schlanken Rispen	60–150 cm, aufrechte, elegante Horste	☼ noch im Winter sehr zierend; 'Karl Foerster' hat breite, grüne Blätter, 'Overdam' weiß gestreifte
Morgensternsegge *(Carex grayi)*	Juni bis August; grüne, sternkugelförmige Blüten- und Samenstände	50–75 cm, aufrecht buschig, horstbildend	☼ – ◐ feuchter Boden, hübsch am Teichrand, auch für Töpfe und Kübel
Pampasgras *(Cortaderia selloana)*	September bis Oktober; silbrig weiß in großen, federartigen Büscheln	2–3 m, aufrecht buschig, horstbildend	☼ im Winter Halme zusammenbinden und mit laubgefülltem Gittermantel umgeben
Wollgras *(Eriophorum*-Arten)	Mai bis Juni; weiß, in wolligen Köpfchen	30–50 cm, polsterbildend, auch ausläufertreibend	☼ feuchter, leicht saurer Boden, Moorbeetpflanze

Die Blütenstände der Morgensternsegge erinnern an mittelalterliche Sternkeulen

Das stattliche Pampasgras braucht in rauen Lagen guten Winterschutz

Wollgräser, hier Eriophorum vaginatum, zieren feuchte Gartenbereiche

Ziergräser im Überblick			
Name	**Blüten/Fruchtstände**	**Höhe, Wuchs**	**Standort,Hinweise**
Blauschwingel *(Festuca cinerea)*	Juni bis Juli; gelblich braun in schlanken Rispen	30–40 cm, polster- oder kissenförmig bis halbkugelig	☼ Blätter silbrig blau, bleiben im Winter erhalten
Goldenes Japangras *(Hakonechloa macra)*	August bis Oktober; gelbgrün, in lockeren Rispen	40–50 cm; dichte Horste mit bogig überhängenden, goldgelben Blättern	◐ auch im lichten Gehölzschatten; Sorten teils mit weißen Längsstreifen, z. B. 'Albovariegata'
Schneemarbel *(Luzula nivea)*	Juni bis August; weiß, in knäuelartigen Büscheln	20–40 cm; lockere Horste, polsterartig; wintergrün	◐ – ● hübsch mit Schattenstauden, gut für Gehölzunterpflanzung geeignet
Chinaschilf *(Miscanthus sinensis)*	September bis Oktober; silbrig bis silbrig weiß, in fedrigen Rispen	1,5–2 m, straff aufrecht, bildet ausladende Horste	☼ viele kleinere Sorten, z.B. 'Graziella'; 'Strictus' hat gelb-grün quergestreifte Halme
Federborstengras *(Pennisetum alopecuroides)*	Juli bis September; gelbbräunlich, rot überhaucht, in fedrigen Ähren	80–90 cm, kompakte Horste, elegant überhängende Blätter	☼ schön als Solitärpflanze oder zur Auflockerung in Staudenbeeten

Das Goldene Japangras bezaubert mit goldgelben, oft gestreiften Blättern

Chinaschilf verdient einen gut einsehbaren Platz in Rabatten oder Beeten

Das Federborstengras ist ein schöner Begleiter für spät blühende Stauden

Farne im Überblick

Name	Blätter/Wedel	Höhe, Wuchs	Standort,Hinweise
Pfauenradfarn *(Adiantum pedatum)*	breit lanzettlich bis eiförmig, fein gefiedert, mit zweigeteilter Spitze	30–40 cm, buschig bis überhängend, filigran	◐ – ● feuchte, kühle Plätze; auch als Schnittgrün attraktiv
Hirschzungenfarn *(Asplenium scolopendrium)*	zungenartig, ganzrandig, gewellt, teils wintergrün	40–60 cm, bildet kompakte Horste	◐ – ● feuchter, kalkhaltiger Boden; im Winter mit Reisig abdecken
Japanischer Regenbogenfarn *(Athyrium niponicum)*	lanzettlich, zwei- bis dreifach, silbrig bis mittelgrün	40–70 cm, buschig aufrecht	◐ – ● feuchter, saurer Boden; auch Sorten mit purpurner Zeichnung
Rippenfarn *(Blechnum spicant)*	einfach gefiedert, kräftig grün, wintergrün	30 – 70 cm, dicht buschige Horste	◐ – ● feuchter, saurer Boden; hübsch am schattigen Teichrand
Wurmfarn *(Dryopteris filix-mas)*	zweifach gefiedert, lang, leicht überhängend	60–120 cm, aufrechte, große Trichterrosetten	○ – ● feuchter Boden; 'Crispa' mit krausen Wedeln

Der Pfauenradfarn hat attraktive, filigrane Wedel mit schwarzen Stielen

Die Wedelunterseiten des Hirschzungenfarns tragen oft schwarze Sporenlager

Diese dekorative Sorte des Japanischen Regenbogenfarns heißt 'Metallicum'

Farne im Überblick			
Name	**Blätter/Wedel**	**Höhe, Wuchs**	**Standort, Hinweise**
Straußfarn *(Matteucia struthiopteris)*	zweifach gefiedert, lang; sporentragende Wedel kurz und wintergrün	100–150 cm, aufrechte, dichte Trichterrosetten	◐ – ☀ bildet durch Ausläufer große Gruppen, muss oft eingedämmt werden
Perlfarn *(Onoclea sensibilis)*	ein- bis zweifach gefiedert, matt hellgrün	30–50 cm, lockere, elegante Horste	◐ – ☀ schöne gelbe Herbstfärbung; Austrieb etwas spätfrostgefährdet
Königsfarn *(Osmunda regalis)*	zweifach gefiedert, lang, aufrecht	80–120 cm, breit aufrecht, buschig	◐ – ☀ feuchter, saurer Boden; 'Purpurascens' mit im Austrieb rötlich überlaufenen Wedeln
Tüpfelfarn *(Polypodium vulgare)*	lanzettlich, einfach gefiedert, hell- bis mittelgrün, ledrig, wintergrün	20–40 cm, breit aufrecht entlang eines kriechenden Rhizoms	◐ – ☀ feuchter Boden; zur Unterpflanzung von Gehölzgruppen
Weicher Schildfarn *(Polystichum setiferum)*	lanzettlich, zweifach und fein gefiedert	30–90 cm, breite, buschige Horste	◐ – ☀ feuchter, saurer Boden; gut für Gehölzunterpflanzung und Mauerschatten

Der Straußfarn muss öfter durch Abtrennen von Ausläufern gebremst werden

Schmucke, ledrige Wedel kennzeichnen den genügsamen Tüpfelfarn

Sehr ansprechend sind die breiten, dichten Horste des Weichen Schildfarns

Ziersträucher

Wissenswertes

Ziersträucher im Porträt

Klettergehölze im Überblick

Bambusse im Überblick

Heckengehölze im Überblick

Wissenswertes

Attraktive Sträucher sind die Stützen jeder Gartengestaltung. Diese Pflanzengruppe bietet eine gewaltige Vielfalt für jeden Verwendungszweck

Pflanzen, deren Triebe verholzen, lassen sich grundsätzlich in zwei Gruppen unterteilen, nämlich in Sträucher und Bäume. Während Bäume (siehe S. 204–219) einen deutlichen Stamm ausbilden, der eine Krone trägt, bauen sich Sträucher aus mehreren Haupttrieben auf, die der Basis entspringen. Strauchformen finden sich auch unter den Nadelgehölzen, die in einem gesonderten Kapitel vorgestellt werden (S. 220–233).

Grenzgänger und Sonderformen

Unter den großen Laubsträuchern gibt es einige „Grenzgänger": Manche, wie etwa die Felsenbirne, können als Sträucher oder als Bäume wachsen, je nachdem, wie sie im Jugendstadium erzogen werden. Eine andere Übergangsform sind die so genannten Halbsträucher, wie z. B. der Lavendel, bei denen nur die unteren Sprossteile verholzen. Sie werden gärtnerisch häufig wie Stauden (S. 108–151) verwendet, ebenso manche Zwergsträucher. Bambusse (S. 201) dagegen zählen botanisch zwar zu den Gräsern, werden aber aufgrund ihrer verholzenden Halme und Wuchsformen im Garten wie Gehölze eingesetzt, beispielsweise auch als Hecken.

Reich blühende Sträucher wie Rhododendren setzen markante Farbtupfer

Für einen ganz eigenen Wuchstyp haben sich die Klettergehölze (S. 198–200) entschieden: Mit ihren langen Trieben streben sie dem Sonnenlicht entgegen und nutzen dazu in der Natur meist große Bäume als Stützen. Schlingpflanzen wie der Blauregen winden sich bevorzugt um senkrechte Streben. Ranken ausbildende Gehölze, z. B. Waldreben, und Spreizklimmer wie der Winterjasmin, die ihre Triebe einfach „hochschieben", brauchen gitterartige Kletterhilfen. Andere Arten wie die Trompetenblume vermögen sich mit Haftwurzeln oder -scheiben selbst an Mauern festzuhalten. Oft sind aber zusätzliche Klettergerüste empfehlenswert.

Ob kletternd, buschig oder als Hecken: Sträucher geben dem Garten Struktur

Von hoch hinauf bis nah am Boden

Nach der Wuchshöhe unterscheidet man Großsträucher (3–7 m), Sträucher (1,5–3 m), Kleinsträucher (0,5–1,5 m) und Zwergsträucher (0,1–0,5 m).

Hoch wachsende, ansprechende Sträucher kommen meist in Einzelstellung, als so genannte Solitäre, besonders gut zur Geltung. Wo genug Platz zur Verfügung steht, können Sie auch mehrere Arten zu eindrucksvollen kleinen Strauchgruppen vereinen. In Reihen und recht eng nebeneinander gepflanzt, bilden große Sträucher abwechslungsreiche, frei wachsende, aber auch raumgreifende Hecken (siehe auch S. 53–54). Manche lassen sich durch regelmäßigen Schnitt wesentlich kompakter halten und finden Verwendung für einheitlich gestaltete Formbzw. Schnitthecken. Die entsprechende Übersicht auf S. 202–203 umfasst neben Laubsträuchern auch einige wichtige Bäume und Nadelgehölze für Hecken.

Hübsche Kleinsträucher machen als Solitäre ebenfalls eine gute Figur, besonders wenn sie von Stauden oder Gräsern dezent begleitet werden. Sie können auch in Blumenbeeten und -rabatten markante Akzente setzen. Oft wirken Klein- und Zwergsträucher jedoch besser, wenn sie in kleinen Gruppen von wenigstens zwei oder drei Exemplaren gepflanzt werden. Von Grüppchen über niedrige Hecken oder Beeteinfassungen bis hin zu kompletten Strauchbeeten oder -flächen: Kleine Sträucher eröffnen eine Fülle unterschiedlicher Gestaltungsmöglichkeiten.

Auswahl mit Sorgfalt

Sträucher sind – im Idealfall – langlebige Anschaffungen, die sich später nur noch mit großem Aufwand umpflanzen lassen. Achten Sie deshalb bei der Auswahl sorgfältig auf die jeweiligen Ansprüche und geeignete Standorte im Garten, bedenken Sie die spätere Endgröße und -breite, und bereiten Sie die Pflanzfläche gründlich vor. Erkundigen Sie sich zudem vor dem Kauf genau über die Eigenschaften verschiedener Sorten Ihres bevorzugten Gehölzes. Diese unterscheiden sich oft nicht nur in der Blüten- oder Blattfarbe, sondern häufig auch in Wuchshöhe und -form, teils auch hinsichtlich ihrer Robustheit und Anfälligkeit für bestimmte Krankheiten.

Sträucher sind oft als Containerpflanzen erhältlich, die – außer bei gefrorenem Boden – das ganze Jahr über gepflanzt werden können. Die empfohlenen Pflanztermine in den nachfolgenden Porträts gelten vor allem für ballierte oder wurzelnackte Pflanzen, sind aber auch für Containerware vorteilhaft. Da Sträucher oft einzeln gepflanzt werden, sind keine Pflanzabstände angegeben. Dafür finden Sie in den grün unterlegten „Steckbriefen" einen Hinweis zur Breite des Gehölzes, aus der sich der nötige Abstand zu Nachbarpflanzen ableiten lässt.

Felsenbirne *(Amelanchier)*

Diese Rosengewächse *(Rosaceae)* aus Nordamerika sind anspruchslose Sträucher mit verschiedenen Zieraspekten je nach Jahreszeit. Im Frühjahr entfalten sich zuerst die weißen, sternförmigen, duftenden Blüten in dichten Trauben, bald danach oder zeitgleich erscheint der rötliche Blattaustrieb. Ab August heben sich die erst roten, dann fast schwarzen Beeren vom sattgrünen Blattkleid ab. Sie sind bei Reife essbar und können zu Marmelade verarbeitet werden. Schließlich gehen die Felsenbirnen mit leuchtend attraktiver Herbstfärbung allmählich in die Winterruhe über.

Arten und Sorten: Die 2–4 m hohe Kahle Felsenbirne *(Amelanchier laevis)* stammt aus Nordamerika. Sie baut sich locker mit überhängenden Zweigen auf, ihr Blattaustrieb ist bronzerot. 'Ballerina' ist eine großblütige und besonders großfrüchtige Sorte. Der Kahlen Felsenbirne ähnelt die bei uns heimische Gemeine Felsenbirne *(A. ovalis)*, die sich vor allem für Wildhecken eignet und kalkhaltige Böden besser verträgt. Die mit 6–8 m deutlich höhere Kupferfelsenbirne *(A. laevis)* aus Nordamerika erhielt ihren Namen nach dem kupferfarbenen Laubaustrieb; sie bevorzugt kalkhaltige Böden.

Im Frühjahr sind die teils noch nackten Zweige von weißen Blüten bedeckt

Pflanzen: Im Herbst oder zeitigen Frühjahr.

Pflegen: Gelegentlich im Herbst im oder Frühjahr etwas Kompost geben. Mulchen des Bodens ab Juni ist vorteilhaft. Bei veredelten Felsenbirnen sollten regelmäßig die Wildtriebe an der Basis weggeschnitten werden.

Schneiden: Kaum erforderlich. Bei älteren, dichten Sträuchern können Sie ab und zu einige der ältesten Triebe in Bodennähe herausschneiden.

Schädlinge, Krankheiten: Wenn Sie die Früchte ernten möchten, empfiehlt sich das Auflegen von Vogelschutznetzen. Zuweilen tritt Echter Mehltau auf, manchmal leider auch der gefürchtete, meldepflichtige Feuerbrand (eine Bakterienkrankheit, siehe S. 39).

Vermehren: Durch im Sommer geschnittene, halb verholzte Stecklinge oder Aussaat im Herbst (Kaltkeimer).

Gute Partner: Sehr hübsch wirken Unterpflanzungen mit frühjahrsblühenden Zwiebelblumen. In gemischten Hecken oder Strauchgruppen passt die Felsenbirne gut z. B. zu Blutjohannisbeere, Forsythie und Weigelie.

Hinweis: Probieren Sie die Früchte, sobald sie sich dunkel gefärbt haben. Bei Reife schmecken sie süß und saftig. Sie können frisch verzehrt, einige Zeit eingefroren oder auch als Dörrobst (Korinthen) getrocknet werden. Ansonsten eignen sie sich z. B. für Marmelade, Kompott, Säfte oder Fruchtwein.

Felsenbirnen zählen zu den Gehölzen mit den schönsten Herbstfarben

☼ – ◐ ❀

Blütezeit: April bis Mai
Blütenfarbe: weiß
Höhe/Breite: 2–4 m hoch und breit, Kupferfelsenbirne 6–8 m, bis 6 m breit
Wuchs: sommergrüne, locker aufgebaute Sträucher; elliptische, fein gesägte Blätter, im Austrieb rötlich, gelb- bis orangerote Herbstfärbung
Standort: vorzugsweise sonnig oder lichter Schatten; durchlässiger, humoser, am besten sandiger Boden; stadtklimaverträglich
Verwendung: einzeln oder in Gehölzgruppen und frei wachsenden Hecken

Berberitze *(Berberis)*

Diese namensgebende Gattung der Berberitzengewächse *(Berberidaceae)* umfasst rund 450 Arten, die hauptsächlich in Ostasien zu Hause sind. Bekannteste Ausnahme ist die in Europa heimische Gewöhnliche Berberitze *(Berberis vulgaris)*, auch als Sauerdorn bekannt. Als Gartenpflanze sollte sie nicht in der Nähe von Getreidefeldern gesetzt werden, da sie dem Getreiderost als Zwischenwirt dient. Die mehr oder weniger stark bedornten Berberitzen zeichnen sich durch ansprechende, teils immergrüne Blätter, gelbe Blüten und blauschwarze oder rote Beeren aus. Im Garten finden sie vor allem als Heckenpflanzen Verwendung, niedrige Arten auch als pflegeleichte Flächendecker.

Arten und Sorten:

- Thunbergs Berberitze *(Berberis thunbergii)*, bis 3 m hoch, gehört zu den beliebtesten Heckenpflanzen. Von ihr gibt es auch rot- oder gelbblättrige sowie kleinwüchsige Sorten. Im Herbst verfärbt sich das Laub bei allen orange bis rot.
- Die Gewöhnliche Berberitze *(B. vulgaris)* ist der vorgenannten Art ähnlich und besonders robust, breitet sich allerdings stark durch Ausläufer aus.
- Die Blutberberitze *(B.* x *ottawensis* 'Superba') wird 3–4 m hoch und hat große, braunrote Blätter, die sich im Spätjahr rot färben.
- Schöne hochwüchsige (2–4 m), immergrüne Arten sind Lanzenberberitze *(B. gagnepainii)* und Julianes Berberitze *(B. julianae)*.
- Bis 1,5 m hoch und immergrün präsentieren sich die Kugelberberitze *(B.* x *frikartii)* und die Schmalblättrige Berberitze *(B.* x *stenophylla)* mit auffälligen orangegelben Blüten.
- Polsterberberitze *(B. buxifolia* 'Nana') und Kissenberberitze *(B. candidula)* sind hübsche immergrüne, nur bis 0,8 m hohe Zwergsträucher

Bei rotblättrigen Berberitzen kommen die Blüten besonders schön zur Geltung

Pflanzen: Etwas frostempfindliche Arten wie die Schmalblättrige Berberitze im Frühjahr, ansonsten immergrüne Arten auch im Frühherbst, sommergrüne im Spätherbst.

Pflegen: Gelegentlich Kompost geben. Immergrüne Arten bei längerer Wintertrockenheit gießen, frostempfindliche durch Abdecken des Wurzelbereichs schützen.

Schneiden: Bei frei wachsenden Berberitzen nur bei Bedarf; auch kräftiger Rückschnitt möglich. Heckenberberitzen werden Ende Juni in Form geschnitten.

Schädlinge, Krankheiten: Blattläuse, Schildläuse; Echter Mehltau.

Vermehren: Durch im Herbst geschnittene Steckhölzer oder im Frühjahr herabgebogene Absenker; manche Berberitzenarten auch durch Aussaat im Herbst (Kaltkeimer).

Gute Partner: In Hecken passen Berberitzen gut z. B. zu Liguster oder auch Nadelgehölzen, in Strauchgruppen sind wüchsige Sommerblüher wie Pfeifenstrauch gute Nachbarn.

Berberis thunbergii 'Rose Glow' schmückt sich mit roten, weiß gesprenkelten Blättern

☼ – ◐ ❀

Blütezeit: Mai bis Juni
Blütenfarbe: hell- bis orangegelb
Höhe/Breite: je nach Art und Sorte 0,5–4 m hoch und breit
Wuchs: meist dicht buschige, breite Sträucher mit überwiegend eiförmigen Blättern, immergrün oder mit oranger bis roter Herbstfärbung
Standort: je nach Art eher sonnig oder halbschattig, manche auch gut schattenverträglich; jeder normale Boden; stadtklimaverträglich
Verwendung: in frei wachsenden und Schnitthecken, in Gehölzgruppen oder einzeln
Achtung: Die meisten Pflanzenteile sind leicht giftig, allerdings nicht die (essbaren) Beeren der Gewöhnlichen Berberitze.

Schmetterlingsstrauch, Sommerflieder *(Buddleja-davidii)*

Die langen, überhängenden Blütenkerzen verströmen einen angenehmen Duft

Blütezeit: Juli bis Oktober
Blütenfarbe: Blau- und Violetttöne, rot, rosa oder weiß
Höhe/Breite: 1,5–3 m hoch, bis 3 m breit
Wuchs: sommergrüner Strauch, meist mit überhängenden Zweigen; lanzettliche, stumpf- bis graugrüne Blätter, in milden Wintern lange haftend
Standort: sonnig, etwas geschützt; durchlässiger, am besten kalkhaltiger, trockener bis frischer Boden; stadtklimaverträglich
Verwendung: einzeln oder in lockeren Gehölzgruppen, kompaktere Sorten auch in Kübeln

Der Schmetterlingsstrauch oder Sommerflieder ist der populärste Vertreter der Schmetterlingsstrauchgewächse *(Buddlejaceae)* und stammt ursprünglich aus China. Als einer der schönsten und am längsten blühenden Sträucher verdient er einen gut einsehbaren Platz im Garten. Seine duftenden Blütenrispen ziehen den ganzen Sommer über zahlreiche Schmetterlinge an.

Arten und Sorten: Von *Buddleja davidii* gibt es mehrere Sorten mit verschiedenen Blütenfarben, die sich auch in der Wuchshöhe und -form etwas unterscheiden können. 'Black Knight' z. B. blüht tief dunkelviolett und wächst straff aufrecht, bis 3 m hoch; ähnlich die weiß blühende 'White Profusion'. Andere Sorten haben leicht überhängende Triebe, so etwa 'Empire Blue' (blauviolett), 'Fascination' (lilarosa) und 'Royal Red' (purpurrot). 'Nanho Blue' (violettblau) und 'Nanho Red' (rotviolett) wachsen bei 1,5–2 m Höhe breit gedrungen, ebenso die lediglich 1–1,5 m hohe 'White Ball' (weiß). Ein attraktiver Verwandter ist der Schmalblättrige oder Hänge-Sommerflieder *(B. alternifolia):* Er wächst 3–4 m hoch und hat weit überhängende Zweige, die im Juni mit hellvioletten, stark duftenden Blüten übersät sind.

Pflanzen: Am besten im Frühjahr, auch Containerpflanzen. Bei Herbstpflanzung ist Winterschutz ratsam.

Pflegen: Der Schmetterlingsstrauch ist ein Flachwurzler, deshalb im Wurzelbereich nicht tief hacken oder graben. Empfehlenswert ist eine Mulchschicht, z. B. aus Rindenhumus, die auch für die Nährstoffnachlieferung sorgt. Das Abschneiden verblühter Rispen fördert eine lange Blüte. Bei jungen Pflanzen den Wurzelbereich über Winter mit Laub oder Fichtenreisig abdecken.

Schneiden: Da der Schmetterlingsstrauch nur an den neuen, diesjährigen Trieben blüht, werden im Frühjahr die alten Triebe radikal auf 20–40 cm zurückgeschnitten. Der Schmalblättrige Sommerflieder dagegen blüht an den vorjährigen Trieben und darf nur gelegentlich ausgelichtet werden.

Schädlinge, Krankheiten: Blattläuse, Spinnmilben, Blattälchen (Nematoden); Viruskrankheiten.

Vermehren: Durch im Sommer geschnittene, noch unverholzte, grüne Triebstecklinge.

Gute Partner: Kleinere Sommerblüher wie Fingerstrauch oder Spierstrauch können als Nachbarn die Blütenfülle des Schmetterlingsstrauchs unterstützen. Dessen blaue oder violette Blüten geben auch eine hübsche Kulisse für Beet- und Strauchrosen ab.

Buchsbaum *(Buxus sempervirens)*

Dieser populäre Namensgeber der Familie der Buchsbaumgewächse *(Buxaceae)* stammt aus dem Mittelmeergebiet und wurde schon in der Antike als immergrünes Heckengehölz kultiviert. In den Schlossgärten der Renaissance und des Barock gehörte der Buchsbaum zum festen Inventar – nicht nur als gerade getrimmte Hecke, sondern auch in Form kunstvoll geschnittener Kugeln, Pyramiden oder auch Tierfiguren. Für den klassischen Bauerngarten wurden niedrige Einfassungshecken aus Buchs geradezu stilbildend. Doch auch ungeschnitten und in Einzelstellung wirken Buchsbäume durchaus attraktiv ... und das rund ums Jahr.

Arten und Sorten: Die wohl bekannteste Sorte ist die kleinwüchsige 'Suffruticosa' mit hellgrünen Blättern, die meist als stark geschnittener, oft nur 30 cm hoher Einfassungsbuchs Verwendung findet. Für denselben Zweck eignet sich die blaugrüne Sorte 'Blauer Heinz', die schon von Natur aus sehr kompakt wächst. Ansprechende höhere Sorten sind z. B. 'Handsworthiensis' und die breitwüchsige 'Rotundifolia' mit rundlichen Blättern. Zur nahen Verwandtschaft gehört der rundlich wachsende *Buxus microphylla* 'Faulkner' mit dunkelgrünen Blättchen.

Pflanzen: Im Frühjahr oder Herbst.

Pflegen: In langen Trockenperioden gießen, auch über Winter an frostfreien Tagen. Gelegentlich im Frühjahr Kompost geben, häufig gestutzten Pflanzen nach dem ersten Schnitt im Jahr etwas Volldünger.

Schneiden: Buchshecken, -kugeln und andere Formen werden ein- bis zweimal im Jahr zwischen spätem Frühjahr und Frühherbst geschnitten; bei Bedarf ist kräftiger Rückschnitt möglich. Frei wachsende Sträucher brauchen Sie nur etwas auszulichten.

Schädlinge, Krankheiten: Buchsbaumgallmücke („verbeult" wirkende Blätter; befallene Triebe herausschneiden), Spinnmilben, Schildläuse.

Vermehren: Durch im Frühsommer geschnittene Kopfstecklinge oder im Frühjahr herabgebogene Absenker.

Gute Partner: Buchs kann unter höheren Gehölzen wachsen, wirkt aber auch schön in Staudenrabatten oder zwischen Rosen und anderen Blütensträuchern.

Hinweis: Um Kugeln oder ähnliche Formen zu erziehen, basteln Sie sich am besten Schablonen aus Draht, für Kegel zusätzlich mit Bambusstäben, die oben wie Zeltstangen zusammengebunden werden. Kürzen Sie bei jungen Pflanzen im späten Frühjahr den vorjährigen Zuwachs um die Hälfte ein, später dann nur noch, was aus den Schablonen herausragt. Später können die Schablonen entfernt werden.

Blütezeit: April bis Mai
Blütenfarbe: gelb- oder weißgrün, unscheinbar
Höhe/Breite: 0,5–3 m hoch, im Alter auch bis 6 m, 0,5–2 m breit
Wuchs: immergrüner, dicht buschiger Strauch oder kleiner Baum, sehr langsam wachsend; eiförmige, glänzend hell-, blau- oder dunkelgrüne Blättchen
Standort: sonnig bis schattig; durchlässiger, humoser, kalkhaltiger, mäßig trockener bis frischer Boden; stadtklimaverträglich
Verwendung: für geschnittene und freiwachsende Hecken, als Formgehölz, niedrige Sorten als Beeteinfassung; auch in Kübeln
Achtung: Alle Pflanzenteile, insbesondere die Blätter, sind bei Verzehr giftig.

Zu breiten Kugeln geformt, wirken Buchsbäumchen besonders adrett

Bartblume *(Caryopteris x clandonensis)*

Zwischen Anfang und Mitte August entfalten sich die ersten Blütenbüschel

Den Hummeln bietet die Bartblume noch im Herbst einen gedeckten Tisch

Ganz exakt heißt dieses Familienmitglied der Eisenkrautgewächse *(Verbenaceae)* Clandon-Bartblume, nach dem englischen Dorf West Clandon. In einer dort ansässigen Gärtnerei wurde das kleine Gehölz in den 1930er Jahren gezüchtet, als Kreuzung aus zwei ostasiatischen Wildarten. In strengen Wintern erfrieren die Triebe der Bartblume, sie werden aber im Frühjahr durch Neuaustrieb ersetzt. Deshalb stuft man sie als Halbstrauch ein. Ihre spät erscheinenden Blüten erfreuen nicht nur die Gartenbesitzer, sondern auch Bienen, Hummeln und Schmetterlinge. Außerhalb der Blütezeit sieht die Bartblume ganz ansprechend aus, ist aber nicht gerade ein „Hingucker".

Arten und Sorten: Von der ursprünglichen Kreuzung gibt es einige verbesserte, besonders reich blühende Auslesen, mit leichten Varianten im Blauton der Blüten und in der Wuchsform. Bewährte Sorten sind die breit ausladende, mittelblau blühende 'Heavenly Blue', die allerdings etwas zum Auseinanderfallen neigt, und die kompaktere, dunkler blühende 'Kew Blue'. Breit und sehr dicht wachsen neuere Züchtungen wie 'Blauer Spatz' (dunkelblau), 'Blue Ballon' (mittelblau) und 'Sommer Sorbet' (hellblau, mit gelb gerandeten Blättern).

Pflanzen: Im Frühjahr; auch Containerpflanzen besser nicht im Spätherbst, sondern zwischen Frühjahr und Spätsommer setzen.

Pflegen: Im Frühjahr mit Kompost versorgen. In rauen Lagen über Winter den Wurzelbereich mit Laub und Fichtenreisig abdecken.

Schneiden: Entfernen Sie erfrorene Triebe im Frühjahr knapp über dem Boden. Auch wenn die Triebe heil bleiben, ist ein starker Rückschnitt in wenigstens jedem zweiten Frühjahr empfehlenswert.

Schädlinge, Krankheiten: Selten Spinnmilben, Schild- oder Wollläuse.

Vermehren: Durch im Frühsommer geschnittene Kopfstecklinge.

Gute Partner: Die Bartblume passt gut in Beete und Rabatten, wo sie z. B. im Verein mit niedrigen Sonnenhut- und Sonnenbrautsorten, Astern, Purpurfetthenne oder Studentenblumen Herbstakzente setzt. Sie lässt sich auch schön mit anderen kleinen Sträuchern, wie Buchs, Fingerstrauch Johanniskraut oder Spierstrauch, gruppieren.

Hinweis: Nicht verwandt, doch in Erscheinungsbild, Ansprüchen und Pflege ähnlich ist die Säckelblume *(Ceanothus x delilianus)*. Sie blüht von Juli bis Oktober mit blauvioletten Rispen.

Blütezeit: August bis September, teils bis Oktober
Blütenfarbe: verschiedene Blautöne
Höhe/Breite: 0,5–1 m hoch, bis 1,5 m breit
Wuchs: vieltriebiger, breiter Halbstrauch; lanzettliche, meist graugrüne Blätter
Standort: sonnig, warm; durchlässiger, humoser, trockener bis frischer Boden; stadtklimaverträglich
Verwendung: vorwiegend einzeln in Beeten und Rabatten, in kleinen Gehölzgruppen, im Steingarten, auch in Kübeln

Zierquitte *(Chaenomeles)*

Zwar heißen diese Sträucher Zier- oder Scheinquitten, doch immerhin sind sie als Rosengewächse *(Rosaceae)* entfernt mit der Quitte verwandt – und ihre quittenähnlichen, Vitamin-C-reichen Früchte lassen sich hervorragend als Marmelade, Gelee oder Saft genießen. Die erst grünen, ab August gelben, duftenden Früchte können aber auch als Zierde am Strauch bleiben. Ihnen gehen im Frühjahr meist rot gefärbte Schalenblüten voraus. Die Namen Japanische und Chinesische Zierquitte verraten deutlich die Herkunft dieser Sträucher.

Arten und Sorten: Die schwach bedornte Japanische Zierquitte *(Chaenomeles japonica)* blüht ziegelrot und wird nur 0,8–1,5 m hoch; die stärker bedornte Chinesische Zierquitte *(C. speciosa)* hat tiefrosa bis dunkelrote Blüten und erreicht 2–3 m Höhe. Von beiden gibt es Sorten in verschiedenen Rottönen, von *C. speciosa* auch die reinweiße 'Nivalis' und die dunkel samtrote, nur etwa 1 m hohe 'Simonii'. Als beste Sorte für die Fruchternte gilt *C. japonica* 'Cido' mit orangeroten Blüten. Die größte Sortenauswahl bietet jedoch *C.* x *superba,* eine Kreuzung aus den beiden genannten Arten. Ihr Spektrum reicht von der gedrungenen 'Crimson and Gold' (dunkelrot mit goldgelben Staubblättern) über die mittelhohe 'Youki Gotin' (cremeweiße, gefüllte Blüten) bis zur recht stattlichen breit wachsenden 'Pink Lady' (große dunkelrosafarbene Blüten).

Pflanzen: Im Herbst oder Frühjahr.

Pflegen: Wegen der recht flach verlaufenden Wurzeln unter den Sträuchern nicht tief hacken oder graben. Empfehlenswert ist eine Mulchschicht, z. B. aus Rindenhumus und Kompost, die auch als Nährstoffversorgung ausreicht. Bei jungen Pflanzen den Wurzelbereich über Winter mit Laub oder Fichtenreisig abdecken.

☼ – ◐ ❀

Blütezeit: März bis April
Blütenfarbe: verschiedene Rottöne oder weiß
Höhe/Breite: 0,8–3 m hoch, 1–3 m breit
Wuchs: sommergrüne, breitbuschige, teils bedornte Sträucher; eiförmige, zugespitzte, glänzend grüne Blätter
Standort: vorzugsweise sonnig oder lichter Schatten; durchlässiger, humoser, auch sandiger Boden; stadtklimaverträglich
Verwendung: einzeln oder in Gehölzgruppen und frei wachsenden Hecken

Die schön geformten Schalenblüten bringen fernöstliches Flair in den Garten

Schneiden: Bei dichten Sträuchern können Sie ab und zu einige der ältesten Triebe in Bodennähe herausschneiden. Ansonsten möglichst wenig schneiden, da die Blüten und Früchte an älteren Zweigen gebildet werden.

Schädlinge, Krankheiten: Blattläuse, Schildläuse; Echter Mehltau, pilzliche Blattflecken, zuweilen auch der gefährliche Feuerbrand (siehe S. 39).

Vermehren: Durch im Sommer geschnittene Stecklinge oder im Herbst geschnittene Steckhölzer.

Gute Partner: Im Frühjahr wirken Zierquitten besonders schön, wenn vorgepflanzte Zwiebelblumen wie Tulpen, Narzissen und Traubenhyazinthen ihre Blüten untermalen.

Rotrindiger Hartriegel *(Cornus alba 'Sibirica')*

Die Gattung *Cornus*, namensgebend für die Familie der Hartriegelgewächse *(Cornaceae)*, umfasst mehrere gute Gartengehölze, bis hin zur meist baumartig wachsenden Kornelkirsche *(Cornus mas;* siehe S. 211). Doch größter Beliebtheit erfreut sich schon seit vielen Jahren der Rotrindige oder Sibirische Hartriegel. Wie andere Hartriegel gefällt er durch ansprechendes Laub mit schöner Herbstfärbung, hübsche Wuchsform, gelblich weiße Blütendolden im Frühsommer und bläulich weiße, beerenähnliche Früchte im Herbst. Als Besonderheit kommen bei ihm die leuchtend korallenrot gefärbten Jungtriebe dazu. Nach dem Laubfall machen sie diesen Strauch zu einer auffälligen Attraktion im winterlichen Garten – ganz besonders, wenn dieser verschneit ist.

Auch ganz ohne Blätter und Blüten ist der Rotrindige Hartriegel eine Augenweide

Arten und Sorten: Als Variante des Rotrindigen Hartriegels gibt es *Cornus alba* 'Sibirica Variegata' mit cremeweiß gerandeten Blättern. Zierende Rinden, die im Winter besonders zur Geltung kommen, haben auch andere *Cornus*-Arten zu bieten: Beim Gelbholzhartriegel *(C. stolonifera* 'Flaviramea') ist die Rinde leuchtend grüngelb, bei 'Winter Beauty', einer Sorte des Roten Hartriegels *(C. sanguinea)*, zeigt sie eine rötlich gelborange Färbung. Die leider bei uns noch selten angebotene *C. stolonifera* 'Cardinal' hat leuchtend kirschrote Triebe. Wem es weniger auf die Rindenfarbe ankommt, sollte auch das sonstige Sortenangebot von *C. alba, C. sanguinea* und *C. stolonifera* in Augenschein nehmen: Hier finden sich etliche Sorten mit attraktiv gemusterten Blättern.

Pflanzen: Im Frühjahr oder Herbst.

Pflegen: In lang anhaltenden Trockenperioden mäßig gießen. Gelegentlich im Herbst oder Frühjahr mit Kompost versorgen.

Schneiden: Gewöhnlich reicht es, alle paar Jahre die ältesten Triebe bodennah herauszuschneiden. Werden die Triebe allerdings zunehmend bräunlicher, kann ein kräftiger Rückschnitt den Austrieb neuer, wieder intensiv rot gefärbter Jungtriebe fördern.

Schädlinge, Krankheiten: Schildläuse; selten pilzliche Blattflecken.

Gute Partner: Der Rotrindige Hartriegel steht am besten einzeln, an einem Platz, wo er im Winter vom Haus aus gut zu sehen ist. Immergrüne Laub- oder Nadelgehölze, besonders Sorten mit hellgrünen, bläulichen oder gelben Blättern, geben eine hübsche Kulisse für die roten Triebe ab.

☼ – ◐ ❀

Blütezeit: Mai bis Juni
Blütenfarbe: gelblich weiß
Höhe/Breite: 2–3 m hoch und breit
Wuchs: sommergrüner, breit aufrechter Strauch mit roten Jungtrieben, untere Zweige bogenförmig niederliegend bis aufsteigend; elliptische, zugespitzte, dunkelgrüne Blätter, orangegelbe Herbstfärbung
Standort: sonnig bis halbschattig; jeder normale, nicht zu feuchte Gartenboden; stadtklimaverträglich
Verwendung: einzeln an gut einsehbarer Stelle oder in einer lockeren Gehölzgruppe

Haselnuss *(Corylus)*

Die Korkenzieherhasel bietet mit ihren verdrehten Zweigen ein ungewöhnliches Bild

Die Haseln gehören zur Familie der Birkengewächse *(Betulaceae)* und haben mit der Gewöhnlichen Hasel *(Corylus avellana)* eine wichtige europäische Vertreterin. In Gärten und in der Landschaft wird der Strauch schon seit langem als robustes Sicht- und Windschutzgehölz geschätzt. Für Zier- und Nutzzwecke spielen noch zwei weitere, aus Südosteuropa und Kleinasien stammende Arten eine Rolle, die Große oder Lambertshasel *(C. maxima)* und die Baumhasel *(C. colurna)*. Bei allen tragen nicht nur die Wuchsform und die großen Blätter zur Zierwirkung bei, sondern auch die männlichen Blüten. Diese erscheinen in hängenden, gelbbraunen Kätzchen an den noch nackten Zweigen. Die weiblichen Blüten dagegen sind unscheinbar.

Arten und Sorten: Die beliebtesten Ziersorten sind die Korkenzieherhasel *(Corylus avellana* 'Contorta'*)* mit korkenzieherartig gedrehten Zweigen und teils eingerollten Blättern sowie die Blut- oder Purpurhasel *(C. maxima* 'Purpurea') mit schwarzrotem Laub und roten Kätzchen. Für die Baumhasel (*C. colurna)* braucht es schon etwas Platz, denn sie wächst tatsächlich als 10–15 m hoher Baum mit breiter, schön geformter Krone. Geht es mehr um die Nüsse, sollten Sie nach Fruchtsorten der Gewöhnlichen oder der Lambertshasel Ausschau halten (z. B. 'Hallesche Riesennuss', 'Wunder aus Bollweiler'). Die 'Rotblättrige Zellernuss' bietet nicht nur reichlich Früchte, sondern auch schmucke bronzerote Blätter.

Pflanzen: Im Herbst oder Frühjahr.

Pflegen: Mulchen mit Laub- oder Rindenhumus ist vorteilhaft; sonst keine Pflege erforderlich.

Schneiden: Gelegentlich ältere Triebe bodennah herausschneiden. Zur Verjüngung können die Sträucher auch im Frühjahr vor dem Blattaustrieb stark zurückgeschnitten werden. Bei der veredelten Korkenzieherhasel sollten Sie alle gerade wachsenden Wildtriebe an der Basis wegschneiden.

Die Braunfärbung der Schale zeigt die beginnende Nussreife an

☼ – ◐ ❀

Blütezeit: März bis April, teils schon ab Februar
Blütenfarbe: gelbbraun, seltener rötlich
Höhe/Breite: 2–7 m hoch und breit
Wuchs: sommergrüne, breit aufrechte, vielstämmige Sträucher; große, rundliche bis breit eiförmige, gesägte, stark geaderte, sattgrüne Blätter mit gelber Herbstfärbung, bei Sorten auch rot
Standort: sonnig bis halbschattig; jeder Gartenboden, der nicht extrem feucht, trocken oder sauer ist; stadtklimaverträglich
Verwendung: in Gehölzgruppen und frei wachsenden Hecken, Korkenzieher- und Bluthasel auch als Solitäre
Achtung: Die im Frühjahr überreich produzierten Pollen können bei dafür empfindlichen Menschen heftige allergische Reaktionen auslösen.

Schädlinge, Krankheiten: Gallmilben, die zu großen, kugeligen Knospen im Frühjahr führen; befallene Knospen ausbrechen oder Triebe bis ins gesunde Holz zurückschneiden. Früchte und Blätter können von den weißlichen Larven des Haselnussbohrers (eine Käferart) zerfressen werden.

Vermehren: Soweit nicht veredelt, können die Sträucher durch im Frühjahr herabgebogene Absenker oder im Frühsommer gesschnittene Kopfstecklinge vermehrt werden.

Gute Partner: Haseln lassen sich gut mit anderen robusten, wüchsigen Sträuchern kombinieren, z. B. mit Holunder oder Schneeball.

Zwergmispel *(Cotoneaster)*

Leuchtend rote Früchte und glänzende Blätter sind charakteristisch für Cotoneaster

Diese Gattung der Rosengewächse *(Rosaceae)* umfasst rund 90 Arten, die überwiegend in Ostasien beheimatet sind. Etwa ein Dutzend davon findet sich im Angebot von Gärtnereien und Gartencentern, wobei die niedrigen, bodenbedeckenden Zwerg- oder Felsmispeln überwiegen. Doch es gibt auch ansehnliche höhere Arten, die oftmals als Strauchmispeln bezeichnet werden.

☼ – ◑ ❀

Blütezeit: Mai bis Juni
Blütenfarbe: weiß oder rosa
Höhe/Breite: niedrige Arten 0,2–1,5 m hoch, bis 1,5 m breit; hohe Arten 2–4 m hoch und breit
Wuchs: sommer-, winter- oder immergrüne Sträucher, kriechend, mit hängenden Trieben oder breit aufrecht; meist eiförmige, glänzend grüne Blätter, teils mit intensiver Herbstfärbung
Standort: sonnig bis halbschattig; jeder Gartenboden, der nicht extrem feucht, trocken oder sauer ist; stadtklimaverträglich
Verwendung: niedrige Arten als Bodendecker, im Steingarten, auch in Pflanzgefäßen; hohe Arten einzeln, in Gehölzgruppen oder Hecken
Achtung: Früchte und andere Pflanzenteile sind leicht giftig.

Cotoneaster-Arten sind meist anspruchslos und durch ihre kleinen weißen oder rosa Blüten, die roten, beerenartigen Früchte und die immergrünen oder im Herbst rötlich gefärbten Blätter fast das ganze Jahr über attraktiv. Allerdings gelten sie als hochanfällig für den gefürchteten, meldepflichtigen Feuerbrand (siehe S. 39), sodass man in Obstanbaugebieten besser auf sie verzichten sollte.

Arten und Sorten:

• Wichtige niedrige Arten sind Teppichzwergmispel *(Cotoneaster dammeri)*, Fächerzwergmispel *(C. horizontalis)* und Kissenzwergmispel *(C. adpressus)*. Die Teppichzwergmispel bildet mehr als meterlange Triebe, die je nach Sorte am Boden entlang kriechen oder stark überhängen. Ihre Blätter bleiben in nicht allzu strengen Wintern haften. Die im Herbst orangerot verfärbte, reich fruchtende Fächerzwergmispel wächst mit flach ausgebreiteten Ästen kaum über 50 cm hoch und bis 1,5 m breit. Ähnlich präsentiert sich die nur 20–30 cm hohe Kissenzwergmispel, mit im Herbst rotbraunen, lang haftenden Blättern.

• Unter den 2–4 m hohen Arten wären z. B. Vielblütige *(C. multiflorus)* und Runzelblättrige Strauchmispel *(C. bullatus)* zu nennen, beide sommergrün mit gelber bis rotbrauner Herbstfärbung; außerdem die wintergrüne *C.* x *watereri* und die immergrüne Weidenblättrige Strauchmispel *(C. salicifolius)*. Sie wachsen oft malerisch überhängend und wirken auch in Einzelstellung attraktiv.

Pflanzen: Im Herbst oder Frühjahr; niedrige Arten als Bodendecker mit fünf bis sechs Stück pro Quadratmeter.

Pflegen: Unter den Strauchmispeln besser mulchen statt hacken, da die Wurzeln flach verlaufen.

Schneiden: Niedrige Zwergmispeln gelegentlich durch Kürzen vor allem jüngerer Triebe auslichten; wenn nötig, auch stark zurückschneiden. Bei Strauchmispeln ab und zu die ältesten Triebe bodennah einkürzen.

Schädlinge, Krankheiten: Blattläuse, Schildläuse, Spinnmilben; Echter Mehltau, Feuerbrand.

Vermehren: Durch im Herbst geschnittene Kopfstecklinge.

Gute Partner: Zu niedrigen Zwergmispeln passen andere kleine Sträucher, Stauden und Gräser. Hohe Arten wirken schön mit – nicht allzu nah gepflanzten – Blütensträuchern wie Pfeifen- oder Fingerstrauch.

Besenginster *(Cytisus scoparius)*

In der Natur wächst der bei uns heimische Besenginster oder Geißklee auf kargen, kalkarmen, häufig sandigen oder steinigen Standorten und ist eine Charakterpflanze der so genannten Besenginsterheide. Typisch für ein Schmetterlingsblütengewächs *(Fabaceae)*, kann er sich mithilfe von Knöllchenbakterien an seinen Wurzeln selbst mit Stickstoff aus der Luft versorgen. Im Garten hat sich der Besenginster als genügsamer Strauch für sonnige, trockene Plätze bewährt. Mit seinen tiefgrünen, rutenförmigen Zweigen und den großen, goldgelben Schmetterlingsblüten, gefolgt von schwarz werdenden Fruchthülsen, bietet er einen ganz eigenen Anblick.

Arten und Sorten: Vom Besenginster werden mehrere Sorten mit gelben, gelbroten, roten oder rosa Blüten angeboten, oft unter dem Namen Edelginster. Der Elfenbeinginster *(Cytisus* x *praecox)* ist ein Verwandter mit bogig überhängenden Zweigen, der schon einige Wochen früher seine je nach Sorte rahmweißen, gelben oder roten Blüten öffnet. In die nahe Verwandtschaft gehören auch einige niederliegend bis kriechend wachsende, gelb oder weiß blühende Zwergsträucher wie Kissenginster *(C. decumbens)* und Zwergelfenbeinginster *(C.* x *kewensis)*. Sie wachsen breit, aber nur 20–60 cm hoch. Dasselbe gilt für den immergrünen Purpurzwergginster *(Chamaecytisus purpureus)* mit purpur- oder rosaroten Blüten im Juni bis Juli. Auch unter den „richtigen" Ginstern (Genista) gibt es hübsche, niedrig wachsende Arten, meist mit goldgelben Blüten; so beispielsweise den im Frühsommer blühenden Lydischen Ginster *(G. lydia)* sowie den spät und lang blühenden Färberginster *(G. tinctoria)*. Alle eignen sich besonders für Stein- und Heidegärten.

Blütezeit: Mai bis Juni
Blütenfarbe: gelb, rot, rosa, auch zweifarbig
Höhe/Breite: 1–2 m hoch, bis 1,5 m breit
Wuchs: sommergrüner, aufrechter, durch viele Seitenzweige besenartig wirkender Strauch; kleine, dreiteilige, kräftig grüne Blätter
Standort: sonnig, warm, etwas geschützt; gut durchlässiger, kalkfreier, am besten sandiger Boden; stadtklimaverträglich
Verwendung: einzeln oder in lockeren Gehölzgruppen, im Stein- und Heidegarten
Achtung: Alle Pflanzenteile sind giftig.

Pflanzen: Im März oder April; auch Containerpflanzen am besten nur im Frühling.

Pflegen: Der Besenginster ist etwas frostempfindlich, mehr noch manche seiner Sorten. Deshalb im Herbst den Wurzelbereich und die Triebbasis mit Fichtenreisig abdecken, wenn kalte Winter drohen.

Schneiden: Direkt nach der Blüte einen Teil der Triebe in Bodennähe herausschneiden oder bis zu einer Verzweigung einkürzen.

Schädlinge, Krankheiten: Blattläuse, Spinnmilben; pilzliche Blatt- und Stängelflecken, Falscher Mehltau, Rost.

Vermehren: Durch im Frühsommer geschnittene, noch unverholzte Kopfstecklinge von Seitenzweige.

Im Frühsommer wird der Besenginster an sonnigen Plätzen zum Blickfang

Gute Partner: Schön wirken heideartige Gestaltungen mit Besen- und Schneeheide sowie Gräsern und kleinen Wacholdern. Dazu können sich auch nicht ganz „stilechte" Stauden wie Katzenminze oder Wollziest gesellen. Markant prägt der Besenginster Steingartenbereiche, in lockerer Begleitung von kleinen Kiefern, Zwergbirke *(Betula nana)* und Seggen *(Carex)*.

Seidelbast *(Daphne mezereum)*

Mit seiner frühen Blüte ist der Seidelbast eine wertvolle Bienenweide

Blütezeit: März bis April, teils schon ab Februar
Blütenfarbe: in Rosatönen oder weiß
Höhe/Breite: 0,6–1,2 m hoch, 1–1,2 m breit
Wuchs: sommergrüner, locker aufgebauter Kleinstrauch; schmale, stumpfgrüne Blätter mit gelber Herbstfärbung
Standort: halbschattig, im lichten Gehölzschatten oder absonnig; durchlässiger, humoser, nährstoffreicher, kalkhaltiger, frischer bis leicht feuchter Boden
Verwendung: einzeln oder in lockeren Gehölzgruppen, auch in halbschattigen Beeten und Rabatten
Achtung: Alle Pflanzenteile sind sehr giftig. Pflanzenkontakt kann zu Hautreizungen führen.

Der Seidelbast, auch als Kellerhals bekannt, gehört zur Familie der Spatzenzungengewächse *(Thymelaeaceae)* und wächst in Europa wild in Laub- und Laubmischwäldern auf kalkhaltigen Böden. Im Garten ist er einer der auffälligsten Frühjahrsblüher. Seine stark duftenden Blüten entfalten sich an den noch unbelaubten Zweigen und ziehen zahlreiche Bienen an. Nach der Bestäubung bilden sich beerenähnliche Früchte, die sich im Lauf des Sommers leuchtend rot färben. Sie sind – wie der ganze Strauch – sehr giftig und durch ihr „appetitliches" Aussehen für kleine Kinder verlockend. Wo Kinder im Garten spielen, sollte deshalb unbedingt auf den Seidelbast verzichtet werden!

Arten und Sorten: Die *Daphne-mezereum*-Sorte 'Rubra', auch als 'Ruby Glow' im Handel, hat große, dunkelrosa Blüten, während 'Alba' weiß blüht. Im Wuchsbild recht ähnlich ist der Maienseidelbast *(D.* x *burkwoodii),* der erst im Mai und Juni blüht und kaum Früchte ausbildet. Der Rosmarinseidelbast *(D. cneorum)* dagegen ist ein polsterförmig wachsender, nur bis 30 cm hoher Zwergstrauch mit immergrünen Blättern. Seine rosa Blüten erscheinen im April und Mai. Er braucht mehr Sonne als die anderen Seidelbastarten.

Pflanzen: Die beste Pflanzzeit, auch für Containerware, ist der Herbst. Seidelbast, besonders *Daphne mezereum,* wird überwiegend als Containerpflanze angeboten, da er sich andernfalls mit seinen tief reichenden Wurzeln nur schwer verpflanzen lässt. Deshalb sollte er auch später möglichst nicht mehr umgesetzt werden.

Pflegen: Bei lang anhaltender Trockenheit gelegentlich gießen und den Boden am besten mit einer Mulchschicht bedeckt halten.

Schneiden: Nicht erforderlich.

Schädlinge, Krankheiten: Spinnmilben; pilzliche Blattflecken. Wenn die Blätter mosaikartig gescheckt sind und die Pflanzen kümmern, handelt es sich um eine Viruskrankheit. Befallene Sträucher sollten komplett entfernt werden.

Vermehren: Durch im Spätsommer geschnittene Stecklinge. Auch eine Aussaat im Herbst (Kaltkeimer) ist möglich. Vorsicht, tragen Sie dabei Handschuhe oder waschen Sie hinterher gründlich die Hände, denn die Samen haben einen hohen Giftstoffgehalt.

Gute Partner: Hübsche Begleiter sind frühjahrsblühende Zwiebelblumen und Stauden sowie Zwergnadelgehölze und Ziergräser.

An der Spitze der Blütenstände entfaltet sich ein grüner Blattschopf

Deutzie *(Deutzia)*

Die Deutzien aus der Familie der Hortensiengewächse *(Hydrangeaceae)* haben ihre Heimat in Ostasien. Im 19. Jahrhundert gelangten die ersten Arten nach Frankreich und begeisterten mit ihrer üppigen Frühsommerblüte bald die europäischen Gärtner. Schon früh wurde mit der Züchtung von Hybriden begonnen, also mit Kreuzungen verschiedener Arten, die durch ein „x" im botanischen Namen gekennzeichnet sind. Die zahlreichen Arten und Züchtungen unterscheiden sich vor allem in der Wuchshöhe.

Arten und Sorten:

- Die Zierliche Deutzie *(Deutzia gracilis)*, auch Maiblumenstrauch genannt, wächst buschig aufrecht und wird 0,5–1 m hoch. Ihre reinweißen Blüten erscheinen in aufrechten Rispen.
- Der Niedrige Maiblumenstrauch *(D. x rosea)*, 1–1,5 m hoch, hat überhängende Triebe und glockenförmige, außen rosa und innen weiß gefärbte Blüten. Recht ähnlich präsentiert sich die etwas höher wachsende Kalmiendeutzie *(D. x kalmiiflora)*.
- Von *D.* x *hybrida* werden verschiedene Sorten angeboten, die mit überhängenden Zweigen 1,5–2 m hoch wachsen. Die recht großen, sternförmigen, weiß bis rosa gefärbten Blüten stehen in dichten, doldenartigen Ständen beisammen. Schöne Sorten sind beispielsweise 'Mont Rose' (zartrosa), 'Pink Pom-Pom' (karminrosa, dicht gefüllt) und 'Strawberry Fields' (purpurrosa, erdbeerähnlich duftend).
- Von 2 m bis über 3 m hoch wachsen Prachtdeutzie *(D.* x *magnifica)* und Raublättrige Deutzie *(D. scabra)*. Die Prachtdeutzie gibt es mit weißen, gefüllten Blüten oder in Dunkelrosa ('Tourbillon Rouge'). Die weißen oder zartrosa, gefüllten Blüten der Raublättrigen Deutzie erscheinen erst im Juni/Juli.

Blütezeit: Mai bis Juni
Blütenfarbe: weiß oder rosa
Höhe/Breite: 0,5–3 m hoch und breit
Wuchs: sommergrüne Sträucher, meist mit überhängenden Trieben; länglich eiförmige, gesägte, frischgrüne Blätter
Standort: sonnig, auch absonnig; durchlässiger, humoser, nicht zu trockener Boden
Verwendung: einzeln oder in lockeren Gehölzgruppen oder Blütenhecken, im Hintergrund von Beeten und Rabatten

Pflanzen: Im Frühjahr oder Herbst.

Pflegen: In Trockenperioden regelmäßig und kräftig gießen, insbesondere während der Blütezeit. Den Boden am besten stets mit Mulch (Rindenhumus, Rasenschnitt u. Ä.) bedeckt halten. Im Frühjahr ab und zu mit Kompost ver-sorgen.

Schneiden: Gleich nach der Blüte die ältesten Triebe in Bodennähe herausschneiden.

Schädlinge, Krankheiten: Sehr selten; gelegentlich Blattläuse.

Vermehren: Durch im Frühsommer geschnittene Kopfstecklinge oder im Herbst geschnittene Steckhölzer.

Gute Partner: In lockeren Gehölzgruppen oder Blütenhecken harmonieren Deutzien gut mit anderen Blütensträuchern wie Blutjohannisbeere, Ranunkelstrauch oder Spierstrauch.

Die Blütenbüschel der Raublättrigen Deutzie öffnen ihre Knospen erst ab Juni

Oft sind die Deutzienblüten und besonders die Knospen rosa überhaucht

Pfaffenhütchen *(Euonymus europaeus)*

Beim Aufspringen der Früchte kommen die orangen Samenmäntel zum Vorschein

Blütezeit: Mai bis Juni
Blütenfarbe: grünlich, unscheinbar
Höhe/Breite: 1,5-3 m hoch, bis 2,5 m breit
Wuchs: sommergrüner, reicht verzweigter, etwas sparriger Strauch, seltener auch als kleiner Baum; eiförmige bis lanzettliche, am Rand gesägte, tiefgrüne Blätter mit orange- bis scharlachroter Herbstfärbung
Standort: bei sonnigem Stand mehr Früchte und intensivere Herbstfärbung als im Halbschatten; geringe Bodenansprüche, wächst gern in kalkhaltigem Boden; stadtklimaverträglich
Verwendung: für naturnahe Hecken und Gehölzgruppen, auch als Solitärstrauch
Achtung: Die Früchte, Samen und alle anderen Pflanzenteile sind stark giftig!

Das bei uns heimische Pfaffenhütchen gehört zur Familie der Spindelbaumgewächse (*Celastraceae*). Ab August schmückt es sich mit karminroten Kapselfrüchten, die nach dem Aufspringen die orangefarbenen Samen zeigen. Seinen Namen erhielt das Pfaffenhütchen nach diesen Früchten, die an eine früher bei katholischen Pfarrern übliche Kopfbedeckung erinnern. Ein weiteres markantes Zeichen des Strauchs ist seine attraktive orange- bis scharlachrote Herbstfärbung. Er ist ein wertvolles Vogelschutz- und -nährgehölz.

Arten und Sorten: Die Sorte 'Red Cascade' bringt besonders zahlreiche Früchte hervor. Aus Japan und Korea stammt das ähnliche Großfrüchtige Pfaffenhütchen *(Euonymus planipes)*, dessen Früchte nicht nur größer, sondern auch intensiver rot gefärbt sind. Der Strauch wächst zudem etwas geschlossener und harmonischer als das heimische Pfaffenhütchen. Zur nahen Verwandtschaft gehört außerdem der Korkflügelstrauch *(E. alata)*. Er hat zwar keine zierenden Früchte, besticht aber durch leuchtend karminrotes Herbstlaub und interessant gestaltete Zweige mit breiten Korkleisten.

Pflanzen: Als Containerpflanzen fast ganzjährig, ansonsten im Herbst oder Frühjahr.

Pflegen: Kaum erforderlich. Gelegentlich im Frühjahr Kompost geben.

Schneiden: Ab und zu können störende Zweige eingekürzt oder entfernt werden. Ansonsten lässt man den Strauch am besten ungeschnitten, um die natürliche Wuchsform zu bewahren.

Schädlinge und Krankheiten: Zuweilen wird der Strauch im Frühsommer von den Raupen der Gespinstmotte kahl gefressen; normalerweise erholt er sich davon aber wieder. Die Raupen können Sie abstreifen, mit kräftigem Wasserstrahl abspritzen oder mit *Bacillus-thuringiensis*-Präparaten biologisch bekämpfen. Des Weiteren treten bisweilen Blattläuse, Spinnmilben oder Echter Mehltau auf.

Vermehren: Durch im Frühjahr herabgebogene Absenker oder im Herbst geschnittene Steckhölzer; die reine Art auch durch Aussaat im Herbst.

Gute Partner: In gemischten Wildhecken harmoniert das Pfaffenhütchen beispielsweise mit Felsenbirne, Forsythie, Heckenkirsche *(Lonicera)*, Pfeifenstrauch, Schneeball und Weigelie.

Forsythie *(Forsythia x intermedia)*

Die auch als Goldglöckchen oder Goldflieder bekannte Forsythie aus der Familie der Ölbaumgewächse *(Oleaceae)* ist einer der beliebtesten Ziersträucher. Ihre goldgelben Blüten prägen in vielen Gärten das Frühjahrsbild. Erwartete man früher ihre Blüten erst gegen Ende März oder Anfang April, so blüht sie heute, bedingt durch den Klimawandel, öfter schon zeitig im März, manchmal sogar schon Ende Februar.

Die goldgelben Forsythienblüten entfalten sich schon vor dem Blattaustrieb

Arten und Sorten: In Gärten wächst meist die 1878 in Hannoversch Münden gezüchtete Hybride *Forsythia* x *intermedia* und ihre Sorten. Bewährte, 2–3 m hohe Sorten sind z. B. 'Lynwood' und 'Spectabilis'. Neuere Sorten wie 'Week End' bleiben häufig kleiner und wachsen etwa 1,5–2 m hoch.

Pflanzen: Im Herbst oder Frühjahr.

Pflegen: Sehr anspruchslos. Es genügt, die Sträucher ab und zu im Frühjahr mit Kompost zu versorgen.

Schneiden: Lichten Sie die Sträucher alle 3 bis 4 Jahre nach der Blüte aus, indem Sie alte, nur noch schwach blühende Triebe bodennah entfernen oder auf jüngere Seitentriebe zurücksetzen. Lange, überhängende Triebe schneiden Sie am besten auf einen günstig stehenden Seitenzweig in der Nähe des Scheitelpunkts zurück.

Schädlinge und Krankheiten: Gelegentlich verursacht die Fliedermotte das Vertrocknen und Einrollen von Blättern. Gravierender ist ein Befall mit Bakterienkrebs, der Wucherungen an den rissig werdenden Trieben hervorruft; betroffene Triebe sollten kräftig bis ins gesunde Holz zurückgeschnitten werden. Dasselbe ist nötig, wenn sich auf Blättern und Trieben dunkle Flecken zeigen und eventuell Triebspitzen absterben; dabei handelt es sich um die Bakterien- bzw. Fliederseuche.

Vermehren: Durch bodennahe junge Triebe, die im Frühjahr oder Sommer als Absenker am Boden fixiert und nach dem Bewurzeln abgetrennt werden, oder durch im Spätjahr geschnittene Steckhölzer.

Gute Partner: Das Gelb der Forsythien wirkt sehr schön neben rot blühenden Blutjohannisbeeren oder kräftig rosa blühenden Zierkirschen. Sehr attraktiv ist eine Unterpflanzung mit rot und blau blühenden Zwiebelblumen wie Tulpen und Traubenhyazinthen.

Hinweis: Am 4. Dezember als „Barbarazweige" geschnittene Forsythientriebe erblühen in der Vase im warmen Zimmer um die Weihnachtszeit.

☼ ❀

Blütezeit: März bis April/Mai
Blütenfarbe: kräftig gelb
Höhe/Breite: 1,5–3 m hoch und breit, Zwergformen für Kübel nur etwa 1 m hoch
Wuchs: sommergrüner, dicht verzweigter, breiter Strauch mit anfangs aufrechten, später überhängenden Trieben; eiförmige bis lanzettliche, dunkelgrüne Blätter
Standort: vorzugsweise sonnig; auch hell, ohne direkte Sonne, bis leicht beschattet; jeder normale Boden; stadtklimaverträglich
Verwendung: einzeln oder in Gehölzgruppen und frei wachsenden Hecken

Zaubernuss *(Hamamelis)*

Die Sorten der Hybrid-Zaubernuss bieten oft ein wunderschönes Farbenspiel

Zwei Arten aus Ostasien und deren Hybridkreuzung sowie zwei Arten aus Nordamerika – so setzt sich die kleine Gattung *Hamamelis* zusammen, die für die Familie der Zaubernussgewächse *(Hamamelidaceae)* namensgebend war. Die meisten Zaubernüsse sind aparte Winter- und Frühlingsblüher. Ihre teils duftenden Blüten mit den bandförmigen Blütenblättern erscheinen in dichten Büscheln an den noch nackten Zweigen. Bei Frost kringeln sie sich ein, sie vertragen allerdings Temperaturen bis –10 °C. Bis zum Herbst entwickeln sich unscheinbare, holzige Kapselfrüchte. Wesentlich augenfälliger ist zu der Zeit die schöne gelbe bis orangerote Herbstfärbung.

Arten und Sorten: Japanische Zaubernuss *(Hamamelis japonica)* und Chinesische oder Lichtmesszaubernuss *(H. mollis)* sind sich in ihrem trichterförmigen, wenig verzweigten Aufbau recht ähnlich. Beide haben gelbe Blüten mit rotbraunen Kelchblättern, bei der japanischen Art wirken die Kronblätter stärker zerknittert. Die Hybrid-Zaubernuss *(H. x intermedia)* wächst je nach Sorte teils etwas straffer aufrecht. Die Blüten können je nach Sorte hell- oder goldgelb, orange, bronze- oder kupferrot sein, die Herbstblätter gelb, orange oder rot. Die amerikanische Frühlingszaubernuss *(H. vernalis)* ähnelt den ostasiatischen Arten, blüht etwas unauffälliger, zeigt aber eine besonders intensive Herbstfärbung. Aus dem Rahmen fällt die Virginische Zaubernuss *(H. virginiana)*: Ihre hellgelben Blüten öffnen sich bereits im Spätjahr, während sich das Laub schon goldgelb verfärbt.

Pflanzen: Am besten im Herbst. Wählen Sie den Standort gut überlegt aus, und gönnen Sie Ihrer Zaubernuss genug Platz, da sich ältere Exemplare kaum noch verpflanzen lassen.

Pflegen: Im Wurzelbereich nicht graben oder tief hacken, stattdessen mulchen. Entfernen Sie bei den veredelten Sorten regelmäßig die aus der Unterlage wachsenden Wildtriebe. Bei jungen Pflanzen ist ein leichter Winterschutz mit Fichtenreisig empfehlenswert.

Schneiden: Auf Schnitt ganz verzichten, da sich der Strauch kaum durch Neuaustrieb regenerieren kann.

Schädlinge, Krankheiten: In der Regel keine.

Vermehren: Reine Arten durch Aussaat im Herbst (Kaltkeimer). Die Sorten sind schwer vermehrbar, da veredelt.

Gute Partner: Zaubernüsse wirken schön vor einer ruhigen Kulisse aus immergrünen Nadel- oder Laubgehölzen. Als Unter- bzw. Vorpflanzung eignen sich Schneeheide, früh blühende Zwiebelblumen und kleine Rhododendren.

Blütezeit: je nach Sorte Dezember bis März, Virginische Zaubernuss September bis Oktober
Blütenfarbe: gelb, orange oder rot
Höhe/Breite: 2–5 m hoch und breit
Wuchs: sommergrüne, locker breitwüchsige Sträucher; eiförmige, gezähnte, glänzend dunkelgrüne Blätter mit gelb- bis orangeroter Herbstfärbung
Standort: sonnig bis halbschattig; tiefgründiger, humoser, nährstoffreicher, vorzugsweise leicht saurer Boden; stadtklimaverträglich
Verwendung: als Solitär, am besten vom Haus aus gut sichtbar

Echter Roseneibisch *(Hibiscus syriacus)*

Da im Mittelmeerraum weit verbreitet und oft gepflanzt, wird dieses Malvengewächs *(Malvaceae)* öfter als mediterraner Strauch angesehen. Doch tatsächlich liegt die ursprüngliche Heimat des Echten Roseneibisch in China, Korea und Indien. Anders als der Chinesische Roseneibisch *(Hibiscus rosa-sinensis)*, der als Kübel- oder Zimmerpflanze gehalten wird, ist er als gut eingewachsene Pflanze recht frosthart, deshalb auch der Name Garteneibisch. Am geeigneten, am besten etwas geschützten Platz erweist er sich als ausdauernder Sommerblüher. Wenn sich die bis 10 cm breiten, kelchförmigen Blüten mit den weit herausragenden Staubblattröhren entfalten, gibt es nur wenig Sträucher, die dem Garteneibisch Konkurrenz machen können.

Arten und Sorten: Blau ('Blue Bird'), blauviolett ('Marina'), dunkelrosa ('Woodbridge'), zartrosa ('Hamabo'), weiß ('Red Heart'), dunkelrot ('Rubin') – das Sortenspektrum bietet viele schöne Varianten an Blütenfarben. Die meisten Sorten ziert zudem ein mehr oder weniger großer roter Fleck in der Mitte. Des Weiteren gibt es Züchtungen mit halb gefüllten Blüten (z. B. 'White Chiffon', 'Blue Chiffon') sowie die aparte 'Purpureus Variegatus' mit kleinen, dicht gefüllten purpurroten Blüten und gelb-grün gemusterten Blättern.

'Red Heart' ("Rotes Herz") hat der Züchter diese bezaubernde Sorte getauft

Pflanzen: Vorzugsweise im Frühjahr; auch Containerpflanzen besser im Frühjahr oder Frühsommer statt im Herbst.

Pflegen: Bei anhaltender Trockenheit regelmäßig gießen. Am besten ganzjährig den Boden mit Mulch bedecken, über Winter mit einer Laubschicht. Zum Austrieb mit Kompost versorgen. Bei jungen Pflanzen ab Herbst Wurzelbereich und Triebbasis mit Laub und Fichtenreisig schützen.

Schneiden: Im Spätwinter eventuell erfrorene Zweige entfernen und die Haupttriebe um ein Drittel einkürzen. Bei älteren Pflanzen gelegentlich zu dicht stehende oder überalterte Triebe herausschneiden.

Schädlinge, Krankheiten: Blattläuse, Spinnmilben, Weiße Fliegen.

Vermehren: Durch im Frühsommer geschnittene Stecklinge von jungen Trieben. Halten Sie die Jungpflanzen am besten die ersten Jahre in Töpfen, mit heller, kühler Überwinterung im Haus, bevor Sie sie auspflanzen.

Gute Partner: In lockeren Strauchgruppen lässt sich der Roseneibisch schön mit anderen Blütensträuchern wie Deutzie, Pfeifen- und Spierstrauch oder Forsythie kombinieren.

Die Staubblätter bilden eine lange Röhre, aus der der Griffel herausragt

Blütezeit: Juli bis September
Blütenfarbe: Blau-, Rosa- und Rottöne oder weiß, oft mit rotem Mittelfleck
Höhe/Breite: 1,5–2 m hoch, bis 1,5 m breit
Wuchs: sommergrüner, straff aufrechter Strauch; große, dreifach gelappte, grob gezähnte, kräftig grüne Blätter
Standort: sonnig, warm, geschützt; durchlässiger, humoser, mäßig trockener bis frischer Boden; stadtklimaverträglich
Verwendung: einzeln oder in lockeren Gehölzgruppen, auch als Kübelpflanze

Gartenhortensie *(Hydrangea macrophylla)*

Auf saurem Boden zeigen die Blüten der Gartenhortensie eine blaue Färbung

Hortensien zählen ebenso wie Deutzien und Pfeifensträucher zur Familie der Hortensiengewächse *(Hydrangeaceae)*. Die meisten sind in Ostasien beheimatet und wachsen dort als Unterwuchs in lichten Wäldern. Sie haben oft üppige schirm-, rispenförmige oder rundliche Blütenstände, sodass mehrere Arten schon seit langem als Gartenpflanzen kultiviert werden. Zu den beliebtesten zählen die Garten- oder Bauernhortensien, meist mit großen Blütenbällen, seltener mit flachen Blütenschirmen. Bei Letzteren stehen in der Mitte zahlreiche kleine, fruchtbare Blüten, umgeben von einem Kranz größerer, auffälliger, aber steriler Randblüten, die dem Anlocken von Insekten dienen.

Arten und Sorten:

- Von der Gartenhortensie *(Hydrangea macrophylla*, auch als *Hydrangea*-Hybriden im Handel) gibt es mehrere Sorten mit ball- oder schirmförmigen, blauen, rosa, roten oder weißen Blüten. Allerdings wird die Blütenfarbe auch stark vom pH-Wert (Säuregrad) des Bodens beeinflusst: Auf sauren Böden färben sich die Blüten eher bläulich, auf kalkreichen Böden rötlich.
- Den Gartenhortensien mit Schirmblüten ähnelt die 1–3 m hohe Samt- oder Fellhortensie *(H. aspera)* mit großen, behaarten Blättern. Ihre Blütenteller sind innen bläulich bis hellviolett und von weißen bis zartrosa Randblüten umgeben. Die 2–3 m hohe Rispenhortensie *(H. paniculata)* hat breit kegelförmige Blütenstände. Diese sind meist weiß, bei manchen Sorten auch rosa oder grünlich weiß. Eine nordamerikanische Verwandte ist die 2–3 m hohe Strauchhortensie *(H. arborescens)*, die aufgrund ihrer weißen, kugeligen Blütenstände auch als Ballhortensie bezeichnet wird.

Pflanzen: Am besten im Frühjahr.

Pflegen: Bei Trockenheit regelmäßig und gründlich gießen und den Boden am besten mit Mulch bedeckt halten. Im Frühjahr mit organischem Dünger versorgen. In rauen Lagen über Winter mit Fichtenreisig abdecken.

Schneiden: Möglichst wenig; nur gelegentlich im zeitigen Frühjahr etwas auslichten und, wenn nötig, erfrorene Triebe herausschneiden. Die Rispenhortensie dagegen wird jährlich im Spätwinter stark zurückgeschnitten.

Schädlinge, Krankheiten: Blattläuse, Spinnmilben; Echter Mehltau. Zeigen die Blätter mosaikartige gelbliche Flecken, Bänder oder Ringe und sind ebenso wie die jungen Triebe teils deformiert, handelt es sich um eine Viruskrankheit; erkrankte Partien kräftig zurückschneiden, bei starkem Befall den ganzen Strauch entfernen.

Vermehren: Durch im späten Frühjahr oder Frühsommer geschnittene Kopfstecklinge von jungen Trieben.

Gute Partner: Gartenhortensien passen – an sauren Standorten – gut zu Rhododendren, können aber auch mit vielen anderen Blütensträuchern locker gruppiert werden.

Blütenstand der Samthortensie: Randblüten zum Anlocken, Blütenmitte zum Bestäuben

☼ – ◑

Blütezeit: Juli bis September
Blütenfarbe: blau, rosa, rot oder weiß
Höhe/Breite: 1–2 m hoch, bis 3 m breit
Wuchs: sommergrüner, breit buschiger Strauch; eiförmige, dunkelgrüne Blätter
Standort: vorzugsweise halbschattig oder absonnig und etwas geschützt; humoser, nährstoffreicher, frischer Boden
Verwendung: einzeln oder in lockeren Strauchgruppen, auch in großen Töpfen
Achtung: Alle Pflanzenteile enthalten Giftstoffe, die allergische Hautreizungen hervorrufen können.

Großblütiges Johanniskraut *(Hypericum calycinum)*

Weit über 400 Arten umfasst die Gattung *Hypericum,* und viele davon wachsen als krautige Einjährige oder Stauden, deshalb auch der Name Johanniskraut. Doch zu diesen Balsamapfelgewächsen *(Clusiaceae)* zählen ebenfalls etliche Klein- und Zwergsträucher, die sich in Beeten und Rabatten oder flächig als Bodendecker einsetzen lassen. Besonders bewährt hat sich hierfür das in Südosteuropa und Vorderasien heimische Großblütige Johanniskraut. Da die Triebe nur wenig verholzen und in kalten Wintern zurückfrieren können, wird es auch als Halbstrauch eingestuft. Die nur etwa 30 cm hohe Pflanze breitet sich mit Ausläufern teppichartig aus, ohne allzu stark zu wuchern. In mäßig kalten Wintern bleiben die Blätter grün, und im Sommer erscheinen zahlreiche große, gelbe Schalenblüten.

Arten und Sorten: Die Botaniker sind sich nicht ganz einig, ob 'Hidcote' eine Sorte von *Hypericum calycinum* oder eine Hybride ist. Jedenfalls entfaltet diese deutlich höhere Züchtung (bis 1,5 m) von Juni bis Oktober unentwegt bis 7 cm breite, goldgelbe Blüten. Ähnliche Arten sind beispielsweise das rund 1 m hohe

Das Bastardjohanniskraut wächst recht kompakt und blüht in reicher Fülle

Mannsblut *(H. androsaemum),* das zusätzlich mit braunroten, später schwarzen Beeren aufwartet, das 30–50 cm hohe Bastardjohanniskraut *(H. x moserianum)* und das immergrüne, meterhohe Sprossende Johanniskraut *(H. prolificum)* mit blaugrünen Blättern.

Pflanzen: Im Frühjahr oder Herbst, zur Flächenbegrünung mit 4 bis 6 Pflanzen pro Quadratmeter.

Pflegen: In rauen Lagen und strengen Wintern die Triebbasis mit Fichtenreisig abdecken.

Blütezeit: Juni bis Oktober
Blütenfarbe: gelb
Höhe/Breite: bis 0,4 m hoch, teppichbildend, 'Hidcote' bis 1,5 m hoch und breit
Wuchs: wintergrüner Klein- bzw. Halbstrauch, ausläuferbildend; längliche, tiefgrüne Blätter
Standort: sonnig bis halbschattig, blüht sogar im Schatten noch recht gut: jeder nicht zu extreme, durchlässige Gartenboden
Verwendung: einzeln oder in kleinen Gruppen in Beeten und Rabatten, als Bodendecker, als Füllstrauch in Gehölzgruppen, zur Hangbegrünung

Schneiden: Eventuell erfrorene Triebe im Frühjahr ganz herausschneiden, sonst kein regelmäßiger Schnitt nötig. Gelegentlich kann das Johanniskraut auch kräftig zurückgeschnitten werden.

Schädlinge, Krankheiten: Selten Blattläuse oder Rostpilze.

Vermehren: Durch Kopfstecklinge oder Abtrennen von Ausläufern im späten Frühjahr.

Gute Partner: Johanniskräuter lassen sich schön mit anderen kleinen Blütensträuchern wie Bartblume oder Spierstrauch kombinieren, ebenso mit Stauden und Ziergräsern. Die Sorte 'Hidcote' und das Bastardjohanniskraut eignen sich auch als Rosenbegleiter.

Charakteristisch sind die sehr zahlreichen Staubblätter mit rötlichen Staubbeuteln

Stechpalme *(Ilex aquifolium)*

Sorten mit gelb oder weiß gemusterten Blättern hellen schattige Plätze auf

Die attraktiven Beeren haften bis weit in den Winter hinein an den Zweigen

Stechpalmen bilden eine eigene Familie, die Stechpalmengewächse *(Aquifoliaceae).* Mit ihren glänzenden, stacheligen Blättern und den leuchtend roten, kugeligen Beeren könnte man die Gewöhnliche Stechpalme *(Ilex aquifolium)* für ein exotisches Gehölz halten. Doch sie wächst seit jeher wild in mitteleuropäischen Wäldern. Stechpalmen sind zweihäusig, d. h. es gibt Exemplare mit rein weiblichen und solche mit rein männlichen Blüten. Mit Fruchtschmuck können nur weibliche Sträucher aufwarten. Da der Pollen männlicher Pflanzen vom Wind bis zu 50 km weit verbreitet wird, fruchten sie meist recht gut. Sicherer aber ist es, wenn zur gewählten Fruchtsorte noch ein männlicher Pollenspender dazu gepflanzt werden kann. Vorsicht, wegen der verlockenden, hochgiftigen Beeren sollten Stechpalmen nur dort gepflanzt werden, wo keine kleinen Kinder spielen!

Arten und Sorten: Von *Ilex aquifolium* gibt es eine ganze Reihe schöner Sorten, die in der Wuchshöhe variieren. 'Argenteomarginata' z. B. wächst nur 2–3 m hoch und hat weiß gerandete Blätter. 'Golden van Tol', bis 4 m hoch, besitzt gelbrandige, wenig bestachelte Blätter, die ebenso hohe, dunkelgrün belaubte 'Alaska' bleibt schmal. Letzteres gilt auch für die 5 m hohe, geschlossen kegelförmige 'Pyramidalis'. Zu den beliebtesten Sorten zählt die breit aufrechte, 4–5 m hohe 'J.C. van Tol', die selbstfruchtbar ist und besonders viele orangerote Beeren hervorbringt. Recht ähnlich präsentiert sich die Hybride *I.* x *meservae.* Deren männliche Sorte 'Blue Prince' wird nur 1,5 m hoch, hat blaugrünes Laub und gilt als idealer Pollenspender für alle weiblichen Stechpalmen. Ebenso niedrig bleiben die Sorten von *I. crenata,* die schwarze Früchte tragen.

Pflanzen: Vorzugsweise im Frühjahr oder Frühherbst.

Pflegen: Im Frühjahr mit Kompost versorgen. Bei langer Wintertrockenheit an frostfreien Tagen gießen, um Welke bei gefrorenem Boden vorzubeugen. Junge Sträucher im Herbst mit einer Laubschicht mulchen.

Schneiden: Meist nicht nötig. Bei Bedarf störende Triebe im Spätwinter herausschneiden oder einkürzen. Schnitthecken nicht mit der Heckenschere stutzen, sondern besser Zweige einzeln zurückschneiden.

Schädlinge, Krankheiten: Minierfliegen, Schildläuse.

Vermehren: Durch im Sommer geschnittene Stecklinge.

Gute Partner: In frei wachsenden Hecken und Gehölzgruppen bilden die immergrünen, fruchttragenden Stechpalmen eine gute Ergänzung zu laubabwerfenden Blütensträuchern.

◐ – ● ✿ ☠

Blütezeit: Mai bis Juli
Blütenfarbe: grünlich weiß, unauffällig
Höhe/Breite: 2–6 m hoch und breit
Wuchs: immergrüner, meist breitwüchsiger Strauch; eiförmige, stachelig gezähnte, ledrige, glänzend grüne Blätter, bei Sorten auch weiß oder gelb gemustert
Standort: halbschattig bis schattig; durchlässiger, humoser, mäßig trockener bis frischer Boden; stadtklimaverträglich
Verwendung: als Solitär oder in Gehölzgruppen, in frei wachsenden und mäßig geformten Hecken, zur Unterpflanzung größerer Gehölze
Achtung: Beeren und Blätter sind hochgiftig.

Ranunkelstrauch, Kerrie *(Kerria japonica)*

Dieses in Japan und China beheimatete Rosengewächs *(Rosaceae)* wurde schon früh im 19. Jahrhundert nach Europa eingeführt. In unseren Gefilden erwies sich der auch als Kerrie bekannte Ranunkelstrauch bald als ebenso robust wie in seiner ostasiatischen Heimat. Mit seinen goldgelben Blüten zieht er im Frühsommer alle Blicke auf sich. Zuweilen gibt es im Herbst noch einen bescheideneren Nachflor. Außerhalb der Blütezeit wirken die rutenförmigen, recht locker beblätterten Zweige allerdings nur mäßig attraktiv, sodass der Ranunkelstrauch am besten in eine Gehölzgruppe oder Blütenhecke integriert wird.

Arten und Sorten: Der Ranunkelstrauch ist die einzige Art der Gattung *Kerria.* Seine Naturform hat einfache Schalenblüten mit fünf gelben Blütenblättern. Besonders groß sind diese bei der Sorte 'Golden Guinea'. 'Picta' besitzt ebenfalls einfache Blüten und schmückt sich mit weiß-grün gemusterten Blättern, sodass sie auch nach der Blüte recht dekorativ ist. Am häufigsten angeboten und gepflanzt wird allerdings die Sorte 'Pleniflora' mit dicht gefüllten, goldgelben Blüten.

Pflanzen: Im Herbst oder Frühjahr.

Pflegen: Der einzige Aufwand, den dieser anspruchslose Strauch erfordert, ist das gelegentliche Abstechen von Ausläufern bzw. das Entfernen von daraus wachsenden Schösslingen, falls er sich zu stark ausbreitet.Gelegentliche Wasser- und Kompostgaben sind willkommen, aber nicht unbedingt nötig.

Schneiden: In strengen Wintern erfrieren manchmal jüngere Triebe, die man dann im Frühjahr bis ins gesunde Holz zurückschneidet. Ansonsten nur alle 3 bis 4 Jahre nach der Blüte die ältesten Triebe bodennah herausschneiden und bei Bedarf einzelne Zweige einkürzen. Sträucher, die sehr sparrig oder blühfaul geworden sind, vertragen auch einen starken Rückschnitt, am besten im zeitigen Frühjahr.

Schädlinge, Krankheiten: In der Regel keine.

Vermehren: Durch im Herbst geschnittene Steckhölzer oder im Frühjahr herabgebogene Absenker; auch durch Abtrennen und Verpflanzen von Ausläufern.

Gute Partner: Der Ranunkelstrauch harmoniert in Hecken und Gehölzgruppen mit anderen Blütensträuchern wie Blutjohannisbeere, Deutzie, Spierstrauch und Weigelie.

Die gefüllte 'Pleniflora' wurde schon vor rund 200 Jahren aus Asien eingeführt

Blütezeit: Mai bis Juli
Blütenfarbe: gelb
Höhe/Breite: 1–2 m hoch, bis 3 m breit
Wuchs: sommergrüner, breit trichterförmiger Strauch mit grünen, rutenartigen Trieben, ausläuferbildend; länglich eiförmige, gesägte, frischgrüne Blätter
Standort: sonnig bis halbschattig, selbst im Schatten noch ganz passabel blühend; jeder nicht zu extreme Gartenboden; gut stadtklimaverträglich
Verwendung: in Gehölzgruppen und Blütenhecken, als Hintergrund von Beeten und Rabatten, im Bauern- und Steingarten

Goldregen *(Laburnum)*

Der Goldregen, ein Schmetterlingsblütengewächs *(Fabaceae)*, bezaubert im Frühsommer mit einem Meer aus hängenden gelben Blütentrauben. Doch wo kleine Kinder spielen oder vorbeikommen (z. B. auf dem Weg in Kindergarten oder Schule), sollte man auf ihn verzichten: Die verlockenden Blüten und ganz besonders die ab August reifenden, braunen Fruchthülsen sind hochgiftig und bei Verzehr lebensgefährlich! Doch davon abgesehen bieten die bohnenähnlichen Früchte im Spätsommer und Herbst einen interessanten, dekorativen Anblick.

Arten und Sorten: Zur Gattung *Laburnum* gehören lediglich zwei Arten sowie eine aus ihnen gekreuzte Hybride. Der aus Südeuropa stammende Alpengoldregen *(L. alpinum)* bleibt mit 3–5 m etwas kleiner als der bei uns heimische Gewöhnliche Goldregen *(L. anagyroides)*, der eine Höhe von 5–7 m erreicht. Vom Alpengoldregen gibt es die Sorte 'Pendulum' mit stark überhängenden Trieben. Beide Arten besitzen 20–30 cm lange Blütentrauben. Wesentlich üppiger und bis 50 cm lang erscheinen die Blütentrauben des Edelgoldregens *(L. x watereri)*, der zumeist in der Sorte 'Vossii' angeboten wird. Er wächst mit den Jahren 4–5 m hoch.

Pflanzen: Im Herbst oder Frühjahr.

Pflegen: Nicht erforderlich. Allerdings sollten im Winter schwere Schneelasten vorsichtig abgeschüttelt werden, da die Zweige leicht brechen. Stickstoffhaltige Düngung ist eher nachteilig und kann den Blütenansatz mindern.

Schneiden: Am besten ungeschnitten lassen; wenn nötig, abgestorbene Zweige entfernen und zu dicht stehende Triebe sehr zurückhaltend auslichten.

Schädlinge, Krankheiten: Blattläuse; Echter und Falscher Mehltau.

Vermehren: Die Arten durch im Herbst geschnittene Steckhölzer oder Aussaat im Spätjahr (Kaltkeimer). Der Edelgoldregen dagegen ist veredelt und seine Vermehrung somit eine Sache für Fachleute.

Gute Partner: Goldregen wird vorzugsweise als Solitär gepflanzt. Nicht allzu nah platzierte Nachbarn wie Flieder, Deutzie oder Weigelie können die gelbe Pracht mit ihren Blütenfarben kontrastieren.

Die gelben Blütentrauben des Goldregens haben eine gute Fernwirkung

Blütezeit: Mai bis Juni
Blütenfarbe: gelb
Höhe/Breite: 3–7 m hoch, 2–4 m breit
Wuchs: sommergrüner, aufrechter Strauch mit überhängenden Zweigen, teils auch baumartig gezogen; dreiteilige, satt- bis dunkelgrüne Blätter
Standort: sonnig bis halbschattig; jeder nicht zu extreme, gern auch kalkhaltige Gartenboden; stadtklimaverträglich
Verwendung: meist einzeln, z. B. im Rasen oder an der Terrasse, schön als überhängender Wegbegleiter; auch in lockeren Gehölzgruppen
Achtung: Alle Pflanzenteile, besonders die Samen in den reifen Fruchthülsen, sind sehr giftig.

Magnolie *(Magnolia)*

Die größeren Magnolien wirken oft wie mehrstämmige kleine Bäume

Magnolien, namensgebend für die Familie der Magnoliengewächse *(Magnoliaceae)*, sind aparte Gartenschönheiten. Meist zeigen sie schon im Winter auffällige, pelzig oder seidig behaarte Knospen, die sich dann vor oder mit dem Laubaustrieb zu üppigen tulpen- bis schalenförmigen Blüten entfalten. Die Gattung umfasst fast 130 Arten, die in Ostasien oder Nordamerika zu Hause sind. Etwa ein Dutzend davon wird in mitteleuropäischen Gärten kultiviert.

Arten und Sorten: Angesichts der Angebotsfülle empfiehlt es sich, die Eigenschaften der verschiedenen Arten und Sorten genau zu erkunden und sich am besten in einer gut sortierten Baumschule beraten zu lassen. Es gibt Unterschiede in der Wuchsform und -höhe, teils auch in der Winterhärte und Spätfrostempfindlichkeit der Blüten. Zudem bestechen einige durch besonders starken Blütenduft oder zusätzlich durch zierende Fruchtstände. Manche Arten wie die hochwüchsige, weißblütige Kobushi- oder Baummagnolie *(Magnolia kobus)* blühen erst nach vielen Jahren wirklich üppig. Die beliebte Tulpenmagnolie *(M. x soulangiana)* dagegen blüht bereits im Jugendstadium, wird 3–5 m hoch und hat außen rosa, innen weiße Blüten, mit Farbvarianten je nach Sorte. Ebenfalls schon als Junggehölze blühen die Purpurmagnolie *(M. liliiflora)*, die etwas frostempfindlich ist, und die Sommermagnolie *(M. sieboldii)*, deren Flor erst im Juni/Juli erscheint. Die nur bis 3 m hohe, stets strauchförmige Sternmagnolie *(M. stellata)*, entfaltet bereits ab März sternförmige, weiße, duftende Blüten.

Pflanzen: Am besten im zeitigen Frühjahr, Containerpflanzen dagegen vorzugsweise im Herbst.

Pflegen: Bei anhaltender Trockenheit kräftig mit kalkarmem Wasser gießen. Im Frühjahr mit Kompost oder organischem Dünger versorgen. Den Boden im Bereich der Krone nicht tief hacken, sondern am besten mulchen. In den ersten Jahren den Wurzelbereich über Winter dick mit Laub abdecken.

Die zierliche Sternmagnolie entfaltet reinweiße, sternförmige Blüten

☼ – ◐

Blütezeit: April bis Mai; Sternmagnolie März bis April, Sommermagnolie Juni bis Juli
Blütenfarbe: weiß, rosa, lila, rot, oft zweifarbig bzw. innen weiß
Höhe/Breite: meist 2–5 m hoch und bis 6 m breit, manche Arten bis 10 m hoch
Wuchs: meist sommergrüne, breite, locker aufgebaute Sträucher oder kleine Bäume; länglich eiförmige, sattgrüne, teils glänzende Blätter
Standort: sonnig bis halbschattig, etwas geschützt; durchlässiger, humoser, neutraler bis saurer, frischer Boden
Verwendung: vorzugsweise als Solitärgehölz, z. B. im Rasen, auch in lockeren Gehölzgruppen

Schneiden: Nicht erforderlich.

Schädlinge, Krankheiten: Gelegentlich Blattläuse, Spinnmilben, Schildläuse; selten pilzliche Blattflecken, Echter Mehltau. Gelbfärbung der Blätter deutet meist auf Eisenmangel hin, dessen Ursache zu viel Kalk im Boden, Gießwasser oder Dünger ist.

Vermehren: Da die Sorten oft veredelt sind, führen eigene Stecklinge oder Absenker meist zu unbefriedigenden Ergebnissen.

Gute Partner: Sehr schön wirkt eine Unter- bzw. Vorpflanzung mit frühjahrsblühenden Zwiebelblumen.

Mahonie *(Mahonia aquifolium)*

Dieses Berberitzengewächs *(Berberidaceae)* aus Nordamerika hat sich mittlerweile als „Problemlöser" in vielen Gärten etabliert. Anspruchslos und schattenverträglich, kann sich die Mahonie auch gegen die Wurzelkonkurrenz größerer Gehölze behaupten und gedeiht selbst im sauren Nadelstreu unter Koniferen, wo sonst nur wenig wächst. Dabei hat der kleine Strauch auch einiges für das Auge zu bieten, von den glänzenden, immergrünen Blättern, die im Winter rötlich überlaufen sind, über die gelben duftenden Blütenrispen im Spätfrühling bis hin zu den blau bereiften Beeren im Sommer.

Die etwa meterhohe Mahoniensorte 'Apollo' blüht kräftig gelb und besonders üppig

Arten und Sorten: 'Apollo' ist eine bewährte, reich blühende Sorte, die nur etwa 1 m hoch wird. Noch niedriger (0,6–0,7 m) bleiben 'Atropurpureum' (dunkelrote Herbstfärbung), 'Orange Flame' (orangerote Färbung) und 'Smaragd' (sehr blühfreudig). Als etwas empfindlicher gilt die aus China stammende, schon ab Februar blühende Schmuckmahonie *(Mahonia bealei)*. Sie wird bis 2 m hoch, hat große, gefiederte Blätter, lange gelbe Blütenrispen und blauschwarze Beeren. Die ähnliche Hybride *M.* x *media* 'Winter Sun' entfaltet ihre Blüten bereits ab Dezember.

Pflanzen: Am besten im Frühjahr oder Frühherbst.

Pflegen: Gelegentlich im Frühjahr etwas Kompost oder organischen Dünger geben. Gießen bei starker Trockenheit beugt Pilzkrankheiten vor.

Schneiden: Meist nicht nötig, kann aber bei Bedarf kräftig zurückgeschnitten werden.

Schädlinge, Krankheiten: Mahonienrost (kleine rote Flecken auf den Blattoberseiten; erst gelbe, später braune Pusteln an den Unterseiten), Echter Mehltau.

Vermehren: Durch im August oder September geschnittene Stecklinge; die reine Art auch durch Aussaat gleich nach der Beerenreife (Kaltkeimer).

Gute Partner: Die Mahonie bildet einen idealen Unterwuchs für Nadel- und Laubbäume sowie hohe Sträucher. In einem Strauchbeet wirkt sie hübsch zwischen anderen Kleinsträuchern wie beispielsweise Deutzie, Fingerstrauch oder Zierquitte.

Hinweis: Rohe Früchte sind zwar leicht giftig, lassen sich aber nach voller Ausreife und Entfernen der Samen zu Saft, Marmelade usw. verarbeiten. Dafür gibt es sogar spezielle Fruchtsorten wie 'Mirena' und 'Pamina'.

Blütezeit: April bis Mai
Blütenfarbe: gelb
Höhe/Breite: 0,5–1,5 m hoch und breit
Wuchs: immergrüner, breit buschiger Strauch; gefiederte, am Rand dornig gezähnte, glänzend dunkelgrüne Blätter, vom Herbst bis zum Frühjahrsaustrieb rötlich
Standort: sonnig bis schattig; durchlässiger, humoser, neutraler bis saurer Boden, möglichst nicht zu trocken; stadtklimaverträglich
Verwendung: als Unterpflanzung und Bodendecker, in Strauchbeeten und niedrigen Hecken
Achtung: Rohe Beeren und alle anderen Pflanzenteile sind schwach giftig.

Strauchpfingstrose *(Paeonia*-Hybriden*)*

Diese verholzenden Pfingstrosengewächse *(Paeoniaceae)* sind ihren staudigen Verwandten (siehe S. 139) auf den ersten Blick recht ähnlich. Die Stammarten der zahllosen Hybriden und Sorten sind in China und Tibet beheimatet. In China hat die Züchtung der Strauchpfingstrosen oder -päonien eine zwei Jahrtausende alte Tradition. So waren bereits die ersten Sträucher, die im 18. Jahrhundert nach Europa gelangten, Kreuzungen aus verschiedenen Arten und wurden *Paeonia* x *suffruticosa* genannt. Sie zeichneten sich durch dicht gefüllte, duftende Blüten aus. Doch bald wurden auch japanische Züchtungen eingeführt, mit höherem Wuchs und großen, einfachen oder halb gefüllten, meist duftlosen Blüten. Schließlich kreierten die Europäer ihre eigenen Sorten, anfangs nur im „chinesischen Stil". Dann brachten amerikanische Züchter Hybriden von *P. lutea* und *P. delavayi* ins Spiel. In neuerer Zeit machten Abkömmlinge von *P. rockii,* die aus Hochgebirgslagen stammt, Furore.

Arten und Sorten: Berücksichtigen Sie bei der Sortenwahl die leicht variierenden Wuchshöhen und Blütezeiten, und achten Sie, falls gewünscht, auf duftende Züchtungen.

- *Suffruticosa*-Hybriden umfassen, wie eingangs erwähnt, recht unterschiedliche Typen und bieten die größte Vielfalt an Blütenfarben und -formen.
- *Rockii*-Hybriden sind besonders robust, haben meist große, gefüllte oder einfache, stark duftende Blüten. Typisch sind die schwarzroten Flecken an der Basis der Blütenblätter.
- *Lutea* -Hybriden bereichern das Farbspektrum mit vielen Gelb-, Orange- und kräftigen Rottönen. Die Blüten erscheinen spät, dann aber oft bis Juli, und duften meist zart.

Die „klassischen" Strauchpfingstrosen prunken meist mit dicht gefüllten Blüten

Blütezeit: Mai bis Juni, teils bis Juli
Blütenfarbe: weiß, rosa, rot, violett, gelb oder orange
Höhe/Breite: 0,8–1.6 m hoch und breit
Wuchs: sommergrüne, breit buschige Sträucher; doppelt gefiederte, sattgrüne Blätter
Standort: sonnig, möglichst luftig; gut durchlässiger, humoser, nährstoffreicher, gern kalkhaltiger, frischer Boden
Verwendung: einzeln oder in kleinen Gruppen auf Beeten und Rabatten, im Rasen oder vor höheren Gehölzen
Achtung: Alle Pflanzenteile sind leicht giftig.

Bei den Rockii-Hybriden ist die Blütenmitte von dunkelroten Flecken umgeben

Pflanzen: Im Herbst oder zeitigen Frühjahr; dies auch bei Containerpflanzen. Setzen Sie die Pflanzen so tief, dass die Veredlungsstelle etwa 10 cm unter die Erdoberfläche kommt.

Pflegen: Bei langer Trockenheit zurückhaltend gießen. Im Frühjahr mit gut ausgereiftem Kompost oder stickstoffarmem Volldünger versorgen. Den Boden nur flach lockern; auf Mulch besser verzichten.

Schneiden: Abgestorbene Triebspitzen im Frühjahr entfernen. Bei älteren Sträuchern kann das Wegschneiden von Spitzen über den obersten Augen (Knospen) den Blütenansatz fördern.

Schädlinge, Krankheiten: Gelegentlich Grauschimmel.

Vermehren: Ist Gärtnersache, da stets veredelt.

Gute Partner: Hübsche Nachbarn in ausreichendem Abstand – sind z. B. Deutzie, Flieder und Ranunkelstrauch.

Hinweis: Je nach Alter der Pflanzware kann es einige Jahre dauern, bis die ersten Blüten erscheinen.

Pfeifenstrauch *(Philadelphus)*

Der duftende Gewöhnliche Pfeifenstrauch galt früher als „Jasmin der Bauern"

Die Pfeifensträucher gehören zur Familie der Hortensiengewächse *(Hydrangeaceae)* und sind attraktive, unkomplizierte Frühsommerblüher. Der von Südeuropa bis zum Kaukasus verbreitete Gewöhnliche Pfeifenstrauch *(Philadelphus coronarius)* etablierte sich schon im 16. Jahrhundert in den Gärten Mitteleuropas. Aufgrund seines angenehm süßlichen Dufts wird er auch Falscher, Sommer- oder Bauernjasmin genannt. Mit der Zeit fanden weitere Pfeifensträucher aus Nordamerika und Ostasien ihren Weg nach Europa und wurden vielfach untereinander sowie mit *P. coronarius* gekreuzt. So entstanden etliche Hybriden, darunter besonders groß, reich oder gefüllt blühende. Leider blieb dabei manchmal der Duft auf der Strecke.

Arten und Sorten: Die angebotenen Sorten unterscheiden sich in der Blütengröße, -füllung und Duftintensität sowie in der Wuchshöhe. Die *Philadelphus*-Hybride 'Erectus' beispielsweise wird 1,5–2 m hoch und hat einfache, stark duftende Blüten, ähnlich die Sorte 'Natchez' mit besonders großen Blüten. Die ebenso hohe 'Schneesturm' blüht dicht gefüllt, ebenfalls mit intensivem Wohlgeruch. 'Manteau d´Hermine' wächst höchstens 1 m hoch, ihre dicht gefüllten Blüten duften nur leicht. Von *P. philadelphus* gibt es die gelb beblätterte Sorte 'Aureus' sowie 'Variegatus' mit weiß gerandeten Blättern; beide werden 1–2 m hoch und haben einfache, duftende Blüten. Des Öfteren wird auch *P. inodorus* var. *grandiflorus* angeboten, ein ausgesprochen robuster, 3–4 m hoher Strauch mit sehr großen, aber duftlosen Blüten.

Pflanzen: Im Herbst oder Frühjahr.

Pflegen: Bei anhaltender Trockenheit gießen. Gelegentlich im Frühjahr etwas Kompost geben.

Schneiden: Etwa alle 3 Jahre nach der Blüte die ältesten Triebe bodennah herausschneiden.

Schädlinge, Krankheiten: Blattläuse.

Vermehren: Durch im Sommer geschnittene, halbreife Stecklinge oder im Herbst geschnittene, noch nicht ganz verholzte Steckhölzer.

Gefüllt blühende Philadelphus-Sorten vermitteln ein nostalgisches Flair

Gute Partner: Pfeifensträucher passen sehr gut in Blütenhecken und Strauchgruppen und harmonieren dabei mit vielen anderen Sträuchern wie Berberitze, Flieder, Pfaffenhütchen oder Weigelie. Sie sind auch ansprechende Rosenbegleiter.

☼ – ◐ ❀

Blütezeit: Mai bis Juni
Blütenfarbe: reinweiß, rahm- oder cremeweiß
Höhe/Breite: meist 1–2 m hoch und breit, auch bis 4 m hohe und bis 3 m breite Arten und Sorten
Wuchs: sommergrüne Sträucher, straff aufrecht, ältere Zweige überhängend; spitz eiförmige, gezähnte, satt- bis dunkelgrüne Blätter
Standort: sonnig bis halbschattig; durchlässiger, humoser, mäßig nährstoffreicher, nicht zu trockener Boden; stadtklimaverträglich
Verwendung: in lockeren Gehölzgruppen oder Blütenhecken, besonders gefüllt blühende Sorten auch als Solitär

Lavendelheide *(Pieris japonica)*

Die Lavendelheide, auch Schattenglöckchen genannt, war lange Zeit eher ein Liebhabergehölz, doch seit einigen Jahren sieht man sie immer öfter in den Gärten. Das aus Japan stammende Heidekrautgewächs *(Ericaceae)* verträgt recht viel Schatten und besticht nicht nur durch seine weißen oder rosa Blütenglöckchen in dichten Rispen, sondern auch durch attraktive immergrüne Blätter, die teils im Austrieb bronzefarben oder rötlich gefärbt sind.

Arten und Sorten: Mittlerweile gibt es geradezu einen Boom an Lavendelheidesorten. Sie finden z. B. mehrere Sorten mit weiß-grün gefärbten Blättern, etwa 'Variegata' (im Austrieb rosa) sowie nur bis 0,6 m hohe Zwergformen, etwa 'Little Heath Green'. Rosa bis rote Blüten besitzen z. B. 'Shojo' und 'Valley Valentine'. 'Forest Flame' und 'Red Mill' sind zwei Züchtungen mit besonders intensiv rotem Frühjahrsaustrieb. Dasselbe gilt für 'Carnaval', die außerdem weiß gerandete Blätter zu bieten hat. Im Frühjahr wirken solche Sorten mit dem gleichzeitigen Anblick des älteren, grünen Laubs, leuchtend roten Jungblättern und weißen Blütenrispen geradezu atemberaubend.

Pflanzen: Vorzugsweise im Frühherbst oder zeitigen Frühjahr.

Pflegen: Bei anhaltender Trockenheit mit kalkarmem Wasser gießen. Unter dem Strauch nicht graben oder tief hacken, stattdessen mit Rindenhumus oder Kompost mulchen. Keinen mineralischen Dünger geben, da Lavendelheiden den Salzgehalt schlecht vertragen.

Schneiden: Nicht erforderlich, nur eventuell abgestorbene Triebteile entfernen und bei buntlaubigen Sorten vergrünte Neutriebe herausschneiden.

Über den älteren Blättern erscheint der Neuaustrieb in auffälligen Schöpfen

Schädlinge, Krankheiten: Blattwanzen (Andromeda-Netzwanzen) verursachen erst punktförmige Aufhellungen, dann vergilben die Blätter ganz. Sie sind recht gut an schwarzen Kottropfen an den Blattunterseiten zu erkennen und können mit pyrethrumhaltigen Mitteln bekämpft werden. Sonstige Gelbfärbung der Blätter deutet meist auf Eisenmangel aufgrund zu kalkhaltigen Bodens hin.

◐ – ☀ ❀

Blütezeit: März bis April/Mai
Blütenfarbe: weiß, rosa oder zartrot
Höhe/Breite: 0,5–2 m hoch und breit
Wuchs: immergrüner, breiter, meist recht locker aufgebauter Strauch; lanzettliche, glänzend grüne Blätter, im Austrieb oft rötlich
Standort: am besten halbschattig oder absonnig, im Schatten etwas schwächere Blüte; durchlässiger, humoser, neutraler bis saurer, frischer Boden; stadtklimaverträglich
Verwendung: einzeln oder in lockeren Gehölzgruppen und halbschattigen Strauchbeeten
Achtung: Alle Pflanzenteile sind schwach giftig.

Vermehren: Durch im Sommer geschnittene Stecklinge, die sich allerdings oft schlecht bewurzeln.

Gute Partner: Lavendelheiden passen hervorragend zu Rhododendren. Hübsche Begleiter sind Schnee- und Besenheide, Astilben, Kugelprimeln, Farne und Gräser.

Die Lavendelheide 'Forest Flame' bietet im Frühjahr ein apartes Farbenspiel

Fingerstrauch *(Potentilla fruticosa)*

Mit der langen Blütezeit dieses robusten Rosengewächses *(Rosaceae)* können es nur wenig andere Sträucher aufnehmen. Die goldgelben Schalenblüten des Fingerstrauchs halten zwar nur kurz, werden aber bis in den Oktober hinein immer wieder durch neue Knospen ersetzt. Der dicht verzweigte Kleinstrauch kommt in der gesamten gemäßigten Zone der Nordhalbkugel wild vor, allerdings nur vereinzelt. In Europa findet man ihn vor allem im Süden, doch er hat sich auch in unseren Breiten schon lange als frosthart erwiesen.

Die ungefüllten Schalenblüten sind bei Bienen und anderen Nützlingen sehr beliebt

Arten und Sorten: Das breite Sortenangebot variiert in der Blütenfarbe und Wuchshöhe, bei manchen Züchtungen beginnt der Flor zudem etwas früher als bei anderen. 'Goldteppich' beispielsweise wird nur 0,5 m hoch und blüht schon ab Mai leuchtend gelb, die weiß blühende 'Manchu' bleibt sogar noch etwas kleiner, und die orangerote 'Red Ace' wird kaum größer, ebenso die rote 'Red Robin'. Bewährte höhere Sorten (0,8–1,2 m) sind z. B. 'Abbotswood' (weiß), 'Goldfinger' (hellgelb) und 'Lovely Pink' (rosa).

Pflanzen: Im Herbst oder Frühjahr, zur Flächenbegrünung drei bis vier Exemplare pro Quadratmeter.

Pflegen: Bei anhaltender Trockenheit gießen. Im Frühjahr mit etwas Kompost versorgen.

Schneiden: Regelmäßig im Frühjahr auslichten. Lässt die Blühfreude stark nach, im zeitigen Frühjahr auf 15–30 cm über dem Boden zurückschneiden.

Schädlinge, Krankheiten: Spinnmilben; Echter Mehltau.

Vermehren: Durch im Frühjahr geschnittene Kopfstecklinge oder im Herbst geschnittene Steckhölzer.

Gute Partner: Fingersträucher lassen sich nahezu mit allen Gehölzen, die keine abweichenden Standortansprüche haben, kombinieren. Sie passen auch gut zu Rosen und in Staudenbeete.

Blütezeit: Mai/Juni bis Oktober
Blütenfarbe: gelb, weiß, rosa oder Rottöne
Höhe/Breite: 0,5–1,2 m hoch, bis 1,5 m breit
Wuchs: sommergrüner Kleinstrauch; handförmig gefingerte, dunkel- bis bläulich grüne Blätter
Standort: bevorzugt sonnig, im Halbschatten schwächere Blüte; jeder durchlässige Gartenboden, der nicht extrem trocken, feucht oder stark kalkhaltig ist; stadtklimaverträglich
Verwendung: einzeln oder in kleinen Gruppen in Beeten, Rabatten oder als Rosenbegleiter; am Gehölzrand, in niedrigen Hecken, als Flächendecker; auch für Pflanzgefäße geeignet

Die Sorte 'Goldfinger' gefällt durch dichte Verzweigung und reiche Dauerblüte

Lorbeerkirsche *(Prunus laurocerasus)*

Im Frühsommer schieben sich die Blüten zwischen den glänzenden Blättern empor

Während man der Blüten- oder Zierkirsche (siehe S. 214) die Verwandtschaft mit Kirsche, Pflaume und Co. deutlich ansieht, fällt diese immergrüne *Prunus*-Art stark aus dem Rahmen. Mit ihren glänzend dunkelgrünen Blätter, den zahlreichen weißen Blüten in aufrechten Doldenrispen und den zierenden schwarzen Früchte gehört die Lorbeerkirsche (auch: Kirschlorbeer) zu den beliebtesten Sträuchern für Hecken und Schattenpflanzungen. Nach dem Einwachsen ist das aus Südosteuropa und Vorderasien stammende Rosengewächs *(Rosaceae)* recht robust und winterhart. Allerdings sollte man die Lorbeerkirsche wegen der verlockenden Früchte nicht pflanzen, wo kleine Kinder spielen oder, z. B. auf dem Weg in den Kindergarten, vorbeikommen.

Arten und Sorten: Die Sorten unterscheiden sich vor allem durch Wuchsform und -höhe. Hier einige Beispiele: 'Etna', 1,5–2 m hoch, breit aufrecht; 'Herbergii', 2–3 m, kegel- bis säulenförmig; 'Otto Luyken', 1–1,5 m, dicht und breit buschig; 'Schipkaensis Macrophylla', 2–3 m, locker, breit buschig; 'Piri', bis 1 m, kompakte Zwergform; 'Rotundifolia', 1,5–2 m, breit aufrecht, mit oben abgerundeten Blättern; 'Zabeliana', 0,8–1,5 m, flach, fast niederliegend, guter Flächendecker.

Pflanzen: Vorzugsweise im Frühjahr, bei Herbstpflanzung mit Winterschutz

Pflegen: Bei anhaltender Trockenheit gießen. Im Frühjahr mit Kompost versorgen. Noch junge Sträucher in rauen Lagen über Winter mit Laub im Wurzelbereich und Fichtenreisig schützen.

Schneiden: Gelegentlich etwas auslichten. Die Lorbeerkirsche verträgt bei Bedarf auch stärkeren Rückschnitt.

Schädlinge, Krankheiten: Gelegentlich Blattläuse, Spinnmilben, Schmetterlingsraupen (Nelkenwickler u. a.); Echter Mehltau, Schrotschusskrankheit (erst rötliche Flecken, dann zerlöchert wirkende Blätter, hervorgerufen durch einen Schadpilz – befallene Triebe zurückschneiden).

Wer seine Lorbeerkirsche stark stutzt, beraubt sich leicht der hübschen Früchte

Vermehren: Durch im Frühjahr geschnittene Stecklinge oder herabgebogene Absenker.

Gute Partner: Lorbeerkirschen können in gemischten Hecken und Gehölzgruppen schön den immergrünen Part übernehmen. Sie wirken auch attraktiv unter Bäumen oder als dunkelgrüne Kulisse für Stauden und kleine Blütensträucher.

Hinweis: In Hecken sollte die Lorbeerkirsche nicht mit der Heckenschere gestutzt werden – schneiden Sie die Triebe einzeln zurück, um das unschöne und krankheitsfördernde Anschneiden der Blätter zu vermeiden.

Blütezeit: Mai bis Juni
Blütenfarbe: weiß
Höhe/Breite: 0,8–3 m hoch, 1–5 m breit
Wuchs: immergrüner Strauch, je nach Sorte breit oder schmal aufrecht; länglich ovale, ledrige, dunkelgrün glänzende Blätter
Standort: vorzugsweise halbschattig, aber auch sonnig oder stark beschattet; durchlässiger, humoser, nährstoffreicher, bevorzugt kalkhaltiger frischer Boden; stadtklimaverträglich
Verwendung: in Gehölzgruppen und Hecken, zur Unterpflanzung, auch als Solitär; niedrige Sorten als Flächendecker oder auch in Pflanzgefäßen
Achtung: Alle Pflanzenteile, besonders Blätter und Samen, sind giftig, schwere Vergiftungen kommen allerdings selten vor.

Feuerdorn *(Pyracantha*-Hybriden*)*

Die üppigen Fruchtstände bleiben oft bis weit in den Winter hinein haften

Die altbewährte, recht robuste Sorte 'Soleil d'Or' trägt goldgelbe Früchte

Seine Gartenkarriere begann dieses Rosengewächs *(Rosaceae)* im 17. Jahrhundert: Damals wurde der in Südeuropa, Kleinasien und im Kaukasus heimische Mittelmeer-Feuerdorn (*Pyracantha coccinea*) nach Mitteleuropa eingeführt. Ihn gibt es noch heute, doch schon länger dominieren Hybriden, die oft mit anderen Arten gekreuzt wurden, das Angebot. Obwohl auch die weißen, streng duftenden Blütendolden ganz ansprechend sind, spielen beim Feuerdorn die wintergrünen glänzenden Blätter und vor allem die leuchtend gefärbten, bis in den Winter hinein haftenden Früchte die Hauptrolle. Diese ähneln kugeligen Beeren, doch tatsächlich handelt es sich um kleine Apfelfrüchte. Mit diesen Früchten und seiner starken Bedornung ist der Feuerdorn ein wertvolles Vogelnähr- und -schutzgehölz. Lange Zeit war der Feuerdornschorf, eine Pilzkrankheit, der größte Wermutstropfen. Doch mittlerweile schreckt der gefährliche, meldepflichtige Feuerbrand (siehe S. 39) noch mehr – denn Feuerdorn zählt neben dem Kernobst zu dessen wichtigsten Wirtspflanzen.

Arten und Sorten: Gering schorfanfällig sind die bis 2 m hohen Sorten 'Golden Charmer' (orangegelbe Früchte), 'Orange Charmer'' (orangerot), 'Soleil d'Or' (goldgelb); ebenso die 2–3 m hohen Sorten 'Orange Glow' (orangerot), 'Red Column' (leuchtend rot) und die noch höher wachsende 'Mohave' (leuchtend rot). Auch die nur 60–90 cm hohe 'Red Cushion' (orangerot) gilt als wenig anfällig. Die bis 4 m hohe, gelbrot fruchtende 'Teton' wird bislang sogar als schorf- und feuerbrandresistent eingestuft.

Pflanzen: Im Frühjahr oder Frühherbst, für optimales Anwachsen und zügige Entwicklung am besten Containerpflanzen verwenden.

Pflegen: Keine besonderen Maßnahmen nötig.

Schneiden: Feuerdorn kann zum Erhalt der natürlichen Wuchsform ungeschnitten bleiben, verträgt aber auch starken Rückschnitt und regelmäßigen Formschnitt.

Schädlinge, Krankheiten: Blattläuse; Feuerbrand, Schorf (schwarze Flecken auf Blättern und Früchten, später grauweiße Beläge auf Blättern und Triebspitzen – befallene Teile umgehend entfernen).

Vermehren: Durch im Frühjahr geschnittene Stecklinge oder herabgebogene Absenker.

Gute Partner: Feuerdorn lässt sich in gemischten Hecken und Gehölzgruppen mit fast allen Sträuchern kombinieren. Meiden Sie aber die Nachbarschaft von anderen feuerbrandanfälligen Gehölzen wie Zierquitte oder Zwergmispel.

Blütezeit: Mai bis Juni
Blütenfarbe: weiß
Höhe/Breite: meist 2–4 m hoch und breit
Wuchs: wintergrüner, sparrig verzweigter, bedornter Strauch; schmal eiförmige, ledrige, glänzend dunkelgrüne Blätter
Standort: sonnig bis halbschattig; durchlässiger Boden, der auch recht trocken sein kann; stadtklimaverträglich
Verwendung: einzeln oder in Gruppen vor höheren Bäumen oder Mauern, im Stein- und Heidegarten, als frei wachsende oder Schnitthecke
Achtung: Früchte und andere Pflanzenteile sind leicht giftig.

Rhododendron, Azalee *(Rhododendron)*

Gut 800 Arten umfasst die gewaltige Gattung *Rhododendron,* die zur Familie der Heidekrautgewächse *(Ericaceae)* gehört. Mehr als 500 davon sind in Ostasien beheimatet. Recht viele, allerdings bei uns nicht winterharte Arten wachsen außerdem in Südostasien, hauptsächlich in China und Japan. Der Rest ist – in sehr überschaubarer Artenzahl – in Nordamerika, Europa, Vorderasien oder Australien verbreitet. Die wenigen bei uns heimischen, unter strengem Naturschutz stehenden Arten wachsen in Gebirgslagen und sind auch als Alpenrosen bekannt, so die Rostblättrige Alpenrose *(Rhododendron ferrugineum)* und die Bewimperte Alpenrose *(R. hirsutum).*

Für den Garten finden in erster Linie Hybriden, also Kreuzungen ostasiatischer und amerikanischer Arten Verwendung. Als Azaleen werden hauptsächlich klein bleibende und laubabwerfende Hybriden bezeichnet sowie nicht winterharte Pflanzen für die Zimmerkultur.

Rhododendren sind wunderschöne Gartensträucher und wirken auch außerhalb der Blütezeit mit ihren glänzenden, meist immergrünen Blättern attraktiv. Zu Schwierigkeiten kommt es am häufigsten, weil der Boden zu kalkhaltig ist. Die meisten Rhododendren brauchen einen sauren Boden mit einem pH-Wert von 4,5 bis 5. Oft muss dazu der Boden durch Einarbeiten von reichlich Torf, Rhododendronerde, Laub- oder Nadelgehölzkompost angepasst werden. Oder aber Sie fragen in Baumschulen nach „INKARHO"-Rhododendren. Dabei handelt es sich um Sorten, die auf kalktolerante Unterlagen veredelt wurden und dadurch auf Böden mit einem pH-Wert bis etwa 7 gut gedeihen.

Arten und Sorten: Um halbwegs einen Überblick über die gewaltige Fülle an Sorten und Hybriden zu behalten, werden die Rhododendren in große Gruppen unterteilt:

- Großblumige Hybriden: Sie stammen von Arten wie *Rhododendron catawbiense, R. caucasicum* oder *R. fortunei* ab, wachsen 1,5–4 m hoch und breit und bringen zwischen März und Ende Juni üppige Blütenstände hervor.
- *Rhododendron-Wardii*-Hybriden: 1,2–2,5 m hoch, mit schönem dunkelgrünen Laub. Sie haben recht große, oft gelbe oder orange Blüten, die sich meist im Mai/Juni öffnen.
- *Rhododendron-Insigne*-Hybriden werden 1-1,5 m hoch, wachsen dicht, mit kräftiger, dunkelgrüner Belaubung und blühen meist ab Mai.
- *Rhododendron-Williamsianum*-Hybriden wachsen oft recht langsam und werden 1–2 m hoch. Sie entfalten zwi-

Bei den sommergrünen Azaleen gibt es viele Sorten mit gelben und orangen Blüten

Rhododendron, Azalee *(Rhododendron) (2)*

Großblumige Rhododendron-Hybriden beeindrucken durch üppige Blütenstände

schen April und Juni rosa, weiße, rote oder gelbe Glockenblüten, die in lockeren Ständen überhängen.

• *Rhododendron-Yakushimanum*-Hybriden: meist 0,7–1,2 m hoch, mit gedrungenem, kompakten Wuchs. Sie blühen meist ab Mai, häufig in Pastelltönen.

• Kleinblumige Hybriden: Stammarten sind u. a. *R. impeditum* und *R. russatum.* Die meisten Sorten bleiben unterhalb 0,4 m; sie werden teils auch als Zwergrhododendren geführt. Häufig blühen sie schon im April, wobei Violett, Blau- und Gelbtöne überwiegen.

• *Rhododendron-Repens*-Hybriden, oft als Zwergrhododendren bezeichnet. Sie wachsen sehr langsam, werden 0,4–1 m hoch und entfalten meist im April/Mai rote Blüten.

• Sommergrüne Azaleen: Diese laubabwerfenden, 1–2,5 m hohen Sträucher blühen meist im Mai/Juni und bieten alle Blütenfarben außer Blau und Violett. Hierzu zählen u. a. die Genter-, Knap-Hill-, Luteum-, Ponticum- und Northern-Lights-Hybriden.

• Japanische Azaleen verlieren ab Herbst nur einen Teil ihres Laubs, in milden Wintern bleibt es zuweilen erhalten. Sie wachsen breit und niedrig, etwa 0,5–1,5 m hoch, und blühen im Mai/Juni besonders reich. Die Blüten sind je nach Sorte groß oder klein und rosa, rot, violett oder weiß gefärbt.

• *Rhododendron*-Wildarten sind natürlich vorkommende Arten mitsamt nicht allzu stark veränderten Züchtungen. Sie haben häufig spezielle Standortansprüche und sind deshalb eher Liebhaberpflanzen.

Pflanzen: Im Frühjahr oder Herbst.

Pflegen: Bei Trockenheit sollte gründlich gewässert werden, auch an frostfreien Tagen; verwenden Sie nur kalkarmes bzw. Regenwasser. Im Wurzelbereich nicht tief hacken oder gar graben; vorteilhaft ist stattdessen eine Bodenbedeckung mit sauer wirkendem Mulch, wie Eichenlaub, Rindenmulch, Nadelstreu oder Laubkompost. Bei stärkerem Nährstoffbedarf im März und/oder Juni einen speziellen Rhododendrondünger geben. Verwelkte Blütenstände vorsichtig ausbrechen, sodass die knapp darunter befindlichen neuen Knospen nicht beschädigt werden.

Schneiden: Im zeitigen Frühjahr abgestorbene und überalterte Triebe herausschneiden. Unschön gewordene Sträucher der meisten Sorten lassen sich durch einen Rückschnitt auf 50–60 cm Länge, am besten gleich nach der Blüte, verjüngen.

Schädlinge, Krankheiten: Blattläuse, Schildläuse, Blattwanzen, Zikaden, Dickmaulrüssler; gelb gefärbte Blätter (Eisenmangel) auf zu kalkhaltigem Boden. Knospenbräune (braune Knospen mit schwarzen Fruchtkörpern) und Ohrläppchenkrankheit (gallenartig verdickte, oft hell verfärbte Blätter, Knospen und Blüten, hauptsächlich an Azaleen) sind Pilzkrankheiten. In beiden Fällen befallene Teile entfernen, Triebe bis ins gesunde Holz zurückschneiden; vorbeugend Zikaden bekämpfen, da sie den Erreger der Knospenbräune übertragen.

Vermehren: Durch nach der Blüte herabgebogene Absenker; auch durch Stecklinge, die sich allerdings oft nur schwer bewurzeln.

Gute Partner: Schöne Begleiter sind Lavendelheide, Hortensie, Lorbeerrose *(Kalmia)* und Kiefern. Hübsch wirken Efeu oder Schattengrün *(Pachysandra)* als Unterwuchs.

Blütezeit: je nach Sorte zwischen März und Juni
Blütenfarbe: nahezu alle Farben, meist in hellen Tönen
Höhe/Breite: 0,3–4 m hoch, meist etwas breiter als hoch
Wuchs: meist immergrüne, breit buschige Sträucher; längliche, ledrige, dunkelgrüne Blätter
Standort: halbschattig, auch etwas sonnigere Standorte werden oft vertragen; windgeschützt; durchlässiger, lockerer, humoser, frischer, meist unbedingt saurer Boden
Verwendung: einzeln oder in Gruppen am Gehölzrand, unter Bäumen, als Hecken; niedrige Sorten auch in Pflanzgefäßen
Achtung: Alle Pflanzenteile sind bei Verzehr giftig.

Essigbaum *(Rhus typhina)*

Mit seinen leuchtend orange rot bis gefärbten Blättern zieht der Essigbaum im Herbst alle Blicke auf sich. Im Spätjahr ziert sich das als Strauch oder kleiner Baum wachsende Gehölz zudem mit großen, aufrechten, rotbraunen, samtig behaarten Fruchtkolben. Nach diesen Fruchtständen ist *Rhus typhina* auch als Hirschkolbensumach bekannt. Er zählt zur Familie der Sumachgewächse *(Anacardiaceae)*, stammt aus dem östlichen Nordamerika und wurde bereits um 1620 nach Europa eingeführt. Der Essigbaum hat einen kleinen, aber manchmal sehr lästigen Nachteil: Er kann sich durch Ausläufer stark ausbreiten, dadurch mit der Zeit ganze Gartenbereiche einnehmen und Nachbarpflanzen in Bedrängnis bringen.

Arten und Sorten: Die Sorte 'Dissecta', auch als Farnwedelsumach im Handel, hat fein zerschlitzte Blätter und eine besonders intensive Herbstfärbung. Sie wächst langsamer als die Art und mehr in die Breite. Ähnlich präsentiert sich 'Laciniata', bei der es sich nach Meinung vieler Fachleute ohnehin um die selbe Züchtung handelt. 'Tiger Eyes' ist eine recht neue Sorte, die sehr langsam wächst und auch nach vielen Jahren kaum höher wird als 2,5 m. Vor allem aber bildet sie nur schwach Ausläufer. Ihre Blätter sind gelbgrün, sitzen an rosafarbenen Stielen und färben sich im Herbst orange bis scharlachrot. Höchstens 1 m hoch und bis 2 m breit wird *Rhus aromatica* 'Grow Low'. Der Kleinstrauch duftet im Austrieb frisch würzig und färbt seine Blätter zur Herbstzeit orangegelb. Mit seinem kompakten Wuchs eignet er sich gut als Flächendecker am halbschattigen Gehölzrand.

Eigenartig und dekorativ wirken die kolbenartigen Fruchtstände

Pflanzen: Im Herbst oder Frühjahr.

Pflegen: Im Wurzelbereich nicht tief hacken oder graben; dies könnte einerseits die flach verlaufenden Wurzeln schädigen, andererseits reagiert der Essigbaum darauf mit verstärkter Ausläuferbildung. Das Entfernen störender Ausläufer ist auch die einzige Pflegemaßnahme, die nötig wird.

Schneiden: Im zeitigen Frühjahr gelegentlich alte oder zu dicht stehende Zweige herausschneiden. Wenn nötig, kann zur Verjüngung auch einmal stark zurückgeschnitten werden.

Schädlinge, Krankheiten: In der Regel keine.

Vermehren: Durch Abtrennen und Verpflanzen von Ausläufern im Herbst.

Gute Partner: Nachbarn sollten wegen des breiten Wuchses und der Ausläuferbildung des Essigbaums mit genügend Abstand eingesetzt werden. In erster Linie empfehlen sich robuste Immergrüne wie Berberitze, Liguster und Lorbeerkirsche.

Die Sorte 'Tiger Eyes' verfärbt sich im Herbst zunächst orange, dann feuerrot

Blütezeit: Juni bis Juli
Blütenfarbe: grünlich, unauffällig
Höhe/Breite: 2,5–5 m hoch, bis 6 m breit
Wuchs: sommergrüner, breiter, mehrstämmiger Strauch oder kleiner, flachkroniger Baum; bis 50 cm lange, gefiederte Blätter, gelborange bis scharlachrote Herbstfärbung
Standort: sonnig bis halbschattig, auch prallsonnige, heiße Plätze; gut durchlässiger, lockerer Boden, der auch trocken sein kann; stadtklimaverträglich
Verwendung: vorwiegend einzeln, z. B. im Rasen, auch für lockere Gehölzgruppen
Achtung: Blätter und Früchte sind gering giftig; der Kontakt kann Hautreizungen verursachen.

Blutjohannisbeere *(Ribes sanguineum)*

Die Blätter lassen die Verwandtschaft mit der Obst-Johannisbeere erkennen

Die Blutjohannisbeere 'Atrorubens' zählt zu den Sorten mit den dunkelsten Blüten

Für schmackhafte Beeren sind andere Johannisbeerarten *(Ribes rubrum* und *R. nigrum)* zuständig – denn die im Sommer oftmals nur spärlich erscheinenden blauschwarzen, weiß bereiften Früchte der Blutjohannisbeere schmecken recht fad. Dafür hat dieses aus Nordamerika stammende Stachelbeerengewächs *(Grossulariaceae)* andere Stärken: Im späten Frühjahr entfaltet es dichte Trauben aus zahlreichen röhrenförmigen, rosa bis rot gefärbten Blüten. Damit ist die Blutjohannisbeere eins der wenigen Gehölze, die bereits im April Rottöne in die Gartenszenerie bringen.

Arten und Sorten: Die Sorte 'King Edward VII' wächst gedrungen, wird nur etwa 1,5 m hoch und hat tiefrote Blüten. 'Pulborough Scarlet' ist sehr wüchsig, erreicht gut 2 m Höhe und entfaltet sehr zahlreiche tiefrote Blüten mit weißem Auge. Blutrote Blüten bietet die 1,5–2 m hohe 'Atrorubens'. Mit 'Tydemann's White' gibt es auch eine weiß blühende Sorte. Gelegentlich werden auch andere Zierjohannisbeeren angeboten, die eher unscheinbar grünlich oder gelb blühen und sich für schattige Hecken und Unterpflanzungen eignen, so die Alpenjohannisbeere *(Ribes alpinum)* und die Goldjohannisbeere *(R. aureum).*

Pflanzen: Im Herbst oder Frühjahr.

Pflegen: In Trockenperioden kräftig gießen. Alle paar Jahre im Frühjahr mit Kompost versorgen. Die Blutjohannisbeere ist ein Flachwurzler, deshalb im Wurzelbereich nicht tief hacken oder graben, stattdessen mit Rindenmulch, Rasenschnitt o. Ä. mulchen.

Schneiden: Alle 2 bis 3 Jahre nach der Blüte nach der Blüte auslichten, indem die ältesten Triebe knapp über dem Boden herausgeschnitten werden. Mit den Jahren unschön oder blühfaul gewordene Blutjohannisbeersträucher lassen sich durch einen kräftigen Rückschnitt verjüngen.

Schädlinge, Krankheiten: Blattläuse, Spinnmilben, Gallmücken (verursachen angeschwollene, vertrocknende Knospen – befallene Triebe herausschneiden); Echter Mehltau, Blattfallkrankheit, Ringfleckenvirose (ringförmige Blattaufhellungen – betroffene Triebe herausschneiden, bei starkem Befall die ganze Pflanze entfernen).

Vermehren: Durch vor der Blüte geschnittene Kopfstecklinge von Seitentrieben oder durch im Herbst geschnittene Steckhölzer.

Gute Partner: In Strauchgruppen oder frei wachsenden Hecken wirken Blutjohannisbeeren sehr schön neben Forsythie, Ranunkelstrauch und Felsenbirne. Narzissen und andere Zwiebelblumen bilden eine hübsche Unterpflanzung.

☼ – ◐ ❀

Blütezeit: April bis Mai
Blütenfarbe: tiefrosa, rot oder weiß
Höhe/Breite: 1,5–2,5 m hoch, bis 2 m breit
Wuchs: sommergrüner, breit buschiger Strauch; gelappte, matt dunkelgrüne Blätter
Standort: sonnig bis halbschattig; durchlässiger, humoser, nicht zu trockener Boden
Verwendung: einzeln oder in lockeren Gehölzgruppen oder Blütenhecken, im Hintergrund von Beeten und Rabatten

Rosen *(Rosa)*

Hunderte von Gartensträuchern stehen uns zur Verfügung, doch der beliebten Rose – der "Königin der Blumen" – kann keiner ernsthaft Konkurrenz machen. Die Namensgeberin der Rosengewächse *(Rosaceae)* bezaubert nicht nur mit herrlichen Blüten in nahezu allen Farben. Viele ihrer Sorten blühen auch länger als die meisten anderen Sträucher und präsentieren sich dabei in einer vielfältigen Palette von Wuchsformen. Und natürlich können Rosen auch betörend duften – auch wenn längst nicht alle Sorten diesen Wunsch erfüllen. Bei all diesen Vorteilen werden die manchmal hinderlichen Stacheln (im Volksmund als Dornen bezeichnet) gern in Kauf genommen.

Die über 100 Rosenarten haben ihre Heimat in den gemäßigten Klimazonen der Erde. Rund 40 Arten kommen in Europa wild vor, darunter die Hundsrose *(Rosa canina)*, die Zimtrose *(R. majalis)* und die Weinrose *(R. rubiginosa)*. Bereits in der Antike wurden Rosen kultiviert, und in den mittelalterlichen Klostergärten zählten Arten wie die Essigrose *(R. gallica)* zu den hoch geschätzten Heil- und Zierpflanzen.

Im 18. Jahrhundert begann eine regelrechte Rosenrevolution: Die ersten ostasiatischen Rosen wurden eingeführt. Anders als die bisherigen, einmalblühenden Rosen mit Blütenschwerpunkt im Juni öffneten diese „Exoten" ihre Blüten in mehreren Schüben den ganzen Sommer lang. Mit der Einführung der edel geformten Teehybriden um 1867, gezüchtet aus der chinesischen Teerose *(R. x odorata)*, begann endgültig das Zeitalter der modernen Rosen – bald mit einer unüberschaubaren Zahl an Sorten. Die meisten sind öfter- bzw. dauerblühend, d. h. sie blühen mit kaum merklichen Unterbrechungen vom Frühsommer bis weit in den Herbst hinein. Manche Sorten zeigen nur eine schwache Bestachelung.

Arten und Sorten: Rosen werden hauptsächlich nach ihrer Wuchsform in verschiedene Klassen unterteilt:

- Edelrosen oder Teehybriden, meist 0,5–1,2 hoch, bringen üppige, gefüllte, schön geformte Blüten hervor, die einzeln an langen Stielen sitzen. Sie eignen sich besonders gut zum Schneiden für die Vase.
- Beetrosen, meist 0,4–1 m hoch und buschig, tragen dichte Büschel aus gefüllten, halb gefüllten oder einfachen Blüten und zieren in kleinen oder größeren Gruppen Beete und Rabatten. Hier lassen sich großblütige Floribundarosen und Polyantharosen mit kleinen, sehr zahlreichen Blüten unterscheiden, doch die Übergänge sind oft fließend.

Buschig, als hohe Sträucher oder Stämmchen – Rosen sind sehr vielgestaltig

Rosen *(Rosa) (2)*

An einem Rosenbogen hochgezogen, bilden Kletterrosen charmante Durchgänge

- Zwergrosen, eine Sondergruppe der Beetrosen, wachsen nur etwa 0,4 m hoch und breit . Als „Balkonrosen" werden Züchtungen bezeichnet, die sich besonders gut für Pflanzgefäße eignen.
- Flächenrosen, auch bekannt als Bodendeckerrosen, sind sehr robuste, langtriebige, dicht belaubte Sorten, mit denen sich größere Flächen begrünen lassen. Manche wachsen flach niederliegend oder buschig und nur rund 0,3 m hoch, andere sind etwa meterhoch und lassen ihre Triebe überhängen.
- Strauchrosen wachsen 1–3 m hoch und breit buschig, aufrecht oder mit bogig überhängenden Trieben. Die modernen Sorten sind in der Regel öfterblühend. Sie werden als Solitäre oder in Strauchgruppen und Hecken gepflanzt. Daneben gibt es die 0,8–1,2 m hohen Kleinstrauchrosen, die sich auch wie Beetrosen einsetzen lassen.
- Alte Rosen oder Historische Rosen sind Strauchrosen mit nostalgischem Flair – im Stil der Rosen, die bei uns vor 1867 kultiviert wurden. Hierzu zählen z. B. Bourbon-, Damaszener- und Gallica-Rosen sowie Zentifolien. Sie zeichnen sich oft durch üppig gefüllte, intensiv duftende, zart gefärbte Blüten aus, die hauptsächlich nur im Juni erscheinen.
- Englische Rosen sind Neuzüchtungen mit dem Charme und Duft der Alten Rosen, aber meist mit längerer Blütezeit und oft besonders gesund und widerstandsfähig.
- Wildrosen, die robusten Vorfahren der Strauchrosen, wachsen oft besonders stark in die Breite. Sie entfalten teils schon im Mai hübsche, einfache, schalenförmige, oft duftende Blüten, meist in Rosa, Rot oder Weiß. Gegen Ende Juni ist die Blütenpracht vorbei, doch dann folgen die schmucken roten oder schwarzen, vitaminreichen Hagebutten, die sich zu Saft, Marmelade oder Gelee verarbeiten lassen. Attraktive Arten sind z. B. Kartoffelrose *(R. rugosa)*, Hechtrose *(R. glauca)* und Weinrose *(R. rubiginosa)*.
- Kletterrosen schieben ihre 1,5–6 m langen Triebe an Klettergerüsten, Bäumen oder auch an Fassaden nach oben. Man unterscheidet die Climber mit kräftigen, steifen, stark bestachelten Trieben und die Rambler mit besonders langen, weichen, biegsamen Trieben. Es gibt öfterblühende und einfachblühende Sorten.

'Gloria Dei' gehört seit vielen Jahrzehnten zu den beliebtesten Edelrosensorten

- Stammrosen sind keine Rosenklasse, sondern gärtnerische „Kreationen", bei denen einem Wildrosenstämmchen eine üppig blühende Sorte aufveredelt wurde. Oft handelt es sich um Beet-, Edelrosen- oder Zwergrosensorten, die buschig kompakte Kronen bilden. Es gibt sie als Halbstämme (ca. 0,6 m hoch) und als Hochstämme (ca. 0,9 m). Wurden Kletter- oder langtriebige Bodendeckerrosen aufveredelt, wallen die Blütentriebe weit herab. Solche Formen, die auf ca. 1,4 m hohen Stämmchen angeboten werden, sind auch als Trauer- oder Kaskadenrosen bekannt.

Achten Sie beim Kauf von Rosen, gleich welcher Gruppe, besonders auf das Gütezeichen „ADR". Dieses steht für „Allgemeine Deutsche Rosenneuheitenprüfung". Sorten, die diesen Anbautest mit Erfolg bestanden haben, sind besonders widerstandsfähig gegen Krankheiten, winterhart und reichblütig.

Pflanzen: Wurzelnackte Rosen werden zwischen Oktober und April bei frostfreiem Wetter gepflanzt; beutelverpackte Rosen, deren Wurzeln mit feuchtigkeitsspeicherndem Material umhüllt

Rosen *(Rosa) (3)*

'Königin der Rosen' ist eine bewährte Edelrose mit lachsoranger Blüte

Die Kletterrose 'Coral Dawn' bezaubert mit gut gefüllten, leicht duftenden Blüten

sind, lassen sich noch im Mai pflanzen. Rosen mit Wurzelballen (ballierte Ware) können zwischen Oktober und Juni gepflanzt werden, im Container gezogene Rosen ganzjährig, außer bei Frost.

Schneiden Sie bei wurzelnackten und beutelverpackten Rosen die Triebe auf 15–20 cm zurück, kürzen Sie die Wurzelspitzen um etwa 1 cm ein, und stellen Sie die Pflanzen dann komplett für 12 bis 24 Stunden in einen Eimer mit Wasser, bevor Sie sie auspflanzen. Bei Ballen- und Containerrosen müssen nur die Plastikumhüllungen bzw.- töpfe entfernt und die Erdballen gründlich angefeuchtet werden, am besten durch kurzes Eintauchen in einen Wassereimer. Ballenrosen sind meist schon zurückgeschnitten.

Das Pflanzloch sollte mindestens 10 cm breiter und tiefer sein als die Wurzeln oder der Wurzelballen, für Containerpflanzen am besten sogar doppelt so tief und breit. Setzen Sie alle veredelten Rosen stets so tief ein, dass die leicht verdickte Veredlungsstelle nach dem Einpflanzen 5 cm unterhalb der Erdoberfläche liegt. Nach dem Pflanzen und gründlichen Angießen wird die Rose bis zu den Triebspitzen mit Erde angehäufelt. Bei Herbstpflanzung diese „Erdpackung" erst im Frühjahr entfernen, bei Frühjahrs- oder Sommerpflanzung nach 6 bis 8 Wochen, wenn die Neutriebe etwa 10 cm lang sind.

Pflegen: Bei anhaltender Trockenheit gründlich gießen, aber nicht zu nass halten. Im Herbst mit Kompost versorgen, im Frühjahr Langzeitdünger einarbeiten; oder im März Volldünger geben und im Juni (letzter Düngetermin) nochmals nachdüngen. Bei öfterblühenden Rosen im Sommer regelmäßig verwelkte Blüten bzw. Blütenstände entfernen; diese mitsamt ein oder zwei darunter stehenden Blättern abschneiden, oberhalb des nächsten voll ausgebildeten Laubblatts. Ab Frühjahr aus der Unterlage treibende Wildtriebe entfernen; dazu die Erde vorsichtig aufgraben und die Wildtriebe direkt an ihrer Ansatzstelle abreißen oder abschneiden.

In kälteren Regionen Edel-, Beet- und Zwergrosen im Spätherbst etwa 20 cm hoch mit Erde oder gut ausgereiftem Kompost anhäufeln und darüber eine Fichtenreisig- oder Strohabdeckung ausbringen. Strauch- und Kletterrosentriebe können mit Fichtenreisig oder Sackleinen eingepackt werden, ebenso die Kronen von Stammrosen. Sie können auch einen großen Jute- bzw. Leinensack über die Krone stülpen, diesen

Mit besonders großen, orangeroten Hagebutten kann die Kartoffelrose aufwarten

Blütezeit: Juni bis Oktober, einmalblühende im Juni, teils ab Mai
Blütenfarbe: nahezu alle Farben außer Blau
Höhe/Breite: 0,3–4 m hoch und breit, Kletterrosen 2–6 m hoch
Wuchs: sommergrüne Sträucher, meist buschig, auch kletternd oder niederliegend; gefiederte, sattgrüne Blätter mit fünf bis sieben, seltener auch neun und mehr Teilblättchen
Standort: sonnig, manche Sorten und Wildarten auch halbschattig; luftiger Stand; durchlässiger, humoser, nährstoffreicher, frischer, nicht zu kalkhaltiger Boden; meist stadtklimaverträglich
Verwendung: einzeln oder in kleinen Gruppen, Beet- und Flächenrosen auch in großen Gruppen; je nach Wuchsform als Solitäre, in Beeten und Rabatten, in Strauchgruppen und Hecken, an Mauern, Rosenbögen und Pergolen; Zwergsorten auch in Pflanzgefäßen; Edel- und Beetrosen als Schnittblumen

Rosen *(Rosa)* (4)

'Grandhotel', eine hochwüchsige Strauchrose, blüht leuchtend rot

Die Beetrose 'Friesia' bringt intensiv gelbe, stark duftende Blüten hervor

Englische Rosen, hier 'Graham Thomas', sind robuste, duftende Dauerblüher

locker mit Holzwolle oder Stroh ausfüllen und unterhalb der Veredlungsstelle zusammenbinden; keinesfalls mit luftundurchlässiger Folie umhüllen! Winterschutzabdeckungen und Erdanhäufelung im Frühjahr, etwa zu Beginn der Forsythienblüte, entfernen.

Schneiden: Hier gibt es deutliche Unterschiede je nach Rosengruppe. Setzen Sie beim Rückschnitt die Schere stets schräg an, etwa 0,5 cm über einem Auge.

- Edel-, Beet- und Zwergrosen bilden ihre Blütenknospen an den neuen, diesjährigen Trieben. Sie werden deshalb im Frühjahr kräftig zurückgeschnitten. Entfernen Sie zunächst die ältesten Triebe möglichst weit unten, sodass nur noch drei bis fünf jüngere Triebe stehen bleiben. Kürzen Sie diese dann bei starkem Wuchs auf vier bis sechs Augen (Knospenansätze), bei schwächerem Wuchs auf drei bis vier Augen.
- Bei Flächenrosen genügt es, sie alle 4 bis 5 Jahre auf etwa 30 cm zurückschneiden.
- Strauchrosen werden nur alle paar Jahre durch bodennahes Herausschneiden der ältesten Triebe ausgelichtet, die öfterblühenden Sorten etwas häufiger als die einmalblühenden. Wildrosen können ungeschnitten bleiben, vertragen aber ebenso wie die anderen Strauchrosen einen starken Rückschnitt auf etwa 40 cm, falls sie sehr unschön und blühunwillig geworden sind.
- Kletterrosen brauchen anfangs nicht geschnitten zu werden, wichtiger für die Blütenförderung ist das Waagrechtbinden junger Triebe. Später dann alle paar Jahre im Frühjahr die ältesten Triebe bodennah herausschneiden, ältere Seitentriebe etwas ausdünnen und die verbleibenden älteren Zweige, die bereits Blüten getragen haben, auf zwei bis vier Augen einkürzen.
- Buschige Kronen von Stammrosen werden im Frühjahr je nach Wuchsstärke auf 20–40 cm zurückgeschnitten, ähnlich wie bei den Edel- und Beetrosen beschrieben. Für eine schöne Kronenform sollten sechs bis acht gut verteilte Triebe stehen bleiben. Langtriebige Kaskadenrosen werden nur gelegentlich durch Herausschneiden der ältesten Triebe ausgelichtet und bei Bedarf leicht in Form gebracht.

Schädlinge, Krankheiten: Es gibt eine Reihe von teils spezialisierten Schaderregern, die Rosen befallen können:

- Schädlinge: Blattläuse, Blattwanzen, Spinnmilben, Thripse, Schildläuse und Zikaden verursachen Saugschäden an den Blättern, teils auch an Knospen und Blüten. Dickmaulrüssler sowie die Larven von Rosenblattwespe und Schmetterlingen (Wicklern) fressen an den Blättern; ebenso die Larven der Rosenblattrollwespe, deren Fraß zu einem röhrenförmigen Einrollen der Blätter führt. Die Larven des Rosentriebbohrers höhlen die Triebe von innen aus, sodass diese welken.
- Krankheiten: Auftreten können Echter und Falscher Mehltau, Rostpilze, pilzliche Blattflecken sowie Grauschimmel an Knospen und Blüten. Eine spezielle Rosenkrankheit ist der Sternrußtau, der auf den Blätter braune bis schwarze Flecken mit strahligem Rand hervorruft. Die Rindenfleckenkrankheit verursacht eingesunkene, braune, rötlich umrandete Flecken auf den Trieben, die bei starkem Befall absterben. Helle mosaikartige Flecken, Ringe oder Bänder auf den Blättern deuten auf Viruskrankheiten hin.

Vermehren: Wildrosen durch Stecklinge, Absenker oder Ausläufer; ansonsten meist nur durch Veredlung möglich.

Gute Partner: Für Beet-, Edel- und Strauchrosen gibt es viele charmante Begleiter, die den Rosenflor untermalen können; unter den Stauden z. B. Rittersporn, Lavendel, Frauenmantel, Glockenblume, Mädchenauge, Phlox und Taglilie, unter den Gehölzen z. B. Buchs, Finger- und Pfeifenstrauch.

Holunder *(Sambucus nigra)*

Der Schwarze Holunder *(Sambucus nigra)* wächst wild in Europa und Vorderasien und wird schon seit alters als Nutz- und Zierstrauch sowie als Heilpflanze kultiviert. Das robuste Geißblattgewächs *(Caprifoliaceae)* wirkt schon mit seinen großen, gefiederten Blättern ganz ansprechend; erst recht dann aber im Frühsommer, wenn sich die weißen, etwas streng riechenden Blütchen in bis zu 15 cm breiten Schirmrispen öffnen. Ihnen folgen die „Holunderbeeren", bei denen es sich eigentlich um kleine Steinfrüchte handelt. Sie färben sich im Lauf des Sommers schwarz und können dann einfach als Fruchtschmuck „genossen" oder aber zu Marmelade, Gelee, Säften oder alkoholischen Getränken verarbeitet werden. Roh oder gar unreif verzehrt, verursachen die Früchte allerdings empfindliche Verdauungsstörungen.

Arten und Sorten: Noch recht neu im Angebot sind sehr attraktive Sorten mit glänzend dunkelrotem Laub: 'Black Beauty' und die geschlitztblättrige 'Black Lace' können nicht nur mit ungewöhnlicher Blattfärbung aufwarten, sie bieten zudem angenehm duftende Blütenstände in Rosa. Spezielle Fruchtsorten, die eine besonders reiche Ernte versprechen, sind beispielsweise 'Haschberg' und 'Sampo'. Der verwandte Kanadische Holunder *(Sambucus canadensis)* ähnelt dem Schwarzen Holunder, hat aber dunkelrote Früchte. Von ihm gibt es auch die gelbblättrige Sorte 'Aurea'. Der Traubenholunder *(S. racemosa)* ist ein 2–4 m hoher Strauch mit grüngelben Blüten und roten Früchten, der sich vor allem für Hecken sowie als schattenverträglicher Baumunterwuchs eignet.

Die üppigen Blütenstände setzen sich aus kleinen, sternförmigen Blüten zusammen

Pflanzen: Im Herbst oder Frühjahr.

Pflegen: Kaum erforderlich. Im Herbst oder Frühjahr gelegentlich mit Kompost versorgen.

Schneiden: Alle 2 bis 3 Jahre durch Herausschneiden alter und störender Triebe auslichten. Bei Bedarf auch kräftiger Rückschnitt möglich. Durch Wegschneiden der Seitentriebe im unteren Bereich lässt sich leicht eine baumähnliche Form erzielen.

Schädlinge, Krankheiten: Blattläuse.

Vermehren: Durch im Frühjahr geschnittene Kopfstecklinge von Seitentrieben oder im Herbst geschnittene Steckhölzer. Auch Herbstaussaat selbst geernteter Samen (Kaltkeimer) ist möglich, verlangt aber viel Geduld, bis ansehnliche Sträucher heranwachsen.

Gute Partner: Holunder passt in lockeren Strauchgruppen oder Wildhecken gut zu Berberitze, Haselnuss, Kornelkirsche, Liguster, Schneeball oder Wildrosen.

Im Sommer reifen die Früchte heran, die besser nicht roh verzehrt werden sollten

☼ – ☀ ❀

Blütezeit: Mai bis Juni
Blütenfarbe: weiß oder rosa
Höhe/Breite: 4–7 m hoch, 3–4 m breit
Wuchs: sommergrüner, sparrig verzweigter Strauch mit überhängenden Trieben, auch baumartig formbar; gefiederte, sattgrüne Blätter, bei Sorten auch gelb oder dunkelrot
Standort: sonnig bis schattig, im Schatten jedoch schwächere Blüte; jeder durchlässige, nicht zu feuchte Gartenboden
Verwendung: als Solitär, in lockeren Gehölzgruppen oder Wildhecken, zur Beschattung des Kompostplatzes
Achtung: Rohe Früchte, Blätter und Rinde enthalten Giftstoffe.

Spierstrauch *(Spiraea)*

Die Brautspiere überzieht sich bereits im April mit weißen, duftenden Blüten

Bei den Japanischen Spiersträuchern überwiegen kräftige Rosatöne

Spiersträucher, auch Spireen genannt, gehören zur Familie der Rosengewächse *(Rosaceae)*. Manche Arten wachsen wild in Süd- und Osteuropa sowie Nordamerika, doch die meisten sind in lichten Bergwäldern Ostasiens beheimatet. Dank Kreuzung und Züchtung gibt es heute eine große Auswahl an Spireen, die sich im Frühjahr oder Sommer mit meist doldenartig aufgebauten Blütenständen schmücken.

Arten und Sorten:

- Frühjahrsblüher: Die 1,5–2 m hohe Brautspiere *(Spiraea* x *arguta)* bedeckt schon ab April ihre überhängenden Zweige mit kleinen, weißen, duftenden Doldentrauben; die ähnliche *S. cinerea* 'Grefsheim' blüht sogar noch etwas früher. Bald danach entfaltet die 1–1,5 m hohe Frühlingsspiere *(S. thunbergii)* ihre weißen oder rosa überhauchten Blüten. Etwa 2 Wochen später und bis in den Juni hinein blühen *S. betulifolia* (0,5–1 m hoch), *S. nipponica* (0,5–1,5 m) und *S. thunbergii* (1–1,5 m), ebenso die höher wachsenden (2–2,5 m) Spiersträucher *S. prunifolia* und *S.* x *vanhouttei*. Sie alle blühen weiß und haben oft auch eine gelbe bis rotbraune Herbstfärbung zu bieten.
- Sommerblüher: Hier dominieren die vielen Sorten des Japanischen Spierstrauchs *(S. japonica)*, die teils auch als *S.* x *bumalda* angeboten werden. Sie wachsen meist 0,5–1,5 m hoch und bis 2 m breit und bringen zwischen Juni und September flache, breite Dolden in Rosa- und Rottönen oder Weiß hervor. Häufig zeigt der Blattaustrieb eine rötliche bis bronzefarbene Tönung. Im Angebot sind auch Sorten mit gelben Blättern, die sich im Herbst kupferorange verfärben, so z. B. 'Goldflame'. Etwas anders präsentiert sich *S.* x *billardii* 'Triumphans', bis 2 m hoch und mit purpurroten, kegelförmigen Blütenrispen.

Pflanzen: Vorzugsweise im Herbst.

Pflegen: Alle paar Jahre im Frühjahr etwas Kompost geben.

Schneiden: Bei den Frühjahrsblühern nur alle paar Jahre die ältesten Triebe nach der Blüte herausschneiden; bei Bedarf ist gelegentlich auch starker Rückschnitt möglich. Bei den Sommerblühern, die am diesjährigen, jungen Holz blühen, jährlich im Frühjahr die Triebe um etwa ein Drittel einkürzen; nach der Blüte überalterte Triebe ganz herausnehmen.

Schädlinge, Krankheiten: Blattläuse; Echter Mehltau.

Vermehren: Durch im Sommer geschnittene Stecklinge, durch im Herbst geschnittene Steckhölzer oder durch Teilung der Pflanzen im Herbst oder zeitigen Frühjahr.

Gute Partner: Spiersträucher passen je nach Blütezeit gut z. B. zu Deutzie, Ranunkelstrauch oder Fingerstrauch.

Blütezeit: Frühjahrsblüher zwischen April und Juni, Sommerblüher zwischen Juni und September
Blütenfarbe: weiß, rosa oder rot
Höhe/Breite: 0,5–2,5 m hoch, bis 2 m breit
Wuchs: sommergrüne, breit buschige Sträucher; schmal lanzettliche, gesägte, hell- bis dunkelgrüne Blätter, teils mit schöner Austriebs- oder Herbstfärbung
Standort: bevorzugt sonnig, auch halbschattig; durchlässiger, humoser, nährstoffreicher, frischer Boden; stadtklimaverträglich
Verwendung: einzeln, in Blütenhecken oder Gehölzgruppen, als Hintergrund für Beete und Rabatten, niedrige Sorten auch als Flächendecker und in Pflanzgefäßen

Flieder *(Syringa vulgaris)*

Die Heimat des Gewöhnlichen Flieders *(Syringa vulgaris)* liegt in Südeuropa, doch schon seit dem 16. Jahrhundert ziert er auch weiter nördlich gelegene Gärten. In den letzten 100 Jahren wurden von diesem violett blühenden Ölbaumgewächs *(Oleaceae)* zahlreiche Sorten und Kreuzungen mit anderen Arten gezüchtet, die auch unter den Bezeichnungen Edelflieder oder *S.-vulgaris*-Hybriden im Handel sind. Ihre üppigen Blütenrispen erreichen bis über 20 cm Länge, die Blütenfarben decken ein breites Spektrum ab. Doch leider ging durch die Züchtung öfter der intensive Blütenduft der Ursprungsart verloren.

Arten und Sorten: Bewährte Sorten von Syringa vulgaris sind u. a. 'Andenken an Ludwig Späth' (einfache, dunkel purpurrote Blüten), 'Katharine Havemeyer' (dicht gefüllt, lilarosa), 'Madame Lemoine' (gefüllt, weiß), und 'Primrose' (einfach, hellgelb). Daneben hält der Handel auch andere Fliederarten bereit, deren Blütenrispen häufig einen starken Duft verströmen; beispielsweise den Ungarischen Flieder (*S. josikaea;* 2–4 m hoch, violette Blüten) und den Herbstflieder *(S. microphylla* 'Superba';1–2 m; rosa), der bis Oktober eine Nachblüte hervorbringt. Schwer im Kommen sind *Syringa*-Hybriden der so genannten *Villosae*-Gruppe, die als besonders reichblühend und winterhart gelten und oft stark duften, z. B. 'Agnes Smith' (weiß), 'Miss Canada' (rosa) und 'Redwine' (karminrot).

Pflanzen: Im Herbst oder Frühjahr.

Pflegen: Jährlich im Frühjahr mit Kompost oder Volldünger versorgen. Abgeblühte Rispen regelmäßig herausschneiden. Ab Frühjahr aus der Unterlage treibende Wildtriebe direkt an der Ansatzstelle entfernen.

Schneiden: In den ersten Jahren die Haupttriebe nach der Blüte um etwa ein Drittel zurückschneiden, um die Verzweigung zu fördern. Später nur noch im zeitigen Frühjahr etwas auslichten.

Schädlinge, Krankheiten: Blattläuse, Fliedermotten (deren Larven zerfressen die Blätter von innen); Echter Mehltau, Viruskrankheiten, bakterielle Fliederseuche (dunkle Flecken auf Blättern und Trieben, teils absterbende Triebspitzen – befallene Triebe bis ins gesunde Holz zurückschneiden).

Vermehren: Meist nur durch Veredlung möglich.

Gute Partner: Hübsch wirkt der Flieder mit benachbarten Blütensträuchern wie Deutzie, Pfingstrose, Pfeifen- oder Ranunkelstrauch.

Blütezeit: Mai bis Juni
Blütenfarbe: violett, lila, blau, rosa, rot, weiß oder hellgelb
Höhe/Breite: 3–6 m hoch, 3–4 m breit
Wuchs: sommergrüner Strauch mit aufrechten Ästen, teils auch baumartig, ausläuferbildend; ei- bis herzförmige, glänzend grüne Blätter
Standort: sonnig bis absonnig; jeder durchlässige, nicht zu saure Gartenboden; stadtklimaverträglich
Verwendung: als Solitär, z. B. im Rasen, in Gehölzgruppen und frei wachsenden Hecken; auch für den Vasenschnitt

Sehr charmant wirken violett und weiß blühende Sorten in direkter Nachbarschaft

Schneeball *(Viburnum)*

Die rund 150 Arten dieser Gattung aus der Familie Geißblattgewächse *(Caprifoliaceae)* sind fast auf der ganzen Nordhalbkugel im gemäßigten und subtropischen Klima verbreitet. Nur manche bilden die namensgebenden doldenförmigen, weißen Blütenbälle aus. Viele Arten zeigen stattdessen ansprechende Rispen bzw. Schirmrispen.

Arten und Sorten: Aus der Fülle der gartentauglichen kann hier nur eine kleine Auswahl vorgestellt werden:

- Der Wollige Schneeball *(Viburnum lantana)*, 3–5 m hoch, entfaltet im Mai/Juni weiße Schirmrispen und zeigt ab September erst rot, dann schwarz gefärbte Früchte.
- Der Gewöhnliche Schneeball *(V. opulus)*, 2–4 m hoch, zeichnet sich durch gelappte Blätter mit orangeroter Herbstfärbung aus sowie durch leuchtend rote Früchte ab August. Er blüht im Mai/Juni mit weißen Schirmrispen. Richtige „Schneebälle" bringt dagegen die Sorte 'Roseum' hervor.
- Winterschneeball *(V. x bodnantense)* und Duftschneeball *(V. farreri)*, beide 2–3 m hoch, blühen blühen rosa bis weiß, bei milder Witterung schon ab November, ansonsten von Februar bis April.
- Der Großblumige Duftschneeball *(V. x carlcephalum)*, bis 2 m hoch, zeigt im April/Mai weiße, duftende Blütenbälle und verfärbt seine Blätter im Herbst in dekoratives Rot.
- Der immergrüne Kissenschneeball *(V. davidii)* wächst als flach ausgebreiteter, bis 0,5 hoher Zwergstrauch, blüht im Mai/Juni mit flachen, weißen Dolden und bildet blaue Früchte aus.
- Der immergrüne Zungen- oder Runzelblättrige Schneeball *(V. rhytidophyllum)*, 3–4 m hoch, fällt durch seine großen, stark gerunzelten Blätter auf. Er blüht im Mai/Juni mit cremeweißen, breiten Schirmrispen, gefolgt von erst roten, dann schwarzen Früchten.

Pflanzen: Vorzugsweise im Herbst.

Pflegen: Bei anhaltender Trockenheit gießen. Gelegentlich Kompost geben.

Schneiden: Im Vorfrühling oder nach der Blüte auslichten, bei starkwüchsigen Arten jährlich.

Schädlinge, Krankheiten: Blattläuse, Blattwanzen, Blattkäfer, Spinnmilben; pilzliche Blattflecken.

Vermehren: Durch im Sommer geschnittene Triebstecklinge oder im Frühjahr herabgebogene Absenker.

Gute Partner: Schneebälle passen in lockeren Strauchgruppen und Hecken gut zu anderen wüchsigen Gehölzen wie Hasel, Holunder und Kornelkirsche.

Mit üppigen Blütenbällen wartet der Großblumige Duftschneeball auf

Blütezeit: meist Mai bis Juni, teils schon ab Winter oder Frühling
Blütenfarbe: weiß, dabei öfter rosa aufblühend, oder rosa
Höhe/Breite: 0,5–5 m hoch, 1–4 m breit
Wuchs: sommergrüne, seltener winter- oder immergrüne, breite Sträucher; meist eiförmige, gezähnte, frisch- bis dunkelgrüne Blätter, teils mit schöner Herbstfärbung
Standort: sonnig bis halbschattig; durchlässiger, humoser, frischer bis mäßig trockener Boden; Wolliger und Zungenschneeball sind stadtklimaverträglich
Verwendung: einzeln, in Blütenhecken oder Gehölzgruppen
Achtung: Die beerenartigen Früchte sind ungenießbar bis leicht giftig.

Weigelie *(Weigela)*

Mit etwas überhängenden Blütentrieben wirken Weigelien besonders malerisch

Wegen ihrer Blütenform sind Weigelien auch als Glockensträucher bekannt

☼ – ◐ ❀

Blütezeit: Mai bis Juni
Blütenfarbe: rosa, rot oder weiß
Höhe/Breite: meist 2–3 m hoch und 1–2 m breit, manche Sorten auch kleiner (0,7–1,5 m)
Wuchs: sommergrüner Strauch, anfangs straff aufrecht, später oft überhängend; eiförmige, zugespitzte, hellgrüne Blätter
Standort: vorzugsweise sonnig oder lichter Schatten; durchlässiger, humoser, frischer Boden; stadtklimaverträglich
Verwendung: einzeln oder in Gehölzgruppen und frei wachsenden Hecken

Die Weigelien bilden eine kleine Gattung innerhalb der Familie der Geißblattgewächse *(Caprifoliaceae)*. Von den zehn hauptsächlich in Japan, China und Korea beheimateten Arten hat sich bei uns vor allem *Weigela floribunda,* die Liebliche Weigelie, als Gartenstrauch etabliert. Doch eine noch größere Rolle spielen schon seit langem die aus verschiedenen Arten gekreuzten Hybriden. Mit ihren intensiv rosa oder rot gefärbten Glockenblüten, die im Verblühen oft aufhellen, zählen die anspruchslosen Sträucher zu den schönsten Frühsommerblühern. Zuweilen ist im Herbst nochmals eine etwas spärlichere Nachblüte zu bewundern.

Arten und Sorten: Bewährte und beliebte *Weigela*-Hybriden sind u. a. 'Bristol Ruby' (rubinrote Blüten), 'Eva Rathke' (leuchtend karminrot), 'Newport Red' (tiefrot), 'Snowflake' (weiß) und 'Styriaca' (karminrosa). 'Carnaval' ist eine neuere Sorten mit hell-, dunkelrosa und weißen Blüten am selben Strauch. 'Lucifer' hat große, rote, nicht verblassende Blüten. 'Red Prince' blüht leuchtend hellrot, mit starker Nachblüte im Frühherbst, und wird nur 1,5 m hoch. 'Evita' (karminrot) begnügt sich mit 0,7 m Höhe. Von *W. florida* werden vor allem niedrig wachsende Sorten (0,8–1,5 m) mit bunt gefärbten Blättern angeboten, z. B. 'Purpurea' (braunrote Blätter, dunkelrosa Blüten) und 'Nana Variegata' (gelb gerandete Blätter, rosa Blüten).

Pflanzen: Vorzugsweise im Herbst.

Pflegen: Alle paar Jahre im Frühjahr etwas Kompost geben.

Schneiden: Alle 2 bis 3 Jahre nach der Blüte die ältesten Triebe bodennah herausnehmen; kann zur Verjüngung auch kräftig zurückgeschnitten werden.

Schädlinge, Krankheiten: Selten Blattkäfer oder pilzliche Blattflecken.

Vermehren: Durch im Sommer geschnittene Stecklinge oder im Herbst geschnittene Steckhölzer.

Gute Partner: In gemischten Hecken oder Strauchgruppen wirken Weigelien schön z. B. neben Deutzie, Felsenbirne, Flieder, Pfeifen- und Ranunkelstrauch.

Klettergehölze im Überblick

Name	Höhe, Wuchs	Blüten, Blütezeit	Blätter und Früchte	Standort, Hinweise
Strahlengriffel, Kiwi *(Actinidia*-Arten)	3–8 m, sommergrüne Schlingpflanze	weiß oder rosa, Juni bis Juli	herzförmige Blätter, bei *A. kolomikta* bunt gescheckt; grüne bis braune, essbare Früchte	☼ – ◐ für Fruchtbildung meist ein männliches und ein weibliches Exemplar nötig
Pfeifenwinde *(Aristolochia macrophylla)*	5–10 m, sommergrüne Schlingpflanze, starkwüchsig	braunviolett, unterm Laub versteckt, Juni bis Juli	große, herz- bis nierenförmige Blätter	☼ – ● sonnig – schattig möglichst windgeschützter Platz
Trompetenblume *(Campsis radicans)*	5–10 m, sommergrüner Haftwurzelkletterer	orangerot, auch gelbe Sorten, Juli bis August	gefiederte Blätter	☼ möglichst warm und windgeschützt
Baumwürger *(Celastrus orbiculatus)*	8–12 m, sommergrüne Schlingpflanze, starkwüchsig	unscheinbar, Juni	eiförmige Blätter, gelbe Herbstfärbung; gelbe Früchte mit leuchtend roten Samen	☼ für Fruchtbildung ein männliches und ein weibliches Exemplar nötig
Großblumige Waldrebe *(Clematis*-Hybriden)	2–5 m, sommergrüne Rankpflanze	viele Blütenfarben, je nach Sorte im Mai bis Juni, mit Nachblüte im Spätsommer, oder Juni bis Oktober	gefiederte Blätter; seidig behaarte Früchte	☼ Wurzelbereich beschattet; unterschiedlicher Schnitt je nach Blütezeit (beim Kauf nachfragen)

Die Pfeifenwinde bietet mit ihren großen Blättern dichten Sichtschutz

Die Trompetenblume gedeiht und blüht am besten an einem warmen Platz

Die meist tellerförmigen Blüten der Clematis-Hybriden werden teils bis 20 cm breit

Klettergehölze im Überblick				
Name	**Höhe, Wuchs**	**Blüten, Blütezeit**	**Blätter und Früchte**	**Standort, Hinweise**
Alpenwaldrebe *(Clematis alpina)*	2–3 m, sommergrüne Rankpflanze, strauchartig	blauviolett oder weinrot, April bis Juni	gefiederte Blätter; seidig behaarte Früchte	☼ – ◐ Wurzelbereich möglichst beschattet
Bergwaldrebe *(Clematis montana)*	5–8 m, sommergrüne Rankpflanze, starkwüchsig	weiß bis rosa, Mai bis Juni	gefiederte Blätter; seidig behaarte Früchte	☼ – ◐ Wurzelbereich möglichst beschattet
Kletterspindel *(Euonymus fortunei)*	0,5–2 m, immergrüner Haftwurzelkletterer, langsam wachsend	gelblich grün, unscheinbar, Mai bis Juni	eiförmige, bei manchen Sorten weiß oder gelb gerandete Blätter; kleine rötliche Früchte	☼ – ● buntblättrige Sorten nicht zu schattig, sonst schwache Färbung; Früchte giftig!
Schlingknöterich *(Fallopia baldschuanica)*	8–15 m, sommergrüne Schlingpflanze, stark und raschwüchsig	weiß, klein, sehr zahlreich, Juli bis Oktober	herzförmige Blätter; rötliche, geflügelte Nussfrüchtchen	☼ – ● durch regelmäßigen Schnitt im Zaum halten
Efeu *(Hedera helix)*	5–20 m, immergrüner Haftwurzelkletterer, auch kriechend am Boden	gelblich grün, unscheinbar, September bis Oktober	rundliche bis gelappte Blätter, bei Sorten teils weiß oder gelb gemustert; schwarze Früchte	◐ – ● Vorsicht, kann Fassaden schädigen; in allen Teilen giftig!

Die Alpenwaldrebe schmückt sich mit hübschen, nickenden Glockenblüten

Der wüchsige Schlingknöterich muss öfter durch Schnitt gebremst werden

Je nach Alter der Triebe zeigt der Efeu unterschiedliche Blattformen

Klettergehölze im Überblick

Name	Höhe, Wuchs	Blüten, Blütezeit	Blätter und Früchte	Standort, Hinweise
Kletterhortensie *(Hydrangea anomala)*	5–8 m, sommergrüner Haftwurzelkletterer, anfangs langsam wachsend	weiße Schirmrispen, duftend, Juni bis Juli	herzförmige, glänzend grüne Blätter, gelbe Herbstfärbung	◐ – ● geschützter Platz; junge Triebe an Drähten oder Gerüsten aufleiten
Winterjasmin *(Jasminum nudiflorum)*	1–3 m, sommergrüner Spreizklimmer mit rutenartigen Trieben	gelb, Dezember bis April	kleine, dunkelgrüne, dreizählige Blätter	☼ auch absonnig, geschützter Platz; junge Triebe aufbinden
Geißblatt *(Lonicera-*Arten*)*	3–5 m, sommergrüne Schlingpflanze, *L. henryi* immergrün; schnellwüchsig	gelblich weiß, orange oder rot, duftend, je nach Art Mai bis August	eiförmige Blätter; ab Spätsommer glänzend rote oder schwarze Beeren	☼ – ● bevorzugt halbschattig; recht anspruchslos: Früchte giftig!
Wilder Wein *(Parthenocissus-*Arten*)*	5–12 m, sommergrüner Haftscheibenkletterer	gelbgrün, unscheinbar, Juni bis August	dreilappige oder handförmige Blätter, orange bis rote Herbstfärbung; blauschwarze Beeren	☼ – ● je nach Art Kletterhilfe nötig; Früchte schwach giftig
Blauregen, Glyzine *(Wisteria-*Arten*)*	6–10 m, sommergrüne Schlingpflanze	große blauviolette, rosa oder weiße Blütentrauben, Mai bis Juni	große, gefiederte Blätter, gelbe Herbstfärbung; teils bräunliche Hülsenfrüchte	☼ – ◐ sehr stabiles Klettergerüst nötig, gut für Pergolen; in allen Teilen giftig!

Die Blüten des Geißblatts, hier Lonicera x heckrottii, duften gen Abend betörend

Wilder Wein bezaubert mit intensiver Herbstfärbung und hübschen Beeren

Die hängenden Blütentrauben des Blauregens sind teils bis 50 cm lang

Bambusse im Überblick

Name	Höhe, Wuchs	Blätter, Halme	Standort, Hinweise
Schirmbambus *(Fargesia-Arten)*	1–4 m, horstartig, mit der Zeit breit überhängend, kaum Ausläuferbildung	immergrün, schmale, je nach Art gelb- bis dunkelgrüne Blätter; gelbgrüne, grüne oder purpurfarbene Halme	☼ – ◐ gut für Sichtschutzhecken geeignet, hübsch in Teichnähe, liebt hohe Luftfeuchtigkeit
Rohrbambus *(Phyllostachys-Arten)*	meist 3–6 m, breit aufrecht, teils oben überhängend, meist starke Ausläuferbildung	immergrün, große, schmale, hell- bis dunkelgrüne Blätter; kräftige, oft intensiv gelb, dunkelgrün oder schwarz gefärbte Halme	☼ – ◐ sehr schöne Solitäre; beim Pflanzen unbedingt Rhizomsperre (Fachhandel) einsetzen
Zwergbambus *(Pleioblastus pumilus)*	0,5–0,8 m, dicht und breit buschig, bildet Ausläufer	immergrün, schmale, hellgrüne Blätter; dünne, grüne Halme	☼ – ◐ attraktiver Bodendecker; wenn keine Ausbreitung gewünscht, mit Rhizomsperre pflanzen
Maketebambus *(Pseudosasa japonica)*	2–4 m, breit aufrecht, oben überhängend, mäßige Ausläuferbildung	immergrün, große, schmale, tiefgrüne Blätter, unterseits silbrig; grüne Halme	☼ – ● sehr schattenverträglich; schön als Solitär und in Hecken; mit Rhizomsperre pflanzen
Narihirabambus *(Semiarundinaria fastuosa)*	3–5 m, straff aufrecht, mäßige Ausläuferbildung	immergrün, recht breite, große, dunkelgrüne Blätter; grüne, durch Sonne rotbraun verfärbende Halme	☼ – ◐ gut für Sichtschutzhecken geeignet; Rhizomsperre und in rauen Lagen Winterschutz empfehlenswert

Schirmbambusse, hier Fargesia murieliae, zählen zu den beliebtesten Arten

Phyllostachys arcana 'Luteosulcata' besitzt kräftige, gelb gestreifte Halme

Der Zwergbambus (Pleioblastus pumilus) eignet sich sehr gut als Bodendecker

Heckengehölze im Überblick

Name	Schnitthöhe	Laub	Standort, Hinweise
Feldahorn *(Acer campestre)*	2–4 m	sommergrün, gelappte Blätter, gelbe bis orangerote Herbstfärbung	☼ – ◐ hitze- und trockenheitsverträglich
Berberitze *(Berberis-Arten)*	1–3 m	je nach Art immergrün oder sommergrün mit orangeroter Herbstfärbung; kleine Blätter, teils rotlaubig	☼ – ◐ gelbe Blüten im Frühsommer; leicht giftig
Buchsbaum *(Buxus sempervirens)*	0,3–1 m	immergrün, dicht belaubt mit kleinen, glänzend grünen Blättern	☼ – ● ideal zur Einfassung und Gartengliederung; in allen Teilen giftig!
Hainbuche *(Carpinus betulus)*	1–4 m	sommergrün, große, oft bis zum Frühjahr haftende Blätter mit gelbbrauner Herbstfärbung	☼ – ● für Windschutzhecken und auch Böschungsbegrünung geeignet
Scheinzypresse *(Chamaecyparis lawsoniana)*	1,5–4 m	immergrün, schuppenförmige Nadeln, grün- blau- und gelbnadelige Sorten	☼ – ◐ gelbe Sorten etwas frostempfindlich; in allen Teilen giftig
Rotbuche *(Fagus sylvatica)*	2–4 m	sommergrün, große Blätter mit gelber bis rotbrauner Herbstfärbung; auch rotlaubige Sorten	☼ – ◐ recht hoher Wasserbedarf

Der robuste, genügsame Feldahorn nimmt mit fast jedem Boden vorlieb

Hainbuchen bilden mit ihren kräftig grünen Blättern attraktive, dichte Hecken

Mit schöner Herbstfärbung verabschiedet sich das Buchenlaub bis zum Frühjahr

Heckengehölze im Überblick			
Name	**Schnitthöhe**	**Laub**	**Standort, Hinweise**
Liguster *(Ligustrum obtusifolium, L. vulgare)*	1–4 m	je nach Art immergrün oder sommergrün mit braunvioletter Herbstfärbung; kleine Blätter, dicht belaubt	☼ – ● weiße Blütchen, blauschwarze, schwach giftige Früchte
Heckenkirsche *(Lonicera-*Arten*)*	0,5–2 m	je nach Art sommer-, winter- oder immergrün; dicht belaubt mit eiförmigen grünen Blättern	☼ – ◐ gelbe oder gelbrote Blüten, rote oder schwarze Beeren, giftig!
Lorbeerkirsche *(Prunus laurocerasus)*	0,5–1,5 m	immergrün, große, dunkelgrün glänzende Blätter	☼ – ● weiße Blütenrispen, schwarze Früchte; in allen Teilen giftig!
Feuerdorn *(Pyracantha-*Hybriden*)*	1–2 m	wintergrün, glänzend dunkelgrüne Blätter	☼ – ◐ weiße Blütendolden, gelbe, orange oder rote, leicht giftig
Eibe *(Taxus-*Arten*)*	1–4 m	immergrün, lange, dunkelgrüne Nadeln, auch gelbnadelige Sorten	☼ – ● in allen Teilen – mit Ausnahme des roten Samenmantels – sehr giftig!
Lebensbaum *(Thuja occidentalis)*	2–4 m	immergrün, eng anliegende Schuppenblätter, grün- blau- und gelbblättrige Sorten	☼ – ◐ sehr anspruchslos; in allen Teilen hoch giftig!

Der Gewöhnliche Liguster (Ligustrum vulgare) behält in milden Wintern seine Blätter

Bei nicht allzu strengem Schnitt wirken Feuerdornhecken am schönsten

Eiben – hier eine gelbnadelige Sorte – gedeihen im Halbschatten am besten

Laubbäume

Wissenswertes

Bäume sind markante Gestalten, die das Bild des Gartens prägen. Ihre Auswahl verlangt besondere Sorgfalt und gründliche Überlegung

Ein kräftiger Stamm ohne Seitenäste, der eine gut verzweigte, breite Krone trägt – so präsentiert sich der „typische" Laubbaum. Mit diesem Habitus unterscheidet er sich deutlich von den mehrtriebigen Sträuchern (S. 152–203), ebenso von vielen Nadelbäumen (S. 220–233), bei denen der Stamm oft bis zur Basis beastet ist. Allerdings gibt es auch Laubbäume, bei denen die Äste schon weit unten ansetzen, ebenso mehrstämmig wachsende Bäume, die man auch als Großsträucher ansehen kann. Bäume, üblicherweise die stattlichsten Gartenpflanzen, begleiten nicht nur die Gartenbesitzer, die sie pflanzen, ihr ganzes Leben lang, sondern oft auch noch ihre Kinder bzw. Nachfolger.

Prägnante Erscheinungen

In Gärten durchschnittlicher Größe reicht der Platz oft nur für einen Baum. Da solch ein ausdrucksstarkes Gehölz dem gesamten Grundstück eine eigene Note gibt, wird es auch als Hausbaum bezeichnet. Häufig schützt ein großer Baum zudem das Haus oder die Terrasse vor praller Sonne, Wind und Wetter und „schluckt" nicht zuletzt auch einiges an Lärm und Abgasen, falls der Garten an einer Straße liegt. Je nach Grundstücks- und Baumgröße können natürlich auch mehrere Exemplare gepflanzt werden, z. B. als „Duo" links und rechts von einem Eingang oder als kleine Baumreihe an einer Gartengrenze.

Manche Bäume, allen voran die Japanische Blütenkirsche, warten im Frühjahr oder Sommer mit umwerfender Blütenpracht auf, andere, wie etwa die Kornelkirsche, bieten auffälligen Fruchtschmuck. Die meisten Gartenbäume beeindrucken allerdings vor allem durch ihr Erscheinungsbild und hübsches Laub, das sich im Herbst teils prächtig verfärbt. Dazu kommt nicht selten eine ansprechende Rinde, sodass die in der Regel laubabwerfenden Bäume auch über Winter einen besonderen Zieraspekt bieten. Sorten mit kugeligen oder säulenförmigen Kronen sowie stark überhängende „Trauerformen" bieten attraktive Varianten.

Wählen mit Weitblick

Leider weicht die anfängliche Freude über den schönen Gartenbaum mit den Jahren allzu oft dem Verdruss. Dann stellt sich vielleicht heraus, dass das ausgewachsene Gehölz viel zu viel Schatten wirft und die Bepflanzung in der Umgebung beeinträchtigt. Das ausgedehnte, kräftige Wurzelwerk kann zudem, wenn flach verlaufend, Wegbeläge anheben oder Versorgungsleitungen im Boden strangulieren. Und die mit der Zeit immer größer werdenden Mengen an Falllaub machen schon etwas Arbeit.

Ein Kappen zu groß gewordener Kronen führt oft dazu, dass der Baum über Jahre hinweg ein merkwürdiges Bild bietet. Bei manchen Arten wächst der Neuaustrieb so kräftig und dicht, dass die Krone bald noch üppiger wird als vor dem Stutzen. Das Roden, also das völlige Entfernen eines Baums, verlangt viel Aufwand. Zudem sind alte, dickstämmige Bäume mancherorts durch Baumschutzverordnungen geschützt und dürfen nicht so ohne Weiteres gefällt werden.

Bäume und ihr Standort im Garten sollten deshalb unbedingt mit Weitblick gewählt werden. Erkundigen Sie sich gründlich, wie groß und breit Ihr bevorzugter Baum im ausgewachsenen Zustand und im Alter sein wird, und überlegen Sie, wie sich das auf Ihr Haus und Grundstück auswirken kann. Achten Sie bei der Auswahl genau auf eventuelle Sortenbezeichnungen, denn verschiedene Züchtungen und Auslesen können sich sehr stark in Wuchsform und -größe unterscheiden. Es gibt auch vergleichsweise zierliche Formen, die selbst in kleineren Gärten Platz finden. Berücksichtigen Sie bei der Standortwahl stets auch den nötigen Abstand zum Nachbargrundstück.

Pflanzen mit Umsicht

Ist der richtige Baum und der passende Platz dafür gefunden, empfiehlt es sich, die Pflanzstelle sehr sorgfältig vorzubereiten. Lockern Sie den Boden tiefgründig, nicht nur im Bereich der Pflanzgrube, sondern auch in der weiteren Umgebung, und verbessern Sie ihn, wenn nötig, durch Einarbeiten von Kompost, Sand oder Tonmehlen. Beseitigen bzw. meiden Sie Verdichtungen im Untergrund, die später die Baumwurzeln hindern könnten.

Gerade bei Bäumen lohnt es sich, für die Pflanzware etwas mehr auszugeben. Bevorzugen Sie Jungbäume, die in

Im Frühjahr ist die Krone der Japanischen Blütenkirsche ein einziges Blütenmeer

der Baumschule mehrmals verpflanzt („verschult") wurden und die zudem „aus weitem Stand" stammen. Sie punkten von vornherein mit gut entwickeltem Wurzelwerk und Kronenansatz. Besonders gut wachsen im Container angezogene Bäume an, die bereits einen kräftig durchwurzelten Erdballen haben. Sie können das ganze Jahr über gepflanzt werden, sofern der Boden nicht gefroren ist. Die empfohlenen Pflanztermine in den nachfolgenden Porträts gelten deshalb vor allem für ballierte oder wurzelnackte Bäumchen. Beim Pflanzen sollten Sie die Stämme locker, aber stabil an einem Stützpfahl befestigen. Dieser wird erst nach einigen Jahren entfernt.

Ahorn *(Acer)*

Die Gattung der Ahorne, namensgebend für die Familie der Ahorngewächse *(Aceraceae)*, umfasst etwa 130 Arten. Diese sind in der gesamten nördlichen Hemisphäre verbreitet. Besonderer Beliebtheit im Garten erfreuen sich klein bleibende Ahorne aus Ostasien, wie Japanischer, Fächer- und Feuerahorn und deren Sorten.

Arten und Sorten:

- Vom Japanischen Ahorn *(Acer japonicum)* wird meist die Sorte 'Aconitifolium' angeboten. Sie wächst als mehrstämmiger kleiner Baum, 3–4 m hoch und ebenso breit. Die stark gelappten, tief eingeschnittenen Blätter färben sich im Herbst orange bis rot.
- Ähnlich präsentiert sich der Fächerahorn *(A. palmatum)*. Von ihm gibt es eine Vielzahl attraktiver Sorten, die meist zwischen 2 und 4 m hoch und breit werden und teils schon ab dem Austrieb rot gefärbtes Laub aufweisen (z. B. 'Atropurpureum'). Die lediglich 1,5–2 m hohen, breitwüchsigen Sorten der 'Dissectum'-Gruppe zeichnen sich durch fein geschlitztes Laub aus.

Der Spitzahorn 'Drummondii' besitzt reizvoll gelb-grün gefärbte Blätter

- Der Feuerahorn *(A. tataricum* subsp. *ginnala)*, bis 6 m hoch und bis 5 m breit, besitzt glänzend grüne Blätter mit leuchtend rotgelber Herbstfärbung.
- Aus Nordamerika stammt der Eschenahorn *(A. negundo)* mit hübsch gefiedertem Laub. Seine meist 5–7 m hohen Sorten (z. B. 'Flamingo', 'Variegatum') sind buntblättrig mit weißen, gelben oder zartrosa Flecken.
- Der heimische Feldahorn *(A. campestre)* wächst zwar bis 15 m hoch. Da er aber gut schnittverträglich ist, eignet er sich hervorragend für Hecken (siehe auch S. 202). Die schmalwüchsige Sorte 'Elsrijk' wird nur 8–12 m hoch.
- Auch vom heimischen Spitzahorn *(A. platanoides)* gibt es Formen mit gartentauglichen Ausmaßen: Der 4–8 m hohe Kugelahorn ('Globosum'), bildet eine kompakte, rundliche Krone; 'Drummondii' wird etwa 12 m hoch.
- Bei manchen Ahornen kommt zum dekorativen Blattwerk auch eine sehr zierende, im Winter besonders auffällige Rinde, so etwa beim Schlangenhautahorn *(A. capillipes)*, 5–10 m hoch, mit grün-weiß gestreifter Rinde.

Japanische Ahorne sind wunderschöne kleine Bäume mit intensiver Herbstfärbung

Pflanzen: Im Herbst oder Frühjahr.

Pflegen: Vor allem japanische Ahorne bei langer Trockenheit gründlich gießen. Am besten die Baumscheibe stets mit Mulch bedeckt halten.

Schneiden: Möglichst ungeschnitten lassen. Nur der Feldahorn verträgt kräftigen Rückschnitt.

Schädlinge, Krankheiten: Blattläuse, Gallmilben; Echter Mehltau, Rotpustelkrankheit (kleine rote Pusteln auf abgestorbenen Zweigen – befallene Partien umgehend herausschneiden).

Vermehren: Durch im Frühsommer geschnittene Stecklinge.

Gute Partner: In die Nachbarschaft passen z. B. Blütensträucher oder auch Nadelgehölze. Fächerahorne wirken sehr schön mit Rhododendren.

☼ – ◐ ✿

Blütezeit: meist im Mai
Blütenfarbe: meist grünlich, teils purpurfarben
Höhe/Breite: Gartensorten 1,5–12 m hoch, bis etwa 6 m breit
Wuchs: sommergrüne Bäume oder Großsträucher, meist mit breiter Krone; tief gelappte oder gefiederte Blätter, teils buntlaubig, mit gelber bis roter Herbstfärbung
Standort: bevorzugt leicht beschattet bis halbschattig; durchlässiger, humoser, frischer Boden; Kalkverträglichkeit und Stadtklimaeignung unterschiedlich (beim Kauf nachfragen)
Verwendung: vorwiegend als Solitärgehölze; kleine Sorten auch für große Kübel

Weißbirke, Sandbirke (*Betula pendula*)

Nach der großen Gattung der Birken wurde die Familie der Birkengewächse *(Betulaceae)* benannt. Die in Europa heimische Weiß- oder Sandbirke, auch als Hänge- oder Warzenbirke bekannt, ist mit ihrer weißen Rinde, die sich im Alter mit borkigen schwarzen Rissen überzieht, und ihrem lichten Blätterdach mit goldgelber Herbstfärbung ein ausgesprochen schöner Baum. Doch mit bis zu 30 m Höhe und 12 m Kronenbreite sprengt sie mit den Jahren die Dimensionen vieler Gärten. Deshalb verdienen in der Regel kleiner bleibende Sorten den Vorzug. Schwierigkeiten bereitet bei Birken oft das flache, weitstreichende Wurzelwerk, in dessen Einflussbereich nur wenige andere Pflanzen gedeihen. Ein weiterer Wermutstropfen ist die überreiche Pollenproduktion der hängenden Blütenkätzchen, die im Frühjahr für Menschen mit Pollenallergie zur Qual wird.

Blütezeit: April bis Mai
Blütenfarbe: gelbgrün
Höhe/Breite: Gartensorten 5–20 m hoch, 4–10 m breit
Wuchs: sommergrüne Bäume mit locker kegelförmiger Krone oder breitkronig mit überhängenden Zweigen; rautenförmig bis dreieckige, fein gesägte, frischgrüne Blätter mit goldgelber Herbstfärbung
Standort: sonnig; jeder nicht zu extreme und nicht zu kalkhaltige Gartenboden, der auch sandig sein kann; stadtklimaverträglich
Verwendung: als Solitär, im Heide- und Steingarten, kleinwüchsige Formen auch im Vorgarten

Arten und Sorten:

- Etwa 15 m hoch wächst die Hängebirke *(Betula pendula* 'Tristis') mit schleppenartig herabhängenden Zweigen. Nur 5–7 m Höhe erreicht die Trauerbirke 'Youngii' mit ausgeprägtem Hängewuchs und schirmartiger Krone;. Die Sorte 'Fastigiata' bildet eine schmal säulenförmige Krone und wird 10–15 m hoch. Die etwa 10 m hohe 'Dalecarlica' entwickelt eine kegelförmige Krone mit überhängenden Zweigen und zeichnet sich durch stark geschlitzte Blätter aus. Relativ schmal und rund 10 m hoch wächst auch die Blutbirke 'Purpurea', die mit dunkel purpurrotem Laub (mit rotbrauner Herbstfärbung) besticht.
- Eine hübsche Alternative ist die aus China stammende Kupferbirke *(B. albosinensis)*, ein 8–12 m hoher Baum. Sie besitzt eine dekorative orangerote Rinde, die in dünnen Fetzen abrollt und im Winter besonders ins Auge fällt.
- Wer ausreichend Platz für einen bis 20 m hohen Baum hat, sollte die Himalaja-Birke *B. utilis* 'Doorenbos' in die engere Wahl nehmen: Sie hat eine besonders schöne, leuchtend weiße Rinde.

Pflanzen: Vorzugsweise im Frühjahr.

Pflegen: Junge Bäume in Trockenphasen kräftig gießen. Eine Mulchschicht rund um die Stammbasis ist günstig. Im Frühjahr mit Kompost oder organischem Dünger versorgen.

Schneiden: Am besten ungeschnitten lassen. Bei alten, zu groß gewordenen Birken kann die Krone gekappt werden, doch es dauert Jahre, bis sich wieder ein harmonisches Wuchsbild entwickelt.

Schädlinge, Krankheiten: Blattläuse, Minierwespen; Echter Mehltau (hier mit untypischem weißlichem Belag auf der Blattunterseite), Rostpilze.

Recht niedrig bleibt die Trauerbirke 'Youngii' mit schirmartiger Krone

Vermehren: Sorten sind veredelt. Reine Arten können leicht durch fast ganzjährige Aussaat vermehrt werden.

Gute Partner: Birken fügen sich ideal in Heidepflanzungen mit Schnee- und Besenheide, Wacholder und Kiefern ein. Für eine Unterpflanzung eignen sich beispielsweise Mahonien, Berberitzen, Wildrosen, Elfenblumen und robuste Storchschnabelarten.

Hainbuche *(Carpinus betulus)*

Die bei uns heimische Hain- oder Weißbuche, ein Familienmitglied der Birkengewächse *(Betulaceae)*, findet vor allem als Heckengehölz Verwendung (siehe auch S. 202). Als ungeschnittener, oft mehrstämmig wachsender Baum wird sie 10–25 m hoch, mit erst kegelförmiger, im Alter rundlicher, bis 15 m breiter Krone. Es gibt aber auch etwas kompaktere Sorten, die sich eher für Gärten normaler Größe eignen. Die recht großen, attraktiven Blätter färben sich im Herbst gelb, dann bräunlich und bleiben oft bis zum Beginn des Neuaustriebs im Frühling haften. Im Frühjahr erscheinen unauffällige Blütenkätzchen, ab September dann Trauben aus kleinen braunen Nüsse mit dreilappigem Tragblatt. Das dichte Blattwerk bietet nistenden Vögeln Unterschlupf, und die Nüsschen sind für manche gefiederte Gartenbesucher eine beliebte Nahrungsquelle. Somit lassen sich Hainbuchen sehr gut als Vogelschutzhecken einsetzen.

Oft treiben Hainbuchen schon zeitig im April aus und sind bald dicht belaubt

Arten und Sorten: Die bis 12 m hohe Sorte 'Columnaris' bildet eine dicht verzweigte, schon tief unten am Stamm ansetzende rundliche bis schmal eiförmige Krone. 'Fastigiata' wächst 15–20 m hoch, mit einer säulenförmigen, straff aufrechten Krone, die selten breiter als 3–4 m wird. 'Frans Fontaine', ebenfalls eine Säulenhainbuche, wächst schwächer und wird nur 6–10 m hoch. 'Pendula', eine Hängeform, begnügt sich sogar mit 3–5 m Höhe.

Pflanzen: Die beste Pflanzzeit ist der Herbst. Wenn Sie eine Hainbuchenhecke pflanzen möchten, fragen Sie nach so genannten Heistern. Das sind Jungbäume mit durchgehendem Leittrieb, ohne Krone und nur mit leichter Seitenverzweigung. Sie werden meist als wurzelnackte Pflanzen angeboten und sind entsprechend preiswert.

Pflegen: Gelegentlich Kompost geben. Sonst keine besondere Pflege nötig.

Schneiden: Hainbuchen sind sehr schnittverträglich und regenerieren sich auch nach starkem Rückschnitt. Bei den genannten Sorten genügt es allerdings, ab und zu beschädigte oder störende Triebe herauszuschneiden.

Schädlinge, Krankheiten: Blattläuse, Gallmilben, Spinnmilben, Schmetterlingsraupen. Recht selten treten Pilzkrankheiten auf: Echter Mehltau (mit dem weißlichem Belag untypischerweise auf der Blattunterseite) und Rotpustelkrankheit (kleine rote Pusteln auf abgestorbenen Zweigen – befallene Teile umgehend herausschneiden).

Hainbuchen der Sorte 'Fastigiata' bilden schlanke, säulenförmige Kronen

Vermehren: Durch im Frühjahr herabgebogene Absenker oder durch im Herbst geschnittene Steckhölzer; die reine Art auch durch Aussaat im Herbst.

Gute Partner: In gemischten Vogelschutzhecken lässt sich die Hainbuche mit Feldahorn, Eberesche, Holunder, Kornelkirsche und Wildrosen kombinieren, in Windschutzhecken z. B. mit Eibe, Haselnuss und Liguster.

Blütezeit: April bis Mai
Blütenfarbe: grünlich gelb
Höhe/Breite: Gartensorten 3–20 m hoch, 4–8 m breit
Wuchs: sommergrüne Bäume mit rundlicher, kegel- oder säulenförmiger Krone, die oft weit unten ansetzt, Stamm oft malerisch gedreht; teils auch mehrstämmig oder strauchartig; eiförmige, gesägte, dunkelgrüne Blätter mit gelber Herbstfärbung
Standort: bevorzugt sonnig bis leicht schattig, im starken Schatten schwachwüchsig; jeder normale, nicht zu nasse Gartenboden; stadtklimaverträglich
Verwendung: Sorten vor allem als Solitäre, die Art für frei wachsende und Schnitthecken

Kornelkirsche *(Cornus mas)*

Die Kornelkirsche gehört zur Gattung der Hartriegel *(Cornus)* und damit in die Familie der Hartriegelgewächse *(Cornaceae)*. Sie ist in Europa und Kleinasien beheimatet und wächst als kleiner, breitkroniger Baum oder Großstrauch. Die Kornelkirsche zählt zu den wertvollsten Vogelschutzgehölzen und bietet im Garten zu jeder Jahreszeit einen schönen Anblick. Ihre gelben Blütendolden erscheinen schon zeitig an den noch unbelaubten Zweigen. Ab August heben sich die leuchtend roten, kirschenähnlichen Steinfrüchte von den glänzend grünen, im Herbst dann gelb verfärbten Blättern ab. Die süßsäuerlichen, Vitamin-C-reichen Früchte sind essbar und können zu Konfitüre, Kompott, Saft oder alkoholischen Getränken verarbeitet werden.

Die attraktiven Früchte der Kornelkirsche können als Obst genutzt werden

Arten und Sorten:

- Die Sorten 'Jolico' und 'Schönbrunner Gourmet Dirndl' bieten besonders große, wohlschmeckende Früchte und einen reichen Fruchtansatz. Beide stammen aus Österreich, wo die Kornelkirsche als Dirndl bezeichnet wird und die Verarbeitung ihrer Früchte eine lange Tradition hat.
- Verwandte Arten: Der Rotrindige Hartriegel *(Cornus alba 'Sibirica')* und andere strauchige Hartriegel sind auf S. 162 beschrieben. Erwähnt seien hier die ebenfalls oft als kleine Bäume gezogenen Blumenhartriegel aus Japan bzw. Amerika *(C. kousa, C. florida)*. Sie wachsen 4–6 m hoch und breit und umgeben ihre im Frühsommer erscheinenden Blütenstände mit auffälligen weiß, rosa oder rot gefärbten Hochblättern, die wie Blütenblätter aussehen. Im Herbst färbt sich ihr Laub leuchtend rot. Diese Schönheiten sind allerdings etwas empfindlicher als die Kornelkirsche und brauchen einen frischen bis feuchten, leicht sauren Boden und möglichst auch einen geschützten, luftfeuchten, leicht beschatteten Standort. Ähnliches gilt für den bis 6 m hohen Pagodenhartriegel *(C. controversa)* mit etagenartig angeordneten, waagrechten Seitenästen.

Pflanzen: Im Herbst oder Frühjahr.

Pflegen: Gelegentlich mit Kompost versorgen.

Schneiden: Alle paar Jahre im zeitigen Frühjahr überalterte oder störende Äste herausschneiden. Bei Bedarf ist auch kräftiger Rückschnitt möglich.

Schädlinge, Krankheiten: Selten Schildläuse oder pilzliche Blattflecken.

Vermehren: Durch im Frühjahr herabgebogene Absenker, im Frühsommer geschnittene Stecklinge oder im Herbst geschnittene Steckhölzer; auch durch Aussaat im Herbst (Kaltkeimer).

Blütezeit: März bis April
Blütenfarbe: gelb
Höhe/Breite: 3–8 m hoch, 3–6 m breit
Wuchs: sommergrüner Baum oder Strauch; eiförmige, glänzend grüne Blätter mit gelber Herbstfärbung
Standort: sonnig bis halbschattig; durchlässiger, mäßig trockener bis frischer, kalkhaltiger Boden; stadtklimaverträglich
Verwendung: als Solitär, in lockeren Gehölzgruppen oder frei wachsenden Hecken; auch als Wildobst

Gute Partner: In die Nachbarschaft der Kornelkirsche passen Blütensträucher oder andere kleine Laubbäume ebenso wie Nadelgehölze.

Rotbuche *(Fagus sylvatica)*

Für den Garten stehen mehrere Sorten mit hängenden Zweigen zur Verfügung

Tief schwarzrote Blätter sind das Kennzeichen der verschiedenen Blutbuchen

Die Rotbuche aus der Familie der Buchengewächse *(Fagaceae)* ist eine der wichtigsten Baumarten in Mitteleuropa. 25–30 m hoch, mit breit ausladender Krone, tiefgrünen Blättern und silbergrauer Rinde bietet sie ein eindrucksvolles Erscheinungsbild. Aus den weiblichen Blüten, die ebenso wie die männlichen recht unscheinbar sind, entwickeln sich verholzende Fruchtbecher. Diese beherbergen bei Reife dreikantige Nüsse, die Bucheckern. Mit ihren natürlichen Ausmaßen passt die Rotbuche kaum auf Grundstücke durchschnittlicher Größe. Sie ist jedoch gut schnittverträglich und lässt sich als ansprechende Hecke formieren (siehe auch S. 202). Es gibt zudem einige kompaktere Sorten, die auch für kleinere Gärten infrage kommen.

Arten und Sorten: Die bekannte Blutbuche 'Atropurpurea' wird fast so mächtig wie die reine Art, lässt sich aber auch als Heckenpflanze verwenden. Bis 20 cm hoch, aber nur 3 m breit wird die Säulenbuche 'Dawyck'; 'Dawyck Purple' hat purpurbraune Blätter und wächst etwas schwächer. Zu den niedrigsten Sorten zählt die schwarzrot belaubte Hängeblutbuche 'Purpurea Pendula'. Sie wird 6–10 m hoch und bildet eine glockenförmige, 3–5 m breite Krone mit bis zum Boden herabhängenden Zweigen. Die ähnlich hohe, ebenfalls tief dunkelrot beblätterte 'Purple Fountain' wächst dagegen schlank aufrecht, bei ihr hängen nur die Seitenzweige herab. Einige niedrige Sorten werden bisher recht selten, aber zunehmend häufiger angeboten: 8–12 m hoch wachsen 'Rotundifolia' mit grünen, rundlichen Blättern, 'Tricolor' mit rosa und weiß gemustertem Laub sowie 'Zlatia' mit gelbgrünen Blättern. Die Schwarzrote Zwergblutbuche 'Purpurea Nana' wird sogar nur 2–3 m hoch.

Pflanzen: Am besten im Herbst. Verwenden Sie für Buchenhecken so genannte Heister mit von unten her beasteten Stämmchen.

Pflegen: Vor allem junge Buchen sollten bei längerer Trockenheit kräftig gegossen werden. Regelmäßige Kompostgaben sind förderlich. Der Boden sollte gemulcht oder des Öfteren gelockert werden, da Buchen Oberflächenverdichtung schlecht vertragen.

Schneiden: Solitärbäume weitgehend ungeschnitten lassen. Hecken können kräftig zurückgeschnitten werden.

Schädlinge, Krankheiten: Blattläuse, Buchenwollläuse, Gallmücken. Manchmal werden Buchen im Frühsommer von Raupen des Schwammspinners kahl gefressen, treiben dann aber meist neu aus; die Raupen abstreifen, mit kräftigem Wasserstrahl abspritzen oder mit *Bacillus-thuringiensis*-Präparaten biologisch bekämpfen.

Vermehren: Die Sorten sind meist veredelt. Die Art lässt sich durch im Herbst geschnittene Steckhölzer oder Aussaat der Bucheckern im Herbst vermehren.

Gute Partner: Rot- wie grünlaubige Sorten geben eine sehr schöne Kulisse für Blütensträucher ab.

☼ – ◐

Blütezeit: April bis Mai
Blütenfarbe: grünlich bis rotbraun
Höhe/Breite: Sorten meist 6–20 m hoch, 3–6 m breit
Wuchs: sommergrüne Bäume, je nach Sorte breitkronig, überhängend oder säulenförmig; eiförmige, glänzend dunkelgrüne Blätter, bei Sorten oft dunkelrot, gelbe bis rotbraune Herbstfärbung
Standort: sonnig bis halbschattig; humoser, nährstoffreicher, leicht kalkhaltiger, frischer Boden
Verwendung: als Solitär oder für hohe Schnitthecken

Esche *(Fraxinus)*

Eschen, die zur Familie der Ölbaumgewächse *(Oleaceae)* gehören, sind attraktive Bäume mit großen, gefiederten Blättern. Sie treiben erst spät aus und werfen ihr Laub im Herbst meist grün oder nur nach leicht gelber Verfärbung ab. Danach bleiben oft noch die geflügelten, bräunlichen Nüsschen in Rispen an den Zweigen hängen.

Arten und Sorten:

- Die bei uns heimische Gewöhnliche Esche *(Fraxinus excelsior)* wächst bevorzugt auf feuchten Standorten, etwa in Auwäldern. Charakteristisch sind ihre samtig schwarzen Winterknospen und die rötlich grünen Blütenrispen, die an den noch nackten Zweigen erscheinen. Mit 25–40 m Höhe wird die Gewöhnliche Esche so mächtig, dass für die meisten Gärten nur bescheidenere Sorten infrage kommen. Hierzu zählt u. a. die 8–15 m hohe Hängeesche 'Pendula' mit stark überhängenden Ästen. Eine ähnliche Auslese ist 'Aurea Pendula' mit gelbgrünem Laub. Nur 4–6 m hoch wachsen 'Nana' und 'Globosum' mit rundlicher Krone.
- Die aus Südeuropa stammende Blumen- oder Mannaesche *(F. ornus)* begnügt sich mit 6–10 m Höhe und 4–6 m Breite. Sie nimmt auch mit trockeneren Standorten vorlieb und überrascht im späten Frühjahr mit dichten cremeweißen, duftenden Blütenrispen. 'Meczek' ist eine 4–6 m hohe Sorte mit kugeliger Krone; 'Obelisk' wächst säulenförmig und 6–8 m hoch.
- Zunehmender Beliebtheit erfreut sich die 10–15 m hohe Schmalblättrige Esche *(F. angustifolia)*, besonders die Sorte 'Raywood', deren Blätter sich im Herbst leuchtend rot färben.

Pflanzen: Vorzugsweise im Frühjahr; bei Herbstpflanzung ist Winterschutz ratsam.

☼

Blütezeit: April bis Mai, Blumenesche Mai bis Juni
Blütenfarbe: rötlich grün, Blumenesche cremeweiß
Höhe/Breite: gartentaugliche Arten und Sorten 4–15 m hoch, 3–10 m breit
Wuchs: sommergrüne Bäume mit kegelförmiger bis rundlicher Krone, Sorten auch überhängend oder säulenförmig; große, gefiederte, frisch- bis dunkelgrüne Blätter, nur bei manchen Sorten ausgeprägte gelbe oder rote Herbstfärbung
Standort: sonnig, Gewöhnliche Esche auch halbschattig, und warm; durchlässiger, humoser, nährstoffreicher, kalkhaltiger Boden, für die Gewöhnliche Esche frisch bis feucht; stadtklimaverträglich
Verwendung: vorwiegend als Solitär

Pflegen: Junge Eschen sollten bei längerer Trockenheit durchdringend gegossen werden und vor kalten Wintern im Wurzelbereich mit Laub oder Fichtenreisig abgedeckt werden. Später sind sie gut winterhart, leiden aber manchmal unter Spätfrösten. Bei den Sorten aus der Unterlage wachsende Wildtriebe entfernen. Gelegentlich mit Kompost versorgen.

Schneiden: Nicht erforderlich; nur zuweilen beschädigte Äste entfernen.

Schädlinge, Krankheiten: Blütenknospen werden manchmal von Gallmilben befallen, die zu krebsartigen Geschwüren führen. Ansonsten gelegentlich Blattflöhe und Schildläuse.

Die Blumenesche schmückt sich im Frühsommer mit cremeweißen Rispen

Eine intensive Herbstfärbung bietet nur die Schmalblättrige Esche

Vermehren: Die Sorten sind veredelt; die reinen Arten können durch Steckhölzer oder Aussaat im Herbst vermehrt werden.

Gute Partner: Schöne Nachbarn in der weiteren Umgebung sind Weiden und Blütensträucher. Eschen lassen sich recht gut mit Stauden oder Kleingehölzen unterpflanzen.

Blütenkirsche, Zierkirsche *(Prunus)*

Blüten- oder Zierkirschen gehören zur Familie der Rosengewächse *(Rosaceae)* und sind als *Prunus*-Arten nahe Verwandte von Süß- und Sauerkirsche, Pflaume sowie Lorbeerkirsche (S. 183) und Mandelbäumchen (S. 219). Fast alle Blütenkirschen stammen aus Ostasien, und ihre Kultur und Züchtung haben in Japan eine altehrwürdige Tradition. In jedem Frühjahr wird dort das Kirschblütenfest „Hanami" gefeiert. Um sich die üppige Blütenfülle in den Garten zu holen, steht eine Vielzahl an Arten und Sorten zur Auswahl, mit den unterschiedlichsten Wuchsformen und -höhen und oft mit sehr attraktiver Herbstfärbung. Die Blüten erscheinen meist schon vor dem Laubaustrieb in dichten Büscheln entlang der Zweige. Früchte werden selten gebildet, sind aber auch wenig schmackhaft.

Arten und Sorten:

- Beliebte Sorten der Japanischen Blütenkirsche *(Prunus serrulata)* sind 'Kanzan', auch als Nelkenkirsche bekannt, 7–10 m hoch, mit breit trichterförmiger Krone und mit dunkel purpurrosa, dicht gefüllten Blüten; 'Amanogawa', 4–6 m, säulenförmig, mit einfachen, hellrosa Blüten; 'Kiku-shidare-zakura', 4–6 m, mit weit überhängenden Ästen und gefüllten dunkelrosa Blüten.
- Die Higankirsche *(P. subhirtella)* ist ein kleiner, 3–6 m hoher Baum oder Großstrauch. Die populäre Sorte 'Fukubana' bildet eine breite Krone und hat halb bis dicht gefüllte Blüten in Dunkelrosa. Ähnlich wächst 'Autumnalis Rosea'; sie entfaltet ihre rosa Blüten bei mildem Wetter schon ab November, sonst erst ab März.
- Nur 2–4 m hoch wächst die Kurilenkirsche *(P. nipponica* var. *kurilensis)*, die einfache, je nach Sorte weiße oder rosa Blüten hervorbringt.

Pflanzen: Vorzugsweise im Herbst.

Pflegen: Im Frühjahr den Boden lockern und mit Kompost oder organischem Dünger versorgen. Ab Frühsommer am besten die Baumscheibe mulchen. Wird sauer wirkender Mulch, z. B. Rindenmulch, verwendet, sollte des Öfteren Algenkalk zum Ausgleich gegeben werden. Wildtriebe, die aus der Unterlage wachsen, entfernen.

Schneiden: Nicht erforderlich, aber bei Bedarf mäßiger Rückschnitt möglich.

Schädlinge, Krankheiten: Blattläuse. Unter den Pilzkrankheiten treten vor allem die Monilia-Spitzendürre (absterbende Triebe, vertrocknete Knospen und Blüten) und die Schrotschusskrankheit (erst gefleckte, dann zerlöchert wirkende Blätter) auf. In beiden Fällen hilft oft ein großzügiges Zurückschneiden der befallenen Triebe bis ins gesunde Holz.

Vermehren: Die Sorten lassen sich nur durch Veredlung vermehren.

Gute Partner: Sehr schön wirkt eine Unter- bzw. Vorpflanzung mit Tulpen, Narzissen, Traubenhyazinthen und Stiefmütterchen.

Blütezeit: je nach Sorte zwischen März und Mai
Blütenfarbe: hell- bis dunkelrosa oder weiß
Höhe/Breite: 2–12 m hoch, 1–6 m breit
Wuchs: sommergrüne Bäume, teils strauchartig, je nach Sorte mit breit trichterförmiger, schmaler oder überhängender Krone; länglich eiförmige, gezähnte oder gesägte, kräftig grüne Blätter, im Austrieb oft bronzefarben, mit gelber, oranger oder rötlicher Herbstfärbung
Standort: sonnig, auch absonnig; durchlässiger, humoser, nährstoffreicher, kalkhaltiger, frischer Boden; einigermaßen stadtklimaverträglich
Verwendung: als Solitär oder in lockeren Gehölzgruppen

Die großen, oft gefüllten Blüten bedecken die meist noch unbelaubten Zweige

Robinie *(Robinia pseudoacacia)*

Die Robinie, auch als Scheinakazie bekannt, stammt ursprünglich aus Nordamerika und wurde schon um 1600 nach Europa eingeführt. Als Schmetterlingsblütengewächse *(Fabaceae)* können Robinien mithilfe von Knöllchenbakterien Stickstoff aus der Luft verwerten, zudem sind sie hitze- sowie trockenheitsverträglich. Über Ausläufer und Samen konnten sie sich bald in der freien Landschaft etablieren, sodass Robinien bei uns schon lange als eingebürgert gelten. Die reine Art wird 20–25 m hoch, mit 10–15 m breiter Krone, im Alter knorrig verdrehten Ästen sowie Dornen an den Zweigen. Den weißen, duftenden Blütentrauben folgen braune, bohnenartige Fruchthülsen, die wie alle anderen Pflanzenteile giftig sind.

Arten und Sorten: Die gern gepflanzte Kugelrobinie *(Robinia pseudocacacia* 'Umbraculifera') entwickelt eine kugelförmige, dicht verzweigte Krone. Diese wird in der Regel auf 2–2,5 m hohe Stämme veredelt und erreicht so eine Höhe sowie Breite von 4–6 m. Die Kugelrobinie bildet weder Blüten noch Dornen. 10–15 m hoch wachsen die schmalkronige Säulenrobinie 'Pyramidalis' und die Goldrobinie 'Frisia' mit gelbem Laub und roten Dornen. Die Korkenzieherrobinie 'Tortuosa' hat korkenzieherartig gedrehte Triebe und wird lediglich 6–10 m hoch und 5–8 m breit. All diese Sorten blühen höchstens spärlich. Anders 'Casque Rouge': Dieser 6–10 m hohe Kleinbaum bringt leuchtend purpurrosa Blütentrauben hervor.

Pflanzen: Die beste Pflanzzeit für Letztere ist das zeitige Frühjahr.

Pflegen: Gelegentlich müssen Schösslinge aus Ausläufern bzw. Wildtriebe entfernt werden; sonst keine besonderen Maßnahmen erforderlich.

Schneiden: Im Spätherbst oder Vorfrühling alte oder beschädigte Äste entfernen. Robinien vertragen bei Bedarf auch kräftigen Rückschnitt. Ein solcher empfiehlt sich vor allem bei der Kugelrobinie 'Umbraculifera' im Abstand von 5 bis 10 Jahren, um die rundliche Form zu bewahren.

Schädlinge, Krankheiten: In der Regel keine.

Vermehren: Die Sorten sind veredelt; die reine Art kann durch Aussaat im Herbst, Ableger oder Stecklinge vermehrt werden.

Gute Partner: Robinien passen gut zu Goldregen und Flieder, die zur selben Zeit blühen, ebenso zu Kiefern.

Hinweis: Ältere Äste brechen bei starken Winden recht leicht ab; deshalb windexponierten Plätze meiden.

Blütezeit: Mai bis Juni
Blütenfarbe: weiß oder rosa
Höhe/Breite: Sorten 4–15 m hoch, 4–8 m breit
Wuchs: sommergrüne Bäume mit rundlicher bis schirmförmiger Krone, Sorten auch säulen- bis kegelförmig; große, gefiederte, hellgrüne Blätter mit gelber Herbstfärbung
Standort: sonnig, etwas windgeschützt; jeder durchlässige Boden, sofern nicht zu feucht oder stark sauer; stadtklimaverträglich
Verwendung: einzeln oder in lockeren Gehölzgruppen
Achtung: Alle Pflanzenteile, besonders die Rinde, sind giftig.

Die Robinie 'Frisia' ist ein hübscher mittelgroßer Baum mit goldgelbem Laub

Die Sorte 'Casque Rouge' schmückt sich mit kräftig rosafarbenen Blütentrauben

Salweide *(Salix caprea)*

Mit ihrer frühen Blüte sind Salweiden für Bienen besonders wertvoll

Rund 400 Arten umfasst die Gattung der Weiden, darunter 30, die in Mitteleuropa heimisch sind. Sie gab der Familie der Weidengewächse (*Salicaceae*) ihren Namen. Die Wuchsformen reichen von großen Bäumen bis hin zu Zwergsträuchern. Die meisten Weiden lieben frische bis feuchte Böden, viele wachsen in Auwäldern oder an Fluss- und Bachufern. Die langen, biegsamen Triebe mehrerer Arten, besonders die der Korbweide *(Salix viminalis)*, werden schon seit Jahrtausenden zur Herstellung von Körben und anderem Flechtwerk genutzt. Charakteris isch für Weiden sind ihre Blütenkätzchen, wobei die weiblichen und die auffälligeren männlichen Kätzchen jeweils getrennt an verschiedenen Pflanzen sitzen. Für den Garten kommen mehrere Weiden infrage. Doch die Sal- oder Palmweide *(S. caprea)* zählt aufgrund ihrer großen, samtigen Kätzchen, die vorm Blattaustrieb erscheinen, zu den beliebtesten.

Arten und Sorten: *Salix caprea* 'Mas' ist eine stets männliche Sorte mit besonders großen, goldgelben Kätzchen und breiten Blättern. 'Silberglanz' bildet bis 5 cm lange, silbrige Kätzchen. Beide Sorten bleiben mit 3–5 m Höhe etwas kleiner als die reine Art. Die Hänge- oder Trauerkätzchenweide 'Pendula' wird auf 1,5–2 m hohe Stämmchen veredelt, sodass ihre langen Triebe bogig herabhängen. Meist wird die männliche Form mit großen, hellgelben Kätzchen angeboten, die auch als 'Kilmarnock' im Handel ist.

Pflanzen: Am besten im Herbst.

Pflegen: Im Herbst oder Frühjahr mit Kompost versorgen. Bei veredelten Sorten Wildtriebe entfernen.

Schneiden: Alle 2 bis 3 Jahre durch Herausschneiden der ältesten Äste auslichten. Die Hängekätzchenweide alle 1 bis 2 Jahre gleich nach der Blüte stark zurückschneiden, um die Neubildung junger, blühfreudiger Triebe zu fördern.

Schädlinge, Krankheiten: Selten Schildläuse, Spinnmilben, Gallblattwespen, Schmetterlingsraupen; Rostpilze, Weidenschorf (tiefbraune Blattflecken, absterbende Triebspitzen – befallene Blätter umgehend entfernen).

Vermehren: Sorten sind meist veredelt; ansonsten Vermehrung durch im Frühsommer geschnittene Stecklinge oder im Herbst geschnittene Steckhölzer.

Gute Partner: Salweiden wirken im Frühjahr besonders schön vor immergrünen Laub- oder Nadelgehölzen. Hängekätzchenweiden lassen sich hübsch mit Stiefmütterchen und anderen Frühlingsblühern unterpflanzen.

Blütezeit: März bis April, teils schon ab Februar
Blütenfarbe: gelb oder silbrig weiß
Höhe/Breite: 5–8 m hoch, 3–6 m breit, Sorten etwas kleiner
Wuchs: sommergrüner Baum mit runder Krone oder großer Strauch, Sorten auch hängewüchsig; länglich elliptische bis runde, oberseits mattgrüne, unterseits graufilzige Blätter
Standort: vorzugsweise sonnig, auch halbschattig; durchlässiger, humoser, frischer, am besten leicht saurer Boden
Verwendung: einzeln, in Gehölzgruppen oder frei wachsenden Hecken, schön am Teichrand; Hängekätzchenweide nur als Solitär, auch in Pflanzgefäßen

Eberesche, Vogelbeere *(Sorbus aucuparia)*

Die Eberesche, ein Familienmitglied der Rosengewächse *(Rosaceae)*, ist in Mitteleuropa vom Tiefland bis in die Alpen weit verbreitet und wächst in Mischwäldern und an Waldrändern. Als robustes Gehölz mit verwertbaren Früchten wurde sie schon früher vielfach gepflanzt. Im Garten präsentiert sich die Eberesche als hübscher kleiner bis mittelgroßer Baum, der von Frühling bis Herbst besondere Zieraspekte zu bieten hat: von den weißen Blüten in flachen Doldenrispen über die hübschen gefiederten Blätter bis hin zu den ab August reifenden roten Früchten und der gelborangen bis roten Herbstfärbung des Laubs. Bei den „Beeren" handelt es sich um kleine Apfelfrüchte. Sie sind sehr Vitamin-C-reich, aber recht sauer und erst nach Verarbeitung, z. B. zu Marmelade, genießbar. Nicht geerntet, bieten sie Vögeln eine wertvolle Herbst- und Winternahrung, deshalb auch der Name Vogelbeere.

Arten und Sorten: Besonders reich fruchtet die Sorte 'Edulis', auch als Mährische Eberesche bekannt. Eine attraktive Ziersorte ist die 5–7 m hohe, langsam wachsende Säuleneberesche 'Fastigiata' mit schmal kegelförmiger Krone. 'Pendula', die Hängeeberesche, hat überhängende Zweige und wird nur 2–3 m hoch.

Pflanzen: Im Herbst oder Frühjahr.

Pflegen: Gelegentlich im Herbst oder Frühjahr mit Kompost versorgen. Ständiges Mulchen des Bodens ist günstig.

Schneiden: Besondere Schnittmaßnahmen sind nicht nötig, es reicht aus, unerwünschte oder beschädigte Triebe zu entfernen. Ältere Exemplare können aber auch zur Verjüngung kräftig zurückgeschnitten werden.

Die nah verwandte Art Sorbus koehneana trägt auffällige weiße Früchte

Schädlinge, Krankheiten: Blattläuse, Spinnmilben, Gallmilben; Feuerbrand (gefürchtete Bakterienkrankheit, siehe S. 39). Wenn Sie Früchte in großer Zahl ernten möchten, empfiehlt sich das Auflegen von Vogelschutznetzen.

Vermehren: Die Sorten sind veredelt; die reine Art kann durch Aussaat im Herbst (Kaltkeimer) vermehrt werden.

Blütezeit: Mai bis Juni
Blütenfarbe: weiß
Höhe/Breite: 5–15 m hoch, 5–8 m breit, Sorten teils deutlich kleiner
Wuchs: sommergrüner Baum mit lockerer, eiförmiger Krone, teils mehrstämmig, Sorten auch säulenförmig oder überhängend; große, gefiederte, frischgrüne Blätter, Fiederblättchen fein gesägt, gelborange bis rote Herbstfärbung
Standort: sonnig bis halbschattig, vorzugsweise kühl und luftfeucht; und warm; durchlässiger, humoser, frischer Boden
Verwendung: als Solitär, in Gehölzgruppen oder in frei wachsenden Hecken

Gute Partner: Ebereschen fügen sich gut in naturnahe Gehölzgruppen und Vogelschutzhecken ein, beispielsweise mit Feldahorn, Holunder, Kornelkirsche, Liguster und Wildrosen.

Die locker aufgebaute Krone der Eberesche wirft nicht allzu viel Schatten

Weitere Laubbäume im Überblick				
Name	**Höhe, Wuchs**	**Blüten, Blütezeit**	**Blätter und Früchte**	**Standort, Hinweise**
Rote Rosskastanie *(Aesculus x carnea)*	10–15 m, rundliche, 8–12 m breite Krone	aufrechte, lange, rosarote Blütenrispen, Mai bis Juni	große, fünfteilig gefingerte, dunkelgrüne Blätter, gelbbraune Herbstfärbung; Früchte selten	☼ – ◐ stadtklimaverträglich; Sorte 'Briotii' mit kräftig roten Blüten
Trompetenbaum *(Catalpa bignonioides)*	10–15 m, kurzstämmig mit hoch gewölbter, bis 10 m breite Krone	weiße, trompetenförmige Blüten in hohen Rispen, Juni bis Juli	große, herzförmige Blätter, gelbe Herbstfärbung; bohnenähnliche Früchte	☼ – ◐ warmer, geschützter Platz; im Jugendstadium recht frostempfindlich
Amberbaum *(Liquidambar styraciflua)*	10–20 m, kegel- bis eiförmige, bis 10 m breite Krone	grün, unscheinbar, Mai	ahornartige Blätter, prächtige gelborange bis violette Herbstfärbung; kugelige Fruchtkapseln	☼ frischer bis feuchter, saurer Boden; anfangs etwas frostempfindlich
Tulpenbaum *(Liriodendron tulipifera)*	20–30 m, kegelbis eiförmige, 10–20 m breite Krone, Sorten auch kleiner	groß, tulpenähnlich, grüngelb, innen orangegelb, Mai bis Juli	große, handförmig gelappte Blätter, goldgelbe Herbstfärbung; zapfenartige Früchte	☼ warmer, geschützter Platz; im Jugendstadium recht frostempfindlich
Zierapfel *(Malus-Hybriden)*	3–8 m, trichterförmig, 2–6 m breit, auch Hänge- oder Säulenformen	weiß, rosa oder rot, einfach bis gefüllt, zahlreich, Mai	große, eiförmige Blätter, im Herbst goldgelb, orange oder rot; kleine, herbsaure Apfelfrüchte	☼ regelmäßiger Schnitt fördert Blütenreichtum; stadtklimaverträglich

Die weißen Blüten des Trompetenbaums sind im Schlund gelb gefleckt

Der nordamerikanische Amberbaum bezaubert mit prachtvoller Herbstfärbung

Der attraktive Tulpenbaum gehört zur Verwandtschaft der Magnolien

Weitere Laubbäume im Überblick				
Name	**Blütezeit**	**Blüten**	**Höhe, Wuchs**	**Standort, Hinweise**
Südbuche, Scheinbuche *(Nothofagus antarctica)*	5–7 m, sparrig aufrecht mit fischgrätenartig verzweigten Trieben, 4–6 m breit	grünlich, unscheinbar Mai	eiförmige, gekerbte, frischgrüne Blätter, gelbe Herbstfärbung; kleine Nussfrüchte	☼ warmer, geschützter Platz; auch für große Kübel und Tröge
Blutpflaume *(Prunus cerasifera 'Nigra')*	5–7 m, rundliche bis kegelförmige Krone, bis 7 m breit	rosa , vor dem Blattaustrieb, März bis April	eiförmige, ab Austrieb schwarzrote Blätter; dunkelrote, essbare Früchte	☼ – ◐ frischer, gern kalkhaltiger Boden; bei Trockenheit kräftig gießen
Mandelbäumchen *(Prunus triloba)*	2–3 m, Strauch, oft baumartig auf Stämmchen veredelt, bis 3 m breit	weißlich rosa, rosa, meist gefüllt, März bis Mai	eiförmige, oft deutlich dreilappige, gesägte Blätter, gelbe Herbstfärbung; keine Früchte	☼ geschützter, warmer Platz; Blüten sind spätfrostgefährdet
Säuleneiche *(Quercus robur 'Fastigiata')*	15–20 m, schmal ovale, 3–5 m breite Krone	gelblich grüne Kätzchen, unauffällig, April bis Mai	ovale, gelappte, glänzend grüne Blätter, gelbliche Herbstfärbung; olivfarbene Eicheln	☼ unbedingt tiefgründiger Boden; stadtklimaverträglich
Hängeulme *(Ulmus glabra 'Camperdownii' und 'Pendula')*	3–5 m, schirmartig überhängend, 3–6 m breit	rotbraun, vor dem Blattaustrieb, März bis April	eiförmige Blätter, gelbe Herbstfärbung; geflügelte, kugelige Nussfrüchte	☼ – ◐ frischer bis feuchter Boden; ideal für schattige Sitzplätze

Schon vor dem Laubaustrieb entfaltet die Blutpflaume ihre hübschen rosa Blüten

Waldambiente: Die Säuleneiche ist eine schmale Form der Stieleiche

Mit ihrer schönen Wuchsform bieten Hängeulmen ein sehr ansprechendes Bild

Nadelgehölze

Wissenswertes

Nadelgehölze im Porträt

Wissenswertes

Nadelgehölze bereichern die Gestaltung mit vielfältigen, malerischen Wuchsformen und beleben als Immergrüne den winterlichen Garten

Anders als die Pflanzen mit „richtigen" Blüten bilden Nadelgehölze ihre Samen zwischen den Schuppen ihrer Zapfen, die bei Reife verholzen. Diese oft zierenden Zapfen, die sich häufig erst an älteren Bäumen zeigen, trugen den Nadelgehölzen den Namen Koniferen, zu deutsch „Zapfenträger", ein. Auch die „Beeren" der Wacholder sind eigentlich fleischig umhüllte Zapfen. Die Eibe dagegen ist streng genommen keine Konifere: Sie entwickelt keine Zapfen, sondern einzelne Samen, die von einem fleischigen roten Mantel umgeben sind und deshalb an die Früchte der Blütenpflanzen erinnern.

Charakteristisch sind natürlich auch die sehr schmalen, meist als harte Nadeln geformten Blätter. Manche Gattungen, etwa die Scheinzypresse, tragen stattdessen dicht an dicht stehende Schuppenblätter. Bis auf sehr wenige Ausnahmen wie die Lärche sind Nadelgehölze immergrün. Sie erneuern ihre Blätter in kleinen, fast unmerklichen Schüben. Ganz aus dem Rahmen fällt der Ginkgo, eine der ältesten noch lebenden Baumarten. Trotz seiner fächerartigen, über Winter abgeworfenen Blätter und der mit gelbem Mantel umhüllten Samen zählt er zur nahen Verwandtschaft der Nadelbäume.

Beständig und vielseitig

Im Garten bilden immergrüne Nadelgehölze ganzjährig ein beständiges Gerüst, setzen als Solitäre Akzente oder geben schöne, beruhigende Kulissen für Beete, Rabatten und Blütensträucher ab. Als Hecken sorgen sie für Sichtschutz und Abschirmung an der Gartengrenze. Allerdings sollte der Anteil immergrüner Pflanzen im Garten nicht mehr als ein Viertel, maximal ein Drittel, betragen. Andernfalls kann eine recht dunkle, ja sogar düstere Atmosphäre entstehen.

Bei der Gestaltung lässt sich mit den vielen Farbtönen und -nuancen spielen

Zwergformen, hier kleine Kiefern, gedeihen auch in Töpfen oder Pflanztrögen

Die variantenreichen Formen und Blattfarben eröffnen unzählige Gestaltungs- und Verwendungsmöglichkeiten. Obwohl Nadelgehölze meist mit zentralem Hauptstamm baumartig aufgebaut sind, bieten sie eine Fülle unterschiedlicher Wuchsformen. Hier ist es noch mehr als bei vielen anderen Gehölzen wichtig, auf die genaue Sortenbezeichnung zu achten: Oft gibt es von ein und derselben Art schmucke Zwergformen ebenso wie majestätische Baumriesen.

Bei der Standortwahl für große Nadelbäume müssen dieselben Gesichtpunkte beachtet werden wie bei den Laubbäumen (siehe S. 206). Berücksichtigen Sie zudem, dass hohe Immergrüne zwar im Sommer angenehmen Schatten werfen, im lichtarmen Winter aber – je nach Himmelsrichtung – der tiefer stehenden Sonne den Zutritt verwehren. Einer Unterpflanzung bereitet nicht nur die Beschattung und das bei manchen Arten weit streichende, flache Wurzelwerk Schwierigkeiten, sondern oft auch die saure Bodenstreu, die sich aus den abfallenden Nadeln bildet.

Auch im Winter durstig

Nadelbäume werden oft als Containerpflanzen gehandelt und können dann außer bei Frost fast rund ums Jahr gesetzt werden. Die empfohlenen Pflanztermine in den nachfolgenden Porträts gelten deshalb vor allem für Junggehölze mit Ballen oder wurzelnackte Pflanzen, die fast nur für Hecken angeboten werden. Die Immergrünen müssen gleich nach dem Einsetzen ihre Blätter bzw. Nadeln mit Wasser versorgen. Deshalb pflanzt man sie recht früh im Herbst in den noch warmen Boden oder aber spät im Frühjahr, damit die Wurzeln möglichst schnell Fuß fassen. Für den Anwachserfolg ist sehr wichtig, nicht nur beim Pflanzen gründlich anzugießen, sondern auch in den Folgemonaten, vor allem im Winter an frostfreien Tagen und in sommerlichen Hitzeperioden, regelmäßig und ausreichend zu wässern.

Nachdem sie gut eingewachsen sind, benötigen Nadelbäume nur noch wenig Pflege. Denken Sie aber daran, dass die Immergrünen auch im Winter Wasser über ihre Nadeln verdunsten, besonders stark an sonnigen Tagen. Ist zugleich der Boden längere Zeit gefroren, können die Wurzeln kein Wasser nachliefern. Deshalb empfiehlt es sich, kräftig zu gießen, nachdem der Boden wieder aufgetaut ist. Braun werdende Nadeln können zwar auch durch Schädlinge (z. B. Sitkafichtenlaus) oder Pilzkrankheiten verursacht werden. Doch häufig ist Wintertrockenheit die Ursache. Auch Streusalz sowie Magnesiummangel, der sich durch Magnesiumdünger wie Bittersalz beheben lässt, können zu Nadelbräune führen.

Kaum Schnittaufwand

Die meisten Nadelgehölze brauchen nicht geschnitten zu werden – im Gegenteil, ein Rückschnitt würde den charakteristischen Wuchs stören. Außerdem regenerieren sich viele Arten schlecht, d.h. sie treiben nach einem starken Rückschnitt nur schwach oder gar nicht mehr aus. Eine Ausnahme machen Heckenpflanzen wie Eiben oder Lebensbäume: Diese schneidet man einmal, bei starkem Zuwachs auch zweimal im Jahr, am besten im August oder im zeitigen Frühjahr.

Tanne *(Abies)*

Tannen gehören zu den beliebtesten Nadelgehölzen, sind jedoch etwas anspruchsvoll: Sie vertragen keine Trockenheit und gedeihen am besten an einem luftfeuchten, nicht prall besonnten, windgeschützten Platz. Charakteristisch sind die aufrecht stehenden reifen Zapfen und die unterseits oft deutlich weiß gestreiften Nadeln. Die rund 50 Arten dieser Gattung zählen zur Familie der Kieferngewächse *(Pinaceae)*. In Mitteleuropa ist nur die Weißtanne *(Abies alba)* beheimatet; die als Weihnachtsbaum populäre Nordmannstanne *(A. nordmanniana)* stammt aus dem Kaukasus. Die meisten in Gärten gepflanzten Tannen haben allerdings ihren Ursprung in Ostasien oder Nordamerika.

Arten und Sorten:

- Die Weißtanne wird mit 30–50 m Höhe für die meisten Gärten zu groß, ebenso die 20–30 m hohe, sattgrün benadelte Nordmannstanne. Von Letzterer gibt es aber auch niedrigere Sorten: Die Hängeform 'Pendula' wächst 10–20 m hoch und bis 8 m breit; 'Barabits Compact' erreicht nur 5–10 m Höhe und hat waagrecht abstehende Zweige; 'Münsterland' ist eine nur bis 0,3 m hohe Zwergform.
- Schöne große Bäume sind: Koloradotanne *(Abies concolor)*, 20–25 m, graugrüne Nadeln, violettrote, später hellbraune Zapfen, recht trockenheitsverträglich; Silber- oder Edeltanne *(A. procera* 'Glauca'), 15–20 m, blauweiße Nadeln, sehr große, bei veredelten Pflanzen schon früh gebildete Zapfen. Von der Silbertanne gibt es auch ansprechende Zwergformen wie 'Blaue Hexe' und 'Glauca Prostrata'.
- Eine besonders ansprechende, mittelgroße Art ist die Koreatanne *(A. koreana)*, bis 10 m hoch und etwa 4 m breit, mit glänzend dunkelgrünen, unterseits weißen Nadeln und schon früh mit violettbraunen Zapfen. Von ihr werden mehrere Klein- und Zwergformen angeboten, wie 'Silberlocke', 'Compact Dwarf', 'Dark Hill' oder 'Piccolo'.
- Zu den attraktivsten kleinen Tannen zählt die dunkelgrüne Zwerg-Balsamtanne *(A. balsamea* 'Nana'). Sie wächst kompakt kissenförmig und wird bei einer Höhe von 0,8–1 m bis zu 2 m breit.

'Silberlocke', eine Koreatanne, dreht ihre silbrigen Nadelunterseiten nach außen

Die Silbertanne 'Glauca Prostrata' wird auch nach vielen Jahren kaum 1 m hoch

Pflanzen: Im Frühherbst oder späten Frühjahr.

Pflegen: Bei anhaltender Trockenheit im Sommer wie im Winter regelmäßig wässern.

Schneiden: Nicht nötig; nur abgestorbene Äste herausnehmen.

Schädlinge, Krankheiten: Blattläuse; Grauschimmel, Rostpilze, pilzliche Nadelbräune (befallene Partien großzügig herausschneiden).

Vermehren: Die Arten durch im Sommer geschnittene Kopfstecklinge oder Aussaat im Herbst; Sorten sind meist veredelt.

Gute Partner: Zu Zwergtannen passen andere kleine Nadel- und Laubgehölze sowie Stauden.

Nadeln: immergrün; dunkelgrün oder blau- bis graugrün
Zapfen: oft auffällig, stets aufrecht, braun, rötlich, violett oder bläulich
Höhe/Breite: hohe Tannen 10–50 m, 8–15 m breit; kleine und Zwergformen 0,3–10 m hoch, bis 5 m breit
Wuchs: breit kegelförmig, teils mit waagrecht abstehenden Ästen; Sorten auch überhängend, säulen-, kissen-, nestförmig oder kugelig
Standort: am besten absonnig oder leicht beschattet; luftfeucht und windgeschützt; durchlässiger, humoser, nährstoffreicher, frischer Boden
Verwendung: als Solitär; Zwergtannen auch in Beeten, im Steingarten sowie in Pflanzgefäßen

Scheinzypresse *(Chamaecyparis)*

Scheinzypressen gehören zur Familie der Zypressengewächse *(Cupressaceae)* und sind im Gegensatz zu den echten Zypressen *(Cupressus)* recht frostfest. Da die reinen Arten, deren Heimat in Nordamerika oder Ostasien liegt, sehr groß werden, sind nur Sorten im Handel. Es gibt zahllose Auslesen mit unterschiedlichen Wuchshöhen und -formen. Schmale bzw. säulenförmige Sorten eignen sich gut für schnell wachsende, immergrüne Hecken. Mit ihren dachziegelartig angeordneten Schuppenblättern an fächerförmigen Zweigen ähneln Scheinzypressen dem Lebensbaum (siehe S. 232), haben aber leicht überhängende Gipfeltriebe.

Arten und Sorten:

- Von der Lawson-Scheinzypresse *(Chamaecyparis lawsoniana)* existieren weit über 100 Sorten, mit Höhen zwischen 0,5 m und gut 10 m. Beliebte, 5–10 m hohe Säulenformen und Heckengehölze sind z. B. 'Alumii' (graublau), 'Alumigold' (gelbgrün) und 'Columnaris' (graublau). Säulenförmig, aber nur bis 3 m hoch wächst die blaugrüne 'Ellwoodii', schmal kegelförmig und bis 6 m die goldgelbe 'Golden Wonder'. Kompakt und meist unter 1 m bleiben beispielsweise 'Green Globe' (frischgrün) und 'Minima Glauca' (blaugrün).
- Die Hänge-Nutkascheinzypresse *(C. nootkatensis* 'Pendula') bietet einen malerischen Wuchs mit mähnenartig herabhängenden Seitentrieben. Sie wird bis 15 m hoch und 5 m breit. Von derselben Art gibt es auch aufrechte, kegelförmige, 5–15 m hohe Sorten wie 'Glauca' (blaugraue Nadeln).
- Von *C. pisifera* sind besonders die als Fadenscheinzypressen bekannten Sorten mit sehr feinen, überhängenden Zweigen beliebt, z. B. die flachkugelige, bis 0,8 m hohe, goldgelbe 'Sungold'.

☼ – ◑ ❀

Nadeln: immergrün, schuppenförmig; grün, gelblich, blau- bis graugrün oder stahlblau
Zapfen: klein, kugelig, braun, rötlich oder oder bläulich
Höhe/Breite: 0,3–15 m hoch, 0,5–6 m breit
Wuchs: schmal kegel- bis säulenförmig, Zwergsorten auch kissenförmig oder halbkugelig
Standort: sonnig bis halbschattig, am besten luftfeucht und etwas windgeschützt; durchlässiger, humoser, nährstoffreicher, frischer Boden; meist stadtklimaverträglich
Verwendung: als Solitär, im Beethintergrund, schmale Sorten als Heckenpflanzen; Zwergformen auch in Beeten, im Steingarten sowie in Pflanzgefäßen
Achtung: Alle Pflanzenteile enthalten Giftstoffe.

- Die 1,5–2 m hohe Muschelscheinzypresse *(C. obtusa* 'Nana Gracilis') zeichnet sich durch ihre schalen- bis tütenartig gedrehten, glänzend grünen Nadelzweige aus.

Pflanzen: Im Frühherbst oder späten Frühjahr. Für Hecken empfehlen sich zwei bis drei Pflanzen pro Meter.

Pflegen: In langen Trockenperioden wässern, besonders junge Pflanzen

Schneiden: Solitäre, ob groß oder zwergig, brauchen in der Regel nicht geschnitten zu werden. Scheinzypressenhecken dagegen erhalten am besten einen jährlichen, aber nicht allzu starken Rückschnitt.

Lawson-Scheinzypressen machen nicht nur als Heckenpflanzen eine gute Figur

Schädlinge, Krankheiten: Spinnmilben, Schildläuse; Triebsterben (Pilzkrankheit): im Frühjahr graugrüne Verfärbung einzelner Zweigspitzen; befallene Triebe bis ins gesunde Holz zurückschneiden.

Vermehren: Durch im Frühsommer geschnittene Kopfstecklinge oder im Frühjahr herabgebogene Absenker.

Gute Partner: Scheinzypressen bilden eine hübsche Kulisse für Blumenbeete. Mit ihren filigranen Zweigen und den vielen Grün-, Gelb- und Blautönen lassen sie sich auch reizvoll mit anderen Nadelgehölzen kombinieren.

Ginkgo *(Ginkgo biloba)*

Seine Robustheit konnte der Ginkgo über Jahrmillionen unter Beweis stellen

Die reizvoll geformten Fächerblätter färben sich im Herbst leuchtend gelb

Zur Familie der Ginkgogewächse *(Ginkgoaceae)* zählen Botaniker drei Gattungen, vom denen zwei aber schon vor Jahrmillionen ausgestorben sind – somit bleibt nur noch der Ginkgo. Er ist ein echtes Urzeitgewächs und wuchs schon vor rund 200 Millionen Jahren auf der Erde. Seine Heimat liegt in China. Als so genannter Nacktsamer, dessen Samenanlagen nicht in einem Fruchtknoten geschützt sind, ist er mit den Koniferen nah verwandt. Seine grünen, fächerförmigen Blätter färben sich im Herbst leuchtend goldgelb und bieten vor dem Laubfall ein spektakuläres Schauspiel. Alte Bäume haben eine malerische Krone und am Stamm tropfenartige Auswüchse (so genannte Tschitschis). Die unscheinbaren männlichen und weiblichen Blüten stehen an verschiedenen Bäumen. An älteren weiblichen Ginkgos bilden sich Samen mit gelbfleischiger Hülle, die an Mirabellen erinnern und bei Reife nach Buttersäure (wie „Stinkbomben") riechen.

Arten und Sorten: Es gibt nur eine einzige Art, *Ginkgo biloba.* Der Baum wächst recht schmal, später bildet er eine lockere, breit ausladende Krone und wird bis 30 m hoch und 15 m breit. Aufgrund des unangenehmen Geruchs der Früchte pflanzt man bevorzugt männliche Exemplare. Solch männliche Sorten sind z. B. 'Autumn Gold', 8–15 m hoch und mit besonders leuchtender Herbstfärbung, 'Princeton Sentry', 10–20 m und schmal säulenförmig, sowie 'Pendula', 4–8 m, mit abstehenden, im Alter schirmförmig herabhängenden Ästen. 'Mariken', eine kugelige Zwergform, wird gern auf Stämmchen veredelt und so 2–3 m hoch. Weitere hübsche, nur bis 1 m hohe Zwerg-Ginkgos sind u. a. 'Troll' und 'Louis'. Darüber hinaus gibt es zahlreiche weitere Sorten, auch mit gelb gemusterten Blättern. Die Höhenangaben in Katalogen, auf Verkaufsetiketten usw. sind oft recht unterschiedlich, da die Bäume anfangs sehr langsam wachsen und ihre Endgrößen erst im hohen Alter erreichen.

Pflanzen: Im Herbst nach dem Blattabwurf oder im zeitigen Frühjahr.

Blätter: fächerförmig, ledrig, grün, leuchtend gelbe Herbstfärbung
Früchte: gelb, fleischig, unangenehm riechend
Höhe/Breite: Sorten 4–20 m hoch, 3–6 m breit, Zwergsorten 0,5–3 m hoch, bis 2 m breit
Wuchs: kurzstämmig, mit im Alter breiter, lockerer Krone, Sorten auch säulenförmig oder überhängend, Zwergformen locker kugelförmig.
Standort: sonnig, auch absonnig oder leicht beschattet; jeder durchlässige, nicht zu extreme Gartenboden; stadtklimaverträglich
Verwendung: als Solitär, in lockeren Gehölzgruppen; Zwergformen auch in Beeten und in Pflanzgefäßen

Pflegen: Nicht erforderlich. Auf Mulchen der Baumscheibe besser verzichten, um keine Wühlmäuse, die an den flachen Wurzeln fressen, anzulocken.

Schädlinge, Krankheiten: Wühlmäuse, die besonders gern an den Wurzelspitzen junger Bäume fressen.

Vermehren: Durch Aussaat im Herbst oder Frühjahr (Kältephase für Keimung günstig) oder im Frühsommer geschnittene Stecklinge, die sich aber oft nur zögerlich bewurzeln.

Gute Partner: Ginkgos wirken besonders reizvoll in fernöstlich angehauchten Gestaltungen, beispielsweise mit Rhododendren, Fächerahorn und Bambussen in der näheren Umgebung. Auch Nadelbäume, z. B. Kiefern oder Eiben, passen gut in das Umfeld.

Wacholder *(Juniperus)*

Wacholder bilden eine artenreiche Gattung innerhalb der Familie der Zypressengewächse *(Cupressaceae)*. Der bei uns heimische Gewöhnliche Wacholder *(Juniperus communis)* kommt auf trockenen, sandigen Böden vor und ist ein typisches Heidegehölz. In südlichen Regionen wächst auch der anspruchslose, hochgiftige Sadebaum oder Stinkwacholder *(J. sabina)* wild. Ansonsten stammen die meisten im Garten verwendeten Wacholder aus Nordamerika oder Ostasien. Wacholder stellen mit ihren meist bläulichen, beerenähnlichen Zapfen eine Besonderheit unter den Koniferen dar. Die Beerenzapfen des Gewöhnlichen Wacholders werden in kleinen Mengen als Würze verwendet; die der anderen Arten dagegen sind giftig.

Arten und Sorten: Aus der gewaltigen Fülle an Arten und Sorten kann hier nur eine kleine Auswahl vorgestellt werden:

- Vom Gewöhnlichen Wacholder *(Juniperus communis)* sind besonders die Säulenformen beliebt, etwa die blaugrüne, 3–5 m hohe 'Hibernica' (auch: Irischer Säulenwacholder) und die ähnlich große, noch schmälere, sattgrüne 'Barmstedt'. Andere Sorten wachsen kriechend und nur 0,3-0,5 m hoch, z. B. 'Hornibrookii', 'Green Carpet', ein hervorragender Bodendecker, und 'Depressa Aurea' mit gelben Nadeln.
- Ähnlich wie die Letztgenannten wachsen auch die Sorten des Kriechwacholders *(J. horizontalis)*, so etwa 'Glacier' (silbrig blau) und 'Golden Carpet' (gelbe Schuppennadeln).
- Der Chinawacholder *(J. chinensis)* bietet teils recht große Sorten, z. B. die 6–10 m hohe, säulen- bis kegelförmige 'Keteleeri'; aber auch schmucke Zwergformen wie 'Plumosa Aurea' (bis 1 m, goldgelb). Eine bekannte Hybride dieser Art ist der 3–4 m hohe, breit ausladende Pfitzer-Wacholder *(J. x media* 'Pfitzeriana'), von dem es auch eine gelbnadelige Variante gibt.
- Der Raketenwacholder 'Blue Arrow' *(J. scopulorum,* auch als *J. virginiana* im Handel), 4–8 m hoch und blaugrün benadelt, ist einer der schlanksten und schönsten Säulenwacholder.

Vom Gewöhnlichen Wacholder gibt es sehr markante Kegel- und Säulenformen

Im Angebot sind viele schöne Zwergsorten wie z. B. Juniperus squamata 'Blue Star'

Pflanzen: Im Frühherbst oder späten Frühjahr.

Pflegen: Säulenformen im Herbst zum Schutz vor Schneebruch zusammenbinden.

Schneiden: Meist nicht nötig, aber gelegentlicher Rückschnitt möglich.

Schädlinge, Krankheiten: Blattläuse, Schildläuse, Spinnmilben. Manche Arten und Sorten (besonders Sadebaum und Chinesischer Wacholder) sind anfällig für Rostpilze, die im Frühjahr auf Birnbäume überwechseln und den gefürchteten Birnengitterrost hervorrufen.

Vermehren: Durch Absenker oder Kopfstecklinge im Frühjahr.

Gute Partner: Wacholder passen gut in Heidegestaltungen, sind aber auch hübsche Rosenbegleiter.

Nadeln: immergrün; grün, gelbgrün, blau- bis graugrün oder stahlblau, teils schuppenartig
Zapfen: blaugrüne, blauschwarze oder bräunliche Beerenzapfen
Höhe/Breite: Sorten meist 0,3–5 m hoch, 0,5–4 m breit, selten größer
Wuchs: strauch- oder baumartig, aufrecht und breit kegel- oder säulenförmig oder flach ausgebreitet
Standort: sonnig, Chinawacholder auch halbschattig; jeder durchlässige, nicht zu feuchte Boden, der auch nährstoffarm und sandig sein kann
Verwendung: als Solitär, in lockeren Gehölzgruppen, im Heide- und Steingarten; niedrige Formen auch als Bodendecker, in Pflanzgefäßen
Achtung: Je nach Art sind Nadeln und Beerenzapfen giftig bis sehr giftig.

Lärche *(Larix)*

Lärchen gehören zur Familie der Kieferngewächse *(Pinaceae)* und haben mit der Europäischen Lärche *(Larix decidua)* in unseren Breiten eine wichtige Vertreterin. Dieses wertvolle Forstgehölz ist die einzige heimische Konifere, die im Herbst – nach prächtiger Gelbfärbung – ihre Nadeln verliert. Vor dem Neuaustrieb der dichten Nadelbüschel im späten Frühjahr erscheinen die Blütenstände, wobei die aufrechten roten, weiblichen Blütenzapfen deutlich auffälliger sind als die gelben männlichen.

Arten und Sorten:

- Mit bis zu 35 m Höhe und 10–20 m Kronenbreite eignet sich die Europäische Lärche *(Larix decidua)* nur für Parks und große Gärten. Da sie gut schnittverträglich ist, lässt sie sich aber auch für 2–6 m hohe Hecken einsetzen. Die Sorte 'Pendula' ist mit lang überhängenden Ästen eine malerische Erscheinung; sie wächst je nach Veredlung 5–15 m hoch und bis 10 m breit. Immer öfter werden auch Zwergformen angeboten, etwa die attraktive, nur 2 m hohe Zwerg-Hängelärche 'Puli' oder die rundliche, etwa meterhohe 'Globus'.
- Die sehr langsam wachsende Japanische Lärche *(L. kaempferi)* wird erst im Alter 15–25 m hoch: Sie zeichnet sich durch blaugrüne Nadeln und rotbraune Zweige aus, hat aber höhere Ansprüche an die Luft- und Bodenfeuchtigkeit. Von ihr gibt es ebenfalls eine hübsche Hängeform namens 'Pendula', bis 10 m hoch und mit zunehmend schleppenartig herabhängenden Ästen. Nur 2–3 m hoch wächst die Korkenzieherlärche 'Diana' mit bizarr verdrehten Zweigen. Daneben gibt es mehrere Zwergformen, z. B. die nur 0,5 m hohe, rundliche, blaugrün benadelte 'Blue Ball'.

Pflanzen: Am besten im Herbst. Für Hecken empfehlen sich ein bis zwei Pflanzen pro Meter.

Pflegen: Jungbäume, vor allem der Japanischen Lärche, in sommerlichen Trockenperioden gründlich wässern. Günstig wirkt sich das Mulchen der Baumscheibe mit Rasenschnitt, Kompost oder Rindenmulch aus.

Schneiden: Solitärbäume, besonders Korkenzieher- und Hängelärchen, ungeschnitten lassen. Hecken aus Europäischen Lärchen dagegen brauchen einen regelmäßigen Schnitt.

Schädlinge, Krankheiten: Miniermotten, Gallen- und Wollläuse, Thripse; Lärchenschütte, eine Pilzkrankheit, die zum vorzeitigen Verbraunen und Abfallen der Nadeln führt – vorbeugend einen luftigen Standort wählen.

Vermehren: Durch im Frühsommer geschnittene Kopfstecklinge von Seitentrieben.

Gute Partner: Mit ihrer goldgelben Herbstfärbung wirken Lärchen schön neben immergrünen Nadelbäumen wie Fichten und Kiefern.

Mit der Zeit hängen die Äste der Japanischen Lärche 'Pendula' weit herab

Nadeln: grün oder blaugrün, goldgelbe Herbstfärbung, danach Abwurf
Zapfen: klein, kugelig, rotbraun, sehr lange haftend
Höhe/Breite: Arten 15–35 m hoch, bis 20 m breit; hohe Sorten 5–15 m hoch, bis 10 m breit; Zwergformen 0,4–3 m hoch und breit
Wuchs: locker kegelförmige Krone mit waagrechten Ästen; Sorten mit Hänge- oder Korkenzieherwuchs, rundlich oder flach ausgebreitet
Standort: sonnig; möglichst luftig, Japanische Lärche luftfeucht; tiefgründiger, humoser, nährstoffreicher, frischer Boden
Verwendung: als Solitär oder als Heckenpflanzen; Zwergformen auch in Beeten, im Steingarten sowie in Pflanzgefäßen

Fichte *(Picea)*

Die Fichten, eine Gattung der Kieferngewächse *(Pinaceae),* werden wegen der ähnlichen Benadelung leicht mit Tannen (*Abies,* siehe S. 224) verwechselt. Ein wichtiges Unterscheidungsmerkmal: Wo bei Fichten einzelne Nadeln abfallen, hinterlassen sie stielartige Höcker, bei Tannen dagegen verbleiben ledigliche flache Narben am Zweig. Außerdem hängen die reifen Zapfen bei Fichten herab, bei Tannen stehen sie aufrecht.

Arten und Sorten: Aus dem riesigen Angebot kann hier nur eine kleine Auswahl vorgestellt werden:

- Die heimische Gewöhnliche Fichte *(Picea abies)* ist ein 25–50 m hoher Baum mit kegelförmiger Krone. In kleineren Gärten lässt sich diese schnittverträgliche Art nur als Hecke verwenden. Von ihr gibt es aber auch viele niedrige Sorten. 5–8 m hoch werden 'Acrocona', breit kegelförmig und mit üppigem Zapfenansatz, sowie 'Inversa', eine schmalwüchsige Hängeform. Beliebte Zwergformen sind z. B. die 0,6–1 m hohe, breitwüchsige, blaugrüne ,Pumila Glauca' und die 0,3 m hohe, halbkugelige Igelfichte 'Echiniformis'.
- Die 15–25 m hohe Serbische Fichte *(P. omorika)* aus dem Balkan wird besonders wegen ihres schlanken, nur etwa 4–6 m breiten Wuchses geschätzt.
- Etwas kleiner (10–20 m), aber breiter wächst die nordamerikanische Stechfichte *(P. pungens)*. Populär sind kegelförmige Auslesen mit stahlblauen Nadeln, oft fälschlich „Blautannen" genannt; so etwa 'Glauca' oder die nur bis 1 m hohe 'Glauca Globosa'.
- Ein Gartenklassiker ist die spitz kegelförmige Zuckerhutfichte *(P. glauca* 'Conica'), im Alter bis zu 4 m hoch.

Pflanzen: Im Frühherbst oder späten Frühjahr.

Nadeln: immergrün; dunkelgrün, blaugrün oder stahlblau
Zapfen: oft auffällig, bei Reife braun oder violettbraun und hängend
Höhe/Breite: hohe Fichten 15–50 m, 4–10 m breit; kleine und Zwergformen 0,3–10 m hoch, bis 4 m breit
Wuchs: meist schmal kegelförmig; Sorten auch breit kegelig, rundlich, säulen-oder kissenförmig
Standort: sonnig, auch absonnig; möglichst luftfeucht; nicht zu schwerer, humoser, frischer Boden; Serbische Fichte stadtklimaverträglich
Verwendung: als Solitär, in lockeren Gehölzgruppen, Gewöhnliche Fichte als Hecke; Zwergfichten auch für Beete, Steingarten und Pflanzgefäße

Anders als bei Tannen hängen die reifen Zapfen der Fichten nach unten

Pflegen: Fichten haben flache Wurzeln und vertragen keine Trockenheit, daher in regenarmen Perioden im Sommer wie im Winter gründlich gießen.

Schneiden: Bei Solitären nur eventuell störende Triebe einkürzen. Heckenfichten dagegen müssen von klein auf regelmäßig geschnitten werden.

Die Stechfichte wird vor allem in attraktiven blaunadeligen Sorten angeboten

Schädlinge, Krankheiten: Sitkafichtenlaus (Nadelbräune und -fall innen und außen), Fichtengallenlaus, Schmetterlingsraupen (Wicklerarten), Spinnmilben. Nadelbräune und -fall bei Serbischen Fichten, bekannt als „Omorikasterben", resultierten meist aus zu sauren, zu nassen oder stark verdichteten Böden sowie aus Magnesiummangel.

Vermehren: Reine Arten durch Aussaat; die Sorten sind veredelt.

Gute Partner: Fichten lassen sich je nach Gestalt und Größe mit den unterschiedlichsten Pflanzen kombinieren, von Laubbäumen bis hin zu Stauden.

Kiefer *(Pinus)*

Bei der Weymouthkiefer stehen die Nadeln in Büscheln zu fünf rund um die Zweige

Die männlichen Blüten der Bergkiefer erscheinen kätzchenartig in dichten Ständen

Kiefern, namensgebend für die Familie der Kieferngewächse *(Pinaceae)*, zählen zu den Nadelgehölzen, die am besten mit Trockenheit zurechtkommen. Deshalb sind sie besonders gut für die durch den Klimawandel heißer werdenden Sommer gewappnet. Bis auf die heimische Waldkiefer oder Föhre *(Pinus sylvestris)* wachsen die wichtigen europäischen Arten (z. B. Schwarz-, Berg- und Zirbelkiefer) hauptsächlich im Süden oder in Berglagen. Zusammen mit einigen nordamerikanischen und ostasiatischen Arten bieten sie eine Fülle verschiedener Formen für den Garten. Ihre langen Nadeln sitzen paarweise oder in Büscheln zu fünf an den Zweigen.

Arten und Sorten: Einige Beispiele aus dem umfangreichen Angebot:

- Von der Waldkiefer *(Pinus sylvestris)*, einem bis 40 m hohen Baum, gibt es u. a. die säulenförmige, 8–15 m hohe Sorte 'Fastigiata' und die 2–4 m hohe und breite, blaugrüne 'Watereri'.
- Die Schwarzkiefer *(P. nigra)*, ebenfalls ein mächtiger Baum mit fast schwarzer Borke, umfasst gartentaugliche Sorten wie 'Obelisk' (säulenförmig, bis 3 m) und 'Spielberg' (bis 1,5 m).
- Die langnadelige Weymouthkiefer *(P. strobus)*, 20–30 m hoch, bleibt lange recht schmal, bildet im Alter aber eine ausladende Krone. Ihre kugelige, etwa meterhohe Zwergform 'Radiata' besitzt weiche, blaugrüne Nadeln.
- Die bis 25 m hohe Tränenkiefer *(P. wallichiana)* besticht durch ihre bis zu 20 cm langen, herabhängenden Nadeln und die mit Harztropfen überzogenen großen Zapfen. 'Densa Hill', nur bis 7 m hoch, wächst schmal kegelförmig.
- Schöne kleine, 2–7 m hohe, meist kegelförmige Bäume sind beispielsweise Zirbelkiefer *(P. cembra)*, Drehkiefer *(P. contorta)*, Schlangenhautkiefer *(P. heldreichii)* und die blaunadelige Mädchenkiefer *P. parviflora* 'Glauca'.
- Von der Bergkiefer *(P. mugo)* gibt es sehr viele Zwergformen, 'Humpy' z. B. wird bis 0,8 m hoch und breit und hat tiefgrüne Nadeln, 'Little Gold Star' bleibt etwas kleiner und ist im Sommer hellgrün, im Winter goldgelb.

Pflanzen: Im Frühherbst oder späten Frühjahr.

Pflegen: Keine besonderen Maßnahmen erforderlich.

Schneiden: Möglichst gar nicht, um die natürliche Wuchsform zu erhalten.

Schädlinge, Krankheiten: Woll- und Schildläuse, Schmetterlingsraupen (Wickler), Blattwespen; Kiefernblasenrost (nur an fünfnadeligen Kiefern wie Weymouthkiefer, wechselt im Sommer auf Johannisbeeren und ruft an diesen den Säulenrost hervor), Kiefernschütte (Nadelfall durch Schadpilze).

Vermehren: Reine Arten durch Aussaat; die Sorten sind veredelt.

Gute Partner: Kiefern passen z. B. gut in Heidepflanzungen, etwa zusammen mit Rhododendren, und wirken auch schön als Hintergrund für Rosen.

Nadeln: immergrün; hell- bis dunkelgrün, blaugrün oder stahlblau
Zapfen: oft auffällig, hängend oder sitzend, braun, purpurn, seltener auch bläulich
Höhe/Breite: hohe Kiefern 10–40 m, bis 15 m breit; kleine und Zwergformen 0,3–10 m hoch, bis 4 m breit
Wuchs: kegel- bis schirmförmige Krone; Sorten auch säulen-, kugel- oder polsterförmig
Standort: sonnig; jeder durchlässige, nicht zu feuchte Gartenboden; meist stadtklimaverträglich
Verwendung: Arten und hohe Sorten als Solitäre; kleine und Zwergformen auch in Gehölzgruppen, im Heide- und Steingarten, in Beeten und Pflanzgefäßen

Eibe *(Taxus)*

Eiben, die wichtigste Gattung der Familie der Eibengewächse *(Taxaceae)*, haben den Vorteil, dass sie auch nach einem radikalen Rückschnitt wieder aus dem alten Holz austreiben. Eine weitere Besonderheit sind ihre ungewöhnlichen Früchte, die aus einem Samen mit einem fleischigen roten Mantel (Arillus) bestehen. Diese erscheinen nur an weiblichen Eiben, denn bei dieser Gattung sitzen die weiblichen und männlichen Blütenanlagen getrennt auf verschiedenen Exemplaren. Bis auf die roten Samenmäntel sind alle Pflanzenteile, also auch die Samen, sehr giftig.

Arten und Sorten:

- Die Europäische Eibe *(Taxus baccata)*, in freier Natur sehr selten geworden, wächst oft mehrstämmig, kegelförmig bis breit rundlich und 5–15 m hoch. Sie trägt dunkelgrüne, recht weiche Nadeln. Im Angebot sind zahlreiche Sorten. So etwa 'Dovastoniana', die Adlerschwingeneibe, mit breit ausladenden Seitentrieben und 6–8 m hoch. Die Säuleneibe 'Fastigiata' wächst 3–5 m hoch, ähnlich die schmale 'Germers Gold' mit goldgelben, im Austrieb bronzefarbenen Nadeln. Dieselbe Höhe erreicht die breit kegelförmige 'Overeynderei', die sich gut für Hecken eignet. Mehrere höchstens meterhohe Sorten mit ausgebreitetem Wuchs bieten sich auch als Bodendecker an, so z. B. 'Repandens' oder 'Summergold' (goldgelb).
- Die nur bis 5 m hohe Japanische Eibe *(T. cuspidata)* wächst meist strauchig und bildet selten Früchte. Von ihr hat vor allem die Sorte 'Nana' Bedeutung, die höchstens 2 m hoch und 3 m breit wird.
- Die Hybrideibe *(T. x media)* ist eine Kreuzung der beiden vorgenannten Arten. Ihre Sorten sind meist ideale Heckenpflanzen, mit bis zu 5 m Höhe. Die straff aufrechte, weibliche 'Hicksii' wird wegen ihres üppigen Fruchtansatzes

Nur weibliche Eiben bilden die leuchtend rot ummantelten Samen aus

auch Bechereibe genannt. 'Straight Hedge' wächst betont säulenförmig, 'Hillii' breit buschig.

Pflanzen: Im Frühherbst oder späten Frühjahr. Bei Hecken werden je nach Wuchsform der Sorte ein bis vier Exemplare pro Meter gesetzt.

Pflegen: Gelegentlich mit Kompost versorgen. Bei längerer Trockenheit im Sommer wie im Winter gießen.

Schneiden: Solitäre nur bei Bedarf, Hecken je nach Wuchsstärke meist jährlich, am besten im Spätsommer; auch starker Rückschnitt möglich.

Schädlinge, Krankheiten: Recht selten Schildläuse oder Gallmilben.

Vermehren: Durch im Frühsommer geschnittene Kopfstecklinge von noch nicht verholzten Seitentrieben.

Gute Partner: Die dunkelgrünen Eiben bilden eine sehr schöne Kulisse für Rosen und andere Blütensträucher.

Die Europäische Eibe kann ungeschnitten zu einem stattlichen Baum heranwachsen

☼ – ✹ ❀ ☠

Nadeln: dunkelgrün, gelbgrün oder goldgelb
Früchte: rot, beerenähnlich
Höhe/Breite: Gartensorten 0,5–8 m hoch, 1–5 m breit
Wuchs: kegelförmig bis breit rundlich, öfter mehrstämmig; Sorten auch säulenförmig, strauchartig oder flach ausgebreitet
Standort: am besten halbschattig bis schattig, auch sonnig; jeder durchlässige, nicht zu feuchte und nicht zu saure Gartenboden; stadtklimaverträglich
Verwendung: als Solitär, in lockeren Gehölzgruppen, als Heckenpflanzen; niedrige Sorten auch als Flächendecker und in Pflanzgefäßen
Achtung: Alle Pflanzenteile – mit Ausnahme des roten Samenmantels – sind sehr giftig.

Abendländischer Lebensbaum *(Thuja occidentalis)*

Säulenformen wie 'Columna' ragen markant zwischen anderen Gehölzen empor

Lebensbäume gehören zur Familie der Zypressengewächse *(Cupressaceae)* und besitzen fächerförmige Zweige mit Schuppenblättern. Sie sehen den Scheinzypressen (siehe S. 225) sehr ähnlich, haben aber stets aufrechte Gipfeltriebe und länglich ovale Zapfen (Scheinzypressen: überhängende Wipfel, rundliche Zapfen). Allerdings sind Lebensbäume auch wesentlich giftiger als ihre Verwandten. Trotzdem haben sie sich in vielen Gärten schon lange einen festen Platz erobert, vor allem als robuste Heckenpflanzen, die hervorragend Sicht- und Windschutz bieten.

Arten und Sorten:

- Der Abendländische Lebensbaum wächst schmal kegelförmig und 10–20 m hoch. Von ihm findet auch die reine Art als Heckenpflanze Verwendung. Daneben gibt es eine Fülle an Sorten, die oft attraktive Solitäre abgeben; darunter z. B. 'Columna' (Säulenform, 5–8 m hoch, dunkelgrün), 'Smaragd' (bis 6 m, schmal kegelförmig, ganzjährig frischgrün) und 'Sunkist' (bis 5 m, kegelförmig, goldgelb). Zu den beliebtesten Heckensorten zählt die schnellwüchsige, schmale 'Brabant' (ungeschnitten bis 6 m). Hübsche Zwergsorten sind u. a. 'Danica' (bis 0,8 hoch und 1,5 m breit) und 'Teddy' (bis 0,5 hoch und breit, im Winter bronzefarben).
- Gelegentlich wird auch der Riesenlebensbaum *(T. plicata)* angeboten, meist in der bis 10 m hohen, breit kegelförmigen Sorte 'Aurescens' mit gelbgrün gestreiften Blättern. Nur 1 m hoch wird 'Can Can', eine dekorative Zwergform mit gelbspitzigen Jungtrieben.
- Vom aus China stammenden Morgenländischen Lebensbaum *(T. orientalis)* findet man im Handel vor allem die goldgelbe, kugelige, höchstens meterhohe 'Aurea Nana'.

Pflanzen: Im Frühherbst oder späten Frühjahr. Für Hecken empfehlen sich je nach Wuchsform zwei bis drei Pflanzen pro Meter.

Pflegen: Schnitthecken regelmäßig mit Kompost versorgen.

Schneiden: Solitäre nur bei Bedarf, Hecken ein- bis zweimal pro Jahr; auch starker Rückschnitt möglich. Schneiden Sie die Hecken mit trapezförmigem Querschnitt, also unten breiter und schräg zur schmäleren Heckenkrone verlaufend. So beugen Sie dem Verkahlen an der Basis vor.

Nadeln: immergrün, schuppenförmig; grün, gelb, im Winter auch bronzefarben oder bräunlich rot
Zapfen: klein, länglich oval, gelb- bis rotbraun
Höhe/Breite: hohe Sorten 2–10 m hoch, bis 4 m breit; Zwergsorten 0,3–2 m hoch und breit
Wuchs: kegelförmig, Sorten auch säulenförmig oder rundlich
Standort: bevorzugt sonnig, auch halbschattig; jeder durchlässige, nicht zu trockene Gartenboden; stadtklimaverträglich
Verwendung: als Solitär, im Beethintergrund, als Heckenpflanzen, im Steingarten; Zwergformen auch in Beeten und in Pflanzgefäßen
Achtung: Alle Pflanzenteile sind stark giftig.

Schädlinge, Krankheiten: Blatt- und Schildläuse, Miniermotten. Triebe mit vergilbten oder abgestorbenen Spitzen bzw. Partien sollten stets frühzeitig entfernt werden, um der Ausbreitung eventueller Pilzkrankheiten (Triebsterben, Schuppenbräune) vorzubeugen. Die Ursache kann aber beispielsweise auch Magnesiummangel oder zu hohe Stickstoffdüngung sein.

Gute Partner: Als Hecke bildet der Lebensbaum einen idealen Hintergrund für die verschiedensten Pflanzungen. Einzelne Exemplare passen gut in die Nachbarschaft anderer Koniferen.

Hemlocktanne *(Tsuga canadensis)*

Die Hemlock- oder Schierlingtanne, ein Familienmitglied der Kieferngewächse *(Pinaceae)*, wächst wild in Wäldern Kanadas und der nordöstlichen USA. Mit ihrem lockeren, eleganten Aufbau und ihrer feinen, glänzend grünen Benadelung ist sie eine malerische Erscheinung, die schon früh bei den Europäern Gefallen fand. Die Art wächst anfangs kegelig, später dann mit etagenartig angeordneten Ästen mit überhängenden Spitzen und wird im Alter 15–20 m hoch. Einen nicht nur optisch guten Standort finden diese Gehölze in der Nähe eines Teichs oder unter der Krone großer Bäume; denn Hemlocktannen lieben hohe Luftfeuchtigkeit und sind besonders als Jungbäume gegen pralle Sonne empfindlich.

Nadeln: dunkelgrün, unterseits bläulich weiß gestreift
Zapfen: klein, oval, rotbraun
Höhe/Breite: 15–20 m hoch, 5–8 m breit; Sorten 0,5–4 m, bis 3 m breit
Wuchs: breit kegelförmige, locker aufgebaute Krone; Sorten auch hängend oder flach ausgebreitet
Standort: bevorzugt absonnig bis halbschattig, keine pralle Sonne; windgeschützt, luftfeucht; durchlässiger, humoser, am besten leicht saurer, frischer Boden; reagiert empfindlich auf Luftverschmutzung
Verwendung: vorzugsweise als Solitär oder in lockeren Gehölzgruppen

Arten und Sorten: Sehr attraktiv ist die nur 2–4 m hohe und bis 3 m breite Hänge- oder Trauerform 'Pendula' mit weit überhängenden Triebspitzen. Die höchstens meterhohe, bis 2 m breite 'Jeddeloh' wächst halbkugelig, mit nestartiger Vertiefung in der Mitte, und sorgt mit spiralig angeordneten Zweigen für einen interessanten Anblick. 'Nana' ist eine 0,5–1 m hohe und bis 1,2 m breite Zwergform. Eine hübsche Alternative bietet die verwandte *Tsuga mertensiana* 'Glauca', ein graublau benadelter, 6-8 m hoher Baum mit schmal kegelförmiger Krone und demselben lockeren, etagenartigen Aufbau wie *T. canadensis*. Ihre Standort- und Pflegeansprüche sind sehr ähnlich.

Schön zu sehen, die unterseits bläulich gestreiften Nadeln

Pflanzen: Im Frühherbst oder späten Frühjahr.

Pflegen: Bei anhaltender Trockenheit im Sommer wie im Winter gründlich gießen. Junge Exemplare vor praller Sonne und Hitze schützen, ebenso vor kalten Winden.

Schneiden: Am besten zur Erhaltung der Wuchsform ungeschnitten lassen. Störende Triebe können aber problemlos eingekürzt werden. Ihre Standort- und Pflegeansprüche sind sehr ähnlich.

Schädlinge, Krankheiten: Schildläuse, Gallenläuse, Spinnmilben.

Vermehren: Durch im Frühjahr oder Sommer geschnittene Stecklinge, die reine Art auch durch Aussaat im Herbst.

Mit 'Pendula' bietet die Hemlocktanne eine sehr ansprechende Hängeform

Gute Partner: Aufgrund der ähnlichen Bodenansprüche gut mit Rhododendren und anderen Moorbeetpflanzen kombinierbar. Farne und Wildstauden eignen sich zur Unterpflanzung.

Hinweis: Der Mitteltrieb der Hängeform 'Pendula' sollte anfangs an einem Stab aufgebunden werden, bis das Gehölz die gewünschte Höhe erreicht hat. Manchmal wird diese Sorte auch auf Stämmchen veredelt.

Kübelpflanzen

Wissenswertes

Mediterranes Flair oder exotischer Flor – fremdländische Kübelpflanzen verleihen Balkon, Terrasse, Hof und Garten eine ganz besondere Note

Der Trend begann schon vor Jahrhunderten: Von ihren Entdeckungsreisen in ferne Länder brachten europäische Forscher bezaubernde Pflanzenschönheiten mit nach Hause. Darunter waren auch Sträucher, die sich im Haus schlecht halten ließen, jedoch im Freien unsere Winter nicht überstanden. So wurden sie draußen in Kübeln, also in großen Töpfen, kultiviert und dann während der kalten Jahreszeit in geschützte Glasräume gebracht.

Knackpunkt Überwinterung

Was früher Adligen und wohlhabenden Bürgern vorbehalten war, ist heute für jeden möglich und erschwinglich. „Klassiker" wie Oleander oder Zitrusbäumchen werden teils sogar in Supermärkten angeboten, und spezialisierte Kübelpflanzengärtnereien halten eine Fülle reizvoller Pflanzen aus Südeuropa, Südamerika, Asien, Australien oder Afrika bereit.

Wer allerdings nicht gerade über einen Wintergarten verfügt, sollte sich schon vor dem Kauf solcher Pflanzen Gedanken über die Überwinterung machen. Denn die meisten brauchen von Mitte Oktober bis Mitte Mai ein möglichst helles, frostfreies, aber kühles Winterquartier, bei etwa 4–8 °C. Infrage kämen z. B. gut belichtete, über Winter kaum beheizte Abstellräume, Flure oder Treppenhäuser, eventuell auch eine

Sehr charmant wirken mit Stämmchen gezogene Pflanzen wie diese Fuchsie

frostfrei gehaltene, helle Garage oder Remise. Doch solche Plätze sind leider in vielen Häusern Mangelware. Dazu kommt, dass der Transport der Pflanzen mit zunehmender Größe immer schwieriger wird, besonders wenn auf dem Weg ins Winterquartier einige Treppen zu überwinden sind. Als Alternative bieten immer mehr Gärtnereien einen Überwinterungsservice für Kübelpflanzen an – oft inklusive Abholen und Zurückbringen sowie Umtopfen und Schnitt im Frühjahr. Das ist nicht ganz billig, garantiert aber fachgerechte winterliche Unterbringung und Pflege.

Eine Sackkarre erleichtert den Transport ins Winterquartier und schont den Rücken

Frühjahrsstart und Sommerfrische

Nach draußen kommen Kübelpflanzen erst gegen Mitte Mai, wenn keine allzu kühlen oder gar frostigen Nächte mehr drohen. Stellen Sie dann auch sonnenliebende Pflanzen in den ersten 1 bis 2 Wochen etwas beschattet auf, damit sie sich allmählich an die direkte Strahlung gewöhnen können.

Noch vor dem Ausräumen, ab etwa Ende Februar, steht bei vielen Kübelpflanzen das Schneiden und Umtopfen an. Manche können bereits im Herbst zurückgeschnitten oder etwas eingekürzt werden, bei den meisten ist aber das Frühjahr der beste Termin für einen Rück- oder Auslichtungsschnitt. Danach müssen junge Pflanzen meist jährlich umgetopft werden, ältere Exemplare je nach Wuchsstärke alle 1 bis 3 Jahre. Verwenden Sie nur Gefäße mit einem Wasserabzugsloch am Boden, und bringen Sie beim Umtopfen zunächst eine Dränageschicht aus Kies, Blähtonkügelchen (im Fachhandel erhältlich) oder Tonscherben auf dem Topfboden aus. Solche Vorkehrungen für einen guten Wasserabfluss sind überlebenswichtig, denn Staunässe im Topf führt auf Dauer zum Faulen der Wurzeln. Topfen Sie die Pflanzen stets in eine gute, hochwertige Kübelpflanzen- oder Einheitserde.

Den Frischluftaufenthalt im Sommer genießen die meisten Kübelpflanzen am liebsten an einem warmen, etwas geschützten Platz, der nicht allzu starken Winden ausgesetzt ist. Eine Terrasse, ein genügend großer Balkon oder ein Innenhof ist deshalb oft der bevorzugte Stellplatz. Doch bei geeigneten Standortbedingungen können solche exotische Schönheiten auch mitten auf der Rasenfläche oder an einem Gartensitzplatz für aparte Akzente sorgen.

Gute Pflege rund ums Jahr

Kübelpflanzen sind auf den vergleichsweise knappen Erdvorrat in ihren Töpfen angewiesen. Deshalb ist regelmäßiges Gießen und Düngen unerlässlich. Ein Langzeitdünger, der beim Umtopfen der Erde untergemischt oder im Frühjahr eingearbeitet wird, erspart häufige Düngergaben. Bei starkwüchsigen Pflanzen mit hohem Nährstoffbedarf müssen Sie dann allerdings trotzdem ab etwa Juli nachdüngen. Ab Mitte August jedoch sollte bei fast allen Kübelpflanzen das Düngen eingestellt und erst wieder im Frühjahr fortgesetzt werden. Während der Überwinterung müssen Sie auch das Gießen stark einschränken. Wenn die Pflanzen sehr kühl und eventuell auch recht dunkel stehen, genügt es, gerade so viel zu wässern, dass der Erdballen nicht völlig austrocknet – dies ganz besonders, wenn ein Teil der Blätter über Winter abgeworfen wird.

Leider werden Kübelpflanzen des Öfteren von Blattläusen, Spinnmilben, Weißen Fliegen und – vor allem bei zu warmer Überwinterung – von Schild- oder Wollläusen heimgesucht. Kontrollieren Sie deshalb Ihre Pflanzen das ganze Jahr über regelmäßig auf Befallsanzeichen, damit Sie möglichst früh eingreifen und gegensteuern können.

Strauchmargerite *(Argyranthemum frutescens)*

Schon ab dem späten Frühjahr sind die dichten Büsche mit Blüten übersät

Schon seit vielen Jahren gehört die Strauchmargerite aus der Familie der Korbblütengewächse *(Asteraceae)* zur Top 10 der Kübel- und Balkonpflanzen. Heimisch auf Kanarischen Inseln wie Gran Canaria und Teneriffa, bringt sie mit ihren weißen Blütenkörbchen sonniges Mittelmeerflair auf Terrasse und Balkon. Mit der Zeit verholzt die Strauchmargerite an der Basis, bildet aber als so genannter Halbstrauch krautige Neutriebe. Ihr natürlicher Wuchs ist buschig, doch gern wird sie auch mit Stämmchen gezogen. Daneben gibt es kompakte, meist nur einjährig kultivierte Sorten für Balkonkästen, hohe Schalen und kleine Töpfe.

Arten und Sorten: Oft werden Strauchmargeriten ohne Sortenbezeichnung angeboten, aber gut sortierte Gärtnereien und Gartencenter halten auch spezielle Züchtungen bereit. Dazu zählen z. B. die bewährte 'Maja Bofinger' (weiße Blüten), 'Silver Leaf' (weiß, silbrig graue Blätter), 'Butterfly' (gelbe Blüten), 'Sonnenschein' (dunkelgelb) und 'Summer Melody' (rosa Blüten, graugrüne Blätter). Hübsche niedrige Sorten, die sich auch für Balkonkästen eignen, sind z. B. 'Dana' und 'Vara' (beide weiß) und Sortengruppen wie 'Crazy Daisy' und 'LaRita', die in verschiedenen Blütenfarben erhältlich sind, teils auch mit gefüllten Blüten.

Pflegen: Während der Wachstumszeit gleichmäßig feucht halten und bei Trockenheit durchdringend gießen, aber unbedingt Dauernässe vermeiden. Bis Mitte August wöchentlich düngen. Verblühtes regelmäßig abschneiden und braune Blätter entfernen. Lässt der Flor im Lauf des Sommers deutlich nach, können Sie durch Einkürzen der Triebe um 5–10 cm die Nachblüte fördern. Sehr unansehnlich gewordene Pflanzen lassen sich auch durch einen kräftigen Rückschnitt dem gleich auch eine Düngung folgt, oft wieder schön „in Schuss" bringen.

Überwintern: So hell wie möglich bei 4–10 °C. Sparsam gießen. Im Frühjahr die Triebe um ein Drittel zurückschneiden; alle 1 bis 2 Jahre umtopfen.

Schädlinge, Krankheiten: Blattläuse, Spinnmilben, Weiße Fliegen, Minierfliegen; Wurzelfäule bei zu nasser Haltung im Winter.

Vermehren: Durch im August/September oder im Frühjahr geschnittene Kopfstecklinge. Die selten angebotenen Samen werden im Frühjahr gesät (15–18 °C Keimtemperatur).

Gute Partner: Mit ihrer recht bescheidenen Größe lassen sich Strauchmargeriten gut mit anderen Kübelpflanzen arrangieren, besonders schön in mediterranen Gestaltungen, z. B. mit Oleander, Zitrus- und Olivenbäumchen, Bougainvillee oder Lorbeerbaum.

Blütezeit: April bis Oktober
Blütenfarbe: weiß, seltener gelb oder rosa
Höhe: 0,2–0,5 m, mit Stämmchen bis 1 m
Wuchs: immergrüner Halbstrauch, breit buschig; stark gefiederte, meist blaugrüne Blätter
Standort: sonnig, gern vollsonnig; im Winter hell bei 4–10 °C
Verwendung: geringer Platzbedarf, vielfältig kombinierbar; attraktiv als Stämmchen; kompakte Sorten auch für gemischte Balkonkästen

Bougainvillee *(Bougainvillea)*

Am Mittelmeer wachsen Bougainvilleen vielerorts als hohe Sträucher oder als Kletterpflanzen an Hauswänden. Doch die ursprüngliche Heimat dieser Wunderblumengewächse *(Nyctaginaceae)* liegt in Brasilien. Ihre eigentlichen Blüten sind recht klein und weiß oder gelblich, werden aber von kräftig gefärbten, meist violettrosa Hochblättern umgeben, die wie Blütenblätter erscheinen. Die Blüten samt Hochblättern stehen in Dreiergruppen beisammen, deshalb werden die Pflanzen auch Drillingsblumen genannt. Ihre Triebe sind mehr oder weniger stark mit Dornen besetzt und halten sich damit an rauen Unterlagen fest, um nach oben zu klimmen. Im Kübel können Bougainvilleen als Kletterer, rundliche Büsche oder mit Stämmchen gezogen werden.

Arten und Sorten: Am häufigsten angeboten wird *Bougainvillea glabra,* die als robusteste Art gilt. *B. spectabilis* hat etwas größere Hochblätter; *B.*-Hybriden sind oft Kreuzungen von *B. spectabilis* mit anderen Arten. Eine bewährte Züchtung von *B. glabra* ist 'Sanderiana' mit tiefvioletten Hochblättern. 'Variegata' besticht durch gelb-grün gemustertes Laub und rotviolette Hochblätter. *B. spectabilis* und ihre Hybriden gibt es in einer Vielzahl von Farben, z. B. auch mit Hochblättern in Gelb ('Aurantiaca', schwachwüchsig), Orange ('Rosenka') oder Weiß ('Jamaica White').

Pflegen: Während der Wachstumszeit gleichmäßig feucht halten, aber keinesfalls dauernass. Bis Mitte August wöchentlich düngen. Die Triebe an Rankgerüsten, Drahtbögen oder an stabilen Stäben, die in den Topf gesteckt werden, hochleiten. Störende Triebe über Sommer nach Bedarf einkürzen. Sollen Büsche oder Stämmchen gezogen werden, schneidet man die Pflanzen nicht nur im Frühjahr, sondern auch ein- bis zweimal während des Sommers entsprechend in Form.

Überwintern: Hell bei 10–15 °C; bei Kletterpflanzen die Triebe vorm Einräumen einkürzen, ansonsten Rückschnitt im Frühjahr. Sehr zurückhaltend gießen. Alle 1 bis 3 Jahre im Frühjahr umtopfen, in nur wenig größere Töpfe; in zu großen Gefäßen Vernässungsgefahr.

Schädlinge, Krankheiten: Blattläuse, Spinnmilben, im Winter Schildläuse; Wurzelfäule bei zu nasser Haltung im Winter.

Vermehren: Durch im Frühjahr oder Sommer geschnittene halbverholzte Triebstecklinge, die sich allerdings oft schwer bewurzeln; Stecklinge möglichst mitsamt einem kleinen Stück Rinde an der Schnittstelle abtrennen.

Blütezeit: Juni bis September, bei sehr hellem Stand schon ab April
Blütenfarbe: Hochblätter in Rosa- und Violetttönen, auch rot, orange, gelb oder weiß
Höhe: 0,5–4 m, je nach Schnitt
Wuchs: sommergrüner Kletterstrauch mit bedornten Trieben, auch buschig oder als Stämmchen formbar; schmal eiförmige, mittelgrün glänzende Blätter
Standort: sonnig, gern vollsonnig; im Winter hell bei 10–15 °C
Verwendung: als üppige Kletterpflanze, dekoratives Stämmchen oder markanter, buschiger Strauch

Gute Partner: Kletternde Bougainvilleen bieten einen herrlichen Hintergrund für andere Kübelpflanzen. Büsche und Stämmchen kommen in Einzelstellung am besten zur Geltung.

Durch gezielten Schnitt lassen sich Bougainvilleen recht kompakt halten

Engelstrompete *(Brugmansia)*

Am Abend verströmen die prächtigen Blüten einen intensiven, schweren Duft

Früher waren diese Nachtschattengewächse *(Solanaceae)* aus dem südamerikanischen Andenraum unter dem Gattungsnamen *Datura* bekannt. Doch vor einiger Zeit wurden die verholzenden, strauch- oder baumförmigen Arten in der gesonderten Gattung *Brugmansia* zusammengefasst. Ihre 15–40 cm langen, hängenden Trichterblüten, die gegen Abend betörend duften, verliehen ihnen den Namen Engelstrompete. Wer kleine Kinder hat, sollte allerdings mit der Anschaffung warten, bis diese etwas älter sind: Die verlockenden Blüten sind ebenso wie alle anderen Pflanzenteile hochgiftig.

Arten und Sorten:
Im Handel finden sich oft *Brugmansia*-Hybriden, also Kreuzungen aus verschiedenen Arten, mit unterschiedlichen Blütenfarben, -größen und Wuchshöhen, teils mit weiß- oder gelb-grün gemusterten Blättern. Ihre Sortennamen sind eher etwas für passionierte Fans – oft werden sie einfach unter Benennung der Blütenfarben angeboten. Spezialisierte Kübelpflanzengärtnereien haben auch bis zu zehn verschiedene Arten im Angebot, die den Hybriden kaum nachstehen. Zu den häufigsten und beliebtesten zählen *B.* x *candida* (2–3 m hoch, Blüten weiß oder rosa, robust und blühstark), *B. sanguinea* (1,5–2,5 m, orangegelb mit rotem Saum, auch gelbe und rote Sorten; leider recht anfällig gegen Viruskrankheiten) und *B. suaveolens* (2–3 m, gelb, weiß oder rosa, meist mit orangem oder rosa Saum).

Pflegen: Während der Wachstumszeit gründlich gießen, im Hochsommer, wenn nötig, auch zweimal täglich. Bis Mitte August wöchentlich düngen. Verblühtes und welke Blätter entfernen.

Überwintern: Dunkel oder hell bei 4–12 °C; je kühler, desto weniger Licht ist nötig. Nur leicht feucht halten; an einem kühlen, dunklen Platz fast trocken Vor dem herbstlichen Einräumen oder im Frühjahr bei Bedarf zurückschneiden, aber eine Verzweigung pro Trieb für die Blütenbildung stehen lassen. Mindestens in jedem zweiten Frühjahr umtopfen. Sind kaum noch größere Kübel möglich, können Sie aus dem dicht durchwurzelten Ballen in Längsrichtung zwei bis drei breite Keile herausschneiden und so Lücken zum Einfüllen frischer Erde schaffen

Schädlinge, Krankheiten: Blattläuse, Spinnmilben, Weiße Fliegen, Blattwanzen; Viruskrankheiten.

Vermehren: Durch von Frühjahr bis Herbst geschnittene Kopfstecklinge, die sich in Anzuchterde oder in einem Wasserglas gut bewurzeln. „Wassersteckling" nicht zu spät eintopfen, sonst werden die Wurzeln sehr brüchig.

Gute Partner: Wo genügend Platz ist, lassen sich Engelstrompeten schön mit anderen üppigen Blühern wie Bougainvillee und Enzianstrauch kombinieren, ebenso mit Kübelpalmen.

☼ – ◐ ☠

Blütezeit: Juli bis September
Blütenfarbe: weiß, rosa, gelb, orange, rot, oft mit andersfarbigem Saum
Höhe: 1–3 m
Wuchs: sommergrüner, meist breitwüchsiger Strauch; große, länglich eiförmige, mittel- bis dunkelgrüne Blätter
Standort: sonnig bis halbschattig, möglichst warm und geschützt; im Winter dunkel oder hell bei 4–12 °C
Verwendung: markante, raumgreifende Sommerzierde und Abendduftерin für gut einsehbare Plätze
Achtung: In allen Teilen hochgiftig. Kann bei dafür empfindlichen Menschen Hautreizungen hervorrufen sowie Kopfschmerzen und Übelkeit durch ihren Duft.

Indisches Blumenrohr *(Canna indica)*

Die Gattung *Canna* bildet eine eigene Familie, die Blumenrohrgewächse *(Cannaceae)*. Bei uns werden hauptsächlich das Indische Blumenrohr und seine Hybriden kultiviert. Streng genommen müsste es Westindisches Blumenrohr heißen, denn seine Heimat sind die Karibischen Inseln sowie Süd- und Mittelamerika. Als Staude, die mit einem knolligen Rhizom überdauert, ist die *Canna* eine Besonderheit unter den meist strauchigen Kübelpflanzen. Mit ihren oft hübsch gefärbten Blättern und ihren großen, exotisch wirkenden Blüten an langen, blattlosen Schäften ist sie nicht nur im Kübel eine aparte Zierde. Sie kann auch, ähnlich wie Gladiolen, als nicht winterharte Knollenpflanze ab Mitte Mai in den Garten gepflanzt werden. Im Herbst gräbt man nach Rückschnitt der Triebe die Rhizome aus, um sie im Haus zu überwintern.

Blütezeit: Juni bis Oktober
Blütenfarbe: gelb, orange, rot, rosa oder weiß, auch zweifarbig
Höhe: Kübelsorten 0,4–1 m, Gartensorten bis 2 m
Wuchs: nicht winterharte Staude mit knolligem Rhizom; Rosette aus großen, aufrechten Blättern, grün, blaugrün oder rötlich braun gefärbt, darüber kräftiger Blütenschaft
Standort: sonnig, möglichst warm und geschützt; Rhizome im Winter dunkel, trocken und möglichst luftig bei 5–10 °C
Verwendung: exotische, üppig blühende Kübelpflanze mit einfacher, platzsparender Überwinterung; kann auch im Garten ausgepflanzt werden

Arten und Sorten: Die zahlreichen Sorten bieten ein breites Spektrum an Blütentönen, nicht selten auch mit schöner zweifarbiger Zeichnung. Teils sind auch die Blätter rötlich, bronze oder braun gefärbt oder gemustert. Die Wuchshöhe variiert zwischen 40 cm und 2 m. Für die Kübelkultur empfehlen sich niedrige Sorten, z. B. 'Brilliant' (70 cm hoch, tiefrote Blüten), 'Cherry Red' (50 cm, kirschrot), 'Chinese Coral' (50 cm, rosa), 'Golden Girl' (70 cm, gelb, rot gefleckt), 'Lucifer' (70 cm, rot, gelb gerandet), 'President' (80 cm, leuchtend hellrot), 'Salmon Pink' (60 cm, lachsrosa) und 'Südfunk' (80 cm, orange Blüten, braune Blätter).

Pflegen: Während der Wachstumszeit stets gut feucht, aber nicht zu nass halten. Bis Mitte August wöchentlich düngen. Verblühtes regelmäßig entfernen.

Überwintern: Vor den ersten stärkeren Frösten die Triebe handbreit zurückschneiden. Dann die knolligen Rhizome herausnehmen, Erdreste abstreifen, abtrocknen lassen und in trockenen Torf oder Sand legen. Bis zum Wiedereinpflanzen im nächsten Frühjahr dunkel bei 5–10 °C lagern.

Schädlinge, Krankheiten: Blattläuse; bakterielle Fäule, mosaikartige Blattaufhellung durch Virusbefall. Von den beiden letztgenannten Krankheiten betroffene Pflanzen sollten umgehend entfernt werden; ebenso Rhizome, die im Winterlager Fäulnis- oder Schimmelspuren zeigen. Kontrollieren Sie die überwinterten Rhizome regelmäßig auf solche Anzeichen.

Vermehren: Durch Teilen der Rhizome im Frühjahr vor dem Einpflanzen. Achten Sie darauf, dass die Teilstücke kräftige Triebknospen aufweisen.

Blüten und Blätter des Blumenrohrs verraten deutlich die tropische Herkunft

Gute Partner: Schöne Nachbarn sind z. B. Strauchmargerite, Bleiwurz *(Plumbago)* oder Kübelpalmen.

Hinweis: Für einen frühen Blühbeginn können Sie die Rhizome bereits Anfang März eintopfen und an einem warmen, hellen Platz vortreiben. Die frostempfindlichen Pflanzen dürfen aber erst Mitte Mai nach draußen kommen.

Zitruspflanzen *(Citrus)*

Die zu den Rautengewächsen *(Rutaceae)* gehörenden Zitruspflanzen verbreiten als „Südfrüchte“ Mittelmeerflair, stammen aber ursprünglich aus Ost- und Südostasien. Ihre zierenden gelben oder orangen Früchte sind auch bei Kübelkultur essbar, schmecken allerdings oft ziemlich sauer. Je nach Art und Wachstumsbedingungen erscheinen die duftenden Blüten zwischen März und August, im Wintergarten sogar fast ganzjährig.

Arten und Sorten: Bei der Vielfalt angebotener *Citrus*-Arten ist es lohnenswert, sich gründlich zu erkundigen bzw. beraten zu lassen. Die Arten unterscheiden sich in der Fruchtfarbe und -größe, Wuchsstärke und teilweise auch in den Wärme- und Pflegeansprüchen. Beliebt sind z. B. Mandarine *(Citrus reticulata)* und Chinotto *(C. myrtifolia)* sowie die etwas starkwüchsigeren Arten Orange *(C. sinensis)*, Zitrone *(C. limon)* und Pomeranze *(C. aurantium)*. Ebenso attraktiv und relativ pflegeleicht sind zwei nahe Verwandte, nämlich Calamondin-Orange (x *Citrofortunella microcarpa)* und Kumquat *(Fortunella margarita)*.

Pflegen: Während der Wachstumszeit gleichmäßig feucht, aber keinesfalls nass halten. Wöchentlich düngen, von März bis September, im Wintergarten bis Oktober. Für große und kräftig Früchte tragende Büsche und Stämmchen sind Stützstäbe empfehlenswert. Zu stark wachsende oder störende Triebe können im Sommer gestutzt werden.

Überwintern: Hell bei 5–15 °C. Je dunkler das Winterquartier, desto kühler sollte es sein und desto sparsamer sollte gegossen werden. Bei recht dunklem Stand werden die Blätter zum Teil abgeworfen. Im Frühjahr Zweige, die im Vorjahr Früchte getragen haben, einkürzen. Bei Bedarf auch starker Rückschnitt möglich. Nur alle paar Jahre umtopfen, in wenig größere Gefäße.

Blütezeit: März bis August
Blütenfarbe: weiß, seltener rosa
Höhe: 0,5–1,5 m
Wuchs: immergrüne, buschige Sträucher, auch baumartig mit Stämmchen, teils spitz bedornt; eiförmige, ledrige, dunkelgrüne, glänzende Blätter
Standort: sonnig, warm und geschützt; im Winter hell bei 5–15 °C
Verwendung: dekorative Blüten- und Fruchtschmuckpflanze für Terrasse und Wintergarten

Schädlinge, Krankheiten: Blattläuse, Spinnmilben, Schild- und Wollläuse; Grauschimmel.

Vermehren: Durch im Frühjahr oder Sommer geschnittene Stecklinge. Auch durch Aussaat im Frühjahr (Samen in Wasser vorquellen; 22–25 °C Keimtemperatur); je nach Art blühen die Pflanzen aber oft erst nach Jahren.

Gute Partner: Zitrusbäumchen passen gut zu Strauchmargerite und Oleander, wirken aber auch sehr schön mit Kamelie oder Buchsbäumchen im Kübel.

Hinweis: Neuere Untersuchungen haben gezeigt, dass Zitruspflanzen mehr Kalk vertragen und brauchen, als früher angenommen. Kalkhaltiges Leitungswasser ist deshalb vorteilhaft. Am besten eignen sich Dünger mit vergleichsweise niedrigem Phosphat- und hohem Magnesiumgehalt.

Zitronenbäumchen und ihre Verwandten lieben im Sommer vollsonnige Plätze

Fuchsie *(Fuchsia-Hybriden)*

Vor praller Mittagssonne geschützt, wachsen und blühen Fuchsien am schönsten

Sehr apart wirken Blüten mit verschieden getönten Kelch-, Kron- und Staubblättern

Auf schattigen Terrassen und Balkonen sind Fuchsien fast unverzichtbar. Aber auch an hellen, nicht allzu prall besonnten Plätzen entfalten diese Nachtkerzengewächse *(Onagraceae)* ab Frühsommer ihre reizvollen röhren- oder glockenförmigen, hängenden Blüten mit oft weit herausragenden Staubblättern. Da nicht nur die Kronblätter, sondern auch die sie umgebenden, größeren Kelchblätter bunt gefärbt sind, bieten die Blüten nicht selten ein kontrastreiches Farbschauspiel. Ihre Heimat haben diese grazilen Schönheiten in den Bergwäldern der südamerikanischen Anden. Schon vor rund 300 Jahren wurden die ersten Arten nach Europa eingeführt, und bald begann man, Hybriden aus verschiedenen Arten zu kreuzen.

Arten und Sorten:

- Einfache, halb gefüllte oder gefüllte Blüten, ein- oder zweifarbig, zart oder intensiv getönt – die Sortenvielfalt der *Fuchsia*-Hybriden lässt kaum Wünsche offen. Im Allgemeinen vertragen Züchtungen mit kräftigen Blütenfarben am meisten Sonne. Die Wuchsformen reichen von kompakten Balkonpflanzen über hängende Sorten bis hin zu aufrechten Büschen und Stämmchen.
- Die Scharlachfuchsie *(F. magellanica)* lässt sich an geschützten, halbschattigen Plätzen im Garten kultivieren, wenn ihr Wurzelbereich über Winter mit Laub und Fichtenreisig abgedeckt wird. Der etwa meterhohe, breitwüchsige Strauch besitzt scharlachrote Blüten, es gibt aber auch weiß, rosa und zweifarbig blühende Sorten.

Pflegen: Während der Wachstumszeit gleichmäßig feucht, aber nicht nass halten. Bis Mitte August je nach Größe alle 1 bis 2 Wochen düngen. Verwelkte Blüten regelmäßig entfernen.

Überwintern: Hell oder auch dunkel bei 6–8 °C; sparsam gießen, aber nicht ganz austrocknen lassen. Vor dem Einräumen etwas auslichten. Im Frühjahr kräftige Triebe aus dem Vorjahr auf ein bis drei Knospen zurückschneiden; bei unschön bzw. kahl gewordenen Pflanzen auch kräftiger Rückschnitt um etwa zwei Drittel möglich. Alle 1 bis 2 Jahre im Frühjahr umtopfen.

Schädlinge, Krankheiten: Blattläuse, Spinnmilben, Weiße Fliegen, Dickmaulrüssler; Grauschimmel, Rostpilze.

Vermehren: Durch im Frühjahr oder Spätsommer geschnittene, krautige oder halbverholzte Stecklinge.

Gute Partner: An beschatteten Plätzen sind Knollenbegonien, Fleißige Lieschen sowie in Töpfen gezogene Funkien charmante Begleiter.

◐ – ☀

Blütezeit: Mai bis Oktober
Blütenfarbe: rosa, rot, lila, blauviolett oder weiß, oft zweifarbig
Höhe: 0,2–2 m
Wuchs: sommergrüner Strauch oder Halbstrauch, buschig aufrecht bis überhängend, auch als Stämmchen erziehbar; schmal eiförmige, meist dunkelgrüne Blätter
Standort: vorzugsweise halbschattig, auch schattig oder hell ohne pralle Mittagssonne; windgeschützt; im Winter hell oder dunkel bei 6–8 °C
Verwendung: eine der wenigen Kübelpflanzen für lichtarme Plätze; attraktiv als Busch oder Stämmchen je nach Sorte auch für Ampeln und Balkonkästen

Wandelröschen *(Lantana camara)*

Im Lauf des Sommers blühen Wandelröschen zunehmend üppiger und „bunter"

Dieses aus dem tropischen Amerika stammende Eisenkrautgewächs *(Verbenaceae)* wird meist mit Stämmchen gezogen bzw. angeboten. Darauf bildet es eine dicht verzweigte, kräftige Krone mit tiefgrünen, rauen, gerunzelten Blättern. Ab Juni erscheinen an den Triebspitzen halbkugelige, dichte Blütenköpfchen und bieten ein Farbschauspiel, das der Pflanze den Namen Wandelröschen einbrachte: Die kleinen Einzelblüten färben sich zunehmend dunkler und ändern dabei meist auch ihren Farbton, z. B. von Gelb über Orange nach Rot oder von Weiß nach Rosa. Da sich die äußeren Blütchen zuerst öffnen und verfärben, zeigen die Blütenstände stets mindestens zwei verschiedene Farbnuancen. Die Blüten locken zahlreiche Schmetterlinge an. Werden die verwelkten Blütenstände nicht entfernt, bilden sich oft grüne, bei Reife schwarz werdende Beeren.

Arten und Sorten: Bei den kultivierten Wandelröschen sind meist noch andere Arten eingekreuzt, sodass die Pflanzen auch als *Lantana-Camara*-Hybriden geführt werden. Als Kübelpflanzen sind die Wandelröschen im Handel selten mit Sortennamen ausgewiesen, sondern werden oft nur mit Farbbeschreibung angeboten. Farbprächtige Züchtungen sind z. B. 'Arlequin' (rosa und gelbe Blüten), 'Professor Raoux' (rot, orange, gelb) und 'Schloss Ortenberg' (orange, gelb). Häufiger finden sich Sortenbezeichnungen bei kompakten, nicht verholzten Formen, die man als Sommerblumen in Balkonkästen pflanzen kann und oft nur einjährig kultiviert (z. B. 'Bandana Cherry Sunrise', violett, rosa, gelb; 'Yellow Compakt', gelb).

Pflegen: Während der Wachstumszeit gut gießen, im Hochsommer, wenn nötig, auch zweimal täglich. Bis Mitte August wöchentlich düngen. Verblühtes regelmäßig entfernen. Häufiges Entspitzen im Frühsommer fördert Blütenreichtum und Verzweigung. Noch dünne Stämmchen mit einer Stütze versehen.

Überwintern: Hell bei 6–10 °C. Die Blätter werden zum Teil abgeworfen; je stärker der Laubabwurf, desto weniger gießen, aber nicht ganz austrocknen lassen. Im März/April Triebe um mindestens ein Drittel einkürzen. Alle 1 bis 2 Jahre im Frühjahr umtopfen.

Schädlinge, Krankheiten: Blattläuse, Spinnmilben, Weiße Fliegen.

Bei manchen Sorten wandeln sich die Farben der Blüten von Gelb nach Rosa

Vermehren: Durch im Frühjahr oder Spätsommer geschnittene, krautige oder halbverholzte Stecklinge.

Gute Partner: Besonders attraktiv sind blau, violett oder weiß blühende Nachbarpflanzen, z. B. Enzianbaum, Bleiwurz *(Plumbago)*, weiße Oleandersorten und Strauchmargerite.

Blütezeit: Juni bis Oktober
Blütenfarbe: gelb, orange, rot, rosa, violett oder weiß, meist zwei- oder mehrfarbig
Höhe: 0,5–2 m; kompakte Sorten um 25 cm
Wuchs: halbimmergrüner Strauch, buschig, mit teils überhängenden Trieben, oft als Stämmchen; eiförmige, gesägte, tiefgrüne Blätter
Standort: sonnig, gern vollsonnig; im Winter hell bei 6–10 °C
Verwendung: recht robuste Kübelpflanze, hübsch als Stämmchen; niedrige Sorten für Balkonkästen
Achtung: Alle Pflanzenteile enthalten Giftstoffe.

Lorbeerbaum *(Laurus nobilis)*

Der Lorbeerbaum, namensgebend für die Familie der Lorbeergewächse *(Lauraceae),* hat seinen Ursprung vermutlich in Kleinasien, wächst aber schon seit alters im Mittelmeerraum. Seine dunkelgrünen, ledrigen Blättern wurden bereits in der Antike – vorzugsweise getrocknet – als Gewürz verwendet. Sie passen zu Fleisch- und Fischgerichten, Suppen oder Eintöpfen und eignen sich auch zum Aromatisieren von eingelegten Gurken und Essig.

Im Kübel sind Lorbeerbäume sehr ansprechende, robuste Blattschmuckpflanzen, die als ältere Exemplare auch ein paar Frostgrade vertragen. In wintermilden Regionen können sie sogar an geschützten Gartenplätzen ausgepflanzt werden. Die männlichen und weiblichen Blüten erscheinen getrennt an verschiedenen Exemplaren. Deshalb bilden sich die schwarzen Beerenfrüchte nur an weiblichen Lorbeerbäumen, die zudem eine männliche Pflanze als Bestäuber brauchen.

Arten und Sorten: Die einzige verwandte Art, *Laurus azorica,* oder spezielle Sorten werden nur äußerst selten angeboten.

Pflegen: Während der Wachstumszeit stets mäßig feucht halten. Gießen Sie durchdringend, aber lassen Sie jeweils vor der nächsten Wassergabe die Erdoberfläche abtrocknen. Bis Mitte September je nach Wuchsstärke alle 1 bis 2 Wochen düngen.

Überwintern: Hell bei 0–10 °C; notfalls auch dunkel, dann aber möglichst kühl und besonders zurückhaltend gießen. Gesunde, gut entwickelte Exemplare können Sie recht spät einräumen und bereits ab etwa Mitte April wieder nach draußen stellen. Alle 1 bis 2 Jahre im Frühjahr umtopfen. Ein leichter Korrekturschnitt bei frei wachsenden Büschen wird am besten im April/Mai durchgeführt (siehe auch „Hinweis").

Schädlinge, Krankheiten: Schildläuse.

Vermehren: Durch im Frühjahr oder Spätsommer geschnittene, halbverholzte Stecklinge.

Gute Partner: Das tiefe Grün der Lorbeerbäume gibt einen wunderschönen Hintergrund für mediterrane Blüher wie Oleander oder Bougainvillee ab.

Hinweis: Soll der Lorbeerbaum als Pyramide, Säule oder mit kugeliger Krone gezogen werden, schneidet man ihn am besten während der Wachstumszeit. Der erste Formschnitt erfolgt nach Bildung des ersten Neuzuwachses im April oder Mai; ein zweiter, falls nötig, gegen Anfang August.

Blütezeit: April bis Mai
Blütenfarbe: gelblich, unauffällig
Höhe: 1–2,5 m
Wuchs: immergrüner, dicht buschiger Strauch, oft durch Schnitt geformt und mit Stämmchen; elliptische, ledrige, glänzend dunkelgrüne, aromatische Blätter
Standort: gern sonnig, aber auch schattenverträglich; im Winter hell oder dunkel bei 0–10 °C, verträgt etwas Frost
Verwendung: robuste Blattschmuckpflanze, attraktiv als ungeschnittener Busch, Formschnittgehölz oder Kugelbäumchen mit Stamm; Gewürzpflanze
Achtung: Kontakt mit den Blättern kann bei dafür empfindlichen Menschen Hautreizungen hervorrufen.

In der Antike wurden mit Lorbeerzweigen Olympiasieger und Kaiser ausgezeichnet

Enzianstrauch *(Lycianthes rantonnetii)*

Solch ein tiefes Violettblau können nur wenig andere Kübelpflanzen bieten

Als Nachtschattengwächs *(Solanaceae)* ist diese ausdauernd blühende Schönheit aus Argentinien und Paraguay nah mit Nutzpflanzen wie Tomate und Kartoffel verwandt. Letzterer ähnelt sie zudem in der Form ihrer Blüten, deshalb kennt man sie auch als Kartoffelstrauch oder -baum – oder schlicht als Nachtschatten. Schöner klingt allerdings der Name Enzianstrauch, der Bezug auf die intensiv violettblaue Blütenfarbe nimmt. Nur noch selten wird der oft mit Stämmchen gezogene Strauch unter seiner alten botanischen Bezeichnung *Solanum rantonnettii* angeboten. Zu den zahlreich erscheinenden tellerförmigen Blüten gesellen sich nicht selten ab Spätsommer kleine orangerote Beeren. Diese sind ebenso wie alle anderen Pflanzenteile giftig.

Arten und Sorten: Als Weißer Kartoffelbaum wird der auf den ersten Blick recht ähnliche, weiß blühende *Solanum jasminoides* bezeichnet, auch bekannt als Jasminblühender Nachtschatten. Anders als der Enzianstrauch ist der Weiße Kartoffelbaum eine Kletterpflanze mit bis zu 10 m langen Trieben.

Pflegen: Während der Wachstumszeit gründlich gießen, im Hochsommer, wenn nötig, auch zweimal täglich. Bis Mitte August wöchentlich düngen. Neu gekaufte Sträucher sind häufig mit Stauchemitteln behandelt. Wenn deren Wirkung nachlässt, bilden sich verstärkt lange, dünne Triebe, die mehrmals gestutzt werden sollten. Auch ansonsten kürzt man bei jungen Pflanzen die neuen Triebe im späten Frühjahr bzw. Frühsommer etwas ein, damit sie sich besser verzweigen.

Überwintern: Hell oder mäßig dunkel bei 5–12 °C; je kühler, desto weniger Licht ist nötig. Nur leicht feucht halten; an einem kühlen, dunklen Platz fast trocken. Vor dem herbstlichen Einräumen oder im zeitigen Frühjahr kräftig zurückschneiden, etwa um ein Drittel. Alle 1 bis 3 Jahre im Frühjahr umtopfen.

Schädlinge, Krankheiten: Blattläuse, Spinnmilben, Weiße Fliegen; Viruskrankheiten. Blattabwurf im unteren Bereich deutet auf Wasser- oder Nährstoffmangel hin.

Vermehren: Durch im Früh- oder Hochsommer geschnittene, halbverholzte Kopfstecklinge.

Gute Partner: Das Violettblau des Enzianstrauchs kontrastiert sehr schön mit gelben und orangen Blüten, z. B. von Wandelröschen oder Blumenrohr. Stämmchen können auch attraktiv mit hängenden Sommerblumen unterpflanzt werden, z. B. mit roten Verbenen oder gelben Husarenknöpfchen *(Sanvitalia)*.

☼ – ◐ ☠

Blütezeit: Juni bis Oktober
Blütenfarbe: violettblau mit gelber Mitte
Höhe: 1,5–2,5 m
Wuchs: sommergrüner, dicht buschiger Strauch, teils mit überhängenden Trieben, oft als Stämmchen; eiförmige, kräftig grüne Blätter
Standort: sonnig bis halbschattig; etwas windgeschützt; im Winter hell oder mäßig dunkel bei 5–12 °C
Verwendung: lang und üppig blühende, recht wüchsige Kübelpflanze, sehr hübsch als Stämmchen
Achtung: Alle Pflanzenteile sind giftig bis stark giftig.

Oleander *(Nerium oleander)*

Schon seit Jahrhunderten zählt der Oleander zu den beliebtesten Kübelpflanzen. In seiner Heimat am Mittelmeer und in Vorderasien wächst dieses Hundsgiftgewächs *(Apocynaceae)* wild entlang von Bach- und Flussläufen. Die in doldenartigen Ständen an den Triebspitzen erscheinenden Blüten sind bei den Wildformen rosa oder weiß gefärbt. Aus ihnen entwickeln sich lange, schotenartige, rötlich braune Früchte. Als Kübelpflanze ist der Oleander recht robust, ältere Exemplare vertragen sogar leichte Herbstfröste, sind aber im Frühjahr fast ebenso kälteempfindlich wie andere exotische Schönheiten und sollten erst recht spät ausgeräumt werden. Wer kleine Kinder hat, sollte allerdings mit dem Kauf eines Oleanders noch etwas warten: Er gehört zu den giftigsten Zierpflanzen!

Arten und Sorten: Es gibt zahlreiche Sorten mit einfachen oder gefüllten Blüten in vielen Farbnuancen, bis hin zu Gelb und kräftigem Rot – und manche auch mit intensivem Duft, vor allem gegen Abend. Im Allgemeinen sind gefüllt blühende Sorten regenempfindlicher. Bezeichnungen wie 'Variegatum' oder 'Variegatis' stehen für Züchtungen mit gelb-grün gemusterten Blättern.

Bei viel Sonne und guter Wasserversorgung entwickeln sich Oleander prächtig

Pflegen: Während der Wachstumszeit gründlich gießen, bis zu zweimal täglich. An heißen Tagen wird am besten schon morgens der Untersetzer mit Wasser gefüllt, was der Oleander – im Gegensatz zu den meisten anderen Kübelpflanzen – gut verträgt. Bis Mitte August wöchentlich düngen.

Überwintern: Hell bei 4–8 °C; zurückhaltend gießen. Im Frühjahr einige der ältesten Triebe an der Basis herausschneiden. Vorsicht, nicht alle Triebe einkürzen, sonst fällt die Blüte aus. Zur Verjüngung ist auch ein starker Rückschnitt möglich; dies am besten im August, denn so besteht die Chance, dass noch neue Blüten für das Folgejahr angelegt werden. Möglichst in jedem Frühjahr umtopfen. Bei älteren, stattlichen Pflanzen können Sie aus dem Wurzelballen in Längsrichtung zwei bis drei breite Keile herausschneiden und dadurch Lücken zum Einfüllen frischer Erde schaffen, ohne noch größere Kübel zu verwenden.

Schädlinge, Krankheiten: Blattläuse, Spinnmilben, Schild- und Wollläuse; Grauschimmel. Oleanderkrebs, eine Bakterienkrankheit, verursacht braunschwarze Blattflecken und schwärzliche, vertrocknete Blütenstände. Ascochyta, eine Pilzkrankheit, führt zu absterbenden, vertrocknenden Trieben und Blättern und tritt vor allem in regenreichen Jahren auf. Bei beiden Krankheiten befallene Triebe kräftig bis ins gesunde Holz zurückschneiden.

☼ ☠

Blütezeit: Mai/Juni bis Oktober
Blütenfarbe: rosa, rot, gelb, apricot oder weiß
Höhe: 1–2,5 m
Wuchs: immergrüner, breit buschiger, locker verzweigter Strauch, auch als Stämmchen; lange, lanzettliche, ledrige, dunkel- bis mattgrüne Blätter
Standort: sonnig, gern vollsonnig; etwas regengeschützt; im Winter hell bei 4–8 °C
Verwendung: lang und reich blühende Kübelpflanze, mit den Jahren sehr stattlich und breitwüchsig
Achtung: Alle Pflanzenteile sind hochgiftig.

Die attraktiven Blüten sind 3 bis 4 cm groß und duften bei manchen Sorten intensiv

Vermehren: Durch im Sommer geschnittene halbverholzte Stecklinge, die sich in Anzuchterde oder in einem Wasserglas gut bewurzeln.

Gute Partner: Oleander sind die „Stars" in mediterranen Gestaltungen, z. B. mit Zitrus- oder Olivenbäumchen. Reizvoll wirken auch Oleandergruppen mit verschiedenen Blütenfarben.

Weitere Kübelpflanzen im Überblick

Name	Blüten, Blütezeit	Höhe, Wuchs	Standort, Überwinterung	Hinweise
Schönmalve *(Abutilon-*Arten*)*	kelchförmig, gelb, orange, rot, rosa oder weiß, April bis Oktober	1–3 m, teils immergrüne, sparrig verzweigte Sträucher; große, gelappte Blätter, teils gelb oder weiß gefleckt	☼ möglichst nicht prallsonnig; über Winter hell bei 5–10 °C	sehr attraktiv als Stämmchen; blüht bei hellem Stand fast ganzjährig
Schmucklilie *(Agapanthus-*Arten*)*	trichterförmig in Dolden, blau, violett oder weiß; Juli – August	0,8–1,2 m, teils immergrüne Stauden, breite Horste aus riemenförmigen Blättern, aufrechte Blütenstiele	☼ über Winter mäßig hell bei 4-8 °C	braucht breite Kübel; nur selten umtopfen, in nur wenig größere Gefäße
Agave *(Agave americana)*	blüht in Kübelkultur kaum	0,5–1,5 m, immergrüne, lanzettliche, am Rand bedornte Blätter, bläulich, gelb oder weiß gerandet	☼ – ◐ gern vollsonnig, regengeschützt; über Winter hell bei 5 °C	Vorsicht, beim Transport Verletzungsgefahr durch die bedornten Spitzen und Ränder
Aukube *(Aucuba japonica)*	rötlich, unauffällig, März bis April	0,5–1,5 m, immergrüner, breit buschiger Strauch; große, glänzende Blätter, Sorten gelb gefleckt	◐ – ● möglichst regengeschützt; über Winter hell bei 0–5 °C	weibliche Pflanzen mit roten Beeren; in allen Teilen giftig
Kamelie *(Camellia-*Hybriden*)*	groß, einfach bis gefüllt, rosa, rot oder weiß, Januar bis April	1–2 m, immergrüne, buschige Sträucher; breit eiförmige, glänzend dunkelgrüne Blätter	◐ im Herbst kühl, während der Blüte bei 15–18 °C	Erde, Gießwasser und Dünger sollten kalkarm sein; ideal im Wintergarten

Schönmalven mögen es hell, vertragen jedoch die grelle Mittagssonne schlecht

Die Blütendolden der Schmucklilien erscheinen an langen, kräftigen Schäften

Kamelien sind bezaubernde Winter- und Frühjahrsblüher, aber auch etwas heikel

Weitere Kübelpflanzen im Überblick

Name	Blüten, Blütezeit	Höhe, Wuchs	Standort, Überwinterung	Hinweise
Feige *(Ficus carica)*	krugförmig, grün, zwischen März und September	1–2,5 m, sommergrüner Baum oder Strauch; große, mehrlappige, ledrige, sattgrüne Blätter	über Winter hell, notfalls dunkel, bei 2–8 °C; verträgt etwas Frost	bei selbstfruchtbaren Sorten Ausbildung von Feigenfrüchten
Olivenbaum *(Olea europaea)*	gelblich weiß, in Trauben, unscheinbar, Juli bis August	1,5–2 m, immergrüner, etwas sparriger Strauch; schmal lanzettliche, blaugrüne Blätter	über Winter hell, notfalls dunkel, bei 2–10 °C; verträgt etwas Frost	junge Pflanzen für buschigeren Wuchs häufig stutzen
Passionsblume *(Passiflora caerulea)*	groß, sternförmig, mit violett-weiß-blauen Ringen, April bis Oktober	1–2 m, immergrüner Kletterstrauch; große, gelappte, dunkelgrüne Blätter	geschützt; über Winter hell bei 2–10 °C	Triebe an Stäben oder Gerüsten aufleiten
Bleiwurz *(Plumbago auriculata)*	klein, in doldenartigen Blütenständen, hellblau, hellviolett oder weiß, Juni bis Oktober	0,5–2 m, immergrüner, locker verzweigter Strauch; kleine, dunkelgrüne Blätter	am besten vollsonnig; wind- und regengeschützt; über Winter hell bei 4–8 °C	etwas brüchige Triebe, bei Bedarf stützen; attraktiv als Stämmchen
Granatapfelbaum *(Punica granatum)*	trichterförmig, rot, weiß oder gelb-orange, Juni bis September	0,5–1,5 m, sommergrüner Strauch oder Baum; glänzend grüne Blätter, gelbe Herbstfärbung	über Winter hell, notfalls dunkel, bei 2–8 °C; verträgt etwas Frost	rundliche, gelbbraune Früchte (Granatäpfel), Ausreife jedoch höchstens im Wintergarten

Robust und dekorativ: Feigen zählen zu den schönsten Blattschmuckpflanzen

Die Blüten der Passionsblume sind atemberaubende kleine Kunstwerke der Natur

In mediterranen Gestaltungen sollte der hübsche Granatapfelbaum nicht fehlen

Register

Bildquellenverzeichnis

Archiv Hans-Werner Bastian, Brühl: S. 15 re., 21 Mitte, 21 re. , 23, 28 Mitte, 32, 35 Mitte, 44 o., 44 u., 47 o., 48 u. li., 52 u., 53, 61, 72, 73, 87 Mitte, 96, 103, 112, 117, 125, 132, 135 u., 139 u., 142, 143, 148 Mitte, 149 re., , 158, 162, 177 li., 179 u., 183 li. , 185, 189, 190 li., 193 re., 196, 243 o., 247 li.;

BGL: S. 43, 45, 155;

BGL/PdM: S. 14, 48 u. re., [illegible]5 o., 166 o., 173 u., 178, 181 li., 181 re., 210 o., 215, 222, 223, 226 o.;

BilderKiste – Monika Zilliken, Hünstetten*: /Monika Zilliken S. 4, 13, 22 o., 25 u., 26 o. re., 38 u., 39 (2), 65 o., 69 o., 70, 75, 76 li., 81, 86 re., 87 re., 101 104, 114 u., 116 u., 121 li., 123, 128 u., 135 re., 136, 141 o., 144 re., 145 u., 150 li., 150 Mitte, 151 Mitte, 157 o., 172 re., 173 o., 174 li., 175, 182 u., 187 (2), 201 Mitte, 202 li., 203 li., 203 re., 208 o., 209, 212 o., 217 o., 219 Mitte, 220, 224 o., 227 o. , 230 u., 233 li., 238, 244 re., 249 li.;

CMA: S. 11, 27 o., 42, 47 u. 111 (2), 120, 124, 145 o., 236, 239, 240, 242;

Gartenschatz GmbH, Stuttgart: S. 15 Mitte, 15 li., 24, 26 u., 28 re., 30 o., 66, 80, 86 li., 88 li., 89 Mitte, 94 u., 97, 99 (2), 102 re., 106 li., 107 Mitte, 107 re., 113, 114 o., 115, 118, 119, 121 re., 127 o., 128 o., 130, 131, 133, 134 o., 134 u., 137, 138, 139 o., 140, 144 li., 146 (3), 147 (3), 148 li., 148 re., 149 li., 149 Mitte, 150 re., 151 li., 151 re., 157 u., 188 re., 201 li., 212 u., 216, 225, 229 re., 230 o., 245;

Kullmann & Partner GbR, Stuttgart: S. 9 o., 38 o., 107 li., 116 o., 126, 127 u., 129, 141 u., 164, 179 o., 180 li., 194 (2), 198 li., 198 Mitte, 199 li., 199 Mitte, 200 li., 201 re., 202 Mitte, 213 o., 219 re., 224 u., 227 u., 228, 231 u., 232, 233 re.;

PIXELIO: /© Baumwollen S. 36 li./© bbroianigo S. 156 o.; /© Berdel, Lars: S. 105. o.; /© Bermüller, Anne: S. 89 li.; /© Bernd: S. 21 li., 213 u.; /© Betty: S. 231 o.; /© Blenkers, Thomas: S. 172 li.; /© Borchard, Alfred: S. 94 o.; /© Böttiger, Thomas: S. 95; /© Braune, Christine: S. 186; /© Brauner, D.: S. 218 re.; /© Bröckel, Jan von: S. 214; /© BSS, Jutta: S. 60 re.; /© carlina: S. 218 Mitte; /© Catfriend: S. 159; /© Cekora: S. 217 u.; /© Christine: S. 88 Mitte; /© Cornerstone: S. 59 u, 229 Mitte; /© Creature: S. 191 li. u.; /© Czech, Jochen: S. 9 u. ; /© ddmast: S. 218 li.; /© Domnik, Kurt F.: S. 63; /© Dooley, Tom: S. 166 u.; /© Droß, Gaby: S. 60 li. ; /© Dumat, Maja: S. 191 re., 198 re., 247 re., 249 Mitte; /© Echino : S. 100; /© Friedrich, I.: S. 98; /© Fröhlich, Carsten: S. 48 o. li.; /© Funke, Ina: S. 88 re.; /© Gebel ,Harald: S. 69 u. ; /© Gerber, Anja: S. 193 li.; /© Groß, Sigrid: S. 192 u.; /© Grummt, Dietmar: S. 106 Mitte; /© H.La.: S. 243 u.; /© Haindl, Franz: S. 246; /© Hans: S. 202 re.; /© Harry: S. 211; /© Hauck, M.: S. 74; /© Haugk, Dieter: S. 35 u.; /© Hautumm, Claudia: S. 102 li.; /© Havlena, Günter: S. 168; /© Hering, Heike: S. 241; /© Holger: S. 156 u., 167 o.; /© IZB: S. 91; /© Jannon, jean: S. 205; /© Jobst, Bärbel: S. 199 re.; /© Josupewo: S. 174 re.; /© Joujou: S. 67, 197 li., 197 re.; /© Jurman, Michael: S. 62, 161; /© kathi50: S. 122 o.; /© Kellermeister: S. 37 u.; /© Knipseline: S. 33 li.; /© Köhler, Rita: S. 195; /© Ku, Harald: S. 167 u.; /© Kultor: S. 154; /© Lanznaster, Maria: S. 68 o., 109, 163 u.; /© Liane: S. 210 u.; /© Lodag: S. 221; /© Löffler, Marion: S. 190 re.; /© Löwenzahn: S. 93; /© Lutz Angelika: S. 78, 79; /© m. gade3: S. 87 li.; /© Marika: S. 200 Mitte; /© Mariocopa: S. 163 o.; /© Marita: S. 89 re.; /© MeinPredigtgarten: S. 41; /© Mensi: S. 170; /© Metzger, Bobby: S. 200 re.; /© Monksphere: S. 9 Mitte; /© Moorhenne: S. 58, 65 u.; /© Moser, Gitti: S. 57; /© Müller, Thomas Max: S. 55 u., 184 re., 207, 208 li., 248 re; /© Nafas: S. 192 o.; /© Ochs, Edith: S. 226 u.; /© Ostefan: S. 37 Mitte; /© Pegas: S. 68 u., 85, 86 Mitte; /© Pelz, Steffi: S. 177 u.; /© Plutzkat, Achim: S. 82; /© Quay: S. 33 Mitte; /© R., Ruth: S. 71; /© Reinhold G.: S. 49; /© Rennekamp, Doris: S. 64, 106 re., 165, 169; /© Ro18ger: S. 171 o., 249 re.; /© Röhl, Peter: S. 182 o.; /© Romy2004: S. 76 re. ; /© Rupp, Klaus: S. 219 li.; /© Ruthe, Ingrid: S. 92; /© Sarny: S. 37 o.; /© Sawistowski, Elke S. 110; /© Schmid, S.: S. 248 li.; /© Schönemann, Gabi: S. 48 o. re., 184 li.; /© Schumann, Karin: S. 183 u.; /© Snuesch: S. 105 u.; /© sparkie: S. 84 u.; /© Sterzl, Bernd: S. 176; /© Stolze, Bettina: S. 84 o.; /© Strickrodt, Steffen: S. 180 re.; /© Ultram: S. 52 o.; /© Wolf, Klaus-Peter: S. 192 Mitte; /© Wolter, Angelika: S. 46; /© Wülfing, Karin: S. 203 Mitte; /© Ziegler, Jenny: S. 33 re.; /© uwe275: S. 188 li. , 191 li. o.; /© Verena N.: S. 122 u., 235, 248 Mitte; /© Wiemosine: S. 153; /© Wolfgang Köhler: S. 36 re., 171 u. ; /© zahner: S. 59 o.;

Wolfgang Redeleit, Bienenbüttel: S. 6, 10, 12, 16 (4), 17 (3), 18, 19 li., 19 re, 20, 22 u., 25 o., 26 o. li, 27 u., 28 li., 29, 30 u. (3), 31, 34, 35 o., 40, 50, 51, 54, 56, 77, 83, 90, 108, 204, 234, 237, 244 li.;

Archiv NGV, Köln: /MEV: S. 7, 152.

* Mit einem ganz besonderen Dank an die **Baumschule Reinsch,** Hünstetten-Wallbach, ohne die so manche Aufnahme nicht möglich gewesen wäre.